U0430945

"十二五"普通高等教育本科国家级规划教材

崔应贤

修辞学讲义

（第二版）

清华大学出版社
北京

内 容 简 介

本书以分析综合法为指导，坚持语言本体核心，兼顾言语交际中的其他因素，强化对修辞现象的细致描写与阐释。全书共十六讲，对修辞学中的系列重大理论问题进行思辨、研讨，尤其着力于词句修辞的归纳总结，词语锤炼、句式选择、辞格运用、风格展示四部分内容格局均衡。本书既适用于本科生高年级，也可用于研究生教学，同时，亦可作为专业教师的参考用书，相信均不无启迪。

图书在版编目(CIP)数据

修辞学讲义/崔应贤著．—2 版．—北京：清华大学出版社，2017（2023.1重印）
ISBN 978-7-302-48141-6

Ⅰ.①修…　Ⅱ.①崔…　Ⅲ.①修辞学－教材　Ⅳ.①H05

中国版本图书馆 CIP 数据核字(2017)第 201049 号

责任编辑：马庆洲
封面设计：常雪影
责任校对：王淑云
责任印制：宋　林

出版发行：清华大学出版社
网　　址：http：//www.tup.com.cn，http：//www.wqbook.com
地　　址：北京清华大学学研大厦 A 座　　邮　　编：100084
社 总 机：010-83470000　　邮　　购：010-62786544
投稿与读者服务：010-62776969，c-service@tup.tsinghua.edu.cn
质 量 反 馈：010-62772015，zhiliang@tup.tsinghua.edu.cn
印 装 者：北京建宏印刷有限公司
经　　销：全国新华书店
开　　本：185mm×230mm　　印　　张：22　　字　　数：428千字
版　　次：2012 年 11 月第 1 版　　2017 年 8 月第 2 版　　印　　次：2023 年 1 月第 4 次印刷
定　　价：68.00 元

产品编号：075817-02

修订版序

《修辞学讲义》自2012年出版以来，得到了语言学界众多师友，包括用书学生的鼓励和支持，有多篇书评给予肯定。责任编辑马庆洲先生也积极地推助着本书的修订。在此，著者对他们致以诚挚的谢意！

如前所述，写这本书的目的，意在加强修辞的学理内涵。开始的构想，是将宏观的系统性和微观的精细性相结合，让语法学描写阐释的方法介入其中，尽可能开拓一些新的认识。然则学术的追求显然是无止境的，虽然本书已入选国家"十二五"规划教材，但我们在使用的过程中很快发现它还存在着很多的不足。此次修订改动的幅度还是比较大的，重点做了这样两个方面的工作：一是理论阐发的周详严密。比如第三章《修辞和修辞学》，思辨的东西多，但原作无论是例证还是阐发都显得单薄了一些。事实上这涉及修辞特征的定位问题，关系到整个体系的建构是否坚实。定位好了，纲举目张，具体现象的解释也就会浑然一体，形成有机的组合；定位不好，尽管还不至于扞格牴牾，然而整体观览的时候就会发现不那么谐调通贯。此次修订，我们不惜对这一块儿的内容做了比较多的撤换，以便使它能够更好地引领其他的相关章节。再一是语言文字的准确规范。由于教学之需要，初版时间上稍显仓促，校对工作相对就欠缺了一些。这次修订对全书做了比较认真的甄别，所有例证和引文都逐一进行了查证。虽然不敢说臻于完善，但起码做到了心里踏实。这里要特别提及的是，修订即将完成之际，只有一处引证费尽心力都难以找到原文出处；多家转引虽都是公开发表，但文字多不相同。没办法，只好求助于我原来的一个研究生，现在我们校图书馆工作的郑爽老师。她最终联络上了上海的一家书店，只有那里还存留有那一段文字的原著。该书店的经理先生非常热情，将一应需要的材料拍了照片及时发给我。虽然这一经历前后花费了三天时间，但解决问题后如释重负的感觉确实是太好了。

顺便和使用该书做教材的老师学生交流一点想法：该书适用于高年级本科选修课和研究生的专业教学。通常学校安排的课时是每周二学时，讲一个学期；而该教材内容相对厚重了些,不容易讲得详细。这里边有一个如何教和怎样学的问题。作为老师,最好是以点带面,讲重点,讲方法。作为学生,选修课考试就不是难题,倒是课下通读,多思考,从中汲取毕业论文或初步进入科研的选题,多讨论,或许就与该书的初衷相契合了。

著　者

2017年6月3日

前　言

“修辞现象的确要比语法现象复杂得多，这给修辞研究带来很大困难，因而增加了修辞学的科学化与精密化的难度。这是本学科长期陷入困境，难以同语法学及其他人文学科并驾齐驱的根本原因。陈望道试图用‘适应题旨情景’这个可称为‘第一义’的原则来统率一切，但因为没有找到解决‘适应’的突破口，只好把‘随机应变’这句绝对保险、绝对正确但无助于科学操作的箴言留给后人。”这是刘焕辉先生写入他的专著《修辞学纲要》中的一段话。文字不多却有着巨大的分量，里边这样两层含义是不难体会到的：一是修辞学的学术品位亟待提高；二是陈望道用“适应题旨情景”的原则来统率一切，试图以纲举目形成严密的体系，可惜的是没有找寻到具体“适应”的方法，致使学科的科学含量大受影响。刘焕辉先生对于像我这样的一茬儿的人来说，应该属于前辈。二十世纪的八九十年代，他与宗廷虎、李熙宗、王希杰、郑远汉、黎运汉等先生一道，为汉语修辞学的振兴呐喊着、探索着，以卓有成效的理论建树描绘了特定时段学科发展的亮丽光彩。在那样的大背景下，刘先生能以冷静的态度写下这样理性的文字，足以显示出老一代学者的学术风范：不因自己的投身而失去对所从事学科在整个人文科学中地位的准确评判，低调的笔触中透现的是对该学科的真诚热爱和对它未来健康发展的厚重期望。

是的，尽管同属语言学这个领域，修辞学与它的近邻语法学相比，在现代浓重的科学主义的氛围下，尽管所关注和从事研究的人员绝对是一支数量喜人的队伍，其成果也皇皇可观，然其影响力不可否认却落在了他人后边。单纯将这种现象的原因归于行政决策的力量，似乎有点儿搞偏了。关键还是要积蓄内在的学术涵养，如此，学科即可达到不扶自直的效果。说老实话，20 世纪 80 年代有句很响亮的口号：汉语修辞学要“科学化、现代化”；21 世纪初，又有一个非常振奋人心的提法：汉语修辞学应当成为“显学”。它们都与上述刘先生的评价能够形成互补的效应，其预期非常激励人。然而让人有点儿哭笑不得的事实是，学科内部有关什么是“科学化”，怎样才能成为一门“显学”的讨论却始终没有进行过。如果连决定方向的概念的内涵大家都搞不清楚，又怎么能指望这些概念起到引领作用呢？

历史的经验教训值得注意,并需要会总结,才能从中汲取真正有益的东西。郑奠先生先前曾编过两本书,一本是《古汉语语法学资料汇编》,一本是《古汉语修辞学资料汇编》,前者共28.2万字,后者有55.2万字。即便是这样,前者还有很多属于修辞学的内容。由此不难看出,修辞学绝对是传统语文学的一块儿内容繁富的领域,而语法学相比之下却非常薄弱。为什么到了当代前者却能瞿然一跃居上?不容否认,这跟索绪尔所开创的结构主义语言学思想方法有关。当然,这种影响既有正面的也有负面的。强调语言和言语的区分当然没错,甚至其积极意义至今还产生着重大作用;问题在于他过多地强调了语言研究的价值,将言语置于备受冷落的地位。作为一种思想体系,作为单一的著作,我们不能苛求它面面俱到。但这样一来,似乎使后来的人们形成了错觉:言语是动态的,不能像对语言那样采取形式描写的方法来总结规律。有的修辞学家就公开宣称,修辞研究不能采用原子主义的观念给予结构上的深入分析。很有意思的是,有些以科学方法作为特色的著作对待前人的学说主张恰恰实施的是"将孩子连脏水一起倒掉"的做法。有些学者在方法上面也颇下了些工夫,然而折过来倒过去仍是在有限的例证列举式上打转转,仅满足于表象上的分类,或是效果上的泛泛表述。真正落实在应用上面的,也多是贴标签式的认定:喏,这是倒装,这是双重否定,于是完事大吉,得胜回朝。就这还是不错的了,最可怕的是类似"她像她妈妈一样漂亮"、"她像西施一样漂亮",哪个是比喻哪个不是比喻的争论,大家不是向深处追溯,并将它们放在整个认知系统中发掘它们所依据的不同思维形态,从而给予不同类属的分析和论证,而是仅仅凭借感觉进行硬性认定。至于为什么,就很少给予深入的分析论辩;即便是作点思考,作些探究,也很少触及其实质。这样的所谓研究,怎能给人提供可以遵循的尺度和准绳?其科学含量自然也难以赢得人们的肯定。

汉语修辞学的命运还是比较好的。国外修辞学虽然发轫也早,起点也高,然因其定位不明确,甚至还在特定历史时期内遭致过彻底衰败的结局。书中已有介绍,恕不赘述。当然,自20世纪初始,修辞学似乎出现了一种新崛起的态势:各种思想主张异彩纷呈,其成果也是蔚为大观。有些流派秉承柏拉图、亚里士多德的观念,将修辞学的效用功能扩展至社会公共事务应对决策的领域,气魄宏大,很能吸引人的眼球。不过话又说回来了,无所不包也就等于什么都管不了,实际上也就取消了学科的内涵属性。可以热闹一时,恐怕很难坚持永久。隐喻研究也是如此,没有好的突破口,亚氏的这一概念似乎有了重新被发现的意义,大家都来分一杯羹:哲学关注,文学也有兴趣,修辞学就更甭说了,自然是当仁不让。然而反映出的共性是,大家都不描写。理论思辨还好一些,最怕的就是仅就现象作一般化的表述,接着就下断语:它是一种最为省劲儿的认知方式,不苛刻要求人们便会自觉不自觉地采用。偏偏是索绪尔的学生巴利用结构主义的描写方法切入修辞学研究最不受人待见。如果这种情况不能够得到改变,新修辞学的"新",其前途也未必光明。

问题出在什么地方？恐怕关键还在于人们面对自己所处的纷纭复杂的言语世界失去了科学思想方法的良好把握。大家在分析具体现象时也能条分缕析，一旦到了宏观世界，则显得张皇失措，连最起码的逻辑规则都难以遵守了。其实自然科学已经为人们提供了很好的范例。古人都能从动态现象中作出“飞矢不动”的判断，数学即能将瞬息即逝的物体投掷轨迹描摹成点的连续移动，怎么一旦面临整体动态的社会言语现象，人文学科便显得无所措置、无所适从、困窘不堪？哲学理论上的建构也不例外。面对纷纭复杂的主客观存在，面对多种因素综合起作用而产生的运动，居然都敢将其组成简单地抽象为两个方面的对立，进而将两者之间的关系解释成决定与被决定的关系；在此基础上，便开始笼统地辩证折绕了，至于条件是什么全凭主观判断。表现在修辞学上，是要么这也舍不得，那也丢不掉，生怕割裂了整体的圆润浑沌性。于是在此领域内很少或者避免提及“规律”二字，至于形式规则问题就更少触及。国外20世纪语言哲学的兴起有一个很好的气象，那就是用数理逻辑的方法介入语言学的研究。可惜的是，该方法还没有很好地转用到修辞上面来。国内则表现为学术方法的政治化，时时禁锢着人们的思想。其实形而上学的方法在马克思主义的经典著作里边并非采取排斥的态度，如列宁指出：“如果不把不可断的东西割断，不使活生生的东西简单化、粗糙化，不加以割碎，不使之僵化，那么我们就不能想象、表达、测量、描述运动。”(《哲学笔记》，第285页，人民出版社，1956)如果碰到复杂的事物现象即产生畏惧感，放弃执著的深入的探索精神；甚至放弃努力强调特色而拒绝科学的分析描写，那么学科只能是保持着一如既往的浅层次状态，即便有着极好的愿望，就像一个人拔着自己的头发想升离地面一样，终究是不可能将其学术品位提上去的。而形式的明晰性，过程的可操作性，结论的可验证性，始终是科学所追求的理想境界。即便眼下达不到预想的目标，只要追求了，便有希望。还是列宁的话：“人完全可以认识这个世界和这些规律，但是永远不能够彻底地认识它们。”(《列宁选集》，第191页，人民出版社，1974)这，就足以让人欣慰。

美好的愿望毕竟是愿望，真正的深入分析描写谈何容易！拙作想在这方面下些工夫，一是内容对象非单一课题的考察探究，再一是学识谫陋，很难达到预想的目的。若能达到抛砖引玉的效果，也就实现了初衷。因此，殷切期望学界同仁批评指正。

著　者

2011年10月8日

目　录

第一讲　修辞简史(一)

要对特定的课题进行认识和研讨，首先需要对前人有关该问题的思考做一个比较全面的考察，这样才能为进一步的探索奠定良好的基础。

语言是人类最重要的交际工具。修辞对于任何一个民族来讲都是其语言文化的重要组成部分，并与其历史相始终。

中外修辞学的研究历史走的是不同的途径，各有特点。因为内容都比较厚重，需要分立篇章来进行展示。这一讲里，重点就国外的修辞学研究给予归总梳理；从总的侧重情况看，可以“辩论期—写作期—言语期”作为基本线索来概括。

一、辩论期

对修辞现象关注相对较早且有着清晰而系统认识的，仍要数古希腊。以此为源头，相当程度上构成了西方修辞学研究消长沉浮的基本流向。

早在公元前500年前后，正是古希腊文明的一个大转型时期。政治上由贵族统治向民主制度过渡，科学艺术方面则由对自然客体的执著探索和对史诗、戏剧、雕塑的崇拜热情，开始更多地转向主体化思考，理性思考，社会伦理的思考，一个哲学批评和系统建设的散文时代开始诞生。秉承着毕达哥拉斯神秘主义的传统，由苏格拉底开创，柏拉图和亚里士多德师徒薪火相传，标志着古希腊文化最高理念的哲学与艺术理论由此奠定。古希腊人所建立起来的民主制度为各种形式的演讲提供了便利的条件。公民聚会、礼仪场合,以及法庭辩论等,都需要进行口头陈述和争辩,言辞应用的效果直接决定着事情的成败。正是这种现实的需要,人们开始了对话语论辩术的探索。一些被称作“智者”派的人,表现出相当的演讲才艺与论辩能力,有些就是出色的演讲家和雄辩家。与此同时,指导人们提高言语技艺的教育有了广阔的市场。这些人于是积极撰写有关著作并开课授业。像科拉克斯、高尔吉亚等,都名噪一时,颇受推崇,不乏大批的追随者。一条铭文足以显示当时希腊人对言语效用的重视程度:“不学习修辞的人将会成为修辞的牺牲品。”现在英语中的 Rhetoric(修辞学),即源于古希腊的 Rhetor,指在公众面前公开发表演说的人。由此可以看到该学科的渊源及其对后世的影响力。

同古希腊其他具体学科建立时的基本状貌一样,修辞学最初的形式也是对对象本体进行详细的描写说明。由残卷本以及其他人著作的记述中,都能看到这种特征的展示。

这种情况是不难理解的。因为正是在这个时段里边,古希腊文明正经历着由本体论向认识论的巨大转变。前者侧重于就客观存在本身进行探索描述,而后者则开始执著于对认识主体思想意识的考问。这一现象当然反映了人们将认识当作一个整体系统并反躬自识的精神。单纯就语言研究来说也是这样,正如吕叔湘指出的那样:“语言是什么?说是‘工具’,什么工具?说是‘人们交流思想的工具’。可是打开任何一本讲语言的书来看,都是只看见‘工具’,‘人们’没有了,语言啊,语法啊,词汇呀,条分缕析,讲得挺多,可都讲的是这种工具的部件和结构,没有讲怎么使唤这种工具。”[①]科学,通俗地说,就是分科之学。但,如果将其有机联系的主体舍却干净,恐怕这些所谓的本体规律也是很难准确反映出工具的本质特征的。苏格拉底、柏拉图等人的努力则反映了这种主体认识论的兴起,将人们认知的内涵进行了向更高层次的提升,其历史功绩是巨大的。当然,成也萧何败也萧何,他们也有从一个极端跳到另一个极端的倾向,后面有关的介绍里边我们可以比较清楚地看到这一点。但总的来讲,对后世的影响难以估量。比如“柏拉图主义”的流传,“文艺复兴时期,柏拉图主义的发展在寻求其形而上学的性质时与个人主义携起手来”[②]。希腊辉煌的早期文明,是与一大批做出了非凡成就的科学家、思想家的名字紧密联系在一起的。而柏拉图和他的学生亚里士多德,即是其中的最卓越者。恩格斯曾经说过:“一个民族想要站在科学的最高峰,就一刻也不能没有理论思维。”[③]他们所作出的贡献也正体现在这上面。下面有关古希腊修辞学特点的简述也主要是就柏拉图及其学生亚里士多德的修辞思想给予评点。

---

① 吕叔湘:《语言作为一种社会现象》,载《读书》,1980年第4期。

② 莫运平:《罗密欧与朱丽叶——现代爱情悲剧的价值论释义》,载《湖南科技大学学报》(社会科学版),2007年第3期。

③ 《马克思恩格斯选集》(第3卷),第467页,北京,人民出版社,1972。

(一) 柏拉图的修辞观

在柏拉图的学说理论中,最鲜明的一个特征就是与过去本体修辞学坚决决裂的态度。亚里士多德指出:"哲学在务求真知时,辩证法专务批评。"①在柏拉图的众多著作里边,除了《高尔吉亚篇》、《智者篇》和《斐德若篇》是直接体现这方面的内容外,其他的篇章,如《政治家篇》、《斐莱布篇》等,只要一接触这样的话题,柏拉图都要情不自禁地表现出对以高尔吉亚等为代表的修辞学家们致力于修辞技艺描写的鄙夷与否定。他毫不隐讳地将他们痛斥为诡辩论者;针对修辞学就各种各样规则格式的归纳总结,他嘲讽说不是背了几剂药方就可以挂牌行医了。他认为,单纯就言语本体的修辞方法进行传授和学习,并不能真正解决言语交际的效用问题。这里边的关键有一个真理性问题、内容问题。他指出,那班谈修辞的先生们说,在这类事情上用不着那样郑重其事,也用不着兜大圈子找出原原本本。只管注意怎样把话说得动听、逼真或自圆其说即可,这就是整个修辞术的大要。还有一点是,柏拉图认为现有的修辞术往往将知识肢解得支离破碎,缺乏整体的有机联系。正因为如此,他反复告诫人们,要真正组织好言语提高言语效果,得广泛地学习,甚至还得向自然科学学习,从中汲取好的思路方法。再则需要以哲学的眼光、良好的操作手段深入地分析对象的本质,特别是对听读者的心灵能很好地洞察。真正到交际的时候,还得做到会适情适境,见风使舵,随机应变。只有将这一切都做好了,才能轮得上学习点修辞术的问题。然而,一旦说到修辞术的具体方法特点及应用的时候,柏拉图就立刻又显示出一副不屑的神情,敷衍了事,匆促收兵。有一段话很能说明柏拉图的真正心迹,他用修辞家的口吻假设道:"有一句话我却敢大胆地说:一个人尽管知道了真理,若是没有我修辞术,还是不能按照艺术去说服。"接着他回答说:"我承认它有道理,不过先要假定有论证可以出庭证明她确是一种艺术。因为我好象听到一些反面论证的声音,在责备她是一个骗子,说她并不是一种艺术,只是一种毫不艺术的蹈袭陈规的玩艺。"②

尽管如此,柏拉图还是在批判中实现了自己对修辞学的再造。总其论述,他的修辞思想主要表现在这样几个方面。

1. 反对修辞是"说服的艺术"的提法,他认为修辞是"影响人心的"。对此他表述道:

> 一般说来,修辞术是用文辞来影响人心的,不仅是在法庭和其他公共集会场

---

① [希]亚里士多德:《形而上学》,第60页,北京,商务印书馆,1981。有必要提醒的是:古希腊时期柏拉图、亚里士多德等人所说的"辩证法",或译"辩证术",与当今人们通常所认定的"辩证法"并不完全相同。下边有关内容的介绍可供参考。

② [希]柏拉图:《文艺对话集》,朱光潜译,第143页,北京,人民文学出版社,1963。

所,而且在私人会谈里也是如此,讨论的问题或大或小,都是一样;无论题材重要不重要,修辞术只要运用得正确,都是一样可尊敬的。(《斐德若篇》)

在他看来,“说服”有强加于人的意味,而“影响”却是平等的交流。

正是基于这种定位,柏拉图相当看重修辞的心理效用问题。对此他申之又申,多处强调:“修辞术所穷究的是心灵,如果你不甘拘守经验陈规而要根据科学……在修辞术方面命意遣辞,来使心灵得到所希冀的信念和美德。”柏拉图甚至还认为,既然言语修辞、不同文体都在于感动心灵,那么想做修辞家的人就必须研究心灵和各种人等的性格,知道他们有哪些种类、哪些特点,将真善美的东西说给或写进听读者的心灵中去,给人以教益,那样才能真正实现清晰完美的价值。

2. 修辞能力是综合性的。他说:“在修辞方面若想能做到完美,也就像在其他方面要做到完美一样,或许——无宁说,必然——要有三个条件:第一是天生来就有语文的天才;其次是知识;第三是练习,你才可以成为出色的修辞家。”

3. 比较多地注重从哲学的思想方法上面切入,着眼于宏观,进行修辞学理论的阐发。对此柏拉图体现得相当明朗。他非常推崇系统性认识事物对象的重要性,并把这种总体的方法思路概括成“辩证术”,指出其中包括两个明显的法则。头一个是统观全体,要把和题目有关的纷纭散乱的事项统摄于一个普遍的概念之下,接下来的第二个则是顺自然的关节,把整体剖析成各个部分。他认为,这种分析和综合,为的是会说话和会思想;真正体现的是一对多、抽象和具体间的关系,也是最能够揭示对象本质的思路,同时也是使修辞效果真正能发挥作用的方法。

4. 柏拉图有关修辞本体内容的讨论,主要体现在章法和辞格上面,重点肯定了章法修辞中结构的层次性和推证的逻辑性问题。前者,他对文章的整体结构安排进行了明确的梳理:开头部分是“序论”,接下来有“陈述”—“证据”—“证明”—“近理”[①];在中心部分,他还就“引证”和“佐证”,“附驳”和“正驳”,“暗讽”和“侧褒”,还有“侧贬”等方法给予了提醒。末了是结尾部分,需要“复述”或“总结”。关于这一部分,属于他个人富有创意的地方是有机联系的观念,言辞字句前后有序的观念。介绍后者时,他提及了简要格、悲剧格、愤怒格、谐声格、格言格、绘象格等,甚至还难得地表示说要注意“原先学过的一切风格”。由此我们看到,柏拉图的修辞本体内容,似乎是一种无奈之下的产物,是他所关注的对象范围里边最为简略的部分。

柏拉图的修辞思想格调崇高,注重理性思维、综合能力在修辞实践中的价值作用;其行文,光畅流丽,锋芒闪烁,实能为其应用树一绝好范例。然对修辞学本体研究的否定过于浓烈,嗣后西方修辞学数千年的衰微,恐怕都与此认定不无关系。

---

① 尽管在这儿柏拉图是正面肯定性的,但话语间显得是那么的勉强,冷嘲热讽,讥刺贬抑,真真犹如戴着脚镣跳舞,含着眼泪的苦笑一样,人物情感的交织与复杂尽显其中。

(二)亚里士多德的修辞观

亚里士多德则有了系统性的修辞学研究,其专著《修辞学》和《诗学》,都是学术作品。

总的来讲,亚里士多德的修辞思想是与其师一脉相承的。他们心目当中的修辞,都是社会性质的修辞学、主体修辞学、心理修辞学。对此,作为老师的柏拉图是这样定位的,作为学生的亚里士多德是亦步亦趋,甚至有些地方简直是照抄下来的。比如修辞能力具有综合性的观点,亚里士多德也坚持说,巧妙的话和受欢迎的话,"制造这两种话要靠天才,但也得力于勤学苦练;我们的研究任务是要指出它们的性质"①。显然,在言语交际的主体、本体和客体三大要素里边,亚氏跟他的老师一样,比较多地将着眼点放在了人的因素上。这是同当时盛行的单纯以讲究修辞术为主要特征的本体修辞学有着根本不同的视界和区别点的。如果说他的老师认为修辞影响人心,要下工夫研究对象的心理特征,还多体现在理论上的表述的话,那么亚氏的《修辞学》则将最多的篇幅给予了这项内容。在该书的第一卷里边,有关劝说、劝阻、称赞、谴责、答辩时必须使用的题材,即曾分析幸福、好事、美德、恶德等具体表现。对诉讼演说中必然涉及的害人的动机、心情、快感和受害人的性格等,也都作了详细的描述。第二卷一共二十六章,前边十八章也都是在阐发情感的种种状貌,如愤怒、友爱、恐惧、怜悯、慈善、妒忌,以及青年人、老年人、壮年人、高贵出身的人、富人以及当权者的不同性情等。这种情形真如同老师给出题目学生竭尽心力做出一份完好的答卷一样。再则亚里士多德也注重从哲学的思想方法方面切入,进行修辞学理论的建造。虽然作为老师的柏拉图体现得明朗一些,作为学生的亚里士多德相对比较隐晦一些,但是后者同样认为,一门科学往往着眼于一类事物现象,着眼于理论的概括抽象,通常是不顾及具体的特定对象的;虽然在实际应用中,个别比一般重要。

"我爱我师,我更爱真理。"这句名言出自亚里士多德之口,广为传颂;它所寄寓的美好情感与对真理的不懈追求精神和谐统一地得到了展示。很有些人说,亚里士多德的《修辞学》,就是为批评老师柏拉图对修辞术的偏激看法而撰写的。其实亚里士多德对柏拉图关于修辞学的认识观点首先还是继承。事实上,亚里士多德的聪明之处在于:他肯定的时候多提及对象,一旦表现不同观点的时候,他不是以"破"为"立"的前提,而是直陈自己的看法,使这种否定消弭在不动声色的表述言辞中,不注意的话会使人们忘记了批评的存在。这由他《修辞学》第一卷第一章的第一个语句表述即可以看得清楚。"修辞术是论辩术的对应物。""因为二者都论证那种在一定程度上是人人都能认识的事理,而且都不属于任何一种科学。"如果细细读一下柏拉图的话,便会明白

① [希]亚里士多德:《修辞学》,罗念生译,第192页,上海,上海人民出版社,2006。

修辞术和论辩术在他那里是势不两立的。依照他内心深处的实在看法,修辞术,简直可以和诡辩论画等号了!而亚里士多德却要将它和辩证术放在平起平坐的地位。而且,柏拉图的认识观点,从好的方面讲,是爱憎分明;说他是辩证的,思想表述却易于走极端。如在《斐德若篇》中,有两处直接论及于此。一处是正面对辩证术进行表述。将这种方法推崇备至,认为追随据有此法的人就像追随神一样;舍此别再想还有其他更好的学问。再一处是针对心灵进行阐发。首先是要分析心灵,认清本质;其次看言语交际双方心灵间的关系,谁是主动的,谁是被动的;最后是要注意语体功能与不同心灵类型间的照应,应能让其配合。说到激动处,柏拉图似乎又将自己对修辞术的根本成见暴露了出来,痛斥近代的那班修辞术的著作者都是狡猾的骗子,声色俱厉地告诫人们,别相信他们会有什么修辞术!显然,这种激烈的态度曾给他的学生以深刻的印象。那么,亚氏只是以著作开头下定义的方式将自己的修辞观予以明晰的定位。其针对性是非常强的,然而处理的方式却是柔和的;或者说是柔中带刚的。

非常能够反映这种特点的,比如说修辞的真正功用问题,柏拉图对过去的"说服"认定似乎有着本能的反感,有时甚至是深恶痛绝的。而亚里士多德却采取了折中的态度,同时又明确地表示了自己的认定观念。他指出:

> 修辞术的目的在于影响判断。……修辞术的功能不在于说服,而在于在每一种事情上找出其中的说服方式。

对比当中可以看到,作为学生的亚里士多德,实则是既赞同老师的基本观点,同时也不否定修辞需看重本体特征规律的这种重要特性。对此他还明确争辩说:"造成'诡辩者'的不是他的能力,而是他的意图。"他又说:"只知道应当讲些什么是不够的,还须知道怎样讲,这大有助于使我们的演说具有一定的特色。"他又说:"一个善于研究三段论法的题材和形式的人,一旦熟悉了修辞式推论所运用的题材和修辞式推论与逻辑的推论的区别,就能成为修辞式推论的专家。"恐怕亚氏这么多类似的表述都是有目的的,最起码在认识方式上与柏拉图相比是大不相同的。最根本的一点,即亚氏是承认狭义修辞学的功能价值的。

与此同时,亚里士多德还在多个方面作出了自己新的创见。

1. 注意到了语体划分,并注意到了它们分别侧重的功能特点。如他将演说分为三种:政治演说、诉讼演说和典礼演说。政治演说用于劝说和劝阻,诉讼演说用于控告或答辩,典礼演说用于称赞或谴责。并开始分辨其中常用的修辞方式。比如亚氏指出,寓言最适宜于政治演说,例证法最适宜于诉讼演说,修辞式推论法最适宜于典礼演说。

2. 注意到了演说中的主要论证方法。亚氏将它归纳为两类,指出:"修辞术和论辩术一样,采用归纳法以及真正的和假冒的三段论来提出真正的和假冒的论证,因为例证法是一种归纳法,修辞式推论是一种三段论法。……所有的演说者都采用例证法和修辞式推论而不采用别的方法来证明,以求产生说服力。"难能可贵的是,亚里士多德还将修辞中使用的推论与自然科学中所使用的推论作了区分,或然性和必然性的分辨是很能启发人对不同的对象给予准确的性质认定。28 种修辞或然性推论方式的演示,颇能展示亚里士多德逻辑学研究的长项,从一定意义上说,其类型之分立,内容之丰厚,完全可以形成逻辑修辞的独立著述。其中有的例证非常具有典型性。比如他所举的对立推论的类型:有位女祭司不让儿子发表政治演说,说:"因为你讲正义的话,人们会憎恨你;你讲不正义的话,天神会憎恨你。"可以这样反驳:应当发表政治演说,"因为你讲正义的话,天神会喜欢你;你讲不正义的话,人们会喜欢你"。

3. 对语言风格进行了一定的探讨。比如对通常散文来讲,亚里士多德将用语的标准确定为明晰和适当。他指出,要做到这一点,就必须注意词语的使用:名词中的奇字、双字复合词和新造字应当少用;只有普通字、本义字和隐喻字才合用。如果运用得好,"既可以使风格带上异乡情调,又可以把手法遮掩起来,同时意思又很明晰。这就是演说的语言的美"。对这一问题,他又特别强调了隐喻的效用。举例说:"玫瑰色手指的曙光女神",胜于说"紫色手指的曙光女神",更糟糕的说法是"红色手指的曙光女神"。而风格的呆板与此相对,比较显著的情况是由"使用过长的或不合时宜的或过多的附加词"造成的。他进而认为,正确性才是风格的基础。正确性有五个要求。从他所铺排的类型来讲,都应该属于我们现在所谓的消极修辞的内容。如第一是"联系词须按照自然的顺序安排,或前或后,视需要而定"。第三是"不使用含糊的词句,除非有意讲含糊的话"等。

4. 有关修辞的本体研究,亚里士多德理论最了不起的贡献是对转义或隐喻的阐述。他认为这是用语优美、令人耳目一新并愉快的重要手段,而特征在于"使事物活现在眼前",其思维方式是类比性的,对隐喻的范围类型他也展开了一些讨论。该课题在修辞学中具有着重大的价值,故而今天学术界对此似乎有了重新再开掘的兴趣。哲学领域、语言领域和文学领域都在进行着广泛的探讨;然而也可能是亚氏当时的讨论没能给出明确的界定吧,时至今日,多学科里边也很难求得相对一致的认识。

亚里士多德的《修辞学》主要由三部分组成:题材、用语和结构。这三部分按实际内容进行分辨的话,又分别照应的是:对象心理、修辞本体和篇章布局。这是一个相当理想的修辞学体系安排和相当严密的学科理论建构,整体是浑然一体,秩序有致;将一位逻辑学教授的个性风貌在语言修辞学的研讨中得以充分显现。然而,由于修辞学内容范围界定的不清晰,多则有余,少则过简,其后数千年该学科的发展都被笼罩在它的巨大投影之中;起点之高,深受推崇之余,又不能不对此增生遗憾。

其后古罗马继承其传统,也曾出现众多的演说家、修辞学家,如西塞罗,被人称为希腊修辞学拉丁化的先驱,著有《论觅材取材》、《演说家》、《论演讲术》等。再如昆提利安,注重演讲实践与理论的结合,注重修辞作为人的最高才能与文明素养的培植,认定修辞应该成为“教育纲要的中心学科”。其名著《演说原理》,系统地阐发了他的修辞教学理念。有些致力于文论的研究,也于语言修辞方面提出极好的认识主张。如贺拉斯在《诗艺》中指出:“在安排字句时,要考究,要小心。如果你安排得巧妙,家喻户晓的字便会取得新义,表达得就能尽善尽美。”强调了锤词炼句的效用问题,并将其核心点揭示得非常到位。还有当时人们所确立的美学标准“崇高”,对于修辞学的建设来讲,也起到了重要的引领作用。但总的来说,古罗马的修辞学多是在古希腊研究基础上拓展的,侧重点多放在辩论和章法结构两个方面,真正的系统理论的创建稍显不足。

二、写作期

(一)中世纪

公元476年至1416年,通常被称作西方史的中世纪。这一时期因政教合一,压制异端,极大地阻碍人的创造精神和社会的发展进步,故稍中性一点儿的称这一时期为“基督教时期”,带有强烈感情色彩的则称之为“黑暗时期”。

然而修辞学在这一时期不但没有被湮灭,从一定意义上讲反倒还得到了肯定和强化。这是因为修辞活动在这漫长的1000年的时间里边总是与宗教密切联系着,神职人员是修辞活动的主角。他们要代上帝宣讲,传经布道,就必须讲究语言的规范性和言语的生动性。修辞学从而也就成为了宗教文化的有力工具。当时学校教育也将修辞当作三大学科之一,实施着侧重艺术理论和侧重实际应用两门课程的教学。然而当时的客观形势不可能再具备古希腊和古罗马时期那样的自由环境,修辞的真正价值主要体现在布道和书信写作上,总的特征是流于辞藻或仪式上的展示。虽然修辞学教师有相当的威望和地位,但修辞学并没有取得实效和进步。这一时期唯一值得注意的是奥古斯丁主教有关修辞有教诲功能的思想。

(二)文艺复兴到19世纪

文艺复兴给修辞学研究带来了新气象。拉丁语的语法修辞不再保持其大一统的地位,以不同语言从事修辞研讨呈一大趋势。不同学派中,有的侧重传统修辞的继承,有的侧重文体风格的描写,有的侧重修辞格的归总。文艺复兴时期起主导影响作用的是拉米斯及其学派,他采用的主要方法是二分法,主张学科范围的明晰化。他将觅材取材、篇章布局归入逻辑学,将词法和句法归入语法学,而仅将讲演技巧和文体风格归入修辞学研究的范畴。借助于拉米斯的思路与方法,弗朗斯勾画了这样的修辞学体系:

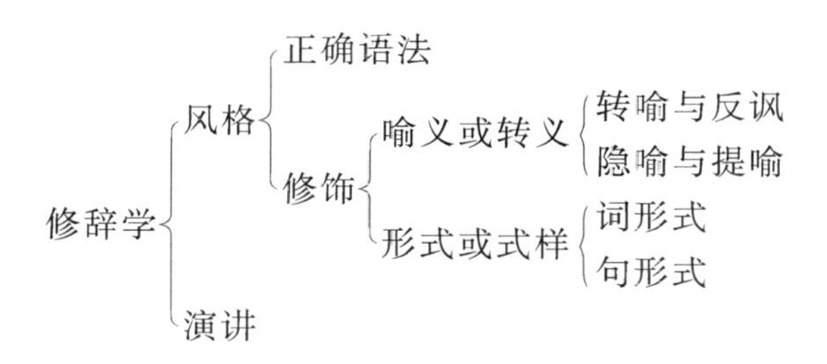

这样的构架实是对亚里士多德修辞学体系内容“用语”部分的详解与建构。然则人们对此多有微词，认为对其后修辞学的衰败负有一定的责任，原因就在于它缩小了修辞学的范围。这种判断恐怕是还没认识到对象的真正根底所致。倒是这一时期的修辞格手段派难辞其咎。这一学派的典型特点就是专论辞格，将言语中的种种修辞现象都以辞格的名义进行归总概括，多不顾忌这些辞格的命名与分类是否真正揭示了特定现象的根本特点，或是否处在同一平面上或者是否易于人们把握。如这一学派的皮查姆 1577 年出版了《雄辩之园》一书，里边列举的辞格竟多达 184 种。以类型罗列为旨归，其学科的价值内涵就不免大打折扣。

接下来“理智的时代”启蒙时期，科学理性成为主旋律。培根、笛卡儿等一大批持真理追求为终极目标的人们对或然性推理大都采取了怀疑的态度。修辞学，则在强调实证研究的理论呼声中学术地位被大大降低。洛克不无极端地抨击说：“修辞学的一切技术(秩序和清晰除外)，和演说术中所发明的一切技巧的迂回的文字用法，都只能暗示错误的观念，都只能够动人底感情，都只能够迷惑人底判断，因此，它们完全是一套欺骗。……在真理和知识方面，这些把戏委实可以说是语言本身的缺点，或应用这些语言的人底过错。”[1]一旦这种思潮成为主流的时候，修辞学便彻底失去了往日的光辉，在人们的心目中逐渐着上贬义的色彩，成为装饰性的多余学科的代名词，而功能上纯粹成为通过夸大和欺骗而将人导入歧途的虚伪说教。这样，这一时期的修辞学就不配有好命运了。

19 世纪，特别是后半叶，被人们普遍认作是西方修辞学的衰落期。此时，修辞学成为写作课的附庸，或者说实用的作文法替代了修辞学，或者说修辞学演变成了作文法，或者说是二者合而为一成了作文修辞。此时，修辞学与写作课呈鲜明的消长状态：大学里边已不再开设修辞课程，写作课取代了修辞课。人们即便是以修辞学冠名的著作，也多为讲写作的内容，更不要说直以写作命名的了。美国学者鲍德温于 19 世纪末出版的《大学修辞手册》和《口头和笔头作文》，即很能反映这种特征。

---

[1] [英]洛克：《人类理解论》，关文运译，第 497 页，北京，商务印书馆，1959。

三、言语期

20世纪初,还是哲学家们对科学真知的认识趋于丰富复杂,修辞学才重新找回了自己的家园。如果说开始时有的修辞学研究还是在旧田地里运作的话,如新亚里士多德修辞学惨淡经营了半个世纪,一路上还备受责难,最后不得不淡出人们的视线;那么,靠后些的时间,一股强有力的修辞学思潮崛起了。其学派之林立,理论之多样,名目之繁富,与过去数千年相比都颇能显示出一种从未有过的强大生机。仅从顾曰国《西方古典修辞学和西方新修辞学》一文中列举的属于"新修辞学"范围的著作名称即可见一斑:修辞哲学、动机修辞学、小说修辞学、修辞批评方法论、论辩修辞学、古典修辞学今用、对抗修辞学、黑人权力修辞学、认知修辞学、法位修辞学、描写修辞学、语体学(亦称功能修辞学)、文体学、普通修辞学、价值修辞学、肌腱修辞或身体修辞学、生成修辞学、论隐喻等。[①] 即便如此,它与整个20世纪以来冠以各种名堂的修辞学成果相比实际上还差之甚远,像现代—传统修辞学、新柏拉图主义修辞学、表现修辞学、接受修辞学、发生修辞学等等,简直是不胜枚举。不说别的,仅以结构修辞学为例,即有布拉格结构主义修辞学、吉罗结构主义修辞学、法国结构主义修辞学、比利时结构主义修辞学等。功能修辞学中,也分别有俄国的、法国的、德国的和英美的。话语修辞学里边,也能再分为苏联的和英美的;如果其中再视主要对象,仍可以分为人际的和语篇的。有人则以时间兼以特征来划分,大的方面分为新修辞学、现代修辞学、当代修辞学和后现代修辞学。如此等等,真使人眼花缭乱,目不暇接。

这其中,"新修辞学"的称谓最为普遍,最具影响力,完全可以它的内容来反映20世纪修辞学在西方所取得的巨大进展。如果就其研究的对象和理论方法的特色进行观照的话,它大致可以分作四种类型。

(一)哲学理论性的

这一类往往仍借助于柏拉图、亚里士多德他们所开创的传统,将修辞学与哲学紧密地依附于一起。20世纪比较早期的修辞学研究往往属于该类型。如理查兹,即紧紧跟随18世纪的坎贝尔,高度赞赏他对修辞功能的认定,即将过去所谓的"影响"作用再具体地细化为启迪理解、发挥想象力、移情和影响意愿;他也撰写了相同题目的著作《修辞哲学》,将相当大的气力用在分析听众心理上。当然,在继承的同时,理查兹也在

① 顾曰国:《西方古典修辞学和西方新修辞学》,《外语与外语教学》,1990年第2期。

理论方面做出了贡献。比如他是最早介入符号研究的哲学家之一。他的《意义之意义》一书,开始了侧重意义描写的语境理论研究,认为词语或符号本身很难体现明确的意义,在特定语境中才能认定其所指;就概念—词语—事物之间的关系,创立了著名的"奥格登—理查兹三角",即"意义—符号—对象"。这实为其后莫里斯符号学理论的系统化提供了很好的基础。另外,他对修辞学两个方面内容的界定——对误解及其纠正的研究、词语在话语中作用的研究,也广为人们关注。

再如肯尼斯·伯克,他在诸多学科都有很高造诣,且成果丰硕,在新修辞学研究中也具有相当的权威性,主要著作有《新旧修辞学》、《修辞情景》等。他推崇古典修辞学家的主张,并极大地扩充了修辞学的范围。只要是话语形式,无论涉及的是哲学的、政治的、文学的还是宗教的,都是他进行修辞分析的对象。他甚至认为文学也是修辞的一个组成部分。在他看来,人只要运用语言,都不可避免地进入了修辞语境。与此同时,他还分辨新旧修辞学研究的根本特征,认为二者的区别是:传统的重在"劝说",他所认定的修辞学则重在"思辨"。

还有司各特、什尔维茨等人,对过去,特别是启蒙时期人们对修辞学目的方法的误解,有针对性地提出了修辞也是认识事物、反映现实真理性的重要方式的观点。应该说,这一思想对传统修辞学来说颇具颠覆性意义。因为在亚里士多德那里,存在着两种不同的论证方法:一种是普遍性的、理性的和必然性的,其结果指向的是客观真理;另一种是局部性的、情感性的和或然性的,其结果是修辞效果的追求,而与认知真理无关。新修辞学则从更深的层次来认识人类思维理解和表达的复杂性,认为修辞也具有认知的功能,借此以给修辞学正名。这对于夯实该学科的根基,无疑有着重要的价值。

(二)修辞本体性的

比利时列日学派(又称 μ 小组,列日大学诗学研究中心)的研究很能够反映这一内容特色,其代表性著作是《普通修辞学》。该学派提出了更新古典修辞学的主张,这主要体现在分类学的计划上。再则就是提出了一系列意味着重建新体系的理论概念,如修辞学零度、形象化表达的空间、转义度、间断、义位转换法等。它所侧重的是语言本身特征性质的认识描写,使得修辞学的解释说明比较多地具有了科学的内涵与价值。以"修辞学零度"为例,如保罗·利科在他的《活的隐喻》中表述道:"这使得我们能选择科学的语言作为相对的'零度'。最后,采纳这种层面的参照物使我们能给'偏差'概念赋予一种量的价值并将统计学工具引入修辞学。我们不妨测量间距而不是将它隐喻化。我们要加以测量的不仅是所有诗歌语言与科学语言的间距,而且是各种诗歌语言之间的相对间距。"[①]这种追求显然可以使得研究者的认识趋于明朗化和严谨化,其操

① [法]保罗·利科:《活的隐喻》,汪堂家译,第193页,上海,上海译文出版社,2004。

作性也增强了。

修辞学本体的研究,在开初阶段主要体现在传统意义的语音、词汇、句子等语言单位修辞手段、同义形式的描写上。现时则和文学、哲学等一道儿,共同执著于隐喻内蕴特征的探究。保罗·利科从主导学术上讲应属于哲学家,但其思路却具有语言本体的观念。比如他对隐喻修辞深刻阐发说:"使得'遥远的'东西接近,这就是相似性的作用。在这种意义上,当亚里士多德说'造一个好的隐喻就是领悟相似性'时,他是正确的。但是,这种洞察同时是一种建构:好的隐喻就是建立相似性、而非纯粹显示相似性的那些东西。……隐喻是一种瞬间的创造,一种语义学的革新。……隐喻并不只是话语的一种装饰。隐喻不仅仅具有情绪价值,它还包括新的信息。……隐喻谈说某种新的、有关实在的东西。"①

(三)社会功能性的

这一新主张的修辞理论则将修辞学的边界拓展到无比广阔的社会交际中所有的文化信息传播与接收。如西蒙斯对新修辞学给出的定义是:"对现有的明智自理社会问题的零散方法的研究。被当成社会问题的是这样一些情况:双方或多方共同'感觉到的需要',这种需要是他们试图合作起来去满足的;以及这样的情况:双方或多方相互冲突。对于冲突,新修辞学家寻求发现两种行为选择中哪一种是可取的;就是说,哪些处理冲突的零散方式得因(get at causes)而不是求效(get at effects),即找到长期解决办法,而不是短期调节;取得和解而不是妥协。"从莱庭、徐鲁亚的《西方修辞学》在转述了这个定义后,用通俗简洁的言辞解说为:"新修辞学研究如何找到适当的方式来解决社会问题。"②这则将修辞的功能扩大到了极致。这一方向的修辞学研究命运究竟如何,仍在不可知之数,尽管现在它在相当一些人的心目中还保持着莫大的新鲜感与激动。

(四)语法结合性的

索绪尔的学生巴利师承结构主义的理论学说,将自己的研究侧重点有意识地放在了言语上面。他认为,修辞学的任务就是描写话语中带有修辞色彩的各种语言变体。修辞研究也可以采用形式主义的分析,并将其应用模式化。

布拉格学派进一步张扬了这种思想。紧密依照着聚合关系、组合关系的理论,做出新的认定说:修辞的价值功效主要由后者得以显示。这一学派的代表人物雅克布逊认为,两种关系的结合才是话语修辞的基础,恰当的选择恰当的组合才能显示出鲜明

---

① 刘小枫编:《20世纪西方宗教哲学文选》,第1053~1057页,上海,上海三联书店,1991。

② 从莱庭、徐鲁亚:《西方修辞学》,第85页,上海,上海外语教育出版社,2007。

的修辞效果。

法国功能修辞学则在具体的语法内容里边进行修辞学的细致描写,他们于人称代词的转换、陈述语句的选用等课题都有新的见识。

还有转换—生成修辞学,该学派的意识出发点在于:自然深层结构的语义是明确的,相对应的表层结构又并非一种形式,那么,不同形式间的色彩差异以及语义语形间的转换即构成了修辞学研究的广阔空间。

有些则将传统语法学的范围扩大,语言单位推至篇章的上限。这方面的研究则多以功能修辞学命名。如苏联的科仁娜在她的《俄语功能修辞学》中指出:"从修辞角度进行语言研究以及对于其实质本身的认识,都同语言运用问题,也就是语言形式功能的问题密切关联着。"是不是出于对新领域课题的莫大兴趣?不同国家学派的功能修辞学则将这种研究大都放在了语篇和语体风格上面。由此演化出新的称谓——话语修辞学。话语修辞学的主要特征即是将研究的重点放在句际的关联、衔接手段、对话分析和话题、层次、过渡、意义及规则等的认识分析上。

此外,新修辞学还有将研究的侧重点放在修辞对象,如听众、读者以及多寡、层次、直接间接型等方向上,也有的则是语言本体拓展范围的研究、文体风格学的研究等。

不能不说,新修辞学的形成,在短短的一百年时间里边竟反映出如此良好的研究景象,这是自古希腊该学科奠定以来从来没有过的。纵观整个西方修辞学的发展历程,源头或许因为演讲功能的局狭,或许因为两大思想巨匠直接的介入而使研讨起点太高从而在无形当中限制了它的发展?人们看到的客观事实确确实实是一部不断衰败的历史。当然,如果真是追溯其原因的话,人们会发现,造成这种结果的因素往往不止一种。从学科本身上去找的话,一种无可避讳的事实就是它始终缺乏明确的对象。开始时的范围过大(这个"过大"事实上还没有现在话语修辞学的大;关键是这个大,打破了本体内容体系建立的必要性和有机性),而后逐渐萎缩至小到不能再小的修辞格上。有的甚至将整个学科的研究对象只保留为两类:比喻格和非比喻格。这样就使得修辞学失去了自身的活力。新修辞学的陡然兴起,跟 20 世纪初期西方哲学的语言学转向、索绪尔结构主义语言学的诞生都不无关系。其中的深层次缘由非常值得深入地发掘探讨。

世纪之交,受新思潮的影响,以后现代主义修辞学为名目的研究派别也应运而生。持这种思想主张的,往往体现出怀疑真理的客观性、怀疑规则的普遍性的倾向,"解构"成为理想目标。对此,不易简单地评价是与非,要通过时间和它自身的实绩来证明。

第二讲　修辞简史(二)

与古希腊为起点的西方修辞学历史相比,汉语修辞学的内容更为丰富。和自身的语法学历史也不同,汉语修辞学的产生发展走的是一条相对独立、比较健康的路子。

一、古代汉语修辞学

跟古希腊时期在时间上基本相同,都是公元前500年前后,在我国先秦时期,随诸子学说的创立即开始了对修辞现象的研讨,且都是根据语言应用的实际需要而开展了相应的研究。当然也有明显的差别:古希腊紧密贴近的是口语论辩,而中国早期的修辞学研究则是两者兼顾的同时更多地侧重于书面语。还有一点需要给予注意的是:本来古希腊开初时的修辞学像它学术上的整体状貌一样,侧重本体研究;然而经过柏拉图的强烈批评与亚里士多德的强力改造,虽然仍保持着完整的系统,但事实上已属社会功能性质的了。而中国,综合思维的特征属性则决定了它"人文"多于"天文"的认归指向,虽然它难得地比较早地认识到了有这两大类的区分。正因为如此,起始状态的修辞学观念同样不将它与其他相关学科进行清晰的区分,当然,也就更说不上明确的学科意识了。有意思的是,历代以降,尔后的发展呈现的面貌却与西方大不相同,倒是学科性质的面貌愈来愈突出鲜明。

(一)初创期

先秦时的诸子百家为汉语修辞的研究奠定了一个坚实丰厚的根基。

老子的《道德经》,比较早地注意到言意之间的关系以及言语表达的效果问题,并以绝对辩证的观念提出了"大巧若拙,大辩若讷","信言不美,美言不信","善者不辩,辩者不善"的命题。然而,老子以及其后的庄子,都以光昌扬厉的文字体现了修辞的绝好运用。这种言行之间的典型悖论,实能反映辩证法在早期的一种不成熟状态。

以孔子为代表的一批思想家,比较多地注意了语言的社会功效问题。也可以说,我国先秦时期林林总总的修辞论述,其根本属性为功能修辞学性质。和老子不同,孔子有关语言运用、修辞实践的系列阐发和展示是相谐一致的,即便是有些言论之间看似有矛盾,统一起来,却也是辩证中庸、浑然一体的。主要观点有:

1. 深刻认识语言的重大社会作用。"鼓天下之动者存乎辞。""乱之所生也,则言语以为阶。"(《周易·系辞上》)

2. 用"礼"、"善"、"信"规范社会言语行为。"非礼勿言。"(《论语·颜渊》)"子曰:君子居其室,出其言善,则千里之外应之,况其迩者乎?居其室,出其言不善,则千里之外违之,况其迩者乎?言出乎身,加乎民;行发乎迩,见乎远。言行,君子之枢机。"(《周易·系辞上》)"人而无信,不知其可也。"(《论语·为政》)

3. 君子慎言。"晋为伯,郑入陈,非文辞不为功,慎辞哉。"(《左传·襄公二十五年》)"讷于言而敏于行。"(《论语·里仁》)

4. 修辞应与良好的道德修养结合。"子曰:'君子进德修业。忠信,所以进德也;修辞立其诚,所以居业也。'"(《周易·乾》)言行一致。"君子耻其言而过其行。"(《论语·宪问》)

5. 言语交际应看时地、对象。"侍于君子有三愆:言未及之而言谓之躁,言及之而不言谓之隐,未见颜色而言谓之瞽。"(《论语·季氏》)"可与言而不与之言,失人;不可与言而与之言,失言。知者不失人,亦不失言。"(《论语·卫灵公》)

6. 质与文相统一。"质胜文则野,文胜质则史。文质彬彬,然后君子。"(《论语·雍也》)"其旨远,其辞文,其言曲而中,其事肆而隐。"(《周易·系辞下》)

7. 明达、简要、文美的修辞本体标准。"辞达而已矣。"(《论语·卫灵公》)"礼不妄说人,不辞费。"(《礼记·曲礼上》)"言之无文,行而不远。"(《左传·襄公二十五年》)"棘子成曰:'君子质而已矣,何以文为?'子贡曰:'惜乎,夫子之说君子也!驷不及舌。文犹质也,质犹文也。虎豹之鞟犹犬羊之鞟。'"(《论语·颜渊》)

8. 反对花言巧语。"巧言令色,鲜矣仁。"(《论语·学而》)

9. 注重推敲文辞。"为命,裨谌草创之,世叔讨论之,行人子羽修饰之,东里子产润色之。"(《论语·宪问》)"法语之言能无从乎?改之为贵。巽与之言,能无说乎?绎之为贵。说而不绎,从而不改,吾未知之何也已矣。"(《论语·子罕》)

10. 立象以尽意。孔子于此做了探索并提出了解决问题的办法。他认识到,"书不尽言,言不尽意。"《周易》的作者即紧承着这一表述问道:"然则圣人之意其不可见乎?"

孔子的表述是:“圣人立象以尽意,设卦以尽情伪,系辞焉以尽其言,变而通之以尽利,鼓之舞之以尽神。”(《周易·系辞上》)

这一时期各学派的代表性人物也大都表述了自己的语言主张和修辞观念。即便看似相同的,如道家、墨家和法家,他们与儒家表现出来的明显不同的主要语言思想是“重质轻文”。如果细心辨析的话,还可以看到他们之间稍小的差别。道家是从根本上否定语言的作用价值,这样就不仅仅是一个重质轻文,甚至是轻视语言本身的问题,如:“可以言论者,物之粗也;可以意致者,物之精也。”(《秋水》)墨家的是“先质后文”:“食必常饱,然后求美;衣必常暖,然后求丽;居必常安,然后求乐;为可长,行可久,先质而后文,此圣人之务。”(《墨子佚文》)韩非子则是“尚质反文”:“好辩说而不求其用,滥于文丽而不顾其功者,可亡也。”(《亡征》)

先秦思想家们对有关言语修辞现象虽然都相当关注,但真正对此有较系统的论述并进行了较深入研讨的,除孔子外,就要数墨子了;正如当时他们的影响非儒即墨一样。《墨子》一书关于修辞的讨论,则主要体现在两个大的方面:一个也同儒家一样,大多为语言社会效用的种种认定。为人们普遍肯定的就是它的“三表”说:“有本之者,有原之者,有用之者。于何本之?上本之于古者圣王之事。于何原之?下原察百姓耳目之实。于何用之?废以为刑政,观其中国家百姓人民之利。”即便是这一方面,墨家的思想也很有自己的特色,即注重用逻辑思维方式进行分析认定。这一点,其他诸子都很少注意到,却多与古希腊思想家们的意识相契合。比如墨子是强调思辨或论辩的,他指出:“夫辩者,将以明是非之分,审治乱之纪,明同异之处,察名实之理,处利害,决嫌疑。焉摹略万物之然,论求群言之比,以名举实,以辞抒意,以说出故。以类取,以类予。有诸己不非诸人,无诸己不求诸人。”(《小取》)“立辞而不明于其类,则必困矣。”(《大取》)再一个是它有关语言本体的系统论述。这也是其他诸子难得涉及的。最典型的反映在墨子对辞格的研讨上,如比喻、类比、对照、对偶、夸饰、引用、警策等,都进行了较明晰的辨析。特别是比喻,讨论得具体而深入。是墨子第一个给出了定义:“辟也者,举它物而以明之也。”并对它正反两个方面的应用问题给予了比较详细的论述。正面的如要明确、要文雅,反面的则要它和类比、夸张等区别清楚,以免造成与客观可行性的误解等。

此外,像孟子、荀子等,也都有精到的表述;其行文,犀利遒劲。特别是后者,在文章体式上都有了自觉的追求,到他这里,文章才有了标题和正文完整的形式,并且还有了通俗文艺宣传类体裁的尝试。至此,我们可以说,后期诸子的修辞理论与实践也确实在追求并实践着“文质彬彬”的统一,以达到“言语之美,穆穆皇皇”(《荀子·大略》)的境界。

(二)过渡期

汉代修辞研究,主要反映在对经书注疏,特别是对儒家语言思想观点的阐发上。

这一时期有两部著作同样值得重视,一是董仲舒的《春秋繁露》,一是王充的《论衡》。

董仲舒的《春秋繁露》,进一步发挥了儒家文质兼备的理论。最有独到见解的就是对《春秋》笔法"微言大义"作了具体深入的分析,主要体现在对其用词谨慎精确的特征进行了细致的归类描述,如"文约而法明","义之大者也,得一端而博达之","先质而后文,右志而左物","无通辞,从变而移","或达于常,或达于变","慎辞,谨于名伦等物者也"等,为人们审慎遣词造句详解归总了具体的范例。书中还情感深笃地表述道:"不法之言,无验之说,君子之所外,何以为哉!"该书同时对句法现象也有所涉及,有些分析还相当到位。如对《春秋》中的句法结构"陨石于宋五"、"六鹢退飞过宋都"解释道:"耳闻而记,目见而书,或徐或察,皆以其先接于我者序之。"这可以说是最早从认知角度对汉语语句组织的成因进行探究。再如对重言(反复)的论述:"其辞直而重,有再欢之,欲人省其意也,而人尚不省,何其忘哉!孔子曰:'书之重,辞之复,呜呼!不可不察也,其中必有美者焉。'此之谓也。"在《山川颂》里,以"水"为例,以博喻的方式对"取譬"法作了精到的描述:

> 水则源泉混混沄沄,昼夜不竭,既似力者;盈科后行,既似持平者;循微赴下,不遗小间,既似察者;循溪谷不迷,或奏万里而必至,既似知者;鄣防山而能清净,既似知命者;不清而入,洁清而出,既似善化者;赴千仞之壑,入而不疑,既似勇者;物皆困于火,而水独胜之,既似武者;咸得之而生,失之而死,既似有德者。

王充的《论衡》,是有鉴于当时虚妄华伪文风而撰写的具有批判精神的一部著作。里边的《语增》、《儒增》、《艺增》等篇,是修辞专论性的。主要观点表现在:"疾虚妄,求实诚";提倡"明言"、"露文";反对"文辞相袭",主张"不类前人";赞同"繁文",即繁丰的表现风格。

另外刘向的《说苑》也有精辟的见解。如:"夫辞者乃所以尊君重身,安国全性者也,故辞不可不修,说不可不善。"(《善说》)记述梁惠王与惠施关于比喻的谈论,将对该辞格的认识又向前推进了一步。"夫说者,固以其所知喻其所不知,而使人知之。"《毛诗序》则对风、雅、颂、赋、比、兴作了比较详细的解说。

(三)成长期

这一时期主要指魏晋南北朝这一历史阶段。在这三百多年的历史发展中有着引人注目的震荡变动:佛教传入、崇尚清谈、文学自觉,都给修辞研究注入了强劲的推动力,为《文心雕龙》的问世提供了客观环境与条件,同时也产生了一批有影响的论及修辞的士人著述作品,如曹丕的《典论论文》,陆机的《文赋》,颜子推的《颜氏家训》,沈约的《四声谱》,钟嵘的《诗品》、挚虞的《文章流别论》等。

陆机的《文赋》中多有精彩的认识见解:“恒患意不称物,文不逮意。”“谢朝华于已披,启夕秀于未振。”“若非培塿衬,争见太山高。”“苟达变而识次,犹开流以纳泉。”“立片言以居要,乃一篇之警策。”

刘勰《文心雕龙》主要的修辞理论表现在:

1. 强调修辞的功用及其方法。“一人之辩,重于九鼎之宝,三寸之舌,强于百万之师。”(《论说》)“凡精虑造文,各竞新丽,多欲练辞,莫肯研术。”(《总术》)

2. 强调修辞应该为情理服务。“夫铅黛所以饰容,而盼倩生于淑姿;文采所以饰言,而辩丽本于情性。故情者文之经,辞者理之纬;经正而后纬成,理定而后辞畅,此立文之本源也。”(《情采》)

3. 强调修辞应知常达变。“设文之体有常,变文之数无方。”(《通变》)“同辞重句,文之疣赘也。”(《熔裁》)“变通以趋时。”(《熔裁》)

4. 给字句章篇的修辞确立了比较明确的标准。词:准确、简练、明晰。“以少总多,情貌无遗”。(《物色》)句:“搜句忌于颠倒”。篇章:“裁章贵于顺序”(《章句》),“弃偏善之巧,学具美之绩”。(《附会》)

5. 对典型辞格给予了深入的分析。比喻:“物虽胡越,合则肝胆”。“比类虽繁,以切至为贵”。(《比兴》)“喻巧而理至”。(《论说》)丽辞(对偶):“言对为美,贵在精巧;事对所先,务在允当。”(《丽辞》)夸饰:“辞虽已甚,其义无害也。”“夸而有节,饰而不诬。”(《夸饰》)事类(引用):“据事以类义,援古以证今者也。”(《事类》)其他的还有谐隐、隐秀等。

6. 比较详细地论述了声律修辞。“异音相从谓之和,同声相应谓之韵。”(《声律》)

7. 建构起文体风格的初始体系。如作品风格:“一曰典雅,二曰远奥,三曰精约,四曰显附,五曰繁缛,六曰壮丽,七曰新奇,八曰轻靡。”“八体虽殊,会通合数,得其环中,则辐辏相成。”(《体性》)

8. 注重修辞的阅读鉴赏。“无私于轻重,不偏于憎爱。”“平理若衡,照辞如镜。”“一观位体,二观置辞,三观通变,四观奇正,五观事义,六观宫商。”(《知音》)

这一时期有关修辞所进行的重点研讨且产生较大影响的反映在两个方面:

一是声律。陆机、刘勰等都有论述,沈约的“四声八病”说影响最大。

一是文体。曹丕有“四科八类”,陆机有“十类”;挚虞、颜子推、刘勰等同样看重。

辞格研究方面,这时人们注意到了警策、歇后、仿拟等。

(四)发展期

指隋唐五代。其特点是诗、文、史呈三个系统分别表述的现象。但总的来说,专论不多,往往散见于文章诗词。如韩愈在《南阳樊绍述墓志铭》中提出“文从字顺各识职”,在《答李翊书》中提出“唯陈言之务去”;杜牧《答庄充书》中提出了“文以意为主”;

杜甫《戏为六绝句》:“别裁伪体亲风雅”,《江上值水如海势聊短述》:“为人性僻耽佳句,语不惊人死不休。”白居易《与九元书》:“诗者:根情,苗言,华声,实义”,《新乐府序》:“其辞质而径,欲见之者易谕也;其言直而切,欲闻之者深诫也;其事核而实,使采之者传信也;其体顺而肆,可以播于乐章歌曲也。”专题性的研究此时也有了良好的开端。比如论对偶,日僧遍照金刚的《文镜秘府论》论及该类达29种之多。司空图的《二十四诗品》则专门论述诗的24种风格。

值得注意的是孔颖达的《五经正义》,其中论述到的修辞手法有:

“互文”:(“散鹿台之财,发钜桥之粟。”《尚书·武成》)《正义》:“散者言其分布;发者言其开出,互相见也。”“变文”(避复):(“祁午得位,伯华得官,建一官而三物成。”《左传·襄公三年》)《正义》指出:“‘官’、‘位’一也,变文相辞耳。”“省文”,它既包括省略,又包括“偏义复词”。(“以索马牛,皆百匹。”《左传·襄公二年》)《正义》指出:“牛当称‘头’,而亦云‘匹’者,因马而名牛曰‘匹’,兼言之耳。经、传之文,此类多矣。《易·系辞》云:‘润之以风雨’,《论语》云‘沽酒市脯不食’,《玉藻》云‘大夫不得造车马’,皆从一而省文也。”其他再如“甚言”(夸张)、倒言等,也多有阐发。

此外,刘知幾的《史通》,虽然是史论,但很多讲到的是修辞内容。有关修辞原则问题,该书认为:“夫国史之美者,以叙事之工;而叙事之工者,以简要为主。”“以实录直书为贵”。“怯书今语,勇效昔言,不其惑乎!”说到用词标准,该书分析深入。“伊、惟、夫、盖,发语之端也;焉、哉、矣、兮,断句之助也。去之则言语不足,加之则章句获全。”“言近而旨远,辞浅而义深,虽发语已殚,而含意未尽。使夫读者望表而知里,扪毛而辨骨,睹一事于句中,反三隅于字外,晦之时义,不亦大哉!”

(五)兴盛期

这一时期包括宋金元三代,是古代修辞学研究很值得深入探讨的一个时期。相当多的士人对修辞现象给予了自觉的关注,特别是第一部修辞学专著《文则》问世,理论建设方面取得了长足的进展。

陈骙的《文则》,虽然是为论述作文的法则而作,但是从它的主导内容看,或从广义修辞学的角度看,可以说就是成体系的修辞学专著。主要特色表现在:

一是有关修辞理论谈得全面。比如有关修辞原则,提出了贵恰当、贵明确、贵简洁、贵通俗,并用古语“黡子在颊则好,在颡则丑”来说明适切的重要性,是相当到位的。而且理论阐述全面,不时有点滴闪光之处。如论恰当,“凫胫虽短,续之则忧;鹤胫虽长,断之则悲”。论明确,“《诗·何彼秾矣》曰:‘平王之孙。’《檀弓》曰:‘穷居鲁人也。’盖平王疑为东迁之平王,鲁人疑为鲁国之人也。”这已经谈到了歧义表达问题。

二是全书对多种修辞手法,如比喻、对偶、重复、援引、蓄意、倒语、避复、缠纠(复辞)、答问、炼句等,进行了探讨,有些辞格的分析精当且有深度。如比喻,即分作10个类型,每类都有例证和规律归纳;并且注意到了形式特点的把握,以直喻为例:"或言犹,或言若,或言如,或言似,灼然可见。"《文则》还进而对许多没有被人提到过的修辞手法进行观察和总结。如"数人行事",即总分关系的表述;如"文无助(词)则不顺",举例有"勿之有悔焉耳矣"、"寡人尽心焉耳矣"等,都很典型;再如继踵,可以说是陈氏的新发现,即现代所谓的"层递";再如交错,"文有交错之体,若缠纠然,主在析理,理尽后已。"举例有:"《庄子》曰:'有始也者,有未始有始也者,有未始有夫未始有始也者。'"《修辞学发凡》将该现象称为"复叠"。再如排比,陈氏尽管当时没用该名,称之为"数句用一类字,所以壮气势,广文义也",并以大量的例证进行归类,是下了很大工夫的。

三是比较详尽地论述了文体风格。

宋代理学表现出比较一致的否定文辞、重道轻文的倾向。二程甚至有"为文害道"的观点;朱熹虽不赞同,但也认为:"道者,文之根本;文者,道之枝叶。"(《朱子语类》)

王若虚《滹南遗老集》也是一部很有特色的谈修辞的著作。里边谈到了相当多的属于消极修辞的东西。对常见语病归纳有:用词不当、疏漏、冗复、妄改成语、文势不相承接等。同时对修辞手法也提出了自己的新发现、新见解,如:"《醉翁亭记》言太守宴曰:'酿泉为酒,泉香而酒洌。'似是旋造也。"还有近似于现在所谓"示现"辞格的描述等。

诗论也是这一时期的一大景观。如欧阳修《六一诗话》备赞梅圣俞的"含不尽之意,见于言外"。当时人们特别重视诗眼、句中眼的锤炼。对"错综句法"等也进行了探讨,如《秋兴》:"红豆啄余鹦鹉粒,碧梧栖老凤凰枝",北宋僧惠洪《石门洪觉范天厨禁脔》一书中曾指出,平叙应为"鹦鹉啄余红豆粒,凤凰栖老碧梧枝"。章法也有论述。特别难得的是,当时许多人开始对一些修辞手段的对错好坏展开讨论。如对夸张、歇后、比喻等,多有争议。有些深入探讨很有新意,如罗大经《鹤林玉露》中云:

> 诗家有以山喻愁者:杜少陵云:"忧端如山来,澒洞不可掇。"赵嘏云:"夕阳楼上山重叠,未抵闲愁一倍多"是也。有以水喻愁者:李颀云:"请量东海水,看取浅深愁。"李后主云:"问君能有几多愁,恰似一江春水向东流。"秦少游云:"落红万点愁如海"是也。贺方回云:"试问闲愁知几许?一川烟草,满城风絮,梅子黄时雨。"盖以三者比愁之多也。尤为新奇,兼兴中有比,意味更长。

这一时期还出现了一批有关诗话的资料汇编,如《修辞鉴衡》等。

(六)拓展期

明清时期,前一阶段由于文坛多由倡导复古的前后七子把持,修辞探索总的来说进展不大。比较突出的地方表现在戏曲、小说方面的语言运用研究。而后一阶段,即清代,有了相当好的气象,能够形成相对完整的观点体系。如李渔的戏曲理论,金圣叹的小说评点。其他再如传统的研究也有一定特色,如王夫之的《薑斋诗话》,唐彪的《读书作文谱》,俞樾的《古书疑义举例》等。

李渔的《李笠翁曲话》是一部戏曲修辞集大成之作。里边有理论,有分析,有例证宣讲,对修辞在戏曲上所表现的特有手段作了一定深度的探讨,有不少新的创见。比如“立主脑”:“古人作文一篇,定有一篇之主脑。主脑非他,即作者立言之本意也。传奇亦然。一本戏中有无数人名,究竟俱属陪宾,原其初心,止为一人而设。即此一人之身,自始至终,离合悲欢,中具无限情由、无穷关目,究竟俱属衍文;原其初心,又止为一事而设。此一人一事,即作传奇之主脑也。”再比如“结构第一”的观点,主要目的是“观听咸宜”等。难能可贵的是,其中所谈都是结合着戏曲本身的特点来谈,因此认识多中肯。如戏曲不能“只要纸上分明,不顾口中顺逆”。当然,这一点明代王骥德的《曲律》中已讲到“可演可传,上之上也”,“为案头之书,已落第二义”。但李渔说得更明朗,有发展。再如戏曲语言“贵浅不贵深”的观点,“文贵洁净”的观点,特别是关于这一点所提出的“意则期多,字惟求少”的表述,对后世影响很大。还有“说何人,肖何人”言语性格化的观点等,都可以说是慧眼独具。另外在音律方面也有比较多的论述。总之,李渔的《闲情偶寄》中的词曲部、演习部,形成了相当完备的戏曲修辞理论体系。

金圣叹评点在戏曲方面也卓有建树。对《西厢记》的评点中,他总结了多种艺术手法:“挪碾法”、“烘云托月法”、“龙王掉尾法”、“抑扬顿挫法”、“明修栈道,暗度陈仓法”等。但究其内涵,应该说多为篇章和文学表现手法。

小说修辞理论,以金圣叹评点《水浒传》最有成绩。其主要特点:一是注意用词准确。如第三十六回“一只快船,飞也似从上水头摇将(急溜)下来。”(括号内为金所改)金认为“摇将”与“快”、“飞”不谐,是“谬以千里”。二是注意语言的个性化。“《水浒传》只是写人粗卤处,便有许多写法。如鲁达粗卤是性急,史进粗卤是少年任气,李逵粗卤是蛮,武松粗卤是豪杰不受羁靮,阮小七粗卤是悲愤无说处,焦挺粗卤是气质不好。”另外还有关于词语形象美的认定。三是句法章法修辞方面注意规律的总结:“对锁章法”、“遥对章法”、“相照章法”等。如“相照章法”的例子:

> 武松便……把那个石墩只一抱,轻轻地抱将起来。双手把石墩只一撇,扑地打下地里一尺来深……武松再把右手去地里一提,提将起来,望空中只一掷,掷起去离地一丈来高;武松双手只一接,接来轻轻地放在原旧安处。
>
> (金评曰:看他“提”字与“提”字顶针,“掷”字与“掷”字顶针,“接”字与“接”字顶针。又看他两段,一段用“轻轻地”三字起,一段用“轻轻地”三字止)

再如谈参差错综变化美:

> 那汉……便道:“兀那和尚,你的声音好熟,你姓甚?”智深道:“俺且和你斗三百合却说姓名!”……又斗了四五合……那汉便问道:“你端的姓甚名谁?声音

好熟。"

(金评:转换文法)

另外还有关于幽默美等内容的总结。

金圣叹之后,又有毛宗岗评点《三国》、张竹坡评点《金瓶梅》、脂砚斋评点《红楼梦》等,也都有精妙处。如张竹坡写道:"读《金瓶梅》当看其白描处。子弟能看其白描处,必能自做出异样省力巧妙文字来也。"

文论修辞方面,桐城派可以说是独领风骚。它主要继承明唐宋派,并发展提出自己的一套学说理论。方苞首先提出"义法"说,义是"言有物",法是"言有序"。修辞观上则主要表现为推崇"雅洁":"古文气体,所贵澄清无滓。"后来的吴德旋在《初月楼古文绪论》中明确提出:"古文之体,忌小说、忌语录、忌时文、忌尺牍;此五者不去,非古文也。"姚鼐是桐城派的集大成者,主张古文重在于"义理"、"考据"、"词章"上下工夫,"三者不可偏废"。并明确提出古文八要:"所以为文者八,曰:神、理、气、味、格、律、声、色。神、理、气、味者,文之精也;格、律、声、色者,文之粗也。然苟舍其粗,则精者亦胡以寓焉?"(《古文辞类纂序》)

其他,像顾炎武、魏际端、袁枚、章学诚、陈澧、唐彪、沈德潜、叶燮等,于言辞运用的方法与效果问题也都有自己的独到见解。

纵观数千年古代汉语修辞研究的历史,有这样三个方面的特点是需要看到的:其一,紧密结合着语言运用的实际进行效果评判和特点总结。因为中国的传统文化人文性厚重,不同语体形式随着时间的进递更移而不断变化产生,不同语体形式在表现方法上又有富有特色的不同的方法,人们欣喜于不同体裁语言艺术的表现力,那么,这种态势即为修辞学充满生气的发展提供了不竭的动力。其二,自先秦时期奠定的民族文化里边即包含有重意轻言、重形象轻逻辑的特征。汉语的语言学历史从前人汇集的资料即不难看到这样一个客观事实——语法单薄修辞厚重。[①] 这种特征于修辞的表现与理解实大有裨益。其三,由前两个作基础,汉语修辞学从总的发展情况来看也是积极健康的,那就是学科特点愈来愈明晰。如果说先秦时期的修辞学思想还是属于哲学的、伦理学的、社会学的、语用学的等性质的话,如果说像《文心雕龙》那样的作品,古典文论、文章学、修辞学都可以分一杯羹的话,那么,陈骙《文则》的情况就大不相同——那是纯粹的修辞学著作了。

---

① 郑奠、谭全基编:《古汉语修辞学资料汇编》,北京,商务印书馆,1980。郑奠、麦梅翘编:《古汉语语法学资料汇编》,北京,中华书局,1983。前者字数达55.2万,后者字数是28.2万。即便如此,后者里边的很多内容仍属修辞范畴。而后一本书的"前言"里也说:"前人的语法研究,一方面和训诂学(词义学)相结合,另一方面和修辞相联系,这两方面都没有明显的界限。"

二、现代汉语修辞学

现代汉语修辞学的建立,是以1905年汤振常的《修词学教科书》和龙伯纯的《文字学发凡》问世为标志。它们以及以后的修辞学著作,之所以区别于古代的,并不单纯只是一个时间性问题,最根本的还在于修辞学观念发生了变化。修辞学作为一个独立的学科开始为人们所自觉认识并给予重视。比如龙伯纯在他的书序里明确指出:"西国文法,著有专书,师以是教,弟以是习,有迹可循,有效可期。"同时表达了和马建忠一样的思想意识:借助西方科学以开启民智。早期从事修辞研究的人们大都有留学国外的经历,西方传统所具有的条分缕析的思维方式、学科观念,以及修辞学悠久的历史给他们注入的印象无疑是深刻的。为了民族的崛起,学习西方指导人们于学习应用中获得高效益,他们便借助西方学科分立的方法,致力于汉语修辞学的建设。初始从事这项工作的人们,已经注意到了与过去研究的差异问题,这充分反映在现代修辞学思想意识的明晰上。如仍是龙伯纯书序中的表述:"我国作文诸法,向无专书。所谓训诂之学,音韵之学,字书之学,虽极精博,要皆成文以后之事。然欲通之,亦大费时日,虽通矣,而于成文尤未也。诸家所选古文,又皆以意为批评,无完全之善本。执此以学文,欲求通且难,遑言善乎?"这一段话里边包含了一些比较重要的认识:一是于作文来讲,中国古代缺少专门的文法修辞著作。龙氏于此虽没详细地展开论述,但我们不妨作这样的理解:这方面的内容多是与文论、诗话、曲评等杂糅在一起的,并没有将它看作专一的学问,区分不明。二是传统的诸门学科虽博大精深,却对实际的作文指导有一定的距离。三是与此最为接近的文论又多是侧重意义的感悟、体会,而真正从形式结构、可操作性的程序手段进行描写、规律总结的不多。我们且不说龙氏著作内容的分量,即从他的这种基本认识来说,应该说就是很了不起的;从一定意义上说,上述的三个方面也正说明了古代修辞学与现代修辞学的主要不同处。

如果进一步强调一下现代修辞学的总体特征的话,同样可以从三个方面来说明。

一是从真正意义上确立了修辞学的性质。也就是宗廷虎在《中国修辞学通史·当代卷》"总论"部分确认的那样,是"以语言为本位——修辞学根本观念的树立"。[①] 这种观念的确立深刻烙印着现代科学的色彩意识,这同传统的研究有了质的差别。比如先秦的修辞思想论述、整体内容简直就可以说是修辞社会学,或曰修辞哲学,或曰修辞伦理学。那是真正以人为本位来谈修辞的,而语言本身的应用规律是什么,却很难得到客观全面的反映。

---

① 宗廷虎:《中国修辞学通史·当代卷》,第19页,长春,吉林人民出版社,1998。

二是以现代形式逻辑为基础,对修辞范畴进行严格的界定。概念的明晰是科学论证的基础,也是建立科学理论体系的基本保证。那么,现代修辞学所表现出来的一个共同特征,就是以明确的概念进行尽可能严格的表述。连最早期的两部著作也是鲜明地烙印着这种现代科学的色彩,如《修词学教科书》对一系列重要概念都作出了界定。如修辞学的定义:“教人能用适当之言语,以表白思想感情之学科。”《文字学发凡》对此也作出了自己的认定:“修辞学盖集句成段,集段成章诸法也。”这种表述从而形成与过去研究不同的最大分界,也就是从一般的感知到理性的判断,为学科的科学化,从认识思维方式上实现了根本的转变。

三是注重学科体系的建设。正像《修辞学发凡》阐述的那样:“修辞学的任务是告诉我们修辞现象的条理、修辞观念的系统。”在现代修辞学建立的初期即表现出这种特色。《修词学教科书》篇幅不长,仅 2 万字,即便如此,它也重视了完整系统的建设。我们来看它的内容框架:

总论(包括修辞学的定义、范围等)

第一编　体制

概论(论文章体制的分类)

文之构成(论“文字”、“句节”、“段落”、“篇章”)

转义与辞样(论二十几种修辞格)

第二编　构想

第一章　概论(构想的三要素及结构的三部分)

第二章至第五章(记事、叙事、解释、议论等四种文体)

这是一种具有思路开阔、结构恢宏的修辞学体系,很能体现现代修辞学致力于系统性、层次性构建的特征。对于一门学科的建立与完善来说,这是必须具有的一种形态。

下边我们简述现代修辞学的发展。

(一) 草创期(1905—1918)

这一阶段有代表性的修辞学著作主要是汤振常的《修词学教科书》、龙伯纯的《文字学发凡》、吴曾祺的《涵芬楼文谈》、姚永朴的《文学研究法》、林纾的《畏庐论文》、周钟游的《文学津梁》、程善之的《修辞初步》、刘金第的《文法会通》、王梦曾的《中华中学文法要略·修辞编》,以及章太炎论及修辞的论文《文学说例》等。

这一时期的特点,除了上面所述现代修辞学的共性外,毫无例外地带有了我国近现代科学文化建设所特有的一种现象,那就是浓重的模仿印迹。比如汤振常、龙伯纯的著作都是依照日本修辞学的观点理论来建立的。有些做得比较极端的就是将国外的例证、表述,直接地翻译过来,成为自己思想观点的重要组成部分。与此同时,由于中国修辞学的传统比较厚重,积累的资料相当丰富,这样早期修辞学体系多是采取国外的理论框架并综合中国古代有关内容的方式。再则这一时期毕竟是初始,语法和修辞往往没有明确的分界。正像吕叔湘对《马氏文通》评价的那样,虽然讲的是语法,但许多时候是结合着修辞一道儿讲。"把语法和修辞区分开,有利于科学的发展;把语法和修辞打通,有利于作文的教学。"[1]同样道理,此时的修辞学研究也往往融入了语法的内容。还有就是整个内容体制安排仍是文章学性质的。所以,开创虽功不可没,其局限性也一清二楚。

(二) 成熟期(1919—1949)

这一期成果多,讨论也多,特别是出现了一批极有影响的修辞学著作,其中又以陈望道的《修辞学发凡》代表了当时修辞学研究的最高成就。

唐钺的《修辞格》,1923 年由商务印书馆出版。这是一本系统探讨修辞格的著作。陈望道给予了很高的评价,说:"因找例很勤,说述也颇得当,又是科学的修辞论的先声,对于当时的影响很大。从这本小书出版以后,修辞学便又换了一个新局面。修辞学的成立已经没有人怀疑。"[2]里边将辞格归纳为 5 大类 27 小类,形成了一个较强的辞格体系;且分类根植于心理学的基础,显得新颖并具有相当强的科学性。我们来看它的分类系统。

第一章　基于比较的

(甲)类似的:显比、隐比、寓言

(乙)差异的:相形、反言、阶升、趋下

第二章　基于联想的 伴名、类名、迁德

第三章　基于想象的 拟人、呼告、想见、扬厉

第四章　基于曲折的 微辞、冷语、舛语、负辞、诘问、感叹、同辞等

第五章　基于重复的 反复、俪辞、排句、复字

我们不管其命名与分类是否科学,但就认识基础来讲,客观上它在揭示着辞格建立的深层心理问题。这种描写有相当的深度,所包含的科学价值时至今日并没有被人们广泛地注意到,表现之一就是迄今的一些辞格著作仍满足于只是作表层的拆分类型列举,这实是一种倒退。再则是该书注意了理论的阐述说明,对什么是修辞格、使用修辞格的原则,甚至每一种辞格,都给出了明确的定义。

还有三易的《修辞学》和《修辞学通诠》,以美学理念强化了修辞理论的描写,并初

---

① 吕叔湘:《马氏文通序》,第 6 页,北京,商务印书馆,1983。

② 陈望道:《修辞学发凡》,上海,上海教育出版社,1979。后边正文引例都来自该书。

步将修辞现象作了消极、积极两部分的划分。郑奠的《中国修辞学研究法》是以传统方法研究修辞的代表性著作。董鲁安的《修辞学讲义》和《修辞学》,薛祥绥的《修辞学》,则是两者兼备,并且初步形成了字法、句法、章法和辞格的体系。

陈望道的《修辞学发凡》,是汉语修辞研究史上的不朽之作,现在修辞学界一致地公认它是"现代修辞学的第一座里程碑",将修辞学的研究推向了一个高峰。它之所以能够获得极高的成就与赞誉,这与它所建立的相对比较完善的修辞学理论体系以及研讨的精深细致分不开。作者早年留学日本早稻田大学,该校可以说是日本修辞学的摇篮,陈在该校就读期间,多位修辞学大家,如五十岚力、岛村泷太郎等也正处于学术的巅峰时期,都有反映当时前沿性成果的著作问世。这对渴望于思想学术追求建树的学子来说,无疑有着积极的引领示范效用。通读这部体现现代汉语修辞学全新面貌的著述,人们首先不得不折服于它系统的博大与严谨。由先进理论方法统领进行整体内容的建构形成了它的最大特色:全书共 12 篇,第一、二、三篇属于总论,谈文辞和语辞的区分,实际照应的是书面语(有侧重文言之意)和口语(有侧重白话之意)。过去讲修饰,这里强调调整;修饰多易形成华巧的意向,那么实际的修辞形成的境界却是记述与表现相辅相成的。至此,该书旗帜鲜明地提出了递相对应的修辞要求:"以适应题旨情景为第一义"。这看起来似乎很平易的标准却为汉语新的修辞学体系树一高标。对于强化修辞学的科学内涵和可操作性提供了一有力的前提。其他的,就是谈修辞学的功能、语言的范围以及消极积极两大分野,给人们勾画出修辞学作为一个学科的清晰概貌。因为作者视界高远,又对语言本体特征有洞明理解,所以,里边即便是现象上的表述也都具有深刻的内涵。如第三篇论述语言形式和内容之间的关系,谈到历史的发展时说:"当一种新内容才始萌生或者成长的时期,总觉得没有适应的形式可以把它恰当地传达出来,原有形式的遗产纵然多,也觉得不足以供应付。而急于探求新形式的意识,或又使人失去一部分利用旧形式的兴趣。于是便有一种形式缺乏的现象发生。使人觉得生硬,觉得传达得不适当,不自然。这我们称它为内容过重时期。内容过重一般并不是故意的,只为谋求'言随旨遣',而言尚不足以供应付,意又还不足以创成新形式,这才发现了这样的现象。这现象是每一新内容要求有自己的适应的新形式的开创时期一种公有的现象。"这对我们今天的社会语言生活的解说来讲也是非常贴切的。

它的第四篇是讲消极修辞,从第五篇到第九篇都是讲积极修辞。这属于语言本体的主要内容部分。第五篇到第八篇讲辞格,第九篇讲辞趣。

第十篇讲修辞现象的变化和统一,呼应前边的第三篇。

第十一篇讲文体和风格。

第十二篇是结语,讲现代汉语修辞学的发展概貌与自己的期望。

这里将其基本框架图示如下:

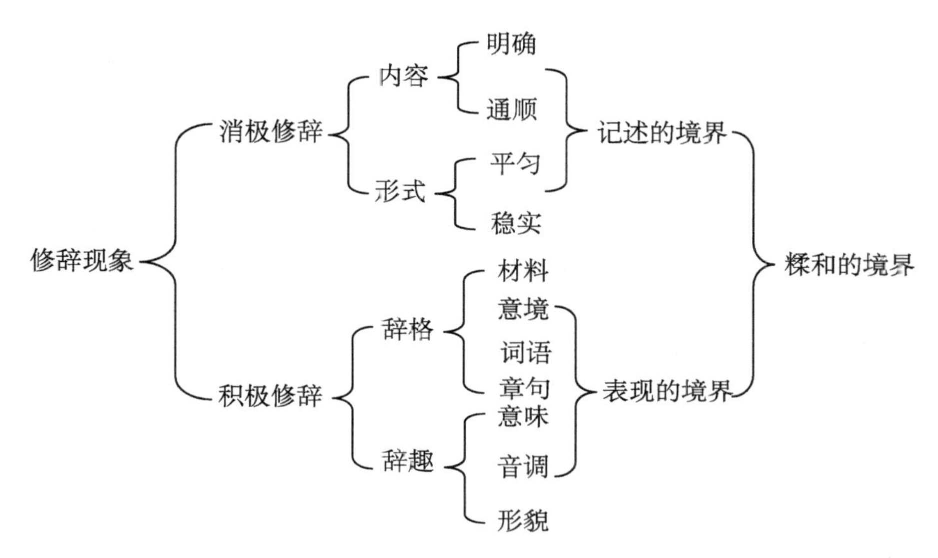

由该图简单的示意即可看到,《修辞学发凡》大都是按照对立统一的观念进行整体内容的分类与整合。不但大的方面是这样,具体的局部的论述也莫不如此,如体性上(表现)的风格分类:简约与繁丰,刚健与柔婉,平淡与绚烂,谨严与疏放。无不两两相对,形成看似矛盾但都有其富有情采的一面。这既合乎语言运用的实际,又便于人们学习把握。

其次就是该书新见迭出,多有创获。除了上面列述的之外,还有有关修辞学的任务:"是告诉我们修辞想象的条理、修辞观念的系统。它担负实地观察、分析、综合、类别、说明的责任。"有关修辞技巧的主要来源:"有两个:第一是题旨情境的洞达,这要靠生活的充实和丰富;第二是语言文字可能性的通晓,这要靠平时对于现下已有的修辞方式有充分的了解。"有关修辞的本体特征:"是利用语言文字的一切可能性。"有关修辞的功用:于读写可以有助"确定意义"、"解决疑难"、"消灭歧视",于写说可以有助疗治"屑屑模仿病"、"美辞堆砌病",等等,时至今日,仍为汉语修辞学界所肯定。

再则,就是以认真严谨的科研态度对待材料选取,例证典型,很能体现修辞现象的特质。据统计,全书用到的例句达 800 多个,这些例证可以说都是筛选再筛选而最后认定的,因为这些例证对于说明观点都显得那样准确,成为内容里边不可或缺的重要组成部分。由此可以想象,这后面得有多少例证才能形成这样坚实的基础!以刘大白初版序言所告知的,该书集 10 年之功、无数次增删才成。对照文字,能深明此说不虚。

当然,正像作者在全书结语部分所表述的那样:"一切科学都不能不是时代的,至少也要受时代所要求所注重,及所鄙弃所忽视的影响。"任何思想著述都不可避免地打上时代局限性的烙印。还有,即便是好的理论方法,如果不能坚持始终的话,也会体现出具体内容上的错位。有些判断也需要进一步研讨。后面章节里边我们也会就特定的问题再讨论的。

之后汉语修辞学的研究呈高涨之势,像曹冕、郭步陶、马叙伦、徐梗生、宋文翰、汪震、章衣萍、宫庭璋、郭绍虞、王瑶、徐懋庸、何爵三、祝秀侠、周振甫、郑业建、赵景深等都以不同论著形式,从不同角度投入汉语修辞学的建设中。

这一时期于古汉语修辞研究有特色的主要有杨树达的《中国修辞学》和黎锦熙的《修辞学比兴篇》。前者的特点是继承传统训诂评点的方式,相对比较远的就是俞樾的《古书疑义举例》,因为有《古书疑义举例续补》在,近则是郑奠的《中国修辞学研究法》。其共同点都是采用援引古书成说或古书例证加按语的方式来表达自己的观点,针对性非常强,典型性也很突出,但系统性相对就比较弱。后者本来有一个恢宏的设想——全面构建丰厚坚实的修辞学新体系,但由于黎先生忙于事务,最后只能以其中一个课题中的一个片断问世。即便如此,对类比特征的深入探讨还是非常具有系统性的。

(三)普及期(1949—1965)

1951年6月6日,《人民日报》发表了《正确地使用祖国的语言,为语言的纯洁和健康而斗争!》的社论,里边指出:“只有学会语法、修辞和逻辑,才能使思想成为有条理的和可以理解的东西。”同时发表吕叔湘、朱德熙的《语法修辞讲话》。从而形成全国性地学习普及热潮,修辞学知识理论的教学与研究也成为当时引人注目的一项语文知识能力。紧接着,以张瓌一名义发表的《修辞概要》一书于1953年出版。这本书虽然也是范围结构很明确,用词、造句、修饰和篇章风格等俱全,但主导目的并不在于此,因为该书的篇幅并不厚重,总共还不足12万字,且下位层次也不复杂,深层的研讨也并不多见。然这本书深入浅出,语言平易祥和,对语言现象的经验体会很能引发人们的思考,故非常为青年读者们所欢迎。其后同类型的著作还有张梅安的《修辞讲话》,吕景先的《修辞学习》,周振甫的《通俗修辞讲话》、林裕文的《词汇、语法、修辞》、周迟明的《汉语修辞》等。而修辞的内容也正式进入大学的《现代汉语》教材里边。同时还就有关修辞方面的一些重大问题在报刊上进行了有一定深度的讨论。如修辞学的阶级性问题、修辞学的归属问题、修辞学的对象范围和研究方法问题、文学语言的应用问题、特定作家语言的研究问题、高名凯有关语言风格的介绍引进消化问题等,以及在《中国语文》上刊登的多篇有关新辞格的归总描述性文章。当然,受当时政治的影响,真正的修辞学本体研究并未得到鼓励。

这一阶段在学术上能够体现最高成就的是张弓先生的《现代汉语修辞学》。

这部著作发表于1963年。共10章,前三章亦属总论性质,第四章至第八章,为现代汉语的修辞方式,第九章讲寻常词语的艺术化,第十章是语言的各因素与语体。

这部著作的最大特点就是一反基本定型了的修辞学格局,建立了一个能够反映当时前沿性理论学说的新体系：它以语言本体三要素为基础，结合语境，以变通为中心，借以达到美好的交际效果。它及时地吸收了当时苏联语言学界一些研究成果，如“同义形式的选择”理论和风格学的内容，同时又能继承我国修辞传统并化用出新的理论创建，如“寻常词语的艺术化”里边即包含有古代“炼字”的实践经验。坚持语言本位，注重将修辞方式、修辞语境紧密地联系，强调对其规则的细化描写。这些鲜明的立论与阐发，以及理论方法上的很好贯彻，都使得这部著作为汉语修辞学研究树一很好的创新样板。

作者的这些思想观点是非常值得记取的：

强调修辞学是语言学的一个部门，属于语言学科性质。修辞研究要保持语言本位的观念。其中指出：“修辞学本来就是研究语言的表达形式问题，就是研究怎样结合语境，面对群众，很好地选择运用民族语言的表达形式（主要是广义的同义形式）问题。修辞事情的特点，就是讲究语言表达形式的适宜性（包括因时、因地、因事制宜诸端）。当然，表达形式是为内容服务，是必须服从内容的需要。修辞学假如脱离内容，孤立地研究形式美，那是错误的。但是讲修辞千万不可以讳言‘形式’，不可以忽略‘形式’。修辞学假使一味地讲内容而不顾语言表达形式，那就会失掉修辞学科学的本质特点。”

强调“寻常词语的艺术化”，就是最普通的一些词语“被运用起来，还是保持它的本义，常义，不发生什么转义现象”，将这些词语在特定的上下文中加以变通，打破常规的组合搭配，根据特点巧妙地进行联系，就能获得特殊的审美情趣和表现力。它有着和辞格一样的修辞效果，但又有着特殊性，往往体现着言语主体褒贬臧否的情感色彩。它是汉语修辞中具有传统特色的表达手段。

强调“语体”是修辞学的一个最新的最有实际意义的重要课题。要将修辞和语体紧密联系起来进行研究，要注意各种修辞手段方式在不同语体中的适应性和局限性。

（四）繁荣期（1977 年迄今）

改革开放以来，汉语修辞学和其他学科一样，焕发了勃勃生机。新时期伊始，即有修辞学需向“深度和广度”进军，实现“现代化、科学化”的呼声。这种呼唤真实反映了大家试图借思想解放之东风，振兴学科、提高品位之信念决心。梳理这 30 多年来修辞学的发展，可以说一些方面最能体现其实绩。

先后的专题讨论有：同义手段的选择问题、修辞学的对象问题、范围（消极修辞和积极修辞的分野）问题、关于通感问题、篇章修辞问题、语体风格问题、修辞学科性质问题、语体分类问题、语法修辞结合问题、修辞学方法问题，等等。

属于修辞学本体研究的专著主要有：王希杰《汉语修辞学》（1983）、《修辞学新论》（1993）、《修辞学通论》（1996），宗廷虎、邓以明、李熙宗、李金苓《修辞新论》（1988），王德春、陈晨《现代修辞学》（1989），谭永祥《汉语修辞美学》（1992），刘焕辉《修辞学纲要》

(1991)等。这里主要就王希杰的《修辞学通论》进行论析。因为他于修辞学的研究投入甚早,在新时期的研究是着力甚勤,成果也颇丰厚,一定程度上反映了这一阶段国内修辞学的研究水准。从作者角度说,他的第一部著作即有一个相当好的气象:内容安排匀称充实,多有新见。而这一部,撰写目的更趋明确:"旨在提出一个新的修辞学系统",而且最后的结果写作主体自己也很满意:"是我一生中所写得最好的、最能代表我的学术成就的一部著作,当然也是我一生中花力气最大、吃苦最多的一部书。"通览全书,可以鲜明看到的就是反映最新修辞学理论成果的追求努力。正如作者坦言:"《修辞学通论》力求遵循科学的最简单性原则,把修辞学体系建立在很有限的观念术语之上。这些观念术语就是:交际活动中的四个世界(语言世界、物理世界、文化世界、心理世界),零度和偏离,显性和潜性。"显然,作者采纳了当今国外修辞学研究新的成果,加之自己宏观的思辨,全力来打造一个修辞学新体系。全书主要由五部分组成:语言世界与另外三者的关系,偏离、潜显、同义手段同四个世界的关系,语言环境和得体性原则,修辞格,语体和风格。确实,其思路是哲学上的建构。这在前边《修辞学新论》中即已清晰:"突破、超越了单一的狭窄的就语言世界谈论修辞现象的思维模式的束缚,扩大思维空间,多维地、多视角地考察修辞现象,这当然比以往的单一视点能够发现更多的规律、规则,其科学品位当然就更高于前者了。"事实是,该书成功的地方在于此,一些不足也在于此。非常值得人们深入讨论。

新时期修辞学的新进展还表现在多个方面。突出的有:

辞格研究的拓展与深入。吴士文《修辞格论析》(1986),林文金《辞格》(1985),陆稼祥《辞格的运用》(1989),谭永祥《修辞新格》(1983),《修辞精品六十格》(1994),郑远汉《辞格辨异》(1982),濮侃《辞格比较》(1983)等,专题性的纵深研讨有:袁晖《比喻》(1982),李济中《比喻论析》(1995)等。

词语、句法和篇章的修辞研究。倪宝元《词语的锤炼》(1981)、《炼句》(1985),石云孙《词语的选择》(1985),华宏仪《汉语消极修辞》(1990),张向群《量词修辞审美论》(1995),林兴仁《句式的选择和运用》(1983),郑文贞《段落的组织》(1985),《篇章修辞学》(1991)等。

语体风格的研究。王德春《语体略论》(1987),唐松波《语体·修辞·风格》(1988),黎运汉《汉语风格探索》(1990),《现代汉语语体修辞学》(1989),郑远汉《言语风格学》(1990),张德明《语言风格学》(1990),夏中华《口语修辞学》(1993),林兴仁《实用广播语体学》(1989),潘庆云《法律语体探索》(1991)等。

另外还有应用方面的,对作家修改或运用艺术的研究、比较修辞研究、接受修辞学研究、交际语言学研究、修辞学史的研究等。

进入21世纪,修辞学界又有修辞学应成为一门显学的呼唤。对西方修辞学新思想新理论新方法的介绍引进大量涌现,对修辞现象的描写愈加细腻,从其他学科里边借用理念与思路的情况也愈加普遍。

第三讲　修辞论析

人类社会对修辞的探讨历史不能说不长。但将它作为一个成熟严谨的学科看待的时候，就不免有些尴尬：西方的修辞学从它诞生之日起，有关它的功能性质的问题即争议激烈，是劝说技术还是影响人心的？就是这么个看起来似乎不起眼的认定，柏拉图几乎是倾尽精力，不放弃任何一个机会都要给予争辩，声色俱厉对前者痛斥，意气昂扬地对后者褒扬。在他的心目中，修辞应该是和诡辩术画等号的，是一回事、一家子。他的弟子亚里士多德虽然对于修辞学的规律问题不多在意，然而却于修辞是不是一门"学"却颇为留心，所以，专著《修辞学》开宗明义，要与辩证术来个并驾齐驱；正文里边，时时处处都能够注意到对它们两者进行区分。尽管如此，我们从它行文的字里行间仍能看到伦理哲学对修辞本体的巨大遮蔽。看保罗·利科的表述："修辞学的历史乃是不断萎缩的历史。修辞学消亡的原因之一是：修辞学在被归结为它的一个部分的时候也同时丧失了通过辩证法把它与哲学联系起来的纽带，随着这种联系的丧失，修辞学变成了一门不定型的、无用的学科。……古希腊人的修辞学不仅比现代人的修辞学有着广泛得多的计划，它还从它与哲学的关系中获得了它的地位的所有模糊性。"① 这真是一个让人难堪的悖论：没有哲学的引领笼罩便缺乏自身发展的动力；有了则使其学科具有模糊性。西方修辞学的历史还确实印证了这种无奈：要么将其边界扩大至人类社会文化无所不包的境地，要么将其内容缩小至仅仅是对辞格类型的罗列归总；要么将它看做人类所有知识和方法论的综合体，要么只将它归总为比喻或隐喻，总是给人以找不到家园时茫然无措的感觉。

---

① [法]保罗·利科：《活的隐喻》，汪堂家译，第2～3页，上海，上海译文出版社，2004。

中国的修辞学从历史发展的角度讲还是比较良好的。诞生之初虽没有清晰的哲学理念,然和古希腊一样,也是侧重社会伦理角度给予定位;尔后,随着不同时期文体形式及其表现形式的丰富,对其修辞现象的关注逐步地切入到本体的描述。然而,有关修辞的本质属性,受传统思维方式的局限,始终也没能给出一个确切的认定。群经之首的《易经》即注意到了修辞的效用:“君子进德修业,忠信所以进德也;修辞立其诚,所以居业也。”但此时的“修辞”还没有作为一个特定的学科概念来看待。元代才有了真正以“修辞”命名的专著问世。即便如此,仍没能给出一个让人比较信服的定义。郑奠在《古汉语语法学资料汇编·前言》中说道:“前人研究语法,有一个普遍的严重缺点:所有的术语从来不给以定义,因此涵义往往不很明确。有时前后用语歧出,也不求其统一。”其实这种现象何止语法?和它紧密联系的修辞,甚至只要是涉及学科观念的,恐怕无不如此。到了当今,受国外修辞学研究的影响,开始重视学科的性质和术语概念的严谨性问题。即便如此,关于什么是修辞,什么是修辞学,迄今仍没能在学科内部求得一个基本的共识。

一、什么是修辞

就修辞学界对该问题的回答来讲,也牵涉两个方面:一是定义,一是总体表现方式的解释。

(一)定义问题

仅以几家给修辞下的定义为例。

吉林师范大学中文系语言教研室的《语言学名词词典》:“修辞是‘说话的艺术’,是在运用语文的各种材料的基础上提高表达效果的手段和技巧。”

陈望道《修辞学发凡》:“就调整语辞使达意传情能够适切的一种努力。”

张志公《修辞是一个选择的过程》:“运用语言的时候,根据一定的目的精心地选择语言材料这样一个工作过程。”

王希杰《修辞学导论》:“运用语言文字的活动,努力提高语言文字表达效果的活动。”

胡范铸《“修辞”是什么?“修辞学”是什么?》:“是追求语言有效性的行为。”

张宗正《理论修辞学》:“修辞是创新、求异的思维品质。”“修辞是个性化、意图化的认知方式。”“修辞是载意、求效的行为过程。”“修辞是优化的、智慧化的生存运作。”

除此之外各种各样的表述还有很多,恕不一一举明。如果细心比较分析一下,这些认定还是很有代表性的,各有侧重。比如"手段和技巧"在于强调修辞的方式方法;"努力"、"过程"、"活动"、"行为"等,则在于说明修辞的整体性;至于说它是思维认知、生存运作等,就更是换了角度,开始向修辞主体意识行为的深处开掘。它们都从特定的角度反映了修辞的特色甚至是机制动因问题。我们学习这些观点,最现实的就是可以领略到修辞对象的复杂性;进而沉静深思,在体会到这些理论的概括给了我们深刻启迪的同时,又会觉得它们都似乎还缺少了点儿什么,我们在把握的时候不是那么踏实,操作起来有着比较大的难度。虽然我们知道怎样的理论表述都很难做到尽善尽美,进行一定的质疑促使它尽可能地弥补不足、趋于完美,恐怕还是有价值的。说穿了,就是这些定义反映出的一致倾向是:"辞"很难见着;侧重点是突出了,相应的,语言本体的特征客观上给淡化了。

过去修辞学解释修辞的困境也就体现在对象的不明确上。如上所述,要么是边界阔落无边,无所不包;要么是仅局限于修辞格这么一个最为狭小的园地。受现代语言学理论的启发,一旦进行本体规律的描写往往把语言运用的主体忽略不计;同样道理,一旦强调了整体性又往往将语言本体的东西给忘得差不多了!

对此,修辞学非常需要向其他学科学习,特别是要从科学的语言学理论中汲取营养。

人们在语言学上的巨大进步当然得益于结构主义的分辨。索绪尔在他的《普通语言学教程》里边比较多地论述了"语言的语言学和言语的语言学"之间的不同。在他看来,前者属于规范的语法范畴,是结构主义语言学关注的主要对象并要努力描写的主要内容,当然也是他侧重说明的东西。至于后者,因为不是他着眼的重点,后来的研究通常认为他语焉不详。其实,索绪尔还是在不同的论题比较里边,为我们勾勒出了与语言的语言学正好相对应的偌大的一个学科研究领域。他认为:"言语活动所代表的整个现象中分出两个因素:语言和言语。"在他看来,"语言就是言语活动减去言语"①。同样道理,我们也可以借用他的这种认识,将言语的范畴界定为"言语活动减去语言"。同时,索绪尔还对言语的特征作了较粗疏的认定:(1) 是个人的意志和智能行为,言语之间是异质的。(2) 是历时的演变的,即属于动态现象。(3) 在句段关系中,与正规的形式构成不同,它是自由结合的。此外,他还将产生新词语的有效手段"类比",即"说话者为了表达思想临时构成的形式",看做是语言创造的原则,同样属于言语范畴。显然,在索绪尔的语言思想认识里边,言语活动,只要是与确定的一整套必不可少的社会语言规约相对的另一面,都应该属于言语的范畴;即我们目前多所采用的术语——修辞现象。

《普通语言学教程》中有这样一句话,表述应该说相当精到:"差别造成特征。"言语

① [瑞]索绪尔:《普通语言学教程》,第115页,北京,商务印书馆,1980。

现象同样有着独立的丰厚的内容，甚至与语言现象比起来更显得复杂，因此其内容更不容易描写。自然它与语言一道儿构成了言语活动的整体，对语言的研究可以成为一门领先科学，为什么与此相对的言语就这样难以成为人们所关注的对象并形成一门学科呢？

问题的关键还在认识上边。世上许多事物现象呈现在人们面前的，都是一种交糅混沌状态。随着人的思维的不断精细严谨化，科学探求欲望的强烈，需要依据对象的属性特征进行不同类型的分立；人为客观世界立法，以便让自己的思想意识更具有条理性，同时对未知领域具有愈来愈多的认识能力。这在表象上面即体现为对原生状态的整体有所割裂，有所分解，有所静态化；不如此，就不可能描写运动，就不可能深入探寻事物内在的本质结构，所谓抽象的规律性的认识便无从说起，更不可能建立起分门别类的学科体系，并带来高度发达的人类科技文明。人类在遵从这条道路进行执著探求的时候，理论系统的抽象性和认知规则的有机性自我延伸的结果，甚至会表现出远离初衷的倾向，即很难体现出现实的短时的直接功利价值，似乎它的展示，仅仅是为了满足人的好奇心、某种苛求或思辨的快感。科学史的发展证明，学科的细化与对事物认识的深化呈正比。但不可否认，这种细化有时候则是以对某些事物现象相关联系的割舍为代价的，伴随着的是对某些实际功效的丧失和对人整体感觉所能获得的氤氲厚重情味的破坏。人们在处理这种类别划分的时候总是患得患失、忧心忡忡，尽管如此，于此犯错误的几率也最高。这在社会科学方面表现得最为突出。修辞学的历史不是充分地说明了这一点吗？古希腊修辞学在诞生之初当然还烙印着早期本体论的鲜明特征，多就言语本身的规则进行归总，服务于论辩的功效性也特别明朗。当然，这里边有利也有弊，以后的事实也证明：功利性太强了，随着论辩语体不再占据主导地位，或者说其他语体形式变得愈来愈重要，这时候，即便还有哲学作为自己的理论支柱，仍不可能挽救它的衰落命运。与此同时，它比较多地看重成功的言语实践在语言形式上留下的标记与形式特征，多种多样的修辞格的建立还是为这门学科奠定了牢不可破的坚实基石的。到了柏拉图那里，情况为之大变，开始主导性地注意认识主体的价值效用问题。这种转变本身并没有错。人们看到，正因为有了这种转变，科学意义上的分类学观念就在柏拉图的意识世界中明晰地展现出来。他对类属方面的多层次区分进行了比较系统的讨论，就其原则方法作了比较详细的探究，从而为亚里士多德的逻辑学提供了一个根本的基础。然而具有讽刺意味的是，他却于修辞学透现出本能的反感，坚定地否定它的独立存在。究其认识的出发点，在于他过于看重言语主体在实施言语行为时的道德精神和真理追求，害怕言辞的突出功效从而掩盖了言语主体思想观念的不端。修辞学一向具有不太好的名声，特别是它在西方文化中人们多对它抱有警惕的心理，根本处多基于此。毋庸置疑，这种出发点当然是好的。但它并不能以其良好的用心而取消了修辞作为一门学科的客观存在，即以其明确对象以及丰厚内容的确立有利于特定规律的深入描写与揭示。众所周知，语言是人类最重要的交际工具。人们利用它来表达思想、传递感情，以达到相互了解之目的。修辞则表现为语言的具体应用，为了特定的交际效果而对语言各种因素的充分利用，并体现为多种多样的具体的言语范式。如果肯定了这一点，对其特点属性的认识把握也就好办多了。

综上所述，修辞之所以不好定位，就在于它牵涉的因素太多：它不像语法，完全可以就语言本体进行描述即可以形成自足的结构形式系统，且边界明晰。在修辞的疆域里，首先不能割舍了人的因素，甚至还要体现人的审美文化追求，没有这种主导性的原动力，修辞活动也就不复存在了；然而一旦进入美学的境界，显然就有了介入太多的嫌隙。不仅如此，主体意识里边还有心理定势和操作方法问题，这同样可以构成相对独立的内容。中外修辞学的历史就充分证明了这一点。即便拿语言本体的东西来说事儿，恐怕比通常认定的语言范畴要大得多。因为只要讲修辞，它都是一个综合体：不但包括狭义认定的有声语言和书面语言，连“抬手动脚”都是“戏”，都是表达，都是语言的伴随物，也可以说是语言的自然延伸。一如我们所谓感知到的光线只是可见光，在电磁波的波长 400～700 纳米之间，超出其范围之外还有其他光线的存在一样。所以，修辞研究之所以争议纷纭，客观对象的复杂性是一个决定的条件。然则，是不是这样一来，什么是修辞的问题就确实不容易解决了呢？恐怕还不能这样说。世界虽然不容易认识，似乎在任何阶段上都难以达到彻底的认识，但人类从来都不会失去认知的好奇心和认知的努力的。在目前阶段上，或许将修辞看作：选取特定的语言材料，运用特定的表达手段，以达到特定的表达效果的一种言语努力，可能会更为准确一些。对于这个定义，我们还想做如下解释：在这其中暗含了“广义修辞”和“狭义修辞”两个方面的涵义。事实上，我们前边在讲述中外修辞简史的时候客观上可能还可以拓展出这样的一种印象：西方前者侧重的多一点，我们传统里边倒是后者多一点，愈到后来愈是如此。前者多与人的因素相联系；后者则多看重言语的自身特征。我们是这样认识的：为了强化其学科的科学内涵，以后者为主要的关注对象，适当考虑前者的必要内容。我们这本书的组织分布也是本着这种观念来安排的。

（二）修辞内涵的再解释

1. 特定的语言材料

说一千道一万，修辞毕竟是言语现象，所有的表达都必须建立在语言材料基础上才能实现。离开了语言谈修辞，那是肯定要丧失修辞学的本质特征的。坚持修辞的言语性质，对于保障该学科的科学属性也至关重要，即易于描写和认识。

当然，如上所言，修辞视野中的语言范围比较大倒是真的。在有关章节里边当重点讲述。这里仅就主要的特点概括论述。即使将修辞仅仅局限于有声语言这样的范围之内，它与语言各要素之间也呈现为这样的一种关系：

语言	静态	语音	词汇	语法
言语	动态	修辞		

也就是说,“语言的语言学”,是对语言各个要素分门别类的静态描写,是聚合关系的抽象;而“言语的语言学”则是对语言诸多要素的动态的充分利用,是组合关系的具体操作。拿人们比较熟悉的语言的组织结构规律,即语法来说,中心任务是讲规范,讲各种词类在语句中相对固定的位置分布。那是一个民族认知世界的思维方式不断选择、长期积淀的结果,里边的每一个个体都会有意无意地遵循这套规则来实现自己的社会化。事实上,仅仅如此还是远远不够的。很多情况下,规范不规范的问题我们似乎不怎么明确,倒是怎样把话说好却是能够清楚意识到的。我们传统文化里边不重语法重修辞也在一种客观意义上说明了这一点。为什么会是这样?原因当然很多,其中的一个方面就是:所谓遣词造句,对不对,容易判断;好不好,似乎永无止境。这就要求我们在进行语言表达之时不单要做到语文信息的准确传递,在此基础上秉承严谨细致的精神,重视对文辞材料的选取利用,这样才能为字斟句酌奠定一个扎实的根基。

毛泽东于此也为人们树立了很好的榜样。1950 年 1 月他在苏联访问期间,为起草回复印度总理尼赫鲁的电文,曾一天两次给国内发电,嘱咐“措辞须加斟酌”,并“请令外交部将印度第一次来文、我第一次复文及印度第二次来文的三个全文请发来。又我和英国来往电文亦请发来”,以供参考。新华社 1960 年 5 月 8 日播发报道了毛泽东在郑州接见拉丁美洲朋友的电讯,这也是经过他亲自认真审阅修改过的:这篇文稿主体部分第一段末尾,原为“他们表示,拉丁美洲人民要团结起来,并和中国人民以及全世界人民团结起来,取得反对帝国主义斗争的最后胜利!”他审阅时,把“拉丁美洲人民要团结起来”中的“要”字圈掉了,并在“取得反对帝国主义斗争的最后胜利”之前加上“一定会”三字。后来他又觉得“一定会取得反对帝国主义斗争的最后胜利”有点突兀,建议在“一定会”前边加上“这样”。加上“这样”以后,又以为语气有些散,主张改为“就”字。经过这么反复推敲,当电讯与读者、听众见面时,这几句话就成了:“他们表示,拉丁美洲人民团结起来,并和中国人民以及全世界人民团结起来,就一定会取得反对帝国主义斗争的最后胜利!”与原稿相比,内容更为准确明晓,语气也更为得体畅顺了。这种对文辞字句精益求精的严谨态度,显然是对传统文化注重文字推敲、讲究表达效用很好的继承与发扬。《论语·宪问》中载:“为命,裨谌草创之,世叔讨论之,行人子羽修饰之,东里子产润色之。”这些具体的文字活动都体现了最可贵的修辞品质。

过去讲语法,有的语言学家将其研究范围的上限定在了句子上。实际上,一牵涉语言的实际应用便显得非常褊狭了。在讲究修辞的人们眼里,什么样的材料形式都是有价值的,都是可以利用的。拿语音方面的例子来说:20 世纪 50 年代,当抗美援朝胜利的喜讯传至北京，何香凝欣然命笔，画一幅喜鹊登枝的国画，取“喜上眉梢”之意。周恩来也在该画上题字：“喜报援朝胜利，花贻抗美英雄”。如果仅语义表达讲，里边的“贻（yí）”，换作同义的“给（gěi）”“献（xiàn）”“赠（zèng）”“送（sòng）”等，均无不可；然而一涉及具体的应用，特别是韵律文本中的具体要求，就要讲究多方面的价值效用问题了：既要考虑言说时的发音便利性，辨识率高低和信息传递有效性之间的关系，更需要认识分辨语音结构组合中的避复价值，整体语流中的抑扬顿挫、参差错落，以及发音所能引发的美感效应等问题。那么，此时就非“贻（yí）”莫属。

为了说明问题，我们再看一个例子：

> 我吃了
> 放在
> 冰箱里的
> 梅子
> 它们
> 大概是你
> 留着
> 早餐吃的
> 请原谅
> 它们太可口了
> 那么甜
> 又那么凉

这首诗看起来是兴味十足，然而，一旦我们将它按着常规的表述语句组合起来之后，则不禁会哑然失笑——也不过属于便条性质的文体，实现的是日常必要的信息交际而已：

> 我吃了放在冰箱里的梅子。它们大概是你留着早餐吃的。请原谅，它们太可口了，那么甜，又那么凉。

由此不难看出：换行，或者说独立成段的形式，也是有效用的，也是表情达意的重要客观依据。被闻一多称之为“时代鼓手”的田间的诗歌，就充分展示了这一点，并为独立的诗歌语言风貌的形成提供了有利的条件。

由此可见，修辞虽然体现在言语的动态过程中，但它最终都是要通过语言的特定形式得以展示的。而唯有明确了可以描写的对象，才可能将学科建立在坚实的基础之上。正像泰戈尔在《戈拉》中表述的那样：“看不见的东西是不能达到完美的境界的。无形的东西必须用形体来表现，就象思想必须用语言来表达一样。”修辞中的变体形式及规则也是工具。我们不能因为形式工具本身在有些情况下承载了不好的思想及品质的东西,而将其负效应一股脑儿地计算到工具上面,将思想认识上的错误归咎到语言符号上面。当然,我们也知道,纯粹形式化的东西是不能形成独立的天地的。许多时候,语言形式也体现思想品质的健康与否;但,完全属于具体事务的内容信息则不能让修辞学科来承担。修辞学不能包罗万象,不能包打天下,什么样事情都管,或者用其他的学科取代它。

2. 特定的表达手段

所谓的表达手段,则主要是指表述方法和结构范式来讲的。

我们先说第一个方面。表述方法,即人们认知和反映世界的方法。人类为了找寻到这种工具,可以说一直进行着不懈的探索。拿语言来说,它就是人类最伟大的创造。世界上的万事万物本来是三维立体混沌一团的,而且是永不停息地运动着。如果不将其静态化,不对其内部的结构组成条分缕析、分门别类,我们就不可能建立科学的知识体系,就不可能对客观世界进行改造。语言就给我们提供了对其解析的强大思维武器:将它们纳入到一维性的线型符号规则里边,从而使它们具有了可理解的性质。可惜的是,正像人类的所有创造都不可能达到尽善尽美一样,语言本身也是这样。于是有些人就将语言局限性扩大化,甚至将彻底否定语言的价值功效,显然这就跌入了误区。在语言的基础上人类还进而分析总结出更为具体坚实的思维方法。如概括抽象的方法,即归纳法。仰仗于它,人们可以形成全称判断,科学上的一系列规律原则从而得以建立。当然,事物现象之间,属性特征之间的分辨往往都不是天壤之别、泾渭分明的,如果真是这样的话,一切都变得简单单调了。特别是认识的主体在认识的过程中往往附带有自己的价值判断、习惯惰性、感情色彩等一系列因素,而这些必然地影响甚至否定正确方法的实施。我们知道,生活里边明显地趋向于两个方面的价值追求:一个是科学真理,一个是人文情感。这两个方面本来都是人之所以为人所需要的,并且是并行不悖的:前者是根基,后者为动力。但在宏观视野条件下,二者并不容易达至理想的整合协调。修辞很多时候都要遇到两难的情况,处理得好,就能达到很好的效果。比如做科普工作,告知人们地球到太阳的距离:因为地球围绕着太阳运行的轨迹是椭圆形的,太阳处在一个焦点上,因此形成的最大值为15210万千米(地球处于远日点)和最小值为14710万千米(地球处于近日点);其平均值为14960万千米,即一个天文单位。1976年国际天文学联合会把它精确为149597870千米,并从1984年起用。这样的数字准确是准确,但并不能给人们形成直观的感觉。有些人就曾设想:如果能将整个太阳系按比例微缩起来做成模型,那将给人们以深刻的印象,整个这一天体不就尽收眼底了吗?之所以能够产生这种设想,就是惯常的类推观念在起作用,而对整个太阳系的比例关系并没能有一个概括性的了解。老实说,这种微缩景观,不要说整个太阳系,就是以太阳为中心递次往外排列,挨在第三名的地球,通常书本一个页面上都已经显示不出来!因为上述数字并不是一个空洞抽象的符号,而是最实在不过的广袤无限的宇宙空间。这段距离其遥远度似乎远远超过了我们的想象力：太阳光线到达地球表面也需要8分18秒，人乘时速1000千米的飞机要花费17年，每秒11.23千米的宇宙飞船要经过150多天，人按每天100千米的行进速度得走上4000多年，以地球为个体一直需要排上11700个！对比，用图式的方式展现于正常的书稿宽度上面，太阳还可以显示其微弱的图像，可是地球却小得已经不可能呈现出来了——经过这一系列我们现实生活中所能够体验的距离描述，或许其感受就会明确和真切。在过去有关的修辞著作里边，人们习惯于将它用“换算”这种命名的辞格来称述。虽然谈论的是客观物理现象，内容是自然科学，然而于人们的理解来说，或许形象和直观，仍是不可能彻底摒弃的重要手段，甚至还可以说帮助理解的一种有效途径。但是，如果将这种形象的认识手法看作是唯一的，这就有些绝对化了。

为了强化这方面的理解，让我们再看两者相结合的一则用例：

> 微风：2～3级；
> 强风：5～6级；
> 大风：7～8级；
> 狂风：9～10级；
> 枕头风：13级！

显然这是讽刺一些人软耳根、丧失原则的话语段子。前边对风的强度描述，逐步递增；这种演进，也会在听众心里叠加形成述说自然现象的心理期待；然而最后是异军突起，陡然将社会范畴的概念穿插了进来：虽然说的也是“风”，然而仅仅是语词上的形式一致；如果说不是“风”，却比自然界中的风级别上强大许多！这样就会造成心理预设与结果之间的巨大反差，似无理却又有着现实的可接受性。显而易见，这样的修辞运用则充分利用的是受众对象的心理活动机制。相声这种曲艺形式之所以被人们称作语言艺术，就是紧紧地抓住人们的心理来“抖包袱”：设置悬念或制造谜团，铺垫要足，收束要紧，刨要正是火候，抖得使人心满意足。

与此相反，有些讲修辞的著述恰恰在思想方法上出现了比较大的差错，影响所及，甚至导致了人们对修辞学科的负面认识。如前所述，柏拉图之所以批评本体论的修辞学，就在于当时有些修辞家只管言辞形式的取胜，丝毫不管什么真理、正义或善行：“若是一个人按照修辞术来争辩是非，他可以把同一件事对同一批人时而说的像是，时而说的像非，他爱怎么说就怎么说。”[①]如果说之前的材料不足的话，倒是亚里士多德在其著作《修辞学》中给出了最实在的注脚：

> 契约对我们有利，就夸大它们的可靠性和有效性；……契约对对方有利，就贬

① ［希］柏拉图：《文艺对话集》，朱光潜译，第145页，北京，人民文学出版社，1963。

低它们的可靠性和有效性。……(拷问)这种口供对我们有利,就夸大它的价值,说这是唯一真实可靠的见证。这种口供对我们不利而对对方有利,就破坏它的价值,说人们在逼迫之下说真话,也说假话,有的忍受到底,不说真话,有的动辄反诬别人,以求很快摆脱拷问。①

这已经是诡辩的活写真了!之所以如此,就在于亚里士多德没有坚守他在《工具论》中所建立的逻辑学系统方法;在法律论证里边却采用了权宜之计的或然性推论手段,公开鼓吹翻手为云、覆手为雨的无赖行径。这也就为嗣后修辞学在西方的不配有好命运埋下了伏笔。

再简约说一下结构范式问题。同样的言语内容采用不同的形式表达,效果肯定是不一样的。连老百姓都知道的:"好话一句三冬暖,恶语伤人六月寒。"看《西游记》第八十二回"姹女求阳,元神护道",八戒遇着两个女子打水,见对方戴一顶二三寸高的篾丝鬏髻,甚不时兴,于是不说三不说四地上去就招呼一声:"妖怪"。结果被对方用杠子一顿痛打。受到委屈回去之后,孙悟空对他做了一番耐心的劝导:"温柔天下去得,刚强寸步难行",要知情识礼儿,对方才容易接受。于是八戒变了相貌,再见对方叫声"奶奶",并说"贫僧稽首了。"这才使得两个女妖转怒为喜,将实底儿全盘告诉了八戒。吴承恩营造这么一个细节目的是什么?事实上并不难理解:敬人者人恒敬之。同样的意思,就看你于其中寄托的情感是怎样的。

即便同样都是正面的,赞颂的,言语的表达方式也有诸多不同。

看具体的例子:

(1) 小芹长得漂亮。

(2) 小芹长得像她妈妈一样漂亮。

(3) 小芹长得像花一样漂亮。

(4) 小芹今年十八了,村里的轻薄人说,比她娘年轻时候好得多。青年小伙子们,有事没事,总想跟小芹说句话。小芹去洗衣服,马上青年们也都去洗;小芹上树采野菜,马上青年们也都去采。

这四个例子所表达的意思一样,都是认定小芹这个青年姑娘相貌好看。如果说例(1)即将这种基本意义清楚明白地表达出来的话,为什么还需要后边诸多的不同表达形式?显然,不同的表达形式里所寄寓的思想情怀是不一样的。修辞,就是要以不同的语言变体形式来体现其细致入微的不同的情感体味。对比着看,例(1)是直陈。例(2)为比较句。例(3)是比喻。例(4)采取的是婉曲方式。愈往后来,愈显得朦胧并富有张力,给人拓展了更多的想象空间。

---

① 《罗念生全集》(第一卷),第201页,上海,世纪出版集团、上海人民出版社,2004。

于此，这里仅仅是做一个初步交代。后边相关的内容里边我们还会做更多的演示和论述。

3. 特定的表达效果。

言语交际往往都是有目标指向的特定行为活动，尽管很多时候人们或许自觉或许不自觉，但其基本的意向还是有的。比如很简单的一种社会现实是：人的身份角色随不同的交际环境而改变，相应的，言语方式也多随之而产生变化。拿《红楼梦》中贾宝玉、林黛玉两个人的角色身份来说，第十九回"意绵绵静日玉生香"，写两个人两小无猜，吃了午饭回到潇湘馆后逗乐说话。宝玉讲故事，说：腊月初七，老耗子给小耗子们分派任务偷东西；到末了，剩下一个个头最小的耗子没事可干。小耗子不服气，自告奋勇要去偷香芋，还告诉大家说：她偷的本事大着呢，变成一个香芋；然后将那些香芋一个一个从堆儿里边滚出来。说声：变！就变成了"一个最标致美貌的一位小姐"。此时耗子们都嚷嚷叫着说："变错了，变错了。"小耗子又恢复原形，笑着对大家说："你们光知道这果子是香芋，岂不知盐课林老爷家的小姐，那才是真正的香玉呢！"这时林黛玉一骨碌爬起来，上去就拧，一边还笑骂道："我把你这个烂了嘴的！我就知道你在编排我——"请注意这一情节里边两个人的言辞。《红楼梦》中的这两个，贾宝玉是"聪明乖觉处，百个不及他一个"，林黛玉也是"心较比干多一窍"。借用书中他人的话来说，都是神仙中的人物。他们嘴巴上的功夫也十分了得，都是伶牙俐齿，难得输人半分。然而我们将他们这里的言语斟酌一下，就会发现同现时讲的语法规则并不匹配：一个似乎多了，一个似乎少了。倒是合乎有些教科书里边所归纳的"病句"类型：一个"冗余"一个"苟简"。如何理解这样的现象？是曹雪芹写作中出现了语法错误，还是我们的语法书总结错了？恐怕后者的问题更多一些。如这里贾宝玉的话语，数量词语在一个复杂定语里边共现的现象，吕叔湘在《重复"一个"、"这个"、"那个"》一文中一气儿举有类似情况 11 个用例，多个作家的，也包括《红楼梦》中的这一例子。对此吕先生是这样解释的："为了意义的表达，这种重复并无必要，因此虽然有这么多的先例，毕竟是不足为训。可是也正因为有这么多的例子，可见不能完全归咎于作者的粗心；在这背后有更根本的原因——两种可能的词序所引起的心理冲突。"[①]吕先生的初步推测是对的：汉语数量词语出现在复杂定语里边的时候其位置相对是比较灵活的，这便是它能共现的客观依据。与此同时，如果再细心体味的话就可以发现：当其前边的动词和后边的宾语都为单音节或双音节，而伴随出现的其他词语做定语音节又比较多的情况下，数量词语置于两头，语音的念读就会显得通贯流畅。如例，不管是将前边的"一个"或后边的"一位"任何一个去掉，语流上面显然就没现时的畅达自然。所以，虽然不要求同样的情况都追求这样的效果，但，适当地有一些这种形式对于口语来讲还是有其价值效

① 吕叔湘：《语文杂记》，第 89 页，北京，生活·读书·新知三联书店，2008。

用的。后者也是这样的情况,作为感叹句,其主要的作用就不是传递有效信息,而仅仅是表露主体的心绪情怀。所以,类似这样的“半句话”,其独特的功能却是其他看似结构完足的句子所不可能达到的。

由此我们可以看到,修辞很多时候它是与语法相协一致的,修辞比较多地看重外部功能,语法比较多地看重内部结构;在它们配合得拢的情况下,呈现为“秀外慧中”的关系。然而修辞的主旨目标是求取良好的表达效果,它最忌讳的是固守与刻板,它所表现出来的态势往往是对语法规则的一种背离和超越。上述具体的例证就比较好地说明了这一点。从这种意义上讲,二者之间是一种“静中求变”的关系:语法为修辞提供参照,而修辞则在此基础上形成丰富多彩的各种变体。更有甚者,修辞高格调的追求是无止境的。为了更好地理解这一点,让我们再来看下边的两例:

不必说碧绿的菜畦,光滑的石井栏,高大的皂荚树,紫红的桑椹;也不必说鸣蝉在树叶里长吟,肥胖的黄蜂伏在菜花上,轻捷的叫天子(云雀)忽然从草间直窜向云霄里去了。单是周围的短短的泥墙根一带,就有无限趣味。油蛉在这里低唱,蟋蟀们在这里弹琴。翻开断砖来,有时会遇见蜈蚣;还有斑蝥,倘若用手指按住它的脊梁,便会拍的一声,从后窍喷出一阵烟雾。何首乌藤和木莲藤缠络着,木莲有莲房一般的果实,何首乌有拥肿的根。有人说,何首乌根是有像人形的,吃了便可以成仙,我于是常常拔它起来,牵连不断地拔起来,也曾因此弄坏了泥墙,却从来没有见过有一块根象人样。如果不怕刺,还可以摘到覆盆子,像小珊瑚珠攒成的小球,又酸又甜,色味都比桑椹要好得远。

(鲁迅《从百草园到三味书屋》)

在我的后园,可以看见墙外有两株树,一株是枣树,还有一株也是枣树。

这上面的夜的天空,奇怪而高,我生平没有见过这样的奇怪而高的天空。他仿佛要离开人间而去,使人们仰面不再看见。然而现在却非常之蓝,闪闪地眨着几十个星星的眼,冷眼。他的口角上现出微笑,似乎自以为大有深意,而将繁霜洒在我的园里的野花草上。

我不知道那些花草真叫什么名字,人们叫他们什么名字。我记得有一种开过极细小的粉红花,现在还开着,但是更极细小了,她在冷的夜气中,瑟缩地做梦,梦见春的到来,梦见秋的到来,梦见瘦的诗人将眼泪擦在她最末的花瓣上,告诉她秋虽然来,冬虽然来,而此后接着还是春,胡蝶乱飞,蜜蜂都唱起春词来了。她于是一笑,虽然颜色冻得红惨惨地,仍然瑟缩着。

(鲁迅《秋夜》)

这两段文字所采用的材料基本上是相同的:地点都是后园,所描写的对象都是些草木花卉。然而言语主体于其中所寄寓的心绪情怀却大相径庭:儿童的视界里边一切都着色生彩，充满无限的生机。而经历过人世间悲凉与痛苦的鲁迅再看同样的事物景象时则又是另外一种心境，肃杀景象中有不屈的性格抗争，同样也有春的信息和秋的梦幻。“万物皆备于我矣，反身而诚，乐莫大焉”。作为修辞的一种精神风貌，能够驾驭多样化的语言表现风格，可以说已经达到理想的境界了！

二、什么是修辞学

修辞说的是这种言语活动具体的表现方式，修辞学则重在对这种言语活动具体方式进行全面而系统的总结反映、理论阐发。对于后者，修辞学到底属于什么性质的一个学科？到底应该给它一个怎样的定位？大家同样是颇有争议的。

（一）“学”与“术”的问题

不能不承认，20世纪80年代至90年代，我国修辞学界尽管在理论探索上作出了很大的努力，但真正的研讨，无论是在系统性上还是在深度上仍表现得比较欠缺。众所周知，经过十年动乱，修辞学在新的历史时期重新焕发生机，是从对修辞定义的讨论开始的。但当时大家将认识的侧重点放在修辞活动的方式上面，即修辞的具体表现特征是什么，却没有对这门学科的根本性质、范围对象问题进行更多的涉及。不涉及是不是说该问题已经得到了比较好的解决，已经形成比较统一的认识了呢？恐怕还不好这样说。其实修辞学研究30年来的是非功过，都与这一方面认识的自觉不自觉、清醒不清醒、正确与不正确有关。于20世纪80年代90年代之交，一些人开始对该学科的研究现状提出批评，认为它是“长期地停滞在技艺阶段，修辞学渗透着常识经验的朴素意识，满足于对语言现象做直觉意义上的洞察与把握”，“对语言运用规律的认识仍然包含在提高表达效果的实用要求中”，“在修辞‘学’上进展不大，而在相当程度上处于修辞‘术’的水平”。[①] 这种认识体现了一批中青年学者不满足于眼下的成绩，要求学科向高层次、高品位上迈进的迫切愿望。这种呼号已有了相当长的一段时间，境况如何不必作出认定。但多年以来，修辞学界的同仁一直有感于本学科在人文科学研究领域地位不高，却是一个不争的事实。研究的层次水平是一回事，如果研究的起点认识就是这样定位的，也就没有必要怨天尤人了。之所以这样说，就在于我们确确实实看到，从现代汉语修辞学诞生以来，在这一问题上便一直存在着不同的认识判定。

单纯从名称上看，对该学科有人用“修辞”来称述。虽然说带不带“学”字并不反映

① 刘大为：《修辞学的科学化》，《语法修辞方法论》，上海，复旦大学出版社，1991。

实质内涵,但人文学科中所表现出的种种现象或许会使我们产生这方面的疑窦:不带上“学”字眼的是否在一部分人心目中多多少少感到有些底气不足?当然,各色各样的现代汉语修辞著作里边反映出来的客观情况是,仅以“修辞”称述的并不缺乏理论上的追求,冠以“学”称谓的倒是在实用性上下了工夫,称谓上的差别并不反映具体内容上的实际特色。这说明两者之间的分野并不在研究主体的心目中那么清晰。特别是早期的一些著作,有意思的是,那时常以“修辞学”称述的,却多将这门现代科学意义上的新兴学科认作技术性的东西。如汤振常在《修词学教科书》中即把它界定为“属于应用的方面而非学问”。徐梗生的《修辞学教程》也说:“所谓修辞学,实即研究如何修饰文辞,使能充分地美妙地发挥作者情境的一种技术。”而与此相对的,后来大都是两种名称混用,较一致认为修辞“是一门研究提高语言表达效果的方法和技巧的学科”或者说修辞学“是语言研究中的一门综合性的科学”。[①] 显然,前后不同时期的表述反映了两种不同的认识观。就其定义的内涵上讲,一个侧重的是实用操作的技术方法,一个侧重的是对这种实际规律的理论阐释。从时间的发展上看,好像现今的人们较能明确地将该学科认定为实实在在的一门科学了,问题好像已经得到了比较好的解决。但我们并不能低估前一种认识至今仍在实施着明显的影响。正像姚亚平指出的那样:“目前修辞学研究的学术境界与学术品位是与‘修辞是一种纯技术’的修辞观有直接关系的。”[②]我们也确实看到,多年来的修辞学研究,反复出现的是对实用性的呼唤与强调,而理论上的建设与思考一向表现得比较薄弱。相当一些重大的理论问题,如修辞学的性质、修辞学的任务、修辞学的范围、修辞学的原则、修辞学的价值与效用、修辞学与左邻右舍的关系、修辞学的研究方法、修辞学的任务等;下位层次上的问题,如修辞与修辞学、修辞与伦理、修辞与文化、修辞的语言哲学基础、修辞与言语主体、修辞与言语客体、修辞的本体范围、修辞语境的范围与特征、修辞学与语用学的关系、修辞与语法、修辞与逻辑、修辞标准的层次性、修辞追求的境界、修辞的主导特征、修辞在不同言语类型中表现特征、修辞的信息类型解释、辞格的认定标准、修辞描写的方法类型、语言风格的要素、语言风格的成因、语体的特征与类型、语言风格与文风,等等,诸多问题,一个人或一本书提到了,似乎就成为了定则,很难听到异样的声音,里边个别具体的问题在一定的时间里边也展开过讨论,但总让人觉得深度不够,分量不足,有些人也试图从民族传统文化的背景上进行开掘,但由于缺乏哲学的阐释思辨,事实现象的分析又不够扎实,结果进一步强化了修辞研究中常见的空泛浅近的表述倾向。

人类科学史告诉我们,社会的发展既需要有密切联系生产实际、生活实际的应用

---

① 分别见于姚殿芳、潘兆明:《实用汉语修辞》,第2页,北京,北京大学出版社,1995;程希岚:《修辞学新编》,第1页,长春,吉林人民出版社,1984。

② 姚亚平:《当代中国修辞学》,第31页,广州,广东教育出版社,1996。

性科技,同时也需要有远离功利性的具有普遍意义的系统理论科学。任何一门学科都是这样,与实践直接联系的技术操作达到一定阶段、一定的水平层次的时候,便会出现对理论建设的急切盼待与呼唤。两者之间的理想状态是相辅相成、相互促进、形成良性的机制;坚实的基础技术性操作不断为科学的理论系统提供有力的理据保障,而完备的理论系统反过来又可以指导和增进具体技术操作中的科学含量。与其相对的另一种情况是,执著于对具体修辞现象作经验性的解说,当其中有益的内容积累到一定阶段却无亟须进行理论构建的强烈意识,有急切提高本学科学术品位的愿望却不明了特定时期需要下大力气做的工作是什么。那么客观结果只能是"术"过重而"学"轻弱,从而制约学科的发展。理论的价值是不容低估的。特定学科具有相对完备的理论思想学说,在研究对象的特殊性基础上所形成的分析阐释手段具有相当的涵盖力、开掘力,甚至具有方法论的意义价值,显然是它达到成熟和科学化的重要标志。一门学科如果没有自己完整系统的理论学说,就很难跻身于现代科学之列,也很难提升自己的学术品位,当然也就难以展示其活力。这由语法史的事实可以得以证明。传统语法自古希腊到19世纪末一直没有根本性的改观,而20世纪初索绪尔结构主义语言学理论的问世,则给这门古老学科带来了强劲的冲击,一跃而成为领先学科。从此引发的理论分析方法的探索革新,一发而不可收,而且愈靠近现在,其周期愈短,因而使它迄今保持着勃勃生机。这种情状是令人称羡的。不是很有一些先生热切盼望着修辞学能够成为一门显学吗?恐怕语法学的这种情状能够给我们以极好的启示。当然,理论的构建难度很大,但问题的关键是得先有这种意识。

澄清一些不够准确的认识是非常需要的。比如陈介白《新著修辞学》中的辨析:"至所谓学术者,以之探求一切有效力作品之文辞的诸定律时,则为学。当其诸定律应用于实际传达情思时,则为术。"他认定修辞学是一门"学术",当然就要从理想状态出发进行分辨。然则他作出这种判断的时候还在20世纪的30年代,科学意义上的汉语修辞学仍处于初创时期。说老实话,其时探求定律之学不算丰厚成熟,至于以其理论指导应用之术就更谈不上能够具体实现。其实,陈介白于"学"与"术"的关系纯粹是个人的理解。如果认真认识人类社会科学进程,就会发现,上述两个范畴于学术来讲正好处于上下限的中间层次上:

方法论层次
学科方法层次
技术层次

技术层次往往属于感觉经验型的,通常表现为对某种相对复杂劳动的熟练能力。从人类思维的发展看,在它上面多镌刻着感性阶段的整体模糊的印迹。而它具体的认知特征,则很少着眼于事物对象的内部结构进行深入的冷静的理性分析,而多从效能出发,进行现象的简单认定,满足于浅层次的分类即以为这就实现了科学的终极目标。

人们大都将过去的修辞研究界定为“术”,也正是基于对这种特征的判断,绝非陈介白氏那样的美好理解。经验性的技术只有经过理论的再抽象,合乎正确思想方法论的精神,确实具有了科学的内涵和可操作性,它才能真正上升为学科方法。唯物主义的认识论认为,科学观念的认识发展通常要经过两种道路:在第一条道路上,体现为“完整的表象蒸发为由具体到抽象的规定”;“在第二条道路上,抽象的规定在思维行程中导致具体的再现。”第二条道路的特征是:“具体之所以具体,因为它是许多规定的综合,因而是多样化的统一。”[①]事实上,别说第二条道路,就是第一条道路,如果没有准确科学的思维方法,就是很难实现由感性向理性的飞跃的。在传统思维方式里边,多是二元类比,关注的是一事物与另一事物的相似、相关或相对的系联,而很少从本质上观察同类事物现象间的一致性由此进入规律的描写总结,观念也是多直接认定而很少借助逻辑进行严谨思辨和论证,故研究的结果多缺乏理论上的概括力与解释力。修辞学要想真正置身于前沿性学科之列,真正提升自己的科学内涵与学科品位,一个重要的努力方向就是强化系统性的理论建设。如果我们在旷日持久的“术”“学”之争中,识得问题的关键,下工夫投入,加强其研究,加强其事实规律性的描写与理论的思辨表述,那么,寄希望于修辞学成为显学也就指日可待了。

(二)“边缘学科”和“独立学科”的定位问题

早在 20 世纪 60 年代,陈望道不止一次地强调指出:“修辞学是介乎语言学与文学之间的一门学科。”“修辞学介于语言、文学之间,它与许多学科关系密切,它是一门边缘学科。”是“对语文的评议”。“修辞学和文学批评的关系密切一点。因为修辞学所用来研究思想和表现的关系的,多半就是文学的缘故。”[②]郑子瑜也认为:“与修辞学关系最密切的学科要算文学批评了。《文心雕龙》和刘知幾《史通》大体上是文学批评的著作,但书中常有涉及修辞的地方。从前的人,每每把这两者混为一谈。”[③]那么,宗廷虎等先生所著的《修辞新论》就进一步肯定了这一基本认识。认为“修辞学是一门多边性学科”,是“介于多门学科之间的边缘性学科”。[④] “这是因为修辞学对语言运用技巧的评判,必须是多视角、多标准、多侧面的。”[⑤]

老实说,这种边缘性科学的认定总让人们不免产生几多忧虑,几多怀疑。首先一点,社会发展到现今,在林林总总各种各样的众多人文学科里边,真正公开宣称自己为边缘学科的并不多见。当然,边缘性的特征并不是说特定的研究就不能成为一门学

---

① 《马克思恩格斯选集》(第 2 卷),第 103 页,北京,人民出版社,1972。

② 《陈望道修辞论集》,第 250、302、297、220 页,合肥,安徽教育出版社,1987。

③ 郑子瑜:《中国修辞学史稿》,第 6 页,上海,上海教育出版社,1984。

④ 宗廷虎、邓以明、李熙宗、李金苓:《修辞新论》,第 20、23 页,上海,上海教育出版社,1988。

⑤ 吴礼权、邓以明:《中国修辞学通史》,第 4 页,长春,吉林教育出版社,1998。

科,同样,我们自然也不能因为有些学科没有打出这种旗帜,就不能对它作出边缘性的判定。与此同时,我们也不能因为“边缘性学科”多少有些低调,在感情上难以接受,才作出了如是反应。如果学科的性质果真如此,本着实事求是的科学态度,坦率地承认,并不会损伤研究本身的价值。因为一门学科,不管它表现出很强的独立性也好,抑或它确实属于边缘性的也好,与研究的水准并不成正比。如果说两种或多种学科之间,确实有值得开拓的领域或课题,或者说多种学科之间的融合,确确实实对特定现象能够产生更强的解释效能,建立这样的边缘学科不但是应该的,而且是必要的。问题是要确定这种性质,需要从两个方面识辨:一是研究的对象是否真的处在两种或多种学科范畴的中介状态,针对其中任何一门学科来讲,它都为薄弱环节;二是就边缘学科本身的特质来说,它是在两种或多种相对成熟的独立学科基础上建立起来的,为了更好地解释事物现象,才借助于多门学科的理论方法,以便形成互补优势。当我们用这种理论认定去观察修辞的时候,可以鲜明地看到,修辞学哪一方面都配合不拢。

首先说第一个方面。众所周知,中国传统文化中的学科分立意识不明晰。虽然我们在第二讲中,对上古,特别是孔老夫子的修辞学说进行了一定的归纳,但那是就其主导的内容进行了择选和梳理的结果。究其根本,和其他诸子学说体现出的情况一样,如果撇开政治伦理等内核,剩下来的则为整体笼统的语文学,即文治教化与文字表现之间都是搅揉在一起的。有《论语·阳货》里的一段语录为证:“子曰:‘小子何莫学夫诗?诗可以兴,可以观,可以群,可以怨。迩之事父,远之事君,多识于鸟兽草木之名。’”嗣后,刘勰的《文心雕龙》的问世,使得古典文论成为一个独立的门类长盛不衰。再后来,陈骙的《文则》问世,才使得修辞摆脱附庸的地位另立门庭。这种分科的大趋势是合乎人们研究对象愈来愈明确化、认识愈来愈精细化的特征的。特别是20世纪初,受西方文化的影响,汉语修辞学作为一门学科正式登上高校殿堂。陈望道先生爬梳剔抉,钩沉集要,借助于厚重历史史料,以新的科学理论方法指导构建起汉语修辞学的第一座丰碑,赢得了社会的肯定和广泛赞誉。就此,学科的独立地位本来已不容置疑的了。然而,作出巨大成就、拥有奠定之功的陈先生却自己将修辞学定位为边缘学科,这只能说是在理论系统上没能求得一致的缘故。主张修辞学为边缘科学的人们又都是肯定该学科属于语言学科的。正像我们前边已经论述到的,其实,这两者间的性质判断是对立矛盾的:既然它是语言学的,就不可能是边缘性的;如果说它属于语言学和文学之间的一门边缘性学科,它就不可能属于语言学。所以,很多过去认定之不足,只要看特定学说自身的逻辑冲突即可明白。由此我们也可以看到,持上述观念的修辞学体系似乎是那样的完美匀称,一旦进入具体的内容里边情况就会大变:消极修辞只有那可怜兮兮的一点儿分量,一到了积极修辞,表现出来的状貌简直是龙归大海尽摆尾一样的自由丰富、徜徉快活!然而在修辞的终极追求上面却又比较多地回避审美。

边缘学科的认识之所以盛行,除了思想认识方法之外,主要还在于有一个直觉感悟的因素在起作用。只要是对传统修辞学内容整体进行过一定思考的人们都知道,即便是摒弃了过去修饰文辞、美辞学观念,面对那么多现成的且经过了多少代人都认可的修辞格,而这些现成辞格出现的典型语言环境就是文学语体。虽然修辞学等同于修辞格的时代已经过去,但这种情结却是难以彻底排除掉的。

主张边缘学科的人们,理论上虽是这么说,但如果让现今的修辞学再回归过去类似《文心雕龙》那样的研究,他们愿意吗?恐怕他们也是否定的。

当然,再拿最明显的事实来说,辞格作为相当厚重的一项内容,可以说是修辞里边最具有独立性的"保留项目",它显然不属于语法,文学理论的研究也不管它,单拿此一项的内容来说,就很难推证上面烙印着"边缘性"的痕迹。更何况我们对所有辞格,其本体的结构、内部所包含的单位、关系、成因等,过去的描写是相当的缺乏呢!

相当一些先生之所以使劲将"修辞"往文学上靠,恐怕还与对"语文"的认定有关。通常人们心目中的"语文",往往是"语言文学"("中文系"的全称是"中国语言文学系",其学位也是"文学"学士、硕士、博士)。其实文学并非中文的全部,与文学相对的更具有全民常用性的还有文章这么一大块。现代许多文章写不出文采,千人一面,千人一腔,恐怕也与这种偏颇性的认识不无关系。

再来看第二个方面。则主要体现在对消极修辞如何归属如何认识的问题。消极修辞来源于对国外修辞学的学习借鉴,但从它诞生之日起,就没能形成相对繁富的学科内容并同其他左邻右舍明确区别开来。最难处理的就是这一部分的内容与语法的划界。陈望道的《修辞学发凡》对它的阐发还是相当清楚的:总目标就是明白,风格特征是精确和平实,侧重的是适合题旨,表现形式是记述的,多为逻辑思维的形态,语言上是概念的、抽象的、普遍的、不含歧义的。正像袁晖《二十世纪的汉语修辞学》中评价的那样:"跟积极修辞比较起来,陈望道对消极修辞的研究比较薄弱,所提出的纲领和内容比较概括和原则。其实在人们的语言实践中,消极修辞是大量的,常见的。但陈望道研究得并不充分和深入,虽然其中有些例子选得很精当,有些论述语言也很中肯。这就形成了积极修辞和消极修辞不成比例的畸重畸轻的状况。"其后语言学界对待语法与修辞的关系一直呈现为见仁见智的反复讨论,肯定者否定者皆有之。吕叔湘、朱德熙的《语法修辞讲话》,郭绍虞的《汉语语法修辞新探》,特别是吴士文、冯凭主编的《修辞语法学》等,都是赞同的典范之作。20世纪80年代初,一些学者对这两大分野进行质疑,季世昌、费枝美的《现代汉语修辞研究的几个问题》[①]、谭永祥的《"修辞的两大分野"献疑》[②]等,都明确阐明观点,反对区分,赞同将消极修辞的内容回归它原来的家园——语法。还有些人则是立志全面构建消极修辞的内容体系。吴士文则是这种观

① 季世昌、费枝美:《现代汉语修辞研究的几个问题》,《徐州师范学院学报》(社会科学版),1981年第1期。

② 谭永祥:《"修辞的两大分野"献疑》2,《修辞学论文集》第4集,福州,福建人民出版社,1987。

点的代表性人物。在《修辞方式的系列化》[1]一文中他明确提出了与辞格、辞趣相对应的辞规与辞风。1986年，吴主编的《营口师专学报》从第3期始，开辟专栏“修辞学研究”，其主题即是“消极修辞方式”。据1992年吴士文综述文章《关于“辞规”建设进程的报告》[2]说，5年来共发表有关文章近50篇，大家先后总结出与辞格大致相对应的辞规也有数十个，如：“列举分承”、“总提分述”、“正面释言”、“异花同根”、“节缩”、“感叹”、“省略”、“复叠”、“倒装”等。它们与辞格之间存在着一定的变换关系，也具有相对明晰的形式易于把握。

这样，我们得到了有关通常所谓消极修辞的比较典型的三种类型：一种是侧重原则理论认定的，一种是侧重语病改正的，一种是侧重与类似辞格的辞规格式的寻找的。

修辞的本质就在于语言的应用，是遣词造句谋篇及各种表现手法的具体显现。只要一进入动态的环境，便进入了修辞状态；言随旨遣，万变不离其宗，到头来都要在言语的不同变体上得以确认。所以，真正体现其语言修辞效能的不是几个修辞格、几个漂亮的词，而是随时随地的调整增删、组合搭配、显隐张弛，也就是说，最能显示其语言功力的往往在字里行间“不显山不露水”之处。而这，恰恰在人们看得轻易、修辞学也归总得薄弱的所谓消极修辞中！可以说，修辞学以后需要强化的地方也恰恰就在这里。

比如相当一些人文科学，或在理论构建的系统性上，或在方法操作的程序手段上，都委实进行了相当的探索，并很能表现出学科的特色来。而有些学科则善于从其他相关领域中汲取新知，从而使自己开一境界，焕然一新。如新时期以来的文学理论学科有着骄人的成绩。其实正像人们调侃性的说法：它们20世纪80年代吃的是索绪尔的饭，90年代吃的是乔姆斯基的饭，而现在又要吃苏联学者巴赫金的饭了。于此，我们的修辞学不能不表现出某种程度的单薄和拘谨。当然，修辞学对其他学科的学习借鉴也不能说就没有。如20世纪90年代以来，很有几位学者也从文学理论学科那里引入些新的术语概念，用“陌生化”、“变异”、“解构”等阐释当前新潮文学创作中的语言主体化倾向。这种举措无疑是应该肯定的。但可惜的是自觉来做这项工作的人为数并不够多，且将他人的理论“修辞学化”的程度还显不足。如果将这种现象称作具有边缘性质的话，这种边缘性倒是需要加强。

边缘性的认识，也有其积极的意义，那就是足以提醒人们：既要注意修辞学与其他学科的明确分界，强化学科体系的严谨性；又要注意它与相邻学科的联系，充分发挥其多方面的效用。吕叔湘在《马氏文通·序》里边的表述，很能给我们以启发：“语法和修辞是邻近的学科。把语法和修辞分开，有利于科学的发展；把语法和修辞打通，有利于

---

① 吴士文：《修辞方式的系列化》，《丹东师专学报》，1984年第4期。

② 吴士文：《关于“辞规”建设进程的报告》，《修辞学习》，1992年第2期。

作文的教学。”比如文风问题，到底属不属于修辞范畴？其实这一问题本来不难回答。20世纪50年代末至60年代初已有一定的讨论，大家很容易形成这样的共识：文风问题主要侧重的是思想作风，明显的体现当然包括语言文字，但重要的还在于内容题材的表现上。作为侧重于反映言语表现方法、方式、手段规律的修辞来说，是统辖不了的。然而有的修辞学新作照样不加论证地将它包容进来。这种做法本身倒没有什么不妥，但很容易让别的学科说我们这一领域太富有弹性了。

第四讲　修辞主体

修辞既然是语言的具体应用，是在言语交际的基础上体现，最终都要落实到语言的具体形式上面，因此，对修辞的认识往往可以从两个方面看：一个是从整个交际因素上看，即广义修辞；一个是从单纯的语言形式上看，即狭义修辞。

我们建构的修辞学体系，则是从宏观上着眼，最终强化的是语言运用的形式描写。

宏观上着眼，易收纲举目张之效。

要想真正将修辞的主导内容给予正确的定位，首先需要对言语交际实现的基本途径和必要因素有一个清醒的认识。大致来说，一次相对完整的言语传递过程呈现出的模式是：

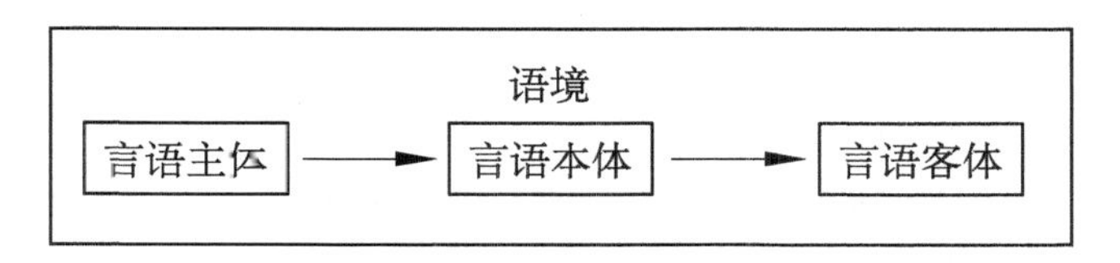

言语主体、言语本体、言语客体，加上语境，即为言语活动的四大必需要素。对此需要辨析的是，上述模式图示仅为单向性的传递。事实上，社会的言语交际多为互动性的；即便是言语行为理论所揭示的有些重在言效，其结果表现为执行而非言语应答，究其根本，同样也应该视为对言语主体的呼应。所以，言语主客体角色是互换的，完全可以将它们看做同一体。当然，现今汉语修辞学从阐释学、接受美学那儿受到启发，从而开创修辞学下位层次的接受修辞学。这种探求不能说没价值，但传统的修辞学也多是在已有的言语实例中归纳，在文本的描写解析中获取,本身即具有了这方面的属性。因此,完全可以将言语的主客体合并,统称为修辞主体。这样,言语交际的过程即可综合为三个要素:言语主体、语言环境(简称语境)和言语本体。

这一讲里,主要围绕着言语主体,就它所实施的言语行为问题展开讨论。这里边,涉及的言语交际理论相对多一些。

言语主体在一场言语交际里边扮演着主控的角色,并承担着统领的责任。它通常考虑的因素及次序为:客体对象、特定的语境和自我形象的展示。特定的语境问题我们待下一讲来说,这里主要讲"适应对象"和"展示形象"。

一、适应对象

言语交际最佳效果的实现主要反映在言语客体的认可度上。言语主体面对着客体、语境,当决定选取什么样的表达方式的时候,所要考虑到决定性的因素就是言语客体。言语主体和言语客体是一对最直接的矛盾体,两者互动而不可或缺。要使得言语对象有一个良好的反应,言语方式就得适应不同的对象;了解对方的特征好恶,才能收"得体适宜"之效。毛泽东指出:"射箭要看靶子,弹琴要看听众,写文章做演说倒不看读者不看听众吗?"(《反对党八股》)日本心理学家古畑和孝也认为:"即或是最有效的发送者传播最有效的信息内容,如果不考虑接受者方面的态度及其条件也不能指望获得最大的效果。"[①]

但不管面对的是怎样的客体对象,都得执行最基本的原则精神,都需要以最为良好的情感状貌引领该场交际是以积极健康的态势向前发展。过去修辞之所以多受讥贬,问题的关键往往在于这个环节。也就是言语表达得看对象,这里边存在着是激励向上的还是迎合媚俗的选择。柏拉图和亚里士多德师生对修辞学采取了不同的态度,其根本分歧的一个主要地方也就在于此。前者即认为修辞的说服功效多有谄媚之嫌,而后者在"度"的把握上有时确实显得中庸甚至油滑。比如他讲:"对痛苦麻木不仁的人(本文注:疑漏字)是温和的人。我们应当善意地选择与真实的品质相关联的字眼。例如,把暴躁的人说成坦率的人。"[②]这就有些格调不高了。

这一方面的内容属于修辞与伦理交叉的环节,不是单纯强调修辞所能解决的。

而真正与广义修辞直接相关联的则是语用的两原则:"合作原则"和"礼貌原则"。

---

① [日]古畑和孝:《人际关系社会心理学》,王康乐译,第52页,天津,南开大学出版社,1986。

② [希]亚里士多德:《修辞学》,罗念生译,北京,第178页,生活·读书·新知三联书店,1991。

（一）合作原则

“合作原则”是美国著名语言哲学家格赖斯于1967年在哈佛大学的演讲中提出的。他认为，人们在交际过程中，言语双方似乎都在潜意识里遵循着某一原则，以期有效配合从而完成交际任务。因此，他在此次演讲中提出了会话“合作原则”的基本模式，后来又在《逻辑与会话》一文中进一步将其系统化。他认定的“合作原则”包括四个范畴，每个范畴又包括一些次准则，即

A. 量的准则

（a）所说的话应该满足交际所需的信息量

（b）所说的话不应超出交际所需的信息量

B. 质的准则

（a）不要说自知是虚假的话

（b）不要说缺乏足够证据的话

C. 关系准则（说话要有关联）

D. 方式准则（说话要清楚、明了）

（a）避免晦涩

（b）避免歧义

（c）简练

（d）井井有条

前边两条侧重在内容上面，是“说什么”，而后边两条则侧重在表述方式上面，指“怎么说”。“合作原则”是言语讲究修辞的基础，属于消极修辞的范畴。

日常言语交际，人们遵从社会文化的大背景，无论是社会伦理的还是语言知识的，共同的意愿走向共同的话语交际模式行为，形成默契，以此达到传递信息、互相理解的目的。对于内容上的质和量，通常人们都能知其限度。看《西厢记》中的一段对话。

末云：小娘子莫非莺莺小姐的侍妾么？

红云：我便是，何劳先生动问？

末云：小生姓张，名珙，字君瑞，本贯西洛人也，年方二十三岁，正月十七日子时建生，并不曾娶妻……

红云：谁问你来？

末云：敢问小姐常出来么？

红怒云：先生是读书君子，孟子曰：“男女授受不亲，礼也。”君子“瓜田不纳履，李下不整冠”。道不得个“非礼勿视，非礼勿听，非礼勿言，非礼勿动”。俺夫人治家严肃，有冰霜之操。内无应门五尺之童，年至十二三者，非呼召不敢辄入中堂。

向日莺莺潜出闺房,夫人窥之,召立莺莺于庭下,责之曰:"汝为女子,不告而出闺门,倘遇游客小僧私视,岂不自耻。"莺莺立谢而言曰:"今当改过从新,毋敢再犯。"是他亲女,尚然如此,何况以下侍妾乎? 先生习先王之道,尊周公之礼,不干己事,何故用心? 早是妾身,可以容恕,若夫人知其事呵,决无干休。今后得问的问,不得问的休胡说!

从质的准则上要求,张生的自我介绍是不构成虚假的;然而量上的超越,当受到抢白后仍不依不饶,还要继续追求更多的信息,就不能不使人自然怀疑到他的非分之想,招致红娘的训斥实在是情理中的事儿。

合作原则是基础,是务实。言语交际要保持良好的状态,需要以此为基准,坚守"巧诈不如拙诚"的主导信念,由此始由此终。越是诚朴真挚的言语便越具有生命力;而巧诈饰非,"巧言令色,鲜矣仁",终难长久。《资治通鉴》第七十二卷载:三国时期的刘晔"独任才智,不敦诚悫",曾为魏明帝重用。当时有人劝谏道:"晔不尽忠,善伺上意所趋而合之,陛下试与晔言,皆反意而问之,若皆与所问反者,是晔常与圣意合也。每问皆同者,晔之情必无所逃矣。"魏明帝还真是这样做了,结果刘晔不知就里,仍是顺着话说,极尽谄媚。皇帝于是疏远了他。刘晔终因此郁郁而死。相反,同是三国时期的故事:庞士元以贤德著称于世。当时有一个叫顾劭的名士便有心验证一下。一天相见,顾劭问道:"卿名知人,吾与卿孰愈?"若让巧言伪诈者作答,当然的是要恭维对方。然庞士元不是这样。他回答说:"陶冶世俗,甄综人物,吾不及卿;论帝王之秘策,揽倚伏之要最,吾似有一日之长。"这话说得不卑不亢,沉静坦率。顾劭听后十分钦佩,二人友谊很快情笃意深。[①]

至于"怎么说",其实核心就是一个规范问题。这是社会用语的一个最基本的前提。曾经担任哈佛大学校长职位达 30 年之久的艾略特博士指出:"我认为,在一位淑女或绅士的教育中,只有一项必修的心理技能,那就是,正确而优雅地使用她(他)本国语言。"[②]这话说得很有见地。如果说言语交际中我们以干净大方的着装是想赢得对方对言语主体产生好印象的话,那么,言语的规范则是我们心灵纯正、有文化教养的展示。

相反,前言不搭后语,词语配合乖舛,随意地冗繁或苟简,结构关系串换杂糅等则是思想文化水准不高或不健康的标志。在 20 世纪 50 年代,毛泽东就行政管理领域中的言语运用问题论述说:"压缩是指分清条理,去掉空话,并不是说可以省略必不可少的词类,可以违背文法,也不是说可以不顾文字的形象性和鲜明性。有些写得好的报告,虽然篇幅长却能引人阅读,使人不厌其长。有些写得不好的报告,虽然篇幅不长,

① 见《三国志·卷三十七》,裴松之注,第 708 页,北京,中华书局,1999。

② 见《擦亮你的词汇》,《青岛新闻网》,2008 年 1 月 2 日。

却使人难看。这里的区别就在是否有条理,是否说空话和是否合文法。"①

关于"怎么说",格赖斯仅是粗线条地勾勒。如果将言语交际中的合作原则真正落到实处的话,有些比较重要的具体环节及标准要求仍需要列举上去。因为体现于该原则上的是一个信息传递的效用问题,要保证在客体那儿有一个良好的接收,即保真性要高,就必须为对方着想,强调言辞的"通俗易懂"。看具体的例子:

阿星以为老爷爷怪他瞎说,急啦:"爷爷,是您眼睛不好!"

"不。我告诉你,这寺院是有只神龟,传说是六祖惠能——噢,是一位老佛爷——放生的。不知几多年啦,有缘份看见神龟现出真身的,都数得出来,诈看见谁就得了正果,庙碑就刻下他的法号。"(孔捷生《中国童话·麒麟和神龟》)

显然,里边对同一所指对象称谓的不同变体形式的运用,就是充分考虑到了言语客体的接受能力而进行的调整。言语交际的主旨就是要在言语对象那里实现意图价值,所有的条件与努力都紧密地服务于此,如果言辞形式对意义情感的反映连保质的要求都达不到,那么其他的便都无从谈起。

然而世界是复杂的,比世界更复杂的是人的意识情感。对话里边并不是总是有问必答,问而不答或答非所问,甚至公开表示不合作,如外交或社会团体新闻发布中的"无可奉告",或者是故意说谎,双方心照,对方能够容忍接纳等。

违反合作原则可能产生的结果有三:一是交际不能顺利进行甚至中断;二是说话人因对方受骗而获得短时利益;三是产生特殊的交际含义和交际效果,格赖斯将表面上故意违反"合作原则"而产生的言外之意称为"特殊会话含义"。这种表达方式有积极的意义。幽默效果多由此产生。

(二)礼貌原则

英国学者利奇认为,不能将谎言一类的表述方式都认做有副作用。有时出于礼貌,可以不惜牺牲合作原则。比如说一个不会带来任何恶果的谎言来谢绝别人的邀请总比直接地回绝对方效果要好得多。因此,他在 20 世纪 80 年代便提出,会话行为中在坚持"合作原则"的同时,应该相应地建立起"礼貌原则"。具体内容可以用下边的六个方面来概括:

A. 得体准则(使他人受损最小)

B. 宏宽准则(使自己受惠最小)

C. 赞扬准则(尽量减少对他人的贬损)

D. 谦逊准则(尽量减少对自己的赞扬)

---

① 《毛泽东新闻工作文选》,第 167 页,北京,新华出版社,1983。

E. 赞同准则(尽量减少与他人的不一致)

F. 同情准则(尽量减少与他人感情上的对立)

利奇作为语言学家对此也有自己的解释,他的"修辞"意指交际中有效地运用语言,并分为"人际修辞"和"篇章修辞"两大类。礼貌原则则属于人际修辞范畴。如果认真审视他所提出的六项内容,就会发现它们侧重在了内涵的损益、情感的褒贬和口吻的一致三个方面上。其性质与积极修辞有更多的关联。例如:

与会代表:非常感谢,这次会议你们太辛苦了!

会务人员:哪里哪里,我们做得还很不够。

实际上会务人员为整个会议付出了很多劳动,但他还是依照"谦逊准则"说了违背客观真实的话。

问:小张很能干,对吧?

答:是的,小张不错。

答话用"不错",显然要比问话格调要低一些,但在不深究的情况下与提问在内容情感上又是一致的。这是为了减少与发问人观点上的分歧对立,尽管他可能认为小张不怎么样。他是基于"赞同准则"和"同情准则"而选择了这种表述方式的。对方也许能体察感觉到这其中的差别,但这种回答,特别是在大庭广众下是易于被欣然接受的。

合作与礼貌,交流信息与维护发展友谊之间显然是一种进退相让的关系。合作原则在言语交际当中侧重于说话的内容,强调的是一个"真"字;礼貌原则侧重于说话的态度,强调的是一个"善"字。一般情况下,二者是相互一致,共同配合的,合作即表现为对对方的礼貌,而礼貌即包含着更高层次的合作精神。里边体现着协同性。比如在熙熙攘攘的人群中,断不了会拥挤碰撞,不小心踩着别人的脚的情况也会发生,对方有时也会感到疼痛难忍。如若以礼相待,真诚地表示歉意:"对不起,踩痛了没有?"对方大多也报之以谅解,宽容地说:"没关系,没踩痛。"似乎这里违反了会话合作中的"质"的原则。然而事实上以礼貌为主的话语表现形式里边透露出了一种善意的合作态度,避免了双方可能构成的冲突与矛盾。

但又不能不承认二者之间存在着冲突性。合作受惠与宏宽受损成反比,吃亏与礼貌成正比。有人将这种现象称作"语用悖论"。因此,言语主体应恰当地处理好两大原则之间的消长关系。里边最需要的是要破除旧的传统观念和绝对化地看问题,将合作原则当做唯一宗旨。固守"直来直去好心肠"的片面认识,不但在现实生活中行不通,最终也会使初始的真诚合作的愿望化为泡影。鲁迅先生曾举例说:一家庭喜添贵子,众人前去祝贺。这时候说句:"这孩子终究要死的。"实诚是实诚,恐怕挨揍是少不了的。因此,合作原则还必须与礼貌原则接轨。言语交际走的绝不是合作原则的单行道,它还必须包括心理情感上的愉悦和谐,道德文化上的升华陶冶,品质素养上的纯正练达。光“心直口快”还不行,还必须讲究言语在对方那里产生的效果反应。

那么,这就需要注意“礼貌原则”运用时的内部特征。

(1) 冲突性

在“礼貌原则”六条准则之间,即存在一定的矛盾冲突性。比如“谦逊”与“赞同”。当对方称赞自己时,依据“赞同准则”应寻求和保持一致,避免分歧,但我们不能不违反这条准则而改用“谦逊准则”。正因为这种矛盾的客观存在,如果把握不好的话,我们就可能陷入两难境地:不表示谦逊时自然给人造成骄傲的印象,然而表示谦逊时又会给人造成不实际、虚伪的印象。

(2) 级别性

不难体会,极为熟悉的同事之间的交际是最融洽的;而下级、年纪轻的同上级、年纪大的交际则需要最明显的尊重与礼貌。如果儿童腼腆,怕见生人,对长者不能及时地问候表示敬意,他们的爸爸妈妈也会感到遗憾,致歉打圆场说:“这孩子不懂事。”相识的人见面点头示意即可;而对不认识的就得以全社会共同的礼貌言语进行良好的沟通。有这么两则稍有差别而意思相同的故事:一青年向一老人打听路途远近:“喂,老头儿,到×地有多远哪?”老人冷冷地举起手中的拐杖:“喏,大概有五千多拐杖吧。”青年人听了又好气又好笑,不禁回问:“都是论里说远近的,你老头怎么论拐杖呢?”老人睁大眼睛,忿忿地说:“论理?论理你该叫我老大爷!”同样是这种情况,另外一位老人只是走他的路,头也不抬地回答青年人:“五里。”这个年轻人似乎得到了满意的答复,便劲头十足地往前赶路。但走了老半天,怎么也不见目的地。心里纳闷:“怎么五里这么远?”忽然悟出:“五里者,无礼是也!”身上累,心里愧,使他悔恨不已。上级、年长者对下级、年少者的交际最为轻松,因为他们具有社会道德、文化智慧、生活阅历、权力地位等多方面的优势。越是在传统规范浓重的制度氛围里边,这种优势便越显得突出,礼貌原则对他们的约束力也便越小。他们对言语交际的对象只要显示出体恤、爱护就能深得人们的由衷敬仰。但这种优势也极容易被生理的固有特征所扭曲,变得倨傲执拗,盛气凌人。

根据不同对象而决定不同的言语形式,社会语言学将它们看做“功能变体”。一般可分作五级:

A. 礼仪的(典礼、外交)
B. 正规的(初相识、对长者)
C. 一般的(相识之间的平常事)
D. 随便的(熟人之间平等交谈)
E. 亲切的(家庭成员、亲密伙伴)

这在具体的言语交际活动里边相应地有参数变化。比如用饭,分别有“请入席”、

“请用餐”、“吃吧”、“来来”、“饿了吧”等。

(3) 适宜性

从事语用学研究的人们普遍地承认这种认识:“用最直接的方式表达的话语是最欠礼貌的;用最间接的方式表达的话语是最讲究礼貌的。”一个无须论证的事实就是,人们在相当程度上能够感知礼貌级别存在的实在性。不是不得已的情况,“无可奉告”、“暂不予以答复”这样的言辞最好不用;即便用了,也不被人看好。在大庭广众下,有些问题牵涉的因素很多,确实不能对外宣告,不便回答;用一些无关痛痒的但又机智风趣的言语来化解,相应会减少对方的失望与不快,巧妙闪躲,玩笑回避,无伤大雅,保持礼节。

中东埃以战争结束后,美国就恢复和平在其中奔忙周旋。总统特使基辛格穿梭外交,马不停蹄,来往于当事两国之间。待他与埃及总统萨达特达成一些协议后,双方共同主持召开记者招待会。有记者问萨达特:“总统先生,美国是不是从现在起不再给以色列空运军用物资了?”

“你这个问题应当向基辛格博士提出。”萨达特回答道。虽然此时他已十分清楚地知道空运即将结束,但他还是进行了回避。

基辛格立即说:“幸亏我没有听见这个记者问的是什么问题。”

萨达特与基辛格就同一问题都实施了巧妙回避的策略,而且配合默契,真可谓珠联璧合,一气呵成。萨达特的回答暗示了这样的一层含义:这是美国人的事情当然要美国人自己来回答。尽管人们明白这是埃美谈妥了的。基辛格呢,补得及时,避得巧妙。同样的一句话,说得不应时,不能恰到好处,也就失去了效用。还在大家期待开始的一瞬间,便突入其中,反映出了他超人的机智敏捷。“幸亏”两个字又故意地暴露出玩笑的底蕴,使记者不由发出赞许的笑声。

二、展示形象

言语主体处于一场言语交际的主控地位,不仅仅是适应对象的特点、完成最基本的信息传递的目的就可以了,真正的成功还在于展示形象、以独具特色的言语个性风貌给人留下回味无穷的魅力。要达到这种境界,则要追求这样三个方面的基本要求:

(一) 深谙言语交际的具体特征

言语交际的基本特点就是它的动态性质。不论是简短的单方面的一次性信息传递,还是无限的双方的递次交流,动态性可以说是贯穿于始终。具体的表现形式是繁富多样的。或话题的转换，或不同言语类型的更替，或场合的迁移，或对象的变动、数量的增减，或时间的不同，等等，由这一基本点还可以衍生出一系列的特点，如“双向性”、“不可逆转性”、“递进性”、“协调性”。

1. 双向性。言语交际是一种双向行为，即便是一次性的只有主体对客体的单项信息传递，同样有客体的信息反馈的存在。不做声也是一种信息。在整个过程中，人的因素是最重要的因素，因此要看重人的作用。就单个的“我”来说，即有“自认的我”、“他识的我”、“我觉得他怎样认识的我”。这些都可以看做交际时的变项。言语主体显然应能根据量质的变化来控制言语信息的表述方式。

2. 不可逆转性。言语交际中的主要媒介是言语，它具有索绪尔指出的那样一个向度的问题。它依据时间的发展，呈各语言单位先后有序递次排列的情势。对于口语来说，“一言既出，驷马难追。”“语言是小燕子，飞走了逮不着。”有瞬息即逝的特征。一旦产生便会构成刺激，并形成一定的社会影响。“一句话使人笑，一句话使人跳。”不能不慎重对待，实行其有效的控制。

书面语体，是“纸上写下的文字，用斧头砍不掉。”（俄罗斯谚语）因为它有时间上较充裕的利用，本能做到比口语更好的控制，然不谨慎，铸成大错的事也屡有发生。

3. 递进性。言语信息交际是一个过程。除了萍水相逢，偶然交往外，通常言语活动所负载的人际关系往往不是一次完成的。言语所包含的信息要能够体现不同时期交际双方关系的远近亲疏。也就是说，言语的风格体式应与特定的关系对象相一致。比如单一的称谓就能显示出差别。周立波的《暴风骤雨》，描写萧淑红叫人：“团支书，大春同志，大春。”就反映了由上下级关系到社会组织内的平等关系到私人交往而形成的亲近关系这样一个微妙复杂的递进过程。社会言语交际的信息传达，要能够把握好双方关系的分寸尺度。初次相识即显得过于亲热，难免使人难堪，也容易给人造成做作、过分等印象。而双方建立起了相当融洽友好的合作关系后，言语表现的情感仍严肃有余，或不冷不热，则又会给人以生疏感，将双方之间的距离无形当中又拉大了。

4. 协调性。信息传递往往不是单一的。可以说言语主体在实施这项行为时往往是整个身心的投入，声、情、行、貌并举。打个比方：正如我们见到的光都是可见光，而在它的左邻右舍却还存在着大量的微波、红外光，像紫外光、X射线等电磁波谱一样，我们的信息交际除了有声语言之外，同时还存在着综合性的其他信息表达方式，即体现在言语主体自身的副语言、肢体语言与空间语言。

（1）副语言（声态语），就是特殊的有着表意性能的发音现象。其中又包括两种类型：一是伴随着有声语言出现的语音特征，如个人的音域、为表达特别效果的声音处理；一是具有特定表意作用的功能性发音，如笑声、哭声、呻吟声、叹息声以及因激动或惊恐而发出的喊叫声等。

它与生理性声音现象的区别就在于：一个是自觉控制的表意行为，另一个是不自觉的无意识行为。即使是咳嗽,如果是言语主体故意做出的掩饰,则也为声态语。

声态语的主要作用体现在两个方面:

一是开拓音域,声情并茂。

欧阳予倩指出:"要能够根据不同的感情掌握声音的变化,也就是说能够从事于声音的表情。像'啊'这样一个简单的声音,念得长一点,短一点,促一点,轻一点,重一点,软一点,硬一点……所表达的感情完全不同,变化是非常多的——坚定、犹疑、愉快、压抑、轻松、沉重、高兴、狂欢、惊讶、悲哀、激动、心情不安、失望、绝望、有希望等等,都能在这一个字里表达出来。这也可见运用声音是何等重要的技术。"[1]

这样就不仅表现为准确地使用各个发音器官协调地发好一个个的实际读音,还包括有效合理地开拓性地艺术地控制好语流,使得语音的物理性能得到充分的发挥,音高、音长、音强、音质四个方面都有着出色的显现。高音处能激昂飞跃,响遏行云,能鲜明地体现出兴奋、喜悦、惊恐、恼怒、狂愤……昂扬和明快的情感;低音处能幽沉抑咽,冰下走水,能鲜明地体现苍凉、悲伤、颓丧、倦怠、冷淡……悒郁和滞重的情感。就是说要将特定的语义情感最有效地传递给他人,深深地打动客体,使之产生真切的共鸣,才算得上真正的思想情感交流。

再一是啼哭嘻笑,皆成文章。

喜怒哀乐,人之常情;发乎声响,使之成为类似典型言语一样的诉诸听觉的信息传递。因为这些声音直接导源于言语主体的情感,反过来说,多表现为思想情感的直接外化,表意的丰富与深沉就能更强烈地感染人们。

以笑为例:我们对人产生深刻印象时,往往离不开"亲聆謦欬"、"音容笑貌"等词语的描述,就在于说这些形象动态,特别是笑声谈吐给人留下的是难以忘怀的记忆。

(2) 肢体语言(体势语或身姿语),人们通过特定的身体动作、形象行为也能传递特定的信息内容,甚至许多时候它比有声语言表达的信息还要丰富和真实。如一个人嘴里唤着"走,走!"而自己躺着不动,显然他更实在的意图是赖着不走。当然它与有声语言的协调可以使整个言语信息显得更扑朔迷离,如人们常说的"喜怒不形于色",往往可以使人们在理解上面产生乖误。

体势语又可分为三种类型:面部表情、手势动作和整体身姿形象。

(3) 空间语言(界域学),它所研究的范围局限于交际时的空间距离,又叫近体学,人类空间统计学,是一种特殊的无声语言。它同样是一种信息资源,也会产生信息意义。

对人际交往中言语主体个人形象的整体展示,古今中外的文化都给予了高度的重视。看《论语·乡党》中所载孔子对自己肢体语言的运用:

---

① 欧阳予倩:《演员必须念好台词》,《欧阳予倩全集》(第4卷),第200页,上海,上海文艺出版社,1990。

孔子于乡党，恂恂如也，似不能言者。其在宗庙朝廷，便便言，唯谨尔。

朝，与下大夫言，侃侃如也；与上大夫言，訚訚如也。君在，踧踖如也，与与如也。

入公门，鞠躬如也，如不容。立不中门，行不履阈。过位，色勃如也，足躩如也，其言似不足者。摄齐升堂，鞠躬如也，屏气似不息者。出，降一等，逞颜色，怡怡如也。没阶趋，翼如也。复其位，踧踖如也。

升车，必正立执绥。车中，不内顾，不疾言，不亲指。

这些文字对孔子言行的描写应该说是相当形象传神的。从另一方面也可以这样说，孔子对自己言行的控制把握也真够精到分明的，连那些最宽泛意义上的言语形式，即“声态语”、“体势语”、“空间语”都能够根据具体的环境对象采取不同的角色表现，足以说明他在言语修养上对自己的严谨要求。

应对方面，孔子也是非常具有分寸感的，往往是恰到好处。看《论语・先进》中的记载：

子路、曾皙、冉有、公西华侍坐。子曰：“以吾一日长乎尔，毋吾以也。居则曰：‘不吾知也！’如或知尔，则何以哉？”子路率尔而对曰：“千乘之国，摄乎大国之间，加之以师旅，因之以饥馑；由也为之，比及三年，可使有勇，且知方也。”夫子哂之。……三子者出，曾皙后。曾皙曰：“夫三子者之言何如？”子曰：“亦各言其志也已矣。”曰：“夫子何哂由也？”曰：“为国以礼，其言不让，是故哂之。”

孔子并提出了足以警示人们的种种误区。他指出：“侍于君子有三愆：言未及之而言谓之躁，言及之而不言谓之隐，未见颜色而言谓之瞽。”（《论语・季氏》）也就是说话说早了说晚了都不行，该说的时候不说也不行，都不能达到理想的效果。他还说：“可与言而不与言，失人；不可与言而与之言，失言。知者不失人，亦不失言。”（《论语・卫灵公》）显然，根据特定的对象环境，以最理想的时间进行言对，是非常值得研究的课题。这样，孔子提出了要“见几而作，不俟终日。”然而要把握住最佳时机，显然是一个很不容易的工夫，连孔子都慨叹道：“知几其神乎？”“几者，动之微，吉之先见者也。”只有“知微知彰，知柔知刚”（《周易・系辞下》），才能达此境界。

再比如当今社会中的应用。英国前首相丘吉尔在一次演讲中说：“我们现在的生活水平比历史上任何时期都高，我们现在吃的很多。”讲到这儿，他故意停了下来，看着听众好一会儿，然后，他盯着自己的大肚皮说：“这就是最有力的实证。”演讲妙趣横生，憨朴幽默，多种手段浑然协调，让人忍俊不禁。丘吉尔先用语顿提醒人们注意，将众人的眼光吸引到自己身上，再巧妙地运用“盯着自己的大肚皮”这一体态语辅助口语进行论证。表述方式多样丰富，意脉连贯，承递紧凑。

当然，现实生活当中人们就有声语言与其他语言形式之间不能紧密配合的情形也屡见不鲜。有些纯粹是社会交往恐惧症所致,脸皮儿薄,见不得生人或大一点儿的场面;说话时神色慌张手足无措。与此相对的另一个面则是胸有城府,喜怒不形于色。后者的言语表达与真实思想往往是大相径庭。即便如此,内心世界的波澜或许语言上面可以打埋伏,然而面部表情与行为语言却很难将其完全掩饰。哲学家叔本华于《附录与补遗·论容貌》中曾分析说:“一个人的面孔通常会比他的舌头说出更多有趣的事,因为面孔是他所说一切的概要,是他思想和志向的缩写,舌头只能表达一个人的思想,而面孔却能表达他的本性。”美国文化人类学家艾德华·霍尔在《无声的语言》一书中指出:“无声语言所显示的意义要比有声语言多得多,而且深刻得多。”他认为,有声语往往把所要表达的意思的大部分甚至绝大部分隐藏起来。他还以赞同的口吻解说弗洛伊德关于潜意识的学说,说后者非常依赖人的行为的交流意义而不怎么依赖人的言辞。许多思考都基于这样一个论断:言辞隐匿的东西远远胜过它所揭示的东西。信息传递依赖于更广阔范围内的交流,依赖于那种通常是不知不觉的,因而不受每个人内心都具备的稽查机制控制的梦的象征和琐屑事件的意义。要了解说话人的深层心理,单凭语言是不可靠的,经过理性加工过的有声语言往往不能率直地表露出一个人的真正心曲意向,人的动作比理性更能表现人的“情感和欲望”①。

正因为如此,作为一场交流的主导者,言语主体需要时时不忘自己的言语行为目标,对自己所使用的媒介手段有一种最真切的认识把握,既能在纵向发展过程中稳稳控制住这种动态活动的流向情势,又能在横向的多种事物因素的交错制衡中求取最合适的着力点。纵横捭阖,张弛有致,使得言语交际自始至终都尽可能地按照预期的步骤环节达至理想的彼岸,才能使自己立于不败之地,使自己的技能素养臻于佳境。

(二)把握好自稳控制和自组控制两尺度

要将合作原则贯彻下来,落到实处,对于言语主体来讲,要使自己在言语信息交流中时时处于一种优势地位,就必须发挥主观能动性。用“控制论”的观点来说,就是要把握好“自稳控制”和“自组控制”两种机制。

所谓“自稳控制”,就是在交际目的与交际所要达到的效果都知道的情况下,如果言语状态却未能达到稳定态值时,系统便通过负反馈,使之向稳定态靠近;或者是当系统已经处于稳定态值,由于内部外界干扰而偏离了稳定态,系统也通过负反馈使之回到稳定态。说得通俗一些,就是要不断检验实际言语质量和预设言语质量间的稍小差度,使行为中的言语按照预定的轨道前进。它体现为“调整”。有些人在言语的交际过程中就能够自觉地实现这种控制。传统话本中常有的“闲话少说,书归正传”,日常交谈中常能听到的说法:“刚才话说远了,咱们还回到正题上去”,“讲到这儿,我还想再补

① [美]艾德华·霍尔:《无声的语言》,侯勇译,第28页,北京,中国对外翻译出版公司,1995。

充一点……”等，都是对言语脱出稳定态值的修正和调拨。而重复、加大音量、更换语调等则是为了排除干扰、适应目标，以达稳定态的又一类型的努力。而有些则属于字斟句酌，使意义表达得更到位、更准确。如电影《白求恩》中的人物言语：

> 白求恩同志，我也要批评你两句。你不很注意——不，是很不注意——自己的健康。

“不很注意”，基本意义已经表达出来了，只是语气稍显轻微，颠倒一下语序，“很不注意”，表述才算丰足。

“自组控制”，是指内外部的扰动超过了某一临界阈值，系统原来的稳定态已受到严重破坏。此时试图通过负反馈来恢复原态值已属不可能或意义甚小，为了改变这一局面，就需要寻求新的稳定态值。言语交际中也多有这种情况，“话不投机半句多”，原先设计的如意计划化为泡影，这时就需要及时地改变话题。它突出地体现为“改弦更张”。比如历史上的名篇《触龙说赵太后》，里边所载的触龙言语使用就很能说明这一特征。在事关国家危亡的是否让“长安君为质”这件事上，赵太后先以骨肉之亲情为出发点，死活不允诺。众多大臣的进谏都碰了壁，赵太后并发出威胁：“有敢言长安君为质者，老妇必唾其面。”从而形成了言语劝诫的僵局。不另辟蹊径，便不能绝处逢生。此时触龙面见太后。从自己足疾请求对方宽释谈起，讲上了年纪的人要注意饮食保养等，太后愠怒之色才稍稍缓解。尔后触龙以自己年事已高，垂念儿子以后的成长为由，特向太后推荐做事。言辞诚朴，情真意切，正好触动太后此时此地的心境情怀，她不禁问道：“丈夫亦爱怜其少子乎？”触龙分析说：父母为儿女考虑，即应为之“计深远”。您女儿远嫁，您持其踵，为之泣，想的是“勿使返”，为她想得很久长。当儿子遇到为国出力、经受锻炼的机会，您却不能以博大胸襟、恢弘眼光毅然赞同，这不是爱他而是害他。一旦您不在了，他怎么会有能力来治国安邦呢？太后听后，肃然起敬，吩咐人等马上为长安君备车执行使命。试想，若触龙不能以全新的言辞方式来打破原已形成的“山穷水尽”局面的话，这场言语交际的活动便会彻底失败。另起炉灶，因势利导，才会有通途和转机，柳暗花明，最终实现预期的目的。

再比如中央新闻机关有一女记者采访邓小平十三陵植树活动。交谈伊始，她就问对方有什么感想。小平同志的回答也干脆，说：“我是来劳动的，不发表感想。”

这场采访似乎在这儿梗塞了。

女记者忽然灵机一动，立刻改变了提问的方式：“小平同志，58年您不是来过吗？”

“是呀，那是修十三陵水库。”

“现在有什么变化？”

“现在满山都是树呀！”

“您说过，植树要坚持20年。”

“是呀,植树要坚持20年、100年、1000年,世世代代搞下去。”

这场交际也很能说明问题:不善于选择话题,客观上也就给对方出了难题。自己被动,交谈也难以进行下去。急中生智,重开新路,找到了新的稳定态值,交谈便在轻松适宜的气氛中得以畅顺展开。

(三)娴熟掌握多种有效的表达方法

正因为人们充分注意到了言语交际中合作原则与礼貌原则共存的合理性,礼貌原则的重要性以及内部的级别差异性,这样比较多地在表达形式方面开始做一些描述性的理论解释工作。人们看到,为了真正求得好的效果,完成传递信息、交流情感的职能,言语就不仅仅采用一般意义上的“正言法”(明确无误地进行表白),还需要“掩饰法”、“半言法”、“就虚法”、“美化法”、“迂回法”、“巧解法”等似无理却可行的方法。

(1) 掩饰法

这种方法就是合理地说谎,有人称该方法为“美丽的谎言”。

有些话语内容确实不便告知,则需要故意说得含混,不让对方明白。这对社会公众来说是“公开地说谎话”,但这种谎话于现实对象实有益处。一个人病情严重的时候,直言相告,于事无补,却只能加重对方的精神负担;而掩盖事实真相、劝诫鼓励的话语却能给予病人战胜疾病的勇气。

(2) 半言法

修辞学里边有人把这种方式叫做“空位”格。即在正常语言链条表述上面,采取缺略部分词语的方法,以实现特定的目的效果。现实生活里边有许多复杂丰富的思想感情,隐衷丑事需要掩饰,灾祸粗鄙有待回避,惊疑迟滞一时难断,暗示提醒增设悬念,便“话到嘴边留半句”,不使言语过分直露粗率,以免戳伤或影响别人。比如《红楼梦》第八十六回中写黛玉抚琴,意深韵沉,宝玉一时没能悟出。黛玉言道:“即如大家学会了抚起来,你不懂,可不是对——”后者接过话头回答道:“只要你们能弹,我便听,也不管‘牛’不‘牛’的了。”便属这种情况。如若按一般情况,此时用“对牛弹琴”成语来概括再恰切不过,但以林黛玉的教养身份再加上言语的特定对象,都使她不能也不愿说得明白,说一半,点到为止,这话从对方口中说出当然最妙。

(3) 就虚法

根据事物现象的实质情况,采取相关、相近的现象进行描述的方法进行显现;这种方法类似于“打擦边球”,言辞由此显得非常富有弹性。

著名学者冯文彬教授有一次上街,看到路旁一面相忠厚憨实的农民在摆摊儿卖夜壶。老人上了年纪,夜壶用起来方便。于是有心买一把。他蹲下来仔细挑选,最后相中了其中的一把,对造型、釉面光洁度、平稳度、把儿的手感等都十分称心,但有一样犹觉美中不足,手拿着端详着自言自语道:“好是好,只是大了一些。”这时卖主也就是那个农民冲他实诚地说道："老哥，冬天，夜长啊。"这种回答方式含蓄简洁，意蕴深藏，将不易言传的内容通过有限的文字描述得适量得体。这使冯文彬先生深深被感动了。他认为这位老农就是语言高手，讲究的就是美的语言，礼貌的语言。

（4）美化法

故意说得意有两歧，或说得轻松美好，化拙为巧，化腐朽为神奇，以减弱对方的抵触情绪，以使语言显得格调健康美好。"语言禁忌"集中反映了这种要求。如人类社会普遍要求对特征较龌龊的事物现象、一般较难表述的器官及有关行为进行避讳。如"屎尿房"——"茅房"——"厕所"——"卫生间"——"洗手间"，同指一事物，然愈往后愈显文雅礼貌。很多类似的事物行为等，往往都能形成一个同义词语系列。在言语交际中，"美化"言语表述方式不仅体现为对对方的尊重，还明朗地显示出一个人的言语雅俗控制能力及艺术修养。

（5）迂回法

迂回婉曲地表述，周折颇多，效果也著。

传说有这么一则故事：

古代有一县太爷酷爱画虎，然总是画虎类猫。偏偏他又性情乖张，每有"新作"就让下属欣赏评论。当然，他喜欢听奉承话；若敢照直讲来，挨板子是逃脱不了的。

近来新添了一个吏卒。此人口齿伶俐，少说也有一百个心眼。这天县太爷将又一张新作张出，大家便一齐鼓动着县令让新来的吏卒品评。吏卒故意装作战战兢兢的样子不肯回答。被逼急了，才答道："老爷，我，我怕。"

县太爷见他这样，以为自己画的猛虎威武雄壮，人见人怕，越发得意，越发催促道："怕什么？有老爷我在，没什么可怕的。"

吏卒这时好像定了定神，嗫嚅道："老爷，你，你也怕。"

"嗯？我怕什么？什么我怕过？"

"嗯，老爷怕，怕天子。"

县官一时语塞，尔后忽然发笑："对，对，可天子什么都不怕了。哈哈，哈哈。"他为自己的新认识高兴得摇头晃脑，手舞足蹈。

"天子怕天。"吏卒又是一句。

县官略一沉吟，只好称是，便接着反问道："天怕什么？"

"天怕云。"

"云怕什么？"

"云怕风。"

"风怕什么？"

"风怕墙。"

"墙怕什么？"

“墙怕老鼠。”

“老鼠怕什么?”

吏卒用手朝堂上一指:“怕它。”

大家顺着手指的方向望去,那厢挂着的正是县太爷的那幅“新作”。不禁都哑然失笑,其中也包括了画的主人。

这个吏卒使用的正是“迂回法”表述。

(6) 巧解法

说白了就是“歪打正着”。言语主体从侧面或者从反面有意识地解说,似乎漫不经心,却使对方领会到正题的东西。汉武帝晚年幻想长生不老,时做神仙梦。一次对侍臣又痴痴地说:“相书上讲:‘人中越长,命就越长;人中长一寸,能活七十岁。’不知是真是假?”东方朔听了很不以为然。皇上见他有讥讽之意,勃然大怒,喝道:“你怎敢笑话我?!”东方朔脱下帽子,恭恭敬敬地回答说:“臣怎敢笑话皇上,我是在笑彭祖的脸太难看了。”汉武帝追问根由。他笑道:“据说彭祖活了八百岁。如果真像皇上刚才说的那样,他的人中就有八寸长。那么他的脸不是有丈把长吗?”汉武帝听后,也乐起来了,愉快地接受了他的委婉批评。

当然,巧解法还可以有更为具体的多种类型。比如有的是“借用典故”,有的是“铺展生发”,有的是“故意打岔”,有的是故意“望文生义”,等等,不一而足。1945 年在重庆,一次郭沫若同画家廖冰兄(笔名)一道儿吃饭。当他得知廖因同妹妹(名冰)相依为命故自名“冰兄”时,故作恍然大悟地说:“哦,这样我明白了:郁达夫的妻子一定名郁达。邵力子的父亲一定叫邵力。”附会之新奇,令满座粲然。

这里只是就侧重言语交际为实现礼貌原则而所采用的常见的表现方法给予简约归纳表述。事实上,决定言语质量的因素是多项的,其方法也是繁复多样的,仍需要下大工夫进行梳理总结。

“言语之美,穆穆皇皇。”(《礼记 · 少仪》)“敬而和”,“正而美”,准确质实,以理服人;恭谦礼貌,和气待人;言语亲切,措辞得体;文质彬彬,始得真谛。

第五讲　语言环境

任何言语交际都是具体的，在特定的时地条件下实施的。这和书本中所说的语言有着本质的不同，语言是将对象假想为一种静止状态以认识其通常的结构规则，即便是用来说明规则的语句，也多是撇开了具体的语言环境，侧重于它的组合搭配，看其语法意义的表述特点；而修辞，言语交际，讲动态的运用；单纯就语言本身讲语言，很多时候就说不通了。看《红楼梦》第八十五回“贾存周报升郎中任　薛文起复惹放流刑”里边的一段情节。

(1) 凤姐一时回过味来，才知道自己出言冒失，正要拿话岔时，只见宝玉忽然向黛玉道：“林妹妹，你瞧芸儿这种冒失鬼。”说了一句，方想起来，便不言语了。招的大家又都笑起来，说：“这从那里说起。”黛玉也摸不着头脑，也跟着讪讪的笑……

“你瞧芸儿这种冒失鬼”，这句话本身没毛病。但大家，包括“心较比干多一窍”的黛玉也摸不着头脑，就在于除了宝玉，别人都不知道这种情绪型的评价语句缘由是什么，是在一种什么样的前提下才使他这个“略一经心无有不能”的人会说出这样没头没脑的话来。显然，所有语句真正的表达意图，只有在特定的语言环境下才能形成言语主客体之间的共识，语言环境也是语言表达完整内容的重要组成部分。

大众公共宣传性质的语体，置于一种共有的社会文化背景，在这种情况下，似乎语言环境即可以忽略不计了；即便如此，它仍有隐性的逻辑关系在起作用。看一则曾颇有影响的广告词：

(2) 广告做得好，不如新飞冰箱好

这则广告曾引发同行业的不满。为什么?如果我们认真分析一下广告语本身的弊病即能看出它的问题所在。

首先,广告有质量问题,冰箱也有质量问题。关键在于二者有没有可比性。比较属于科学现实性质,两项或多项之间的比较,必须建立在同一范畴上。对此,墨子老早即进行过论述,他举例道:“木与夜孰长?智与粟孰多?爵、亲、行、贾,四者孰贵?麋与霍孰高?麋与霍孰霍?蚓与瑟孰瑟?”(《经说下》)它们是不能进行比较的,因为它们不同类。故墨子得出的结论是:“异类不吡,说在量。”(《经下》)显然,广告和冰箱,它们不同类,质量上的好坏也是不可比的。要比的话,也只能是广告和广告比,冰箱和冰箱比。

在此基础上需要注意的是,虽然正面的比较必须保障相比事物行为属性上的同范畴,但对于人们心理认知上的转折观念来讲,就相对宽泛多了,不同类照样能够形成对应的逻辑关系。比如我们通常说的:“人小志气大”、“头发长见识短”、“绳是长的好,话是短的好”、“身安不如心安,屋宽不如心宽”等。但此种类比仍需要特定的条件:一是比较项虽然不是同范畴,但比较的两项往往是一为客观的一为主观的,一为具体的一为抽象的。这种比照具有可行性;二是前后对应性的比较多为反比关系,以突出强调二者的反差;三是这种比较具有普遍性的价值意义,故大都能形成熟语性的格言。故比较的两项多不是定指的,即它们都具有类的属性。进一步说,即便这一类型的比较也得遵循最基本的句法规则:话题得一致,要么都定指,要么都不定指。

正因为如此,该广告进行类比的事物如果能够成立的话,其逻辑基础应呈现为这样的一种矩形状貌:

广告做得好 — 冰箱(质量)不好
|　　　　　　|　　　(正比关系)
广告做得不好 — 冰箱(质量)好
(反比关系)

因为该广告里边有定指性的词语“新飞”,这种前提就使得该广告暗含了特定的预设。将这种预设还原,它的深层结构、完整的语义则是这样的:

(有人做)广告做得好 — (但)它的冰箱(质量)不好
|　　　　　　　　|
(新飞)广告做得不好 — (但)它的冰箱(质量)好

所以,这则广告不管它开初创意时的真实内蕴是什么,它的语言单位间的组合所形成的语义空间也只有这一种解析。至于该厂家后来为了避免给人们带来不必要的误解,将广告词改为“新飞广告做得好,不如新飞冰箱好”,也只不过是承续前边的影响试图做一点弥补工作罢了,而广告本身是不值得恭维的。

所以,语境也是广义修辞学必须关注的一个重要因素。

它通常分为客观环境、本体语境这两大类。

一、客观环境

这一条件因素范围也是比较大的，故它又可分为社会文化背景和交际时的持定物理背景两部分。

（一）社会文化背景

任何人的交际都是基于早已确认了民族文化的大前提下进行的。它牵涉到政治、伦理、经济以及语言本身的特征等诸多方面。仅拿最后一个来说，语言即反映了一个民族传统哲学思维方式和认知事物的思想方法。单纯的词语组合的顺序分布，即比较充分地映射着认识和表达客观世界的隐性的意识形态。萨丕尔—沃尔夫假说指出，语言在相当程度上决定了人们的思想和认识方式，说的就是这个道理。汉语在总的特征上具有"临摹性"，除了多依照着时间原则来安排词语的前后外，参照物先于目的物的排列方式同样透现了汉民族多以整体控制局部或个体的习惯思路。比如："湖的中央有座亭子。"而对应的英语语序，"亭子"肯定是放在句首。后者体现为目的物，即个体，通常要置于最显豁的地位给予突出显现。因此，语法学界将英语这种组织方式看做以焦点原则为主要类型的语言。

再看汉语和英语交际语言上的差异。以招呼语为例，美国学者 W. P. 莱曼在他的《描写语言学引论》中说："当我们观察中国的时候，我们会感到非常惊讶，他们的语言中没有表示礼貌的语言模式，甚至在他们遇见或者是离开朋友的时候也没有问候语。"①其实他的这种判断纯粹是因他对中国文化的不了解造成的。说汉语里没有招呼语，这是典型的一种误解。其实，汉民族言语交际表达向来是以含蓄灵动见长。以汉语作为母语的人们都知道：相识的人们相遇，如果没有起码的言语（广义的）沟通，即招呼，那是肯定要招致谴责的！ W. P. 莱曼所说的招呼语，那是显性的、单一的、率直的；而汉语的招呼语却不是这样，往往是针对刚刚发生、正在发生或即将发生的行为情状进行轻松随意性问候。诸如"老李，你早！""哟，上街呀？""你回来了？"等等，因为熟识，这种一般的自由的话语风格便富有得体灵活的人事生活情调。很有些人讨论过"吃过啦？"的真实含义，有人说这是汉民族"民以食为天"意识的流露。事实并非如此。比如离吃饭时间稍长时便不再用此话发问，上午的十点来钟或下午的三四点钟见人问这句

① ［美］W. P. 莱曼：《描写语言学引论》，金兆骧、陈秀珠译，第 331 页，上海，上海外语教育出版社，1996。

话便显得不伦不类。实际上这种短时间应酬性语句,体现出的是典型的人际交往礼貌功能。即便问“上哪儿呀?”也很少有刨根问底、干涉私生活的嫌疑,因为它并不要求准确的回复。它的潜在的语义信息重在承认对方的存在。它脱去了单一问候语“你好”的呆板、乏味,透露出的是礼貌的亲切性。

即便都属于汉语交际内部的事情,同样有这方面的问题。看高缨的《达吉和她的父亲》中的一个情节,也很好地说明了这一点:

(3) 老汉眨着眼断断续续地说:“她是,她是我的妞妞……六岁就被‘罗罗’”——他赶快改了口——“被彝人抢进凉山……”

“罗罗”,是旧社会封建统治阶级推行大汉族主义,对彝族人带有侮辱性的称呼,这种思想意识也影响到了汉族下层的贫苦农民。从那一时代过来的人们在说话方式上,由于习惯以它强大的惰性必然地影响人们在不经意的时候残留带出。好在达吉的父亲及时意识到了这一点,很机敏地作了修正。

传统里边也蕴含着极大的惰性力量。语言有一个时代性的问题,它有发展有变化,社会中每一分子肯定要遵循这种发展变化而适时地进行应用,而不能是纯粹为了掉书袋、装有学问仍用故去的语言进行交际。正像鲁迅在《随感录五十七》中讽刺的那样:“明明是现代人,吸着现在的空气,却偏要勒派朽腐的名教,僵死的语言”。众所周知,五四运动前后,汉语经历了由文言向白话的重大变化。其实在这之前,人们的口语和书面语已大不相同。明代赵南星曾写有《笑赞》,里边有这样一个段子:

一秀才买柴,曰:“荷薪者过来。”卖柴者因“过来”二字明白,担到面前。问曰:“其价几何?”因“价”字明白,说了价钱。秀才曰:“外实而内虚,烟多而焰少,请损之。”卖柴者不知说甚,荷的去了。

赞曰:秀才们咬文嚼字,干的甚事,读书误人如此。有一官府下乡,问父老曰:“近来黎庶何如?”父老曰:“今年梨树好,只是虫吃了些。”就是这买柴的秀才。

清代李汝珍的《镜花缘》里同样嘲笑了君子国的酒保,也是满口“酒要一壶乎,两壶乎? 菜要一碟乎,两碟乎?”

到了现代,用社会运动的形式将该问题端到前台,才使得白话真正获得正宗地位。然而即使如此,仍不标志该问题的彻底解决。仍是鲁迅,看他在《论讽刺》中的表述:

我们走到交际场中,就往往可以看见这样的事实,是两位胖胖的先生,彼此弯腰拱手,满面油晃晃的正在开始他们的攀谈——

“贵姓? ……”

“敝姓钱。”

“哦,久仰久仰! 还没有请教台甫……”

"草字阔亭。"

"高雅高雅,贵处是……?"

"就是上海……"

"哦哦,那好极了,这真是……"

接着鲁迅指出:对此现象"谁觉得奇怪呢?但若写在小说里,人们可就会另眼相看了,恐怕大概要被算作讽刺"。

鲁迅所再现的情景,是当时的现实。它在上层附庸风雅的社会群体里边当然也是一种风尚,似乎不如此则为别类;因此连鲁迅自己都说不觉得奇怪。问题在于,即便是鲁迅自己认为有存在价值的东西不是也不很合新时代的要求,与五四精神大相背离的吗?!它鲜明地承续着中国古代的言语交际方式,烙印着很重的文言遗迹。

(二)特定物理背景

特定时地环境决定言语主体在言语交际时的真角色。俗话说:"舞台小社会,社会大舞台。"在后者这个偌大的舞台上面,每个人真实具体的角色实施着自己的角色行为。"导演"是社会规范,它控制和衡定着人们是否"正名循礼",反过来,在这种强大的无形的力量制约中,人们也必须"入乡问俗"、"走乡随俗",来适应一定环境,才不会被人指责为有失"体统"。

不管理论上怎么个分法,语境对于言语主体的话语方式选择同样也起着至关重要的制约作用。对此,古人已在很早的时候即注意到了它的价值效用了,并且对违背客观环境,言语主体角色乖误的言语行为给予了提醒与嘲笑。如《战国策》中载录的故事:

(4) 卫人迎新妇。妇上车,问:"骖马,谁马也?"御曰:"借之。"新妇谓仆曰:"拊骖无笞服。"车至门,扶,教送母曰:"灭灶,将失火。"入室见臼,曰:"徙之牖下,妨往来者。"主人笑之。

《战国策》一书的作者评论说:"此三言者,皆要言也,然而不免为笑者,蚤晚之时失也。"

言语交际中的"失其时"似乎容易看得清楚,一如鲁迅赠人的《偶成》诗中云:"春兰秋菊不同时",事物的差异既源于本质状貌,同样也有赖于时空坐标。兰滋于春,菊盛于秋,各依据自然的法则而异彩纷呈。这看似最简单不过的客观事实,在言语交际中并不见得都能准确无误地恪守。元代杂剧高手王实甫也概莫能外,他的《西厢记·草桥惊梦》一折,由于既写"疏刺刺林梢落叶风"的"清秋夜",又写"绿依依墙高柳半遮"的春日景,而被人戏称"崔氏春秋",是败笔之作。时到如今,即便是广为人们传颂的言辞作品,也是照样儿显示着类似的不合逻辑与荒唐。如"文革"期间的歌词:"天上布满星,月儿亮晶晶。”连曹操的《短歌行》中都写着“月明星稀”这样真实的物理现实呢,居然我们现代人仍旧可以违背着进行随意描写!

当然,在社会急剧变化的时期,语言有时也会发生迟滞或不适应的现象。拿称谓来说,日本《朝日新闻》1984 年 3 月 31 日曾评述说:“新中国成立以后,作为表示一种新的人与人的关系的称呼而广泛使用的‘同志’,最近有点使人感到不久于人世了。在饭店如果对女性服务员呼一声‘同志’,她会立即把脸扭向一旁,不予理睬。但是如果叫一声‘小姐’,她会马上高兴地答应‘是’。”《北京晚报》同期也发了一篇报道:“最近我在公共汽车上,一个年轻人客气地说:‘师傅,往里靠靠。’我是个军人,没有想到人家会这样称呼我。怔了好半天,才明白是在叫我。”这都体现了对新旧词语的不适应而产生的迷惘和困惑,愈是社会发展节奏加快,这种迷惘和困惑会愈发显明和强烈。众所周知,上两例中的称谓距今还不算时间太长,然又都为新的词语所代替。一个飞速发展的变革时代,思想意识观念形态上的急剧更替嬗变,必然会在言语上面有明晰的反映。这一点是每一个置身于这个时代的人都能深切感受到的,正像迈克尔·葛里高利和苏珊·卡洛尔合著的《语言与社会生活》一书中指出的那样:

> 我们的语言是在不断发展的。可是对于新的语言形式,只有当新的准则观念牢固地建立起来的时候,我们才会感到运用自如。在转变时期,我们常常没有准则可以遵照。

这种情况是整个社会给它的每一个成员出的难题。退一步说,我们努力适应且还存在着一定的距离困难,那么就更不能不识时务地去拉大与现实的距离。

再则就是什么地方和场所。“橘生淮南则为橘,生于淮北则为枳。”言随旨迁显然也是一个不难理解的道理。戴尔·卡耐基曾在他的名著《语言的突破》里举过这样的例子:某些传教士着手把圣经翻译成赤道非洲附近某一部落的土话。当他们进行到诗篇中的:“虽然你的罪恶一片鲜红,它们终将白如雪花。”他们如何翻译这一段?逐字逐句照翻,没有意义,而且荒谬。那些土著从来没有在二月的清晨扫除街上积雪的经验。在他们的语汇中甚至没有“雪”这个字眼。他们不知道雪和煤炭有何差别;但他们曾经多次爬上椰子树,摇下几颗椰子作为午餐;因此,那些传教士就把未知的事物和已知的事物联结起来,把那首诗改成:“虽然你的罪恶一片鲜红,它们终将白如椰肉。”

地方场合关涉的事物情景是多样而宏富的,对此顾及与否会形成截然不同的表达效果。从大量的交际情况上看,地方场合往往是言语交际内容的有机组成部分。忽视环境的作用,则会造成话语理解上的歧义或反义。仍拿 1983 年 5 月 23 日《北京晚报》上的一篇文章为例:

> 不久前,我到八宝山去参加追悼会。在火葬场入口处见到这样一块标语:“经济搞上去,人口降下来。”这标语的内容挺好,但不知怎么此时此地见了,反而叫人

感到不大舒服。问问同伴，感觉一样，这就有点问题。

这种整体的感觉认识，就是由具体场景陪衬烘托而自然产生的。该标语本身没有什么差错，问题在于它选错了地方。

此外还有一个前提背景问题。它主要表现为言语主体所要考虑的与客体之间建立联系的主客观条件以及实施交际的中介物。

主客观条件由这样一些内容组成：双方共处的社会文化氛围，双方实现沟通前的相互了解程度，双方建立交际所具有的方式。它是选择应对话题的重要参考项。注意“借题发挥”，才能不断翻出新意。

比如琼瑶小说《却上心头》中描述的情节：

> “你家在台中，你为什么到台北来找工作呢？”
>
> “我认为在台北比较容易找事。”她坦白地回答，“尤其我读的是职业学校，受过职业训练，如果不能学以致用，也相当可惜。”
>
> “你一分钟可以打八十个字，并不容易啊！”
>
> “这并不是我最好成绩，”她笑笑，“在学校里，我曾经打过一百以上。我还有很好的珠算本领，但是，”她再笑笑，“我参观过你们公司，仿佛一切都电脑化了，我的珠算大概也英雄无用武之地了！”

交际双方虽是初次相见，但具备很多对对象的了解，从而为交际的顺利融洽进行奠定了基础，使言语话题内容通贯直下，如若行云流水。

实施交际的中介物则指双方联络时起到重要作用的实物，特别像公关活动中的重头项目——商品，它也是制衡言语方式的因素之一。英国学者苏珊·莱尔就曾指出：药、金融服务、器械、咖啡、汽车和狗食等，是不适宜用幽默方式来进行宣传的。比如金融服务所作的广告，诙谐轻松的话语口吻会使人对金融的信誉产生怀疑。

二、本体语境

说得通俗一点，本体语境就是指上下文。

对于语言整体来讲，从最小的自由运用单位词到最大的结构单位篇章，相互之间是一种相互制衡的关系：小的单位，特别是词，以过去相对稳定的形义统一体参与高层次单位的组合，从而为构造新的意义群体提供基础；同时它也受来自高于它的不同层次上的内容意义的表达所制约，从而为适应新的组合而在意义上不得不或明显或潜隐地有所偏移。表达或识读语言，说穿了，就是通过复杂多样的语言符号及其组合形式来将特定的意义反映出来，其中还包括利用过去的能指遵从特定环境的需要潜移默化地显示出新的所指内容。我们可以把过去相对稳定了的特定词语的意义认定为语词的语言意义,而将特定环境下的临时增生的新意义叫做词语的言语意义。语词的语言意义和言语意义有着明显的区别。语言意义是词汇意义和语法意义的总和;言语意义则是在使用过程中语境参与后的结果,它既以语言意义为基础,又往往要比原来的语言意义具体得多、丰富得多。马克思指出:“具体之所以具体,因为它是许多规定的综合,因而是多样化的统一。因此它在思维中表现为综合的过程,表现为结果,而不是表现为起点。”[①]拿它来解释语词的言语意义的特征也是完全可以的,因为我们所看到的语言运用都是具体的。有人说:“词没有一般的意义,我们每次都赋予同一个词以新的意义。”[②]这种表述虽然有些绝对,但它充分肯定语境价值作用的认识思路则是合理的;而语词的所谓语言意义则比较多地表现为假想的产物,理性抽象的产物。

正因为如此,我国古代的学者们便比较多地提醒人们注意从上下文中给出准确意义的做法。宋代张载指出:“凡观书不可以相类泥其义,不尔则字字相梗;当观其文势上下之意。”(《张载集·张子语录》)朱熹也说:“凡读书,须看上下文意是如何,不可泥著一字。”(《朱子语类》卷十一)连借助西方葛朗玛建立起汉语语法学体系的马建忠也认为:“字无定义,故无定类。而欲知其类,当先知上下之文义何如耳。”(《马氏文通》)即便是现时人们常说的“书读百遍,其义自见”,其实质也是说的这个问题。

具体说来,本体语境对语词所实施的制衡作用主要体现在过滤功能和解释功能两个方面。

(一)过滤功能

所谓过滤功能,主要是指语法规律对词语临时组合适配性的肯定与否来讲的。

所有的文字作品都是在特定的匹配规则制约下形成的,在特定的语境中去表情达意的。连看似最简单的词语搭配都受制于长期以来逐渐培植起来的民族语言思维方式和心智策略,具体表现为言语中的文词字句组合,往往都要受制于整个语句,甚至整个篇章的表达需求。

为了说明问题,先看这样的两组语言单位:

把嘴张得大大的	把嘴张大
把东西抢得精光	把东西抢光
把马路照得又光又亮	把马路照亮
把那件东西抱得紧紧的	把那件东西抱紧

---

① 《马克思恩格斯选集》(第2卷),第103页,北京,人民出版社,1973。

② [美]福斯勒尔:《语言哲学论文集·论语言学的心理学的语言形式》,引自《语言学译丛》1958年第1期中波波夫《词义和概念》一文。

这是沈家煊在他的《如何处置"处置式"？——论把字句的主观性》一文中举出的例子。接着他判断说："尽管谓语动词都是复杂形式，但左列的句子是自由的，右列的句子是黏着的，不能独立使用。"显然，这里所判定的自由和黏着，从另一个角度讲，也涉及补语是侧重于描写还是侧重于判断，是接纳状态形容词还是接纳性质形容词的条件问题。通常人们判别一个特定语言单位自足性的强弱，一个心照不宣的基本前提就是它在陈述句中的状貌；沈先生的判定当然也是以此为依据。右边的单位如若是祈使句，照样能够成立。这一事实说明，仅从语言单位的内部讲组合、讲适配性，往往只能得出局部性的结论。即便如此，它仍得以潜在的共同认定的陈述句作参照作背景。换个角度说，句子的表达则对其语言单位形成制约，句子成分的核心价值就在于语义的特定表达效能。

其实上边两组的对应，成句能力的强弱，早在1956年朱德熙的《现代汉语形容词研究》一文里边已涉及了该课题的辨析。他用大量的例证说明，状态形容词同性质形容词相比，当它们分别与"的"组合，入句后的功能大不相同：①前者不能用指量词语指称，后者则能；②前者可以不需要系词直接做谓语，后者反是；③前者可以受副词修饰，后者难有此表现；④前者经常做补语，后者难得见着；⑤前者经常修饰动词，后者则情况特殊。例如：

* 一个红红的	一个红的
眼睛亮亮的	* 眼睛(是)亮的
脸上永远红扑扑的	* 脸上永远红的
答应得好好的	* 答应得好的
重重地给我一拳	* 重地给我一拳

由比他认为，前者所形成的"的"字单位是形容词性的，后者同样的形式却是体词性的。①

为什么会出现状态形容词和性质形容词的分类与功能上的差异性？关键还是在于句法功能的制约：像比较自由地做谓语、补语和状语，这都是典型的谓词才体现出来的；而可以受指量词语的限定，不受副词的修饰，却又都是名词的特征。当然，朱先生为了使两者的对立更明显突出，用后加"的"的形式来进行对比；这并不能代替两类形容词本身的不同。但由此可以推演出的结论是，从述谓能力上看，显然是：状态形容词＞(读作：强于)性质形容词。前者是描写性的，后者是认定性的；前者是"段"(指"量"上的伸缩性)，后者是"点"，(指"质"的临界性)；前者的主观性强，后者的客观性强。

① 朱德熙：《现代汉语语法研究》，第13页，北京，商务印书馆，1980。

语境决定意义,提出这种命题还可得到验证的是,甚至有些句法结构都可以对词施加影响,使之产生变异,从而产生新义。比如"相当",我们来看《现代汉语词典》给它的注释:"① 动(数量、价值、条件、情形等)差不多;配得上或能够相抵:旗鼓 ~|年纪 ~|拦河大坝高达一百一十米,~于二十八层的大楼。② 形适宜;合适:这个工作还没有找到~的人|他一时想不出~的字眼儿来。③ 副表示程度高[①],但不到'很'的程度:这个任务是~艰巨的|这出戏演得~成功。"前边两项的分立及释义当然是不错的,问题在于第三个义项,明确标定"副词"合适不合适,由此还涉及词义解释准确与否的问题。单纯看该项的释义及例证也言之成理:从理论上讲,因其功能一致、语义近似,凡是"很"出现的位置"相当"也应该可以占据,反之亦然。但我们看到,许多情况下理论推证和语言实际并不是一回事。同样表一定的程度义,有时"相当"出现的位置并不能用"很"来替换。为较详细地把握表现程度义"相当"义的句法特征,我们查阅了《毛泽东选集》(1991 年版)第一卷中"相当"的使用情况,共搜集 18 例,下边分两组作一下归纳举例:

第一组

(5) 一部分贫农有比较充足的农具和相当数量的资金。(第 7 页。以下只注明页数)

(6) 相当力量的正式红军的存在,是红色政权存在的必要条件。(50)

(7) 党的组织有相当的基础。(79)

(8) 在小农经济的基础上面,对于某些重要农产作出相当的生产计划,动员农民为着这样的计划而努力,这是容许的,而且是必须的。(31)

这一组共 10 例,其共同点是"相当"都出现在名词的前边充当修饰语,为"相当+名"式。这里的"相当"都不能用"相当②"义进行解释,显然也不能用"很"置换。

第二组

(9) 这个经济问题的相当的解决,实在值得每个党员注意。(53)

(10) 但是关于某些主要的事业,首先是国家经营和合作社经营的事业,相当精密的生产计划,却是完全必需的。(133)

(11) 在相当长的时期内也必然还是优势。(133)

(12) 时间会要相当地长。(160)

这一组语句共 8 例。"相当"都是出现在谓词前边作修饰语,除例(9) 外,都可以用"相当+形"来粗略地概括,其中的"相当"也大都可以用"很"置换(例(9) 是"相当"修饰

① 这里引用的是《现代汉语词典》(第 6 版)的文字,第 5 版这后边还有说明:"但不到'很'的程度"。

动词，其组合仍符合一般动词多不受程度副词修饰的规则）。

仅从组合形式上讲，两组进行对比，“相当＋名”式的使用几率高于“相当＋形”式。当然，我们统计的材料相对少一些，还不足以说明语言中的全部事实，但有一点可以肯定，“相当”直接修饰名词绝不是偶然的例外的现象。其实《现代汉语词典》在一定程度上也看到了这一点。我们看它对“一定⑤”的注释：“相当的：我们的工作已经取得了～的成绩|这篇论文具有～水平。”很明显这里边的“一定”和“相当”可以互换。除了上面第一组的例证外，类似的组合还可以举出许多：“相当的水平”、“相当的规模”、“相当的范围”、“相当一部分人”，等等。可惜的是，在“相当”词条里边没有将这一类现象包容进去，仅选取“相当”出现在形容词前那么一部分情况进行了抽象反映。覆盖面有限，解释力相应地也被削弱。

有意思的是，这里所谈的“相当＋名”式与“相当②”形式上一样，表意上却有很大的不同，相反，倒与第二组例（10）、例（11）中的“相当＋形＋名”式在语义方面近似。将第一组例（8）同第二组例（10）对照可以看出，“相当的生产计划”和“相当精密的生产计划”是基本相近的。尽管《现代汉语词典》说“一定的成绩”可以理解成“相当的成绩”，如果将“相当大的成绩”、“很大的成绩”放置在一起的话，我们可以看到它们在程度级别和强调色彩上形成这样一种状貌序列：“一定的成绩”＜（读作“弱于”）“比较好的成绩”＜“相当的成绩”＜“很好的成绩”＜“相当好的成绩”＜“非常好的成绩”＜“最好的成绩”。很有意思的是，第6版的《现代汉语词典》给“一定”标注的是形容词下位层次的属性词。实际上此时的“相当”完全可以参照处理，并解释为：“比‘一定’略高又不及‘很’的程度（一般为正面肯定）”。

鉴于上述情况，我们可以说是句法特定环境确立了“相当”的一个新义项。

由此还可以提出的课题是：英语里边有形容词的比较级；汉语没有明确的形态给予表现，唯恐严格的框限束缚了思想感觉的自由度。人类思维毕竟还有一致性的一面，尽管汉语中的程度级都有相当的伸缩性。所以，仍可以大致归总出一个递次的系列；当然，层级之间这种不易分辨的柔性，肯定属于修辞的范畴。

如果说属性词的“相当”已经成为语法中的范畴只是由于编辑家们对材料的归纳不足而没有给予反映的话，有些词则属于反映得及时不及时的问题。如“永远”，《现代汉语词典》明确地判定为副词。根据人们过去多年来建立起的语感，当然也会肯定这种结论的，因为“永远革命”、“永远奋斗”、“永远不停息”一类的组合，听得多了用得多了，已在脑子里形成难以更移的定势。即便在平日读书偶尔碰到一些特殊用例，也终没能动摇这种根深蒂固的规则观念。例如：

（13）这也许是一桩永远的悬案。（张天民《春泥》）

（14）我们作个永远的好朋友好了！（马宣伟《孔二小姐与范绍增的罗曼史》）

不知道是从什么时候开始的,"永远"一词置于名词前边的用法好像突然间爆热了起来,特别是这种组合用做文章的题目,人们是否觉得它更能体现某种深意,某种隽永悠长的韵味?反正一时间颇受青睐。这似乎是从港台文学中首先用起的:

(15) 永远的尹雪艳(白先勇小说名)

(16) 永远的橄榄枝(张溆菡散文名)

内地作家们当然也不甘落后:

(17) 永远的守灯人(赵丽宏散文名)

(18) 永远的孔雀蓝(叶文玲散文名)

于是便有了广大电视观众所熟悉的广告用语:"永远的绿色,永远的秦池"。大学校园文化中,"永远的明天"、"永远的太阳"一类用法也不胜枚举。

这种用法少了还无所谓,我们的语言学家们会坦然对待:偶尔为之,不足为怪,难成定规。用得多了就有点让人坐不住了,于是便有了《让人疑惑的"永远"》一文问世。[①]

词典编纂对此情况应如何处置?

我们知道,在语言发展态势上面,文学领域往往表现得相当有活力和生气。文学家们在遵循一般语言规范的基础上还总是试图寻求适合于个性表现风格的某种创造性的超越。"文学语言经常存在明显的变异。……个别语言行为与通常语言规范发生矛盾时就出现了变异。"[②]这种超越或变异有着"度"的限量:适应语言自身发展规律的,就可能普遍地为人民群众接受下来,逐渐形成新的规范;不适宜的东西就难以进入更广阔的天地中,只能在狭小的圈子里边热闹一阵子,很快地消寂下去。难以对待的是那些已经进入大众生活的新词新语新用法,在一定时间内不容易确定它的生命力,即需要相当的一段"试用期"。词典往往突出地体现着规范性质,并具有一定的滞后特征,面对一个时段活跃的语用现象不免会有些困窘。但我们想,如果一部词典在修订的过程中该现象仍处于强劲的势头,还是给予表现为是。退一步说,即便嗣后该用法衰落了,作为一定时期的语言使用的真实记录,仍是有它可贵的价值的。

不仅如此,这种过滤功能还包括了更广阔的范围,即不同的言语方式,即语体。

从最基本的交际方式上看,首先就有口语和书面语两大根本的区分。不同的交际方式手段,也多对言语的使用方法产生制约影响。比如口语是听觉的,需耳治;书面语是视觉的,需目治。各有侧重也有所别。1939年延安纪念五四运动二十周年,毛泽东写了一篇题为《五四运动》的论文,又作了一次题为《青年运动的方向》的演讲。结尾部分同样是号召人们争取抗战胜利的内容,但言语的表达方式情貌迥然相异:

(19) 全国民众奋起之日,就是抗日战争胜利之时。

---

① 见《语文建设》,1996年第12期。

② [英]查普曼:《语言学与文学》,第75页,沈阳,春风文艺出版社,1988。

另一个是：

(20) 到了全国青年和全国人民都发动起来、组织起来、团结起来的一天，就是日本帝国主义被打倒的一天。

口语和书面语，是语体区分中的第一层次两大类型。实际上也就构成了两种不同的语言体式环境：口语是第一语言形式，时效性强，灵活生动，语音的因素占取了突出的位置。很明显的，为了便于言说，往往是化长句为短句；有时候为了修辞的朗朗上口，甚至不惜对句法的组合结构规则有所破解。书面语因为突破了时空限制，相对来说就显得严整规范。但是，汉语整体上是比较讲究音乐性的，韵律的需要则体现为口语向书面的浸透。如：

(21) 资产阶级革命家在反对封建主义的时候，曾经借助民主来反对封建的专制；民主也确实成为他们的武器，调动了人民的积极性，达到了推翻封建阶级的目的。(马文瑞《永远保持延安作风》)

(22) 列宁在阐述历史唯物主义的贡献的时候，曾指出先前一切历史理论的两个主要缺点。(白寿彝《历史学上的古与今》)

这两例都是书面语，然而我们分析其句法里边关系的时候就会发现一个比较奇特的现象：主要成分和次要成分之间的结构组合似乎来了一个重新调整，全句主语和状语形成一个相对紧密的语音片断，而后边复杂的谓宾形成一个复杂的单位序列。依据过去的语法知识，似乎让人觉得有些茫然：过去所描绘的组合结构规则解释不了这种情况，句法成分之间到底谁跟谁才是最直接的联系？实际上，如果我们能够冷静地观察全句布局的时候就可能看到：只有这样的语音片断分布才能够显得匀称平稳。也就是说，修辞的需要，只要是不影响语义的整体理解，是可以适当地再分配的。这在古汉语里边即可见到，只是我们要么习焉不察，要么没做比较多的思考罢了。如：

(23) 寡人之于国也，尽心焉耳矣。(《孟子·梁惠王上》)

(24) 沛公居山东时，贪于财货，好美姬。(《史记·项羽本纪》)

(25) 吾作此书时，尚是世中一人。(林觉民《与妻书》)

例(23)，《马氏文通》是这样解释的："助读则以起下文。其起下文也，所为顿宕取势也。盖读句相续而成文，患其冗也，且以'也'字，则辞气为之舒展矣。"[①]这本大著公开宣称："是书本旨，专论句读"。(例言)但什么是"读"？有人分析说是，或大部分是participle phrase，也有人认为像通常所说的小句(分句、子句，clause)，[②]迄今未有一个

---

① 马建忠：《马氏文通》，第334页，北京，商务印书馆，1983。

② 何容：《中国文法论》，第122页，北京，商务印书馆，1985。《吕叔湘文集》(第三卷)，第446页，北京，商务印书馆，1992。

明确的认定。之所以如此,就在于马建忠借用中国传统诵读中的术语并注入了西方语法学的部分内涵而形成综合性的概念:作为一级语法单位,马氏的认定是不清晰的;但作为语音修辞上的内容,马氏又是有贡献的。传统的"读",就是为了语句中间的缓停顿挫,言说时的畅顺响亮。对此,显然还有很多的内容需要发掘。

再看口语里边的一些习惯用法。下边是《大宅门》中的台词,很能反映老北京的口语状貌。当做主语的词语前后重复出现的例子:

(26) 我现在说话还有谁能信,我都臭了大街了我!

(27) 我也管不了,我管得着么我?

(28) 嘿——你怎么不学好啊你!

主谓倒序的:

(29) 狗宝一惊:"干什么这是?!"

(30) 盘回来? 说胡话呢吧你?!

(31) 你? 半吊钱都不值! 二百五吧你!

乍看上去,这些话语似乎都是在匆促之中,或者是在情绪激动之时做出的表述,是在非理性思维和非沉静状态下做出的随机性反应,并不属于规范严谨的普通话。但是,作为老北京话,文学作品要表现地域特征,它还是有一定价值的。特别是这些言语方式也有其独特的表达色彩:要么惊异,要么责备,活泼灵动、最能体现其自然的生活情调。

正因为口语有时效性,并有具体的语境参与,处理不好,言语方式就会呈现看似对立的两种消极性后果:一方面有比较多的冗赘成分(口头禅);一方面是过于苟简。如《讽刺与幽默》报上画有这么一幅画:一位餐厅女招待员将一盘新的菜肴端上,高声叫嚷:"谁的肠子?"令周围正在就餐的顾客瞠目惊诧。但是,如果人们能够化不利因素为积极因素,也能求得理想的交际效果。如:对于信道中常有的信息损耗,可以采用强调关键词语,重复有关内容的措施来弥补,换句来说,要克服信息差,也包括积极地利用冗余。

我们来听这样一段电话讲述:

明天早上我坐105次快车到达,请记准:明天早上,105次。到时候请来接我。105次到达的时间是明天早上七点半。

话语里边反复说明火车车次及到达的时间,表明言语表述者是将它当作最为重要的信息来看待的。字面上是多余的,不经济的,然而它又是同它所拥有的价值量成正比。为了保持言语交际时信息传递的准确性,话语拥有一定的冗余度是可行的,并且是必要的。这种冗余度的识别标志,就是要看它是不是置于了"必需信息"上面,强调的次数、重音等是不是与该信息的内容分量相协一致，并能与传递工具的特点、周围环境、受话对象的特征相协一致。肯定的是有效信息，否则是无效信息。

同样，信息传递时要求对方复述刚才交代的内容，也是保障其准确性的方法之一。

与此相对的另一面是积极充分地利用语境。

言语交际由于背景对象、实物环境等多种因素的参与，话语的有形标志一般表现得特别简略。陈建民认为，社会口语的交谈伴随着远近文化生活背景一并进行的。他举例分析说：两个老太太在公共汽车上见面，其中一个问对方："你娶了几个？"如果没有言语环境的观照，就没法理解。[①] 现实社会生活里边，人们都能依照着言语的经济简便需要，进行一定的调整。根据乔姆斯基"转换生成语法"的理论，即由心目当中完整语义的"深层结构"，通过转换、移位、删除、增添等手段，而生成有限的"表层结构"。比如我们乘坐公共汽车，到达了目的地，刚要下车在门口被售票员伸手拦住，一个字"票？"这种问话恐怕简单得不能再简单了。然而谁能曲解其中整体的表述内容呢？回溯到也可以说还原到它原来的"深层结构"，自然是"请出示你的车票"的意思。再比如我们去买火车票，查找了火车时刻表和价格表后，将准备好的钱递进售票窗口去，冲着那个窄狭的小门洞唤声："一张北京。""几点？""一次特快。"票很快地交到了你手上。没几个字，麻利干脆，一切都那样的轻松自然。如果不是省略后的语句，那就啰唆得让人厌烦了：

"我买一张今天到北京的火车票。"

"你要乘坐几点的火车？"

"我要乘坐'一次特快'那趟火车。"

人们往往能根据特定情景已有的潜在信息，删除底层完整语句里边相同的内容，而将最为必要的新信息孤立且明显地凸现出来，这是口语交际的一个突出特点。

（二）解释功能

所谓解释功能，是针对词语在特定语言环境中语义的表达效果怎样来讲的。

首先，语境易于将高度抽象化的因而也表现为多种含混的语言指涉变为相对单一明确的言语指涉。比如"人"的词汇意义是多项的：①能制造工具并使用工具进行劳动的高等动物。②每人。③成年人。④别人。⑤人品、性格或名誉。⑥人手、人才。然则一旦将它置入具体的句子，它的意义指涉只能有一个。"我们单位正缺人，他们的到来无疑帮了个大忙。"该语句中的"人"只能是第⑥个义项，而不可能是其他。即使是简单语句中的位置变动都有可能产生迥然相异的意义内容。"人来了"和"来人了"，语序

---

① 陈建民1986年5月在暨南大学中文系讲学记录。

上稍微颠倒了一下,但前者为定指的人,后者为不定指的人;两语句出现的语言环境也是大不相同的。

对于歧义性的词语或结构,根据语境进行化解也是最为明显有效。

> 赵大姐下放到村子里不过几天,许多人还不认得,连这位学员的名字也记不清。(林斤澜《三十个孩子的妈妈》)

单看前边两小句,很难确定是赵大姐不认得许多人,还是许多人不认得赵大姐。后续句子的表述解除了这种多样化的理解。

其次,语境参与可视听语言文字的表达,能补充信息,具有增值的效能。吕叔湘指出:"任何语言里的任何一句话,它的意义绝不等于一个一个字的意义的总和,而是还多点儿什么。按数学上的道理,二加二只能等于四,不能等于五。语言里可不是这样。"[①]语言作品里边充满着"言不尽意"的情况,没有明言的部分多靠词语间的系统意义,即构织成的整体语言环境来弥补。阅读主体应善于从字面义入手结合语境推断真实的隐性信息,捕捉"言外之义",并能从"不正常"的语句中判定正常信息。看鲁迅《王化》中的一段话:

> 而最宽仁的王化政策,要算广西对付瑶民的办法。据《大晚报》载,这种"宽仁政策"是在三万瑶民之中杀死三千人,派了入三架飞机到瑶洞里去"下蛋",使他们"惊诧为天神天将而不战自降"。

字面上大都是好字眼,将最残酷的镇压杀戮说成是"最宽仁的王化政策",看似颂扬之声,然联系语境,把握全文意旨,实则是最辛辣的讽刺和最强烈的控诉。

其三,语境还是评判读物审美价值的重要标准。任何好的作品除了它的思想性之外,还应该有美学信息。"作品语言的美不是作家为着再现生活特地挑选一些华丽的辞藻而能达到的。作家达到语言的真正的美,在多数情况下,是使用最普通的一些词句,然而这些词句在有形象表现力的语言上下文中,获得审美倾向的。"[②]

我们来看具体的范例。鲁迅的小说大多为第一人称。其实第一人称的小说是最不容易掌握的。因为我们知道文学创作的宗旨就在于创造出典型环境中的典型性格,而人物性格需要偌大的生活场景事件才能得以比较充分地展示,多角度、全方位,才能给予这种展示以自由的空间。第一人称则在相当程度上受到了限制,比较突出的一点就是不好自己描写自己。这就要求写作主体积聚更多的能量,完全仰仗对语言的掌控能力来完成对"我"的塑造。即所谓的"装啥像啥,卖啥吆喝啥。"它不像第三人称那样的写作,可以从不同人的角度进行认识和思考,表达或行动;它需要在全文的叙述语言

---

① 吕叔湘:《语文常谈》,第47页,北京,生活·读书·新知三联书店,1980。

② [苏]谢皮诺娃:《文艺学概论》,罗叶等译,第132页,北京,人民文学出版社,1958。

里边全部实现以特定个体特有思维方式的语言去进行表达并反映个性。这，难度就非常大了。很明显的，将《孔乙己》和《伤逝》两者的语言调个个儿，恐怕就是不行的。因为一个是酒店“小伙计”，一个是知识分子“涓生”，阅历素养不同，话语方式及其口吻也肯定不同，由此才能体现出性格上的差异。即便是同一个人，不同时地不同心境也会显示出语言的变化。正因为如此，我们对特定作品语言的解读，品评特定语句组织结构的好与不好，很多时候都得结合着语言环境、整个篇章来认识。例如：

我憎恨那太像子君鞋声的常常穿着新皮鞋的邻院的搽着雪花膏的小东西。（鲁迅《伤逝》）

乍看上去，其中多层定语的排列顺序似乎不符合语法教材里边总结出来的规则。一般语法著作按照由前至后直至中心语给出的基本语序分布状貌是：“1.表所属的名词、代词或短语；2.指示代词或量词短语；3.动词或动词性短语；4.形容词性词语 5.多不带‘的’字的名词、形容词等——中心语”。这个复杂定语中的语序面貌却打破了这个常规：一个名词“邻院”将三个动词性词语分成了前后两组，它则夹塞儿一样地放在了它们中间。就词语本身来探讨这种变体形式的使用，是不好解释的。必须置于整个篇章甚至整个社会时代的大背景下才能洞察它的巨大表现力：作为受“五四”新文化影响颇深的知识分子，涓生对封建婚姻制度有坚决的否定态度，对自由爱情生活有真挚强烈的追求，对与他有着同样要求的子君一往情深：热恋的甜蜜，常常使他心痴神醉。人在住房里，心却时时盼望着恋人前来相会。这使他敏感于外边的各种声响，不同的声音又往往使他同子君的举止行动联系在一起。听——橐，橐，橐，橐，来了，子君的鞋声，是那熟悉的皮鞋发出来的，继而随着意识的进一步展开明晰，幡然悟到：不是子君来了，又是那个常常穿着新皮鞋的邻院的爱搽雪花膏的小东西在走动！听到子君的鞋底声则欣喜，待知道又是那邻院的小东西在走动而懊丧，又因为它常常太像子君的鞋声时时诓骗自己而憎恨，这便构成了热恋期间涓生的真实行为和有些迷惘恍惚的情感心绪。定语内部排列顺序的精心设计，达到了这样两个方面的极佳效果：一是体现了知识分子的思维方式，通常比较丰富复杂，句法上于是便显得啰唆繁冗；再一是极写尽主人公对他日夜思念人物的深厚感情，很能反映人物特定环境中的精神状态和思绪历程。具体情景的特殊性，需要不同寻常的句法组合给予真切生动的显现。同样，仅仅是通过不同词语位置的精心调配，不显山不露水地展示出了字面以外的厚重信息内容，也给予特定的情景氛围以很好地烘托渲染。这使我们不得不惊叹于鲁迅先生的匠心独具，对语言组织的精细择选能力和驾驭能力。

语境是一个综合性系统。正因为如此，刘焕辉在他的《修辞学纲要》中指出：“修辞现象的确要比语法现象复杂得多，这给修辞研究带来很大困难，因而增加了修辞学的科学化和精密化的难度。这是本学科长期陷入困境，难以同语法学及其他人文学科并驾齐驱的根本原因。”这里所谓的复杂,也主要就是针对着语境因素多样性而言的。如果再结合着我们后边要讲到的言语表达方式的综合性一并进行认识的话,特定语境下的修辞选择,简直就是一个系统工程!至此,将我们的修辞学家都给难住了。看陈望道在《修辞学发凡》中的表述:

> 这种修辞技巧的来源有两个:第一是题旨和情境的洞达,这要靠生活的充实和丰富;第二是语言文字可能性的通晓,这要靠平时对于现下已有修辞方式有充分的了解。技巧是临时的、贵在随机应变,应用什么方式应付当前的题旨和情境,大抵没有定规可以遵守,也不应受什么条规的约束。只有平日在这两面做下了充分的准备工夫,才可望临时能够应付裕如。

恐怕这有点儿望而却步只好放任的意思,一如人们对语言的种种现象给不出正确解释时只好借用“约定俗成”给出笼而统之的认定一样。其实修辞的运用,特别是特定语境中的修辞运用,类似文章的格局:定则虽无,大体却有。需要树立的一种信念是:任何事情现象都是可以解释的。即便是眼下一时难以给出完全明确的可以操作的规则性认定,但是坚持不懈的努力,不断地纠错,人们的认识会逐步地趋于接近客观的真理性的。很明显的一点,有语言的真实形式在,加之具体的语言环境在,两者的结合会使特定的交际不至于遁入无所措置的状态。我们拿具体的言语交际中的情况看:

1. 利用预设。所有的交际都是在人类文化的纵横坐标中体现其存在的,很多看似无理的东西都有它的缘由和依据。同样道理,具体词语只有在特定的语言环境里才能体现真实的意义价值。先前的文化也好,特定的语言环境也好,都为言语的组合及表达提供了必要的前提和条件,语用里边通常将这种前提和条件称之为预设。

从一定意义上说,人类先前所创造的一切文化都是我们生活的资料和前提。黑格尔在这一点上说得好:“无知者是不自由的,因为和他对立的是一个陌生的世界,是他所要依靠的在上在外的东西,他还没有把这个陌生的世界变成为他自己使用的,他住在这世界里面不是像居在自己家里那样。好奇心的推动,知识的吸引,从最低级的一直到最高级的哲学见识,都只是发源于一种希求,就是要把上述不自由的情形消除掉,使世界成为人可以用观念和思考来掌握的东西。”[①]如侯宝林相声《关公战秦琼》,说山东军阀韩复榘其父庆生唱堂会,因为什么都不懂,于是愣要将不同时代的人物攀扯到一块儿来比试其武艺的高低。这种错位笑料性极高,讽刺意味也极强。

相对应的,如果能很好地利用预设,则能以“少少许胜多多许”,老舍曾谈道:老北京的一些饭店的跑堂伙计于此都有很好的感悟力,应酬客人的话:“来了? 今天您吃点什么?”这言语里边就很有滋味,特别是“今天”用得好,潜台词,也就是隐含的预设是:

---

① [德]黑格尔:《美学》第1卷,第125页,北京,商务印书馆,1979。

“您经常来我们这儿，是老主顾。”这样的表达方式会使人产生亲近感，不好意思拒绝用餐。

众所周知，广告用语往往强调简练、鲜明，以给人深刻的印象；当然，这里边也有一个经济效益问题。为达到这样的目的，相当多的广告大都采用了充分调动共有文化资源，让受众也参与到对广告完整信息进行补充的满足之中。主要的方式有两种。一种是逻辑语义的凸现或逆反。如“喝孔府宴酒，做天下文章。”（孔府宴酒）这是正面强调。“今年二十，明年十八。”（白丽美容香皂）这是故意违背常理以求取新意境。一种是改换个别字词使得有影响力的表达为现实服务。如“打，就打个痛快淋漓，爱打才会赢。”（中国电信）“既来之，则乐之。”（乐之饼干）

2. 语意多解。语境的价值在言语的表达里边不单是多数情况下要发挥其解释功能，使之语义准确清晰，也包括有时候故意地多向性发挥，使得语义丰厚，意趣盎然。这也表现为两种情况：一是语义双关。如，在丘吉尔与罗斯福的一次历史性会谈中，双方就第二次世界大战后的某些具体事务处理问题没能达成一致。这天傍晚，罗斯福再次去丘吉尔下榻的房间拜会。然则此时丘吉尔正在浴池洗澡，全身裸露，似不雅观。一位总统、一位首相在这种情况下相见，都不免有些尴尬。还是能言善辩的丘吉尔最先打破了这困窘局面，说：“总统先生，在您面前我可是一点没有隐瞒哪。”两人会心微笑，这样的言辞在深层次还传递了有关会谈诚意的信息。二人最后很快达成了谅解。意有两歧，多向兼顾，自然显得丰足灵动。一是谐音双关。如 2017 年央视春晚小品《老伴》里的人物语言就大量调动了这种方式，也确实收到了让人忍俊不禁的效果。像“有一个老头失忆了/我年青的时候很多男人见着我都失意”；“就他那模样还能娶个媳妇？取个快递人家都不一定给他！”

3. 跌宕多姿。“文似看山不喜平”，语言里边的智慧也往往体现在跌宕起伏上。莎士比亚指出：“幽默和风趣是智慧的闪现。”英国哲人培根也说过：“善谈者必善幽默。”我们虽不能说幽默的具体表现形式只有“跌宕”这么一种，但“跌宕”的出色运用所造成的效果必定幽默。对于言语对象来说，预设期待落空，却顿然获得新知，似矛盾又在情理之中，怎能不使人会心含笑，颔首称是呢？

有位学者在上海某校的报告中说：

> 我们的干部如果没本事，像“渤海二号”的局长那样，那么，今后问题就不仅是出现在渤海，也可能出在黄海，出在东海，出在南海，也可能出在上海。

由“渤海”推向祖国的另外三大海：“黄海”、“东海”、“南海”，紧接着顺势巧妙地移入演讲的所在地“上海”，话语形式上同字，概念类别上相左，奇峰突兀，满场拊掌。

再比如郑板桥的《咏雪》诗：“一片两片三四片，五六七八九十片，千片万片无数片，飞入梅花总不见。”前边三个分句都是些数字的堆叠，很俗，以此入诗，似乎无理，很有些滑稽、调侃的意味，然而末了的一句，却是陡然开辟一全新的画面，意境全出。此时我们便知道了：前边那些全是铺垫，似乎啰唆，让人渐觉厌烦之时，新境的突然展现，马上会使人不禁眼睛为之一亮，精神也蓦然振奋起来。

4. 制造悬念。人们思维的演进，语言的层递，很自然地就构成了逻辑的连续系统。有因必有果，有预设则必有焦点。所以说，人们要完整全面地理解一种语言形式的表达意义，不但要参照先前或眼下语境所提供的其他辅助材料，求取一个最为确切的内容涵义；同样的，还包括它隐含于字面深层以及悬置的意义。对于前者，肯定是追溯；对于后者，则需要更一步的思考和发掘。特别是对于汉语这种形音义三要素都能着力发挥的语言来说就更是这样。如《水浒传》第六十回“吴用智赚玉麒麟，张顺夜闹金沙渡”，说吴用扮作算卦先生，预言卢俊义百日之内必有血光之灾；还说有四句卦歌，写于墙上，日后必定应验：“芦花滩上有扁舟，俊杰黄昏独自游。义到尽头原是命，反躬逃难必无忧。”字面上是一首预言诗，然而里面又暗藏玄机，即所谓的“镶嵌格”，每一句开头的字顺连下来，即“卢俊义反”。这就是该诗的真实意图：构陷以迫使对方上梁山入伙。

更多的情况是类似于谜语或歇后语那样的形式，有一定的隐语性，让真正语义的明晓局限在一定的范围内或需要一定的思索才能明白。如过去穷苦农家过春节，自撰对联：“二三四五/六七八九”，横批：“南北”。其真正的含义当然颇有些曲折：自然数里边少了“一”和“十”，再根据近似的读音，意味“缺衣少食”，“没有东西”，以抱怨生活的艰难。

5. 巧妙借物。场合可以成为言语交际内容的补充。运用配合得好，简练蕴藉，含意深长，不便言说的话题可借环境因素来得以实现。电影《水鸟行动》中的情节：日本入侵东三省后，中国外交部仍在宴请日本人，一片歌舞升平。这时，与宴的一位男士对一位女士说：“烟笼寒水月笼沙，夜泊秦淮近酒家。”这样的言语与场合相结合，其深意就不言而喻了。

最值得赞赏的是言语形式与交际场景的高度统一，达到情景交融的地步。胡耀邦在1982年春节团拜茶话会上讲话，顺口做了一副对子，便是成功的例证：

> 今年仍和去年一样，摆在大家面前的还是清茶一杯，不同的是，经过一年的努力，我们整个形势在继续好转。两句话结合起来就是：座上清茶依旧，国家景象常新。

“不是锤的打击，乃是水的载歌载舞，使鹅卵石臻于完美。”（泰戈尔《飞鸟集》）言语交际的艺术，似水柔情，然可以力拒千钧；其中的关键又在于会不会“中流击水，浪遏飞舟。”

第六讲　修辞追求

一、修辞的境界

新时期修辞学研究在许多方面都显示出了令人欣喜的实绩。比如有关修辞特征的讨论有比较多的新的理论创建；具体的修辞现象研究由过去比较单一地侧重辞格拓展到了语音、句法等范畴，扩大了它作为一门学科内容上的丰富性和解释效能；语言风格问题得到了相当的关注并形成完备的系统；古今修辞学的历史经验总结这项工作也具有拓荒的意义，等等。时至今日，修辞学理论体系上的构建仍让我们有兴犹未尽、意犹未尽的感觉，仍需要在深度的开掘上下很大的力气。正如刘焕辉先生在他的《修辞学纲要》一书中指出的那样："修辞现象的确要比语法现象复杂得多，这给修辞研究带来很大的困难，因而增加了修辞学的科学化与精密化的难度。这是本学科长期陷入困境，难以同语法学及其他人文学科并驾齐驱的根本原因。陈望道试图用'适应题旨情境'这个可称为'第一义'的原则来统率一切，但因为没有找到解决'适应'的突破口，只好把'随机应变'这句绝对保险、绝对正确但无助于科学操作的箴言留给后人。"这段话我们可以体味出两层含义：一是修辞学的科学品位仍亟待提高；二是陈望道用"适应题旨情境"的原则来统率一切，用这样的"纲"来举目，试图以这种努力使得本学科形成严密系统的科学体系，这种方法当然也是可以肯定的，可惜的地方在于这种"适应"不具可操作性，从而影响了整个学科的档次和地位。这段论述所持的气魄和见识确实是难能可贵的,是一种涉及整个学科建设的宏观评议。人们也不难看到,如果一门学科不能形成自己独特的分析、验证方法的话,也势必会影响它的理论科学价值。显而易见,修辞学要想做到对这种"适应"方式的全面描写,恐怕还需要相当多的有志之士投入相当大的气力,在相当长的时间里才有望实现。这里想重点谈的是,为人们所看重的修辞学理论体系建立的基本立论,即用"适应题旨情境"原则来统率一切,是否能真正成为这门学科要达到坚实严密科学目标的理论基础?因为这一根本问题没能搞得清楚,甚至可以说其价值还没被人们认识得明白,修辞学整体内容上面仍存在着许多说不圆拢的地方。

比如关于修辞特征性质的认识,传统的深有影响的说法是"求美之术"。杨树达的《中国修辞学》称:"修辞这事,乃欲冀文辞之美。"中外许多学者甚至干脆将研究修辞的这门学科名之曰"美辞学"。通常人们说修辞主要讲语言运用"好不好"的问题,也大都是这种修辞观的体现。正是依据这种认识,很多人将修辞看做对语辞的"修饰加工"。《修辞学发凡》则一反这种观念倾向,认为修辞"以适应题旨情境为第一义",言语行为的种种努力都是这种适应的结果,都需要纳入"题旨情境"中来考虑。"修辞原是达意传情的手段。主要是为着意和情,修辞不过是调整语辞使达意传情能够适切的一种努力。"[①]这种认识在修辞学界深有影响。有人曾过激地将修辞学称为"语境学",即是这种修辞观的集中反映。还有些著作则给予了极高的评价,认为它体现了"修辞学理论的新高度"[②]。其后修辞学界所做出的种种努力,特别是新时期以来提出的在不同的时段内为人们所称道的理论界说,如"同义手段选择说"、"组合说"等,多没超越《修辞学发凡》的理论思想,或者说是在《修辞学发凡》的理论框架下进行探讨,同属一种修辞观。

这两种差别较大的思想认识现在看来自然都有一定的长处:前者恢弘,立意隽永高远;后者稳实,着眼科学严谨。同样,如果两者尺度分寸把握不准的话,也极容易产生两个方面的偏颇:或流于浮泛甚至导致唯美主义、形式主义的追求;或过分琐碎甚至导致单邀功利、格调偏低的弊病。总的来说,两者都在立论方面过分侧重于某一方面,不期而然地会产生某种负效应。再则,两种理论学说在现有的人们已经确立的修辞内容的涵盖面及解说能力上,似乎也都有些欠缺:前者对"消极修辞"的东西很难顾及,而后者对"表现风格"的东西则很难给予准确的解说。

正因为人们对修辞的特质存在着差别比较大的不同认识,或者说整体的把握解决得不是那么好,那么准确,中国历史上对有关问题的解说总显得不是那么尽如人意。如孔子的修辞学说主要体现在这样的表述上面:"辞达而已矣。"(《论语·卫灵公》)"言之无文,行而不远。"(《左传·隐公二十五年》)"情欲信,辞欲巧。"(《礼记吴·表记》)由

① 陈望道:《修辞学发凡》,《陈望道文集》(第2卷),第237页,上海,上海人民出版社,1980。

② 吴礼权、邓明以:《中国修辞学通史》,(当代卷),第20页,长春,吉林人民出版社,2001。

于这些言辞是在不同情况下说的(如后边两则是转引),这位老先生又主张“讷于言”和“述而不作”,没能说清楚这三者之间的关系,于是给后人留下了叙说不尽的话题,也于是有了多种多样的解说。如有人认为所谓“辞达”就是达意,“无事于华藻宏辩”[①];有人则认为“辞之不文,则不足以达意”[②];还有人持其两端,既说“溺于文辞者不足与言文”,又认为“经传圣贤之言,未尝不以文为贵”[③]。至于巧言之义,因为孔老夫子又说过“巧言令色,鲜以仁”这样的话,有人便解作“和顺美巧”,与巧言令色者异;有人解作“婉曲”修辞法;还有人则给予全部的肯定,认为圣人修辞,“不避巧言”,直到现在仍存在着明显不同的理解。郑子瑜的《中国修辞学史稿》即以为,孔子的修辞学说模糊而不清楚,甚至先后不同,存在着矛盾复杂性:有时他不反对文饰辞藻,甚至主张用巧妙的言辞;有时却又反对过分的文饰,以为只要能通情达意就好。而易蒲、李金苓的《汉语修辞学史纲》则认为:“辞达说与辞巧说并不矛盾,都是孔子的修辞准则。而将这些准则统一起来的则是‘文质彬彬’说。”

《修辞学发凡》的解说则是这样的:“总之,修辞以适应题旨情境为第一义,不应是仅仅语辞的修饰,更不应是离开情意的修饰。即使偶然形成华巧,也当是这样适应的结果,并非有意罗列所谓看席钉坐的饤饾,来做‘虚浮’和‘装饰’;即使偶然超脱常律,也应是这样适应的结果,并非故意超常越格造成怪怪奇奇的‘破格’。……凡是成功的修辞,必定能够适合内容复杂的题旨,内容复杂的情境。”[④]不言而喻,《修辞学发凡》在这儿表露的一个比较明确的认识观点就是:“巧”很难给予肯定,就更不要说到“美”了。就我们所知,《修辞学发凡》里边很少提到“美”字。这就透露了这样一个信息:“适应”与“审美”是很难共存的。与此相对,张弓先生则并不将两者看做对立的东西。在《现代汉语修辞学》一书中,他既肯定“美辞说”,又赞同语境的效用。在他看来,两者是一体的。

这里要提出的问题是:将修辞看做“求美之术”和“适应题旨情境的手段”,两者能否统一起来?如若我们能寻找到一种综合两者长项又能有效克服其不够完善处的理论认识,恐怕许多人都是会同意的。

(一)切题、适境、审美是一个统一体

将“题旨情境”当做修辞的第一义,无疑是正确的。但是,如果把它当做唯一原则,追求的唯一境界,则是不妥当的。

任何具体的言语活动,语言表达的题旨情境往往是确定了的。如果人们仅仅以此

① 宋·司马光:《答孔司户文仲书》。

② 清·魏禧:《甘健斋轴园稿序》。

③ 清·章学诚:《文史通义·辨似》。

④ 《陈望道文集》(第2卷),第245页,上海,上海人民出版社,1980。

作为修辞追求的目标,往小处说,会限制个人言语表达的能动性创新;往大处说,无助于展示社会语言的丰富性和蓬勃发展的生气。人们不能成为已往既定语言境况的被动执行者,而应该成为向着高境界不断进取的主动开拓者。人们遵从语境的要求,但又不能囿于它的局限;还应当积极地利用语境,在寻求语言张力的基础上执著于个人言语表现风格的创造。

"意与言会,言随旨遣。"这是一切语言运用最基本的准则,而且是通常情况下人们大都能做到的。适应语境,即"到什么山上唱什么歌","看菜吃饭,量体裁衣"一类,则有相对的难度,因为此时是一种综合的整体制衡。但要说这项标准即为终极目标,不可能再攀升了,恐怕这也是一种主观的认定。有一定说写经历的人都可能形成这样的体会:我们不难将自己的思想客观地如实地告诉听读者,愈到后来,我们愈加倾向于如何将自己的思想更好地表述给听读者,以使他们产生较深刻的印象。事实上听读者也是不放弃这种满足追求的。通常人们只要细加审度,也可以知晓所谓的审美的高境界,并非空中楼阁;它只有在"切题"、"适境"基础上才能涉及,不至于打破了这两种前提条件单一地去追寻,况且在这种基础上所能达到的准确适切也是审美的一项基本条件,硬性地将它纳入"题旨情境"的原则中似乎也没有什么不可以的。但这样做的结果,实不足以揭示语言艺术运用的高格调,更无助于提高修辞学作为一门理论科学的价值品位。在语言的实际运用上面,我们也确实能看到这样的现象:尽管是不同的作家,他们的生活经历或可能相同,也有可能在大致相同的时间采用相同的语体,写出题材内容主题都基本相同的作品来,但他们的语言风貌却会迥然相异。如刘白羽、峻青、杨朔都写过"日出"内容的散文,但又分别表现出瑰丽、壮丽、清丽的风格特色。此时我们再着意追溯他们生活细节上的差异点以说明不同语境对不同语言表现特色的主导制约作用,毋宁解释成是不同的语言美学理想追求在引导着他们的不同实践努力。马克思说:"人也是按照美的规律来造成东西的。"[①]这在"对客观世界和主观世界进行认知和把握的审美艺术形式"——文学语体上面表现得更突出一些。黎运汉在《汉语风格探索》一书中指出:这种语体的语言风格突出地表现在形象性、美感性、多样性和独特性四个方面。这每一个方面都是和美的追求和欣赏直接相关联。可以这样说,缺乏审美功用的文学作品是没有生命力的,相反,即便是一些内容不怎么健康的作品,只因为充分表现了人们普遍的美学理想,展示了"人人心中所有,人人笔下所无"的艺术创造力,可以给人们以美好的精神享受,故能经受住历史的考验,获得"脍炙人口"的美喻。李煜的"问君能有几多愁,恰似一江春水向东流"名句,流至今天,流至广远,就是一个明证。从这种意义上讲,语言运用的修辞审美也是有它相对独立的一面。

---

① [德]马克思:《1844年经济学——哲学手稿》,《马克思恩格斯论艺术》(一),第266页,北京,人民文学出版社,1960。

高层次的审美原则没有一个绝对的标准，但其中有一个主导的精神，那就是“变异”中的不断创新。常变常新，新美如画。《易经》中说：“穷则变，变则通，通则久。”这显然是与以适应为高标的追求大不相同的。它要求人们不拘泥于某种固定的程式，不满足于普遍规范的表述，时时以新鲜生动的语言形式给人们以刺激、振奋，并引起共鸣。心理学认为，人的语言中枢神经系统里边，细胞链的组织网络结构也时与社会语言的词序规则相协一致，由此记忆恢复、列举表述等行为易于实现。然而缺少相异的刺激，不但旧有的储存会逐渐趋于湮灭，新近接受的类同于原有形式的内容也不会给早已定型的分布结构带来多少积极的作用，负效应倒是有的，那就是进一步增加机制的疲劳。相反，以不断打破原有形式的新结构来输入和接纳，它会在其关键环节中激起兴奋点，从而带动整个机构进入积极欢愉的状态。生理的固有属性自然也会影响人们容纳与否的心理。俗话说：“第一个将姑娘比做花朵的是天才，第二个将姑娘比做花朵的是人才，第三个将姑娘比做花朵的是蠢才。”即反映了浮在表面的普遍的人们求新求异的一种愿望和要求。从语言运用的总体看，整体状貌也确确实实是规范与发展、相对与绝对的统一，从局部上看也是规则和变格的相成与相反的统一；规律往往既包含常态又包容变式，常规孕育着变化，而变化又绝不排斥常规；前一阶段最有可能成为后一阶段的前提，但后一阶段也很有可能成为前一阶段的悖逆，即使从同一阶段来说，二者也可能处于一种兼容互动的状态中。如在通常认定的修辞常格里边便是充满了悖论的，如“求同”与“避复”相左，“错综”与“严整”对立等。人们不难回忆“四有”新人开初的提法：“有理想、有道德、有文化、守纪律”，后来很快将“守”字改作了“有”字，才有了眼下这一广泛运用的缩略语。在四个短语结构里边，唯有动词“守”字与其他动词不同，要避复，要错综，保留不是很好吗？然而人们要寻求排比横贯之势，要广文义，壮文气，通畅易记，单纯的避复就显得不够了，这里又重在求同。修辞里边充满了辩证法。同则异之，异则同之，一切以知常达变、求得文面活泼灵动为目标，最终要实现的是美感的效用。

三个方面总的关系应呈这样的形态：

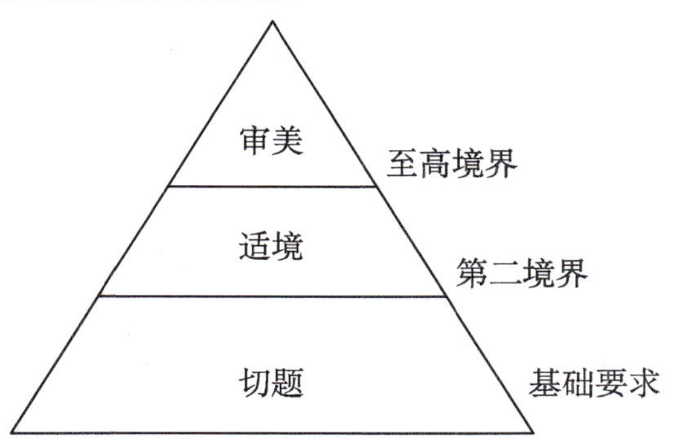

强调修辞的审美原则还在于,社会发展到今天,人们对语言的把握显示出比历史上任何阶段都更加积极的态度。

如果说我们的古人注重了修辞的美学要求还处于一种感性认识的话,人们在比较自觉地观察语言特性的开始阶段,则常常表露出面对语言的无奈。语言作为人类的辉煌创造,它的特性往往使人们感到不能随心所欲轻松驾驭的种种遗憾。索绪尔指出,这种交际工具反映世界是一个向度的线型方式。人们多向度的同时观察所形成的整体感觉印象,在用语言将它反映出来的时候,需要被强行地挤压成一维性的单向链条,这种固有的属性也就在一定程度上限制了人们对客观世界充分自主地描述表露和精神情绪欲望涌动感觉的完全尽兴的发泄展现。正因为如此,文学本来是语言的艺术,然而正是作家——那些语言大师们时时感到"言不尽意"的痛苦:"世界上真正的痛苦是语言的痛苦。"黑格尔指出:语言表现的是抽象的东西,而人们想要得到的是具体的东西,因此语言不能真正表现人们的思想。① 尼采也认为,语言文字为可落言筌的凡庸事物而设,所以"开口便俗"②。海德格尔也称述语言是"生命此在的牢房"③。而现今的文学艺术界情况就大不相同了。诗歌、小说都有努力突破规范、追求自我感觉的把握体验、选择新的表现方式的倾向。许多人宣称,就是要致力于对原有规则的冲决,使感觉的芬芳得以释放;追求语言的密度、厚度和丰富性,要使得言辞的表现有一种有效的弹性和空间感。比如何立伟坦诚言道:自己"喜欢不涉理路不落言筌极富艺术个性的文字",崇尚展示一种"诗化"的美、"意象"的美、"奇异的美"。④ 目前艺术作品里边形形色色的"陌生化"的言语表现,如无标点文字;利用音、形、义等综合交错形成的铺排文字;大量变异词语功能所形成的超常搭配文字;有意打破语句的线性序列而形成的错杂片断文字等,它们的好与不好,美与不美,当然不会以现在我们的认定为准;但有一点可以肯定,作家们对自己表达工具的驾驭与过去相比显得充满了自信,变得是那样的积极、主动和强劲,在整个人类历史的长河中,我们对这种言语表现的价值及生命力进行明确的认定显然为时尚早,但可以毫不怀疑地这样说,这种追求所体现出的精神,在任何时候都是值得赞赏的。同时也可以看到,当人们挣脱了某些羁绊,实现了思想的一定解放,对形式本体美的追求也表现得更加自由和强烈。

语言学各门具体学科的发展也给修辞学的理论建设提供了许多值得借鉴的东西。比如我们过去只是简单地将语言的功用看做最重要的交际工具,随着认识的深化,对语言功能类型逐渐有了新的复杂的解释。如美国前国务卿基辛格就说,这种工具实际上许多时候在于隐蔽人的思想。也有人解释说,语言的功用实质上是一种对策。说得

---

① 转引自列宁:《哲学笔记》,第 306 页,北京,人民出版社,1971。

② 参见钱钟书:《管锥篇》卷二,第 407 页,中华书局,1979。

③ [德]海德格尔:《存在与时间》,陈嘉映、王庆节译,第 197 页,北京,生活·读书·新知三联书店,1987。

④ 何立伟:《也算创作谈》,《钟山》,1986 年第 3 期。

比较详尽的要算是语用学中的见解，它将语言的功效分为四种：寒暄、传信、使令和调剂。事实上，人们过去只是过多地看重了它的传递信息这么一种价值，不期而然地就淡化了语言在表现特征上的丰富性和效用上的多样性。言语的悦情最明显地表现在调剂功能上面，许多艺术形式以及人们日常生活中的聊天、调侃等，并不要求有什么明确的内容目的，主要在于表现语言运用上的机智、趣味，就形式本身进行审美，得到情绪上的愉悦。即便有时主要侧重的是传递信息，在传递的方式上也能显示出智趣的差异来。通常信息的传递也不是单一的，分为必要信息和多余信息两大类，必要信息里边再分为显性信息和隐性信息两类，多余信息再分为有效信息和无效信息两类。其中显性信息、隐性信息和有效信息又共同负载着文化、审美等信息。人们之所以对一些老套、千人一面的公文程式反感，而对那些生动、富有个性的文章风格热衷，其原因就在于此。毛泽东同志的政论文章就很有个人特色，人们便爱读爱看。从这种意义上说，强调修辞的审美也有助于社会文风的改进。

（二）社会学上的解释

马克思主义的辩证唯物论的认识论告诉我们："人创造环境，同样环境也创造人。"[①]人与环境的关系，是一种互动的关系，是一种作用与反作用的关系，从时间上来看，它们也存在着先后的关系，但这种关系肯定不是绝对的，同样也不是永恒的，而是一种相互制衡的关系。人之所以为人，就在于它勇于并善于发现客观世界的真理性，并不断地在这一过程中取得更多的自由。如果不将它们当做统一体来认识，人类的主观精神世界就会失去本原，客观物质的东西也便不再具有社会的价值。同样，如果只强调两者之间某一个方面的决定作用，也会出现各种各样的偏差。在人类学的研究方面，"地理决定论"的观点之所以不再拥有太多的市场，就在于它不适当地强调地理的因素，将复杂的事物现象作了简单化的处理。自然，过分地强调人的主观作用，也容易导致唯心主义的东西占上风。不管什么样的偏差都是我们在认识这一统一体时要着力避免的。在我们面对自己所创造的语言世界的时候，恐怕也需要采取辩证的认识方法。过分地强调题旨情境对人的制约及主控作用，人们也只有在自己所构织的客观世界中失去自我，只能被奴役，而不再具有自信心和创造精神。

人在整个世界中的主体作用是不容忽略的。从人类社会的发展历程中，我们多能看到对人自身价值的逐步看重与张扬。开辟鸿蒙阶段，人首先面临的是严酷的自然环境，生产力的落后使得人们还往往给自己增添精神枷锁，即神鬼信仰。只有到了近代，伴随着新的生产方式的出现，全新的思想中首当其冲的就是对人的充分肯定，人文主义的精髓就是对人的礼赞。在现代社会，这种总体的趋势可以说已逐渐成为一种主旋

① ［德］马克思、恩格斯：《德意志意识形态》，第33页，北京，人民出版社，1987。

律。哲学领域由过去一向看重本体的研究转向看重主体的研究,显然反映着当今认识论方面的嬗变与侧重。人类文化学的兴起,进一步地在直接丰富着这一方面的主题内容。马斯洛有关人的需要的学说理论,明豁地揭示出了人由低到高的层次追求,而将对美的向往与努力看做最高的理想境界,得到了不同学科不同层次人们的普遍认同。社会的发展就是这样,人类在改造客观世界的同时也在改造着自己的主观世界,使自己在与客体对象的相互关系中所处的地位更趋准确,认识上更趋自觉,在作为上更趋主动。

理论的滞后在许多学科上面都能表现出来。因为它具有一定的普遍性,似乎就能形成一种通则;但修辞学理论建设方面表现得过于突出,这不能不说与我们过去的某些立论过于低抑有一定的关系。如果说《修辞学发凡》当时的确认有相当的进步意义,增强了修辞作为独立学科严谨科学的内涵的话,同样,如果我们具备历史的科学态度,就不能不看到这部有着巨大历史价值的著作同时也是有着明显的历史局限性的。该书第十章所谈的"修辞现象也不是一定不易",主要内容显然承继的是五四运动时期的认定,即对"桐城派"文章美学思想的坚决批评。这在一定程度上也影响了它对修辞原则理论更全面、更科学的确立。对于"五四"这场在我国现代革命史上有着重要意义的运动,它的价值及不足,毛泽东在延安时期即有科学的分析与评价。时至今日,就它文化上的取舍我们可能会看得更清楚一些。"桐城派"的文章思想主张确实有它很大的弊病,"雅洁"确非一般语言所能共同遵循的标准,也就是说,它不具有普遍性。至于像吴汝纶所认定的"与其伤洁,毋宁失真"①,更是走到了极端。但不能不说,作为对传统文化有继承还有一定发展的一个学派,在文坛上深有影响达数百年之久,也不能就说它一无是处。比如他们标榜的"义理、考据、辞章",对于我们现时的作文也不是没有参考价值。但"五四"时期代表新思想、新文化的一些主要人物,由于没有掌握最先进的思想武器,在当时大都采取了马克思曾经嘲笑过的那种将婴儿同脏水一起泼掉的做法,"矫枉过正"、绝对化的倾向也表现得很突出。现在我们比较客观地指出"桐城派"理论主张不足的同时,肯定它的某些合理性的成分恐怕也是应该的。如若将"雅洁"改作"审美",恐怕就是一种最好的扬弃。目前修辞学界的一些有识之士看到了文化艺术领域多姿多彩、日新月异的现实与修辞学理论描写乏力之间的巨大差距,愤激之余而产生"术""学"之争。这种致力于革新的愿望无疑是值得充分肯定的。眼下最要得的就是要对我们过去的理论基础进行反思。定位准确了,就会给整个学科的理论建设带来真正的强大推动。那样的话,作为一门学科,就不会大都跟在语言发展的后边,甚至相隔老远的距离做一些点滴的归纳总结工作,也可以站在一个制高点上,有可能预见语言发展的一定走向,并理直气壮地给人们的语言实践以切实的指导。

---

① 《吴汝纶全集》(第3卷),第235页,合肥,黄山书社,2002。

二、功能与信息

“常识在日常应用的范围内虽然是极可尊敬的东西，但它一跨入广阔的研究领域，就会碰到极为惊人的变故。”[①]人们通常感触最直接最具体的是言语。到了书本上的语言，抽象的东西加强了，接受起来便有了一定的难度。在此基础上再回到言语领域，更需要有一个理性的认识过程。

（一）言语的功能类型

自从索绪尔的语言理论在更广阔的范围内传播开来以后，“语言”和“言语”这一对各具特定内涵的范畴区分便逐渐地为人们所接受。尽管索绪尔本人看重的是前者，但人们在审视交际工具的社会效用时却将更多的目光移注到了言语上面。这种差别在黑格尔对该现象表述中能够得到比较完整全面的解释：“语言实质上只表达普遍的东西，但人们所想的是特殊的东西、个别的东西。”[②]言语的现实表现能满足这种“特殊的”、“个别的”要求。词汇只有接受了语法的支配才能充分地表现出效用来，即实现由语言词向言语词的转变；它一旦进入具体的场景、动态的运用中，随着言语主客体、预设手段等有机制衡因素的明确化，其组织单位便会变得有具体的意义所指，从而使整个语句行施特定的职能，显示现实的效益。所以强烈的功利性是促进人们看重言语的直接动因。另一方面，言语交际中的情况复杂多样，巨大的变异色彩使一般的语言理论解说相形见绌。其中又以属于内容意义蕴含的多种因素的纵横制约与属于形式表象呈现的多种语体的选择构建，它们之间的相互矛盾，形成了人们不能不审慎对待的难题。有关这方面的经验教训可以说是经年累月屡见不鲜。看《水浒传》第四回中写鲁智深在五台山出家的情节：

> 监寺引上法座前，长老用手与他摩顶受记道：“一要归依三宝，二要归奉佛法，三要归敬师友：此是三归。五戒者：一不要杀生，二不要偷盗，三不要邪淫，四不要贪酒，五不要妄语。”智深不晓得禅宗答应“是”、“否”两字，却便道：“洒家记得。”
>
> 众僧都笑。

这段记述实是施耐庵用了狡黠之笔。“不晓得”在于掩饰鲁智深“不打诳语”的精明；“洒家记得”这种模糊性的回复正好遮藏言说者当时矛盾复杂的心绪情感；至于“众

① 《马克思恩格斯选集》(第 3 卷)，第 61 页，北京，人民出版社，1972。

② 转引自列宁：《哲学笔记》，第 306 页，北京，人民出版社，1971。

僧都笑”，看似明白，却是未悟其中真谛。显而易见，言语里边有时的实际功效不是明确交流，而是在阴蔽言语主体的思想，真正的语义信息是潜藏在语形深处的。而今人们试图较全面地探索言语的特征，追寻其中带有规律性的东西，不能不说这具有现代社会应用科学的积极意义。

言语的社会功能是什么？通常认为，人们借助语言进行思想情感上的交流，以达到相互了解的目的。这是最宽泛的一种说法。

在语言哲学领域，奥斯汀的“言语行为”理论认为，言语可以分为“言内行为”、“言外行为”和“言后行为”三种。言语的具体功能重点表现在“言外行为”这一环节上。即通过言辞体现的行为，如“裁决”、“承诺”、“行使”、“阐述”、“行为”等多种类型。也就是说，言语的价值功能并不仅仅是字面上的表情言事，它还往往突破承载语义信息的这种普遍认定的作用，从而体现言语主体所传递的情绪和行为措施。比如说吧，过去人们只是将句子类型分作陈述、疑问、祈使和感叹。四种分类显然在体现主观情感色彩上面正好可以形成一个由弱到强的序列。在言语行为的表现中可以侧重不同的效果有所选择；语言里边，它们同样可以构成一组同义形式单位，人们仍可根据自己的需要进行取舍。

我国的语言工作者有人则提出了自己的新认识，将言语认定为一种“对策”，是社会交往中应对的一种策略和方法。如寒暄是维持和发展人际良好关系的对策；做思想工作是激励他人、提高认识的对策；花前月下，卿卿我我，是为婚恋作爱情“有奖储蓄”的对策；就连孩子早晨起来对妈妈说：“妈妈，我尿床了。”也是一种对策：坦白从宽，可以免去打屁股。也就是说，除了话语本身及语句的表述意义外，还往往伴随着附加信息，而这种附加信息才是言语主体真正的目的和追求。

而社会语言学里边又将言语的社会功能具体归纳为五种类型：

1. 表白功能。这种功能主要是说话人或写作者为了传达自己的认识感受，抒发和宣泄自己的思想情感，试图从对方（包括自己）的认可或同情、共鸣中获得心理上的满足。相识人们之间很多时候的言语交谈、日记，甚至文学创作，大都属于这种性质。

2. 人际功能。目的在于通过积极的、灵活的言语方式建立和发展健康、良好的人际关系。实施这种功能的言语交际通常称作“寒暄”。其性质是礼仪性的。其作用主要表现在三个方面：（1）建立和保持关系，（2）确立地位，（3）切入话题。三种作用可根据对象的不同有所偏重。比如说称谓，往往处在这种功能言语的开始，它既和一定的历史文化相联系，同时在具体的一次言语交际中确定了两个人的特定关系，并为一场交谈定下了基调，又能体现言语主体的礼貌级别。这里边值得注意的是“从儿称谓”现象。

3. 传知功能。人们一般将这种功能视为言语交际的基本功能。其目的是为了改变言语客体的认知状况，希望增加对方的信息储备量，使对方获得某种能力。在言辞方式上属于规范传导性质。这种言语活动往往能体现职业特征,比如说教师语言、公务语言、公关语言、医生语言,等等。

4. 指令功能。其效用在于影响言语对象的行为反应或改变言语对象的现时状态。它的价值与可见行为相同,比如要求别人前行,言辞命令或用动作推动在理性含义上是一样的。

5. 调剂功能。这种言语实现的是"笑"的功用价值和审美价值。现代心理学研究表明:一般人将注意力完全集中于一件事情而不被其他思想意识干扰的最长时间只能保持11秒钟,而集中精力这种强制性的心理要求又极容易产生身心疲劳。正是那些貌似朴拙却睿智深含的适情适题的言辞能有效地消除倦意,愉悦情怀。

这些只是概略的划分。一个不难理解的事实是:不同的社会行业领域在言语交际方面往往有不同的职能侧重。比如教学重在传知,军队依从命令,公关部门主要在于传递美好人际关系的愿望等,因此有通常的职业化语言的说法。同时又不能不看到,承载不同功用的言语间并非截然对应。拿一般人们感知多少有点"针锋相对"、"短兵相接"的谈判来讲,其言语特征并非一味地"讨价还价",单一地实现着传知功能。美国学者认为,谈判整体过程体现着"90与10原理",即90%都是题外话以及稍有关系的话题,只有10%才是真正的议题内容。那么,这其中就存在着不同功能言语间的转换问题。即便是生活中的每一个人,也都有着社会角色多元化的特点,"一身数任"。随着角色的转变,不同功能的言语形式也应相应地变化。因此,如果我们不固执于某种偏见的话,充分认识社会言语功能的多样性,注意历练各种景况中的表述方法,则会使我们的言语运用丰富起来,并建立在一个主动可控的理性基点上,例如什么时候讲眼前实际话题,为的是办实事,求效益;什么时候要联络感情,活跃气氛,显示风采形象。言说前有一定的筹划,实施时又把握得准确,自然易于求得预期的效果。

再则需要注意的是,在这五种基本类型里边,每一种各有不同的特性。其中又以表白功能最不好把握。应该说,表白功能作为人们正常的一种情感表露,它本身并没有什么差错。生活中的人们,往往是以同类的个体或群体对象作为自身存在的印证或参照系。当人们在与周边事物环境互动的过程中得到深切的感触,情感酝酿积聚到一定阶段的时候,大都有一种不吐不快的心绪感受,总是想着在对方那里得到认可与共鸣。这种情况在一些学者那里被称作"为说话而说话"。如《战争与和平》中的一个情节:安德来公爵爱上了娜塔沙后,闯进了彼埃尔的居室,非要后者听他诉说:

> "不,你听。"
>
> "你知道我是什么样的心情吗?我一定要向什么人说出一切。"

但因为这种表述在很多情况下都是"跟着感觉走",最容易"失控"。言语主体往往从自身的某种体验、情绪出发进行倾吐,特定的冲动状态,使得言语主体通常处在纯粹感性的境况中,大都不计效果,如鲁迅《祝福》中的祥林嫂,为着自己的不幸遭遇,絮絮叨叨,见人就说,开始确实在听众那里产生了真正的共鸣,甚至有些妇女还报之以同情的泪水;可是说得多了,人们听了就头痛得要命,甚至还用耳熟能详的话来堵截她,里边就不免有些反感挖苦的意味。再比如有这样一则故事:说是某城市一男一女骑自行车在街头相撞,女的嘴巴快,是个得理不让人的角色,说话不透风,像打机枪又像炒豆子,一个劲儿地指责对方的不是。招来许多过路人围观。男的是个慢性子,半天都没能蹦出一个字,待女方稍显累乏偶有停息的空隙时间,才软软地递上一句:"你看你,你那劲头,厉害得像个潘金莲。"女的马上就接上了茬:"你不就像那武大郎!"人群轰声笑开了。这时候那位女同志才意识到自己说话不妥,再也不吵架了,涨红着脸骑上车一溜烟走了。

上述事实还仅仅说明了说话不检点给自己招来的困窘,而更多时候带来的是对方的恼怒,无尽的祸端。"开口神气散,舌动是非生。""说话是银,沉默是金。"这些熟语如果是针对着言语的表白功能来说的话,是一点都不错的。詹道夫·史坦纳说得好:"未经思考就脱口而出的话,会成为我们路上的绊脚石。"[①]非洲斯瓦希里有一句谚语简直就像接着这话而说的:"因脚趾绊倒总比因舌头绊倒要好些。"美国学者杰克·坎菲尔与贾奎琳·米勒所著的《心灵咖啡》一书讲了这么一个小故事:

> 有一天,一个人来找穆罕默德,倾吐他的悲伤,因为他为自己愤怒地和朋友争论而深感自责,为自己的出言不逊而感到不安和痛苦。请求先知指点迷津,怎么做才能弥补过错。穆罕默德要这个人绕着小镇走一圈,在家家户户门前的台阶上放一根羽毛,他叫这个人晚上放上去,第二天早上再一一收回来,然后把结果告诉他。
>
> 第二天这个人满面愁容地来找穆罕默德。
>
> "穆罕默德,"他哭丧着脸说,"昨天晚上我照你所说的去放羽毛,可是今天早上我回收羽毛的时候,却连一根都找不到了。"
>
> "你所说的话也是如此,"穆罕默德解释道,"一出口它们就飞走了,再也收不回来了。"

这也就是所谓的覆水难收。从中我们可以深刻体会到古代先贤们一再强调"慎言"的道理。所以,当人们实施表白功能进行言语表述的时候,即便是非吐不可,也需头脑清醒,适当地预测表述后的结果,对自己的话语作审慎的安排。这样才能做到情感真挚充沛,话语明了简洁,给人以良好的印象。看周嘉俊《独特的旋律》中的描述:

> 当会议进入热烈争论阶段时,门角落里忽然站起一个人来,我简直没法相信,

① [美]杰克·坎菲尔、贾奎琳·米勒:《出言不逊的力量》,转引自《中国中学生报》第947期。

那又是殷萍。虽然在她面前的全是年过半百的老总们(工地上都这么称呼总工程师),但她很坦然,从容。人们原以为她是替哪一位领导或老总做记录来的 哪知她竟然站起来发言了……

"我叫殷萍,焊接技术员。对不起,我不是今天会议理所当然的参加者,不过,我一定要讲几句,我讲完就走好了……"

正因为"一定要讲几句",有强烈的愿望情绪,更重要的是有充分的理性准备 这种表述方式就极能引发人们的兴趣。这篇小说的作者接下来补充道:"这个奇特的开场白,引起了一阵善意的哄笑。"

再比如言语的人际功能,见面时的问候,或分别时的致意,没有交流什么信息,明知故问或客套预约,纯粹是一种社会交际关系性的话语。从字面上说,绝大多数类同废话,好似多余,然则它是维系人际良好关系、维持群体秩序健康发展的必要的润滑剂。见面时的一个微笑,或点头或招手,或一声问候,都会使对方心里漾起一丝暖意。相反,粗言恶语,或者是目中无人,或者无视这种言辞的效用,都会招至不良的结果。这就是人们常说的"种棘藜"者。

再比如言语中的调剂功能,也可以通俗地将它称为逗笑和娱乐的功能。李渔在《闲情偶寄》里边就对体现这种功能的"插科打诨"给予了很高的评价。认为它可以"益精养神","使人不倦,全在于此,可作小道观乎?"事实上人们日常生活中的言语活动相当时间里边都在实现着这种乐趣。很多时候人们在从事着重复性的劳动;特别是现代社会,随着生活节奏的加快,工作压力的增强,人们盼望着思想精神上的宽松闲适。如果说文学艺术的愉悦功能还不是那么灵便的话,机巧睿智的话语倒是随时都可能说出并欣赏到的。那么,言语主体要想使自己的话语内容实现最有效的传递,或者是想充分地展示语言的技巧魅力,给听众或读者带来情感的娱乐和美感享受,就不能不考虑在自己的言语表达里边适时地体现这种功能。这种功能通常有一定的场景要求 消闲聊天,整体性质上都体现着这种效用。很多言语运用中的修辞高手大都幽默风趣,貌似朴拙却灵性深含。如胡适,开朗活泼,喜于交谈,学识渊博又能通俗化解,往往是妙语连珠,纵横捭阖;听者则多是如沐春风,欢乐欣喜中又无不诚心折服。一次与众人聊天谈到妇权问题,他干脆来了个"三从四德"新解,当然,属于现代男子的,里边还多少包容着对自己的调侃:"太太出门要跟从;太太命令要服从;太太说错要盲从。太太化妆要等得;太太生日要记得;太太打骂要忍得;太太花钱要舍得。"在场者无一不乐,解颐倾倒。有些言语艺术的表现手法在相当程度即包含着这种追求趋向。即便是比较严肃的传知功能里边,也不完全排斥它的介入。

不同功能之间既有明确的分工又可以相互借鉴,互有交叉。但十分值得注意的是不能将不同功能言语间的传递与解读误串起来。如传知与调剂最不宜搞混,弄拧了是要出现大差错的。

(二)言语交际中的信息特征

真正言语特征的认知与把握,不但要抓住言语的功能类型,重要的还在于洞明语义信息的言语表达式。这是因为,什么样的言语表达式传递什么样的语义信息是解读言语职能的决定性因素。

1. 信息的类型

言语交际的主要目的就是传递信息。"信息"这一术语源于物理学,指的是按照一定方式排列组织起来的符号系列。而现在多用在言语表达方面,指的是语言形式及其所负载的内容意义。这是一种广义的理解。依照信息论创始人申农的理论,信息指的是"信号减去噪声"。不难推知,他的主张就是这种宽泛意义上的大概念。

更多的人们通常将它限制在"内容意义"的范围内。评价具体人物的具体讲话,往往用"信息量"或大或小或等于零等进行认定,就是指内容与一定形式数量之比来说的。它侧重其一,是一种狭义的理解。

通常信息的类型有两大类:一类是必需信息,这是信息交流中的中心目的,即上述狭义理解的这一部分,属于内容部分的东西。另一类是多余信息,这主要是侧重形式方面来讲的。必需信息里边又分为显性信息和隐性信息两类。

(1) 显性信息

这种信息是特定的语词所直接表现的信息。也就是说,字面义与实际意义之间是一种等同的关系。这种意义的理解往往可以"顾名思义"。这在言语体现表白功能、传知功能、指令功能的时候能够得到鲜明的证明,同样道理,这在应用语体里边也表现得比较充分。表达这种信息的言辞最大的特点也就是有一说一有二说二。

(2) 隐性信息

这种信息是特定语词潜隐性地表现的信息。也就是说,字面义与实际意义之间有比较大的距离。这种意义的理解,必须参照多种因素,综合认识,才可能接近言语主体话语的原旨初衷。这在言语体现寒暄功能、调剂功能的时候实能得到充分的张扬,同样道理,这在文学语体里边有着很好的表现。表达这种信息最明显的特点则是婉曲性的。

与必需信息相对的是多余信息。这种信息是针对着特定的内容意义所体现的语言形式的量来说的。按照最一般的关系来讲,内容和形式之间是对应的,如果内容是一形式是二的话,我们就可以说,形式中的一是多余信息。多余信息里边也可以分作两类:有效信息和无效信息。

(3) 有效信息

这是多余信息中积极的部分。它的价值主要体现在两个方面:一是克服信道间的"损耗",即信息差。依据信息论的描述,言语交际里边往往要涉及多个方面的因素:信息源、编码、显示、信道、接收、解码、效果。“信道”主要表现为传递的方式手段：或口语或书面语，如果加之新科技手段的话，那就更多一些。仍拿传统的两种来讲，口语在传信时的问题更多一点，比如距离远近的音量递减系数、语言同音现象的模糊度等，都要在这一阶段中来解决。我们来看《新概念英语》中选取的一段对话（中译）：

祖母：请你把吉米的明信片读给我听听，玛丽。

玛丽：“我刚到苏格兰，我暂住在一家青年招待所。”你知道他是“青招协”的一个成员。

祖母：什么？

玛丽：“青招协”，妈妈。青年招待所协会。

祖母：他还说些什么？

玛丽：“不久我还会写信的。我希望你们都很好。”

祖母：什么？大声点，玛丽。我没听清楚你说什么。

玛丽：（大声）他说他不久就会写信的，他希望我们都很好。

祖母的“接收”灵敏度不够，直接体现为信道不畅。而玛丽只好大声重复来表述同样的话语。

还有一种情况是音同或音近现象，为了传输的准确，有意识地借用多种手段给以证明。比如说“十”，怕对方听不明白，加上手势，两食指交叉，再次给予确认。问人姓氏，“贵姓？”“免贵，姓张，弓长张。”都是这种信息传递的最好体现。

（4）无效信息

这种信息比较好理解，也就是典型的“言之无物”；当然也包括负面信息。

将上述信息的类型图示如下：

- 信息
  - 必需信息
    - 显性信息
    - 隐性信息
  - 多余信息
    - 有效信息
    - 无效信息

（隐性信息、有效信息 → 风格、美感、文化等信息）

2. 信息的表达

（1）注意功能和信息类型间的错综关系

任何分类总是试图将复杂的事物现象说得简明。但如果结合着前边的言语功能来讲，信息类型与功能类型间似乎能构成较明确的对应关系，但人际间的言语交际是错综复杂的，不同功能及信息类型间不断暗中实施着变换。作为接收者的一方来讲，就要注意这种变换关系，才能把握住真正的语义信息。比如这样的两个言语片断：

A. 今天就不去你家了。这几天事情比较多，过两天吧。

B. 过两天，也就是大后天，我一定到你家里去。

同样是“两天”,前一话语言辞闪烁、模糊,故为虚数。若言语客体误以为真,过后还真的催问或责难的话,对方也只有苦笑了。因为整体话语透露出来的是“婉拒”信息。那么,该言语交际实际侧重实现的是人际功能。后一话语言辞准确明晰,语气恳切,故表示实在的数字。若真的到时爽约,对方责怪,言说主体也只有道歉的份了。因为整个话语传递的是对方先期未知的可靠信息。那么,该话语实际实现的是传知功能。

当然,两例的情况对有些人来讲真正理解似乎还有一定的困难,特别是前者:“婉拒”也是拒绝,不也在传达对方未知的信息吗?宽泛地认识该现象好像也能说得过去,但问题的关键在于言语主体的意向侧重、信息的表现方法。里边如果有明确信息的话,也是对“今天去”的否定;“过两天吧”,可能去也可能不去,双方都有宽松的余地。主导信息是遵从了言语交际礼貌原则中的“赞同准则”,看似与合作原则中的“避免歧义”方式准则构成了悖论,然则其中体现了最高意义上的合作精神。正像明代吕坤在《呻吟语·应务》中指出的那样:“理直而出之以婉,善言也,善道也。”

(2) 注意不同信息间的表达特征

有时人们将难以表述的思想意识通过隐晦曲折的手段方式反映出来,这样显性信息就为隐性信息所代替,后者从而居于前台的重要位置。比如古代的一则故事,说是有位爱掉书袋的学究写了文章,总是喜欢让人品评,但总是遭遇讥讽,因为文章品位太低下了。一天,一人在他的大作后边挥笔写道:“两个黄鹂鸣翠柳,一行白鹭上青天。”主人很得意,回家对妻子说知。可他的妻子一听笑弯了腰,解谜道:“呆子,这两句话正是说你的文章‘不知所云’,‘不着边际’啊!”显而易见,处于浅层次的显性信息与纵深层次的隐性信息在语义上正好相反。

当然,两种信息的传递方式也可以综合。如:

> 有一回,部队打了个胜仗,司令员高兴,存心要跟这憨厚的棒小伙子开点小玩笑,就说:“门虎,将来,你,”讲到这里,司令员故意停顿一下,然后外表严肃地问道:“讨堂客有困难没有?”生长在北方的门虎不懂湖南话,把“讨堂客”听成了“打坦克”。照例显示军人的雄赳赳的气概,豪情满怀地回答:“没啥困难,到时候,保证完成司令员交给的任务,管保叫敌人的破坦克有来无回。”(周立波《湘江一夜》)

这种交际的舛误,主要在于双方用的是不同的“代码”。但问题还在于司令员开玩笑,借用的言语手段却是规范性质的,“故意停顿一下,然后外表严肃”,这些辅助言语手段的使用都是传递显性信息,也就是言语在执行指令功能时才用的。所以说整个言语特征可以用“显性信息的传递形式 + 隐性信息的内容”来解说,这种形式也最容易为人们所误解。

当然,也有显性信息与隐性信息共现的情状,即一种语言形式两种意义兼备现象。

如《雷雨》中蘩漪的台词："暴风雨就要来了。"修辞学中将这种现象总是以"言在此而意在彼"相解说。事实上在两种意义兼顾的情况下，往往形成主要信息和次要信息的差别：主要信息即隐性信息，而真正字面上所表述的意义却是次要信息。

也正因为如此，表达隐性信息的掩饰又使功能上的歧义成为可能。比如冲着人喊："8 点了！"或是答复，或是责备，或是提醒。

（3）注意有效信息的运用

有些信息的表达，形式上是多余的，很容易被视作冗赘现象。此时一定要辨析它到底属于有效信息还是无效信息。

有些形式上的多余主要效用在于强化主要信息，或为了表现某种风格、透现特定的审美情趣所作的努力。如"反复"辞格典型地反映着这种效用。如《国歌》、《国际歌》中反复呼告性的"起来"，显然在于强化其语义。《诗经》虽为早期诗歌，这种效用却发挥得淋漓尽致，很有些篇章大都是同样的章法词句迭复显现，只是个别的字词稍有更换，它追求的是一诵三叹的效果。例如《黍离》：

> 彼黍离离，彼稷之苗。行迈靡靡，中心摇摇。知我者谓我心忧，不知我者谓我何求。悠悠苍天，此何人哉？
>
> 彼黍离离，彼稷之穗。行迈靡靡，中心如醉。知我者谓我心忧，不知我者谓我何求。悠悠苍天，此何人哉？
>
> 彼黍离离，彼稷之实。行迈靡靡，中心如噎。知我者谓我心忧，不知我者谓我何求。悠悠苍天，此何人哉？

当然，现代汉语里边也传承着这种手法。如：

> 他，对待党的事业，对人民，对同志炽热如同一团烈火；他，在任何艰难险阻面前敢于披荆斩棘，闯开新路，勇往直前，不屈不挠；他，多谋善断，雷厉风行，气魄很大，精力过人；他，忘我工作，不知疲倦，富于创造精神，工作效率极高。

这种信息的表述不仅仅由相同的词语来体现，同义性质的词语连用还反映了相同的言语行为、一致的思想情感。如汪曾祺《幽冥钟》的言辞：

> "姑苏城外寒山寺，夜半钟声到客船"。很早很早以前（大概从宋朝开始）就有人提出过怀疑，认为夜半不是撞钟的时候。我从小就觉得很奇怪：为什么夜半不是撞钟的时候呢？我的家乡就是夜半撞钟的。而且只有夜半撞。半夜，子时，十二点。别的时候，白天，还听不到撞钟。"暮鼓晨钟"，我们那里没有晨钟，只有夜半钟。

"半夜，子时，十二点"，三词连用，是强化；而反复强调家乡寺院里是夜半撞钟，却是在体现一种格调，一种口吻，一种韵味。

有些形式本身也是信息。

将这种有效信息与上述的必需信息相比较,当然这种信息是一种手段,是一种服务的方式。但一定要注意的是,也是我们已经有所提及的,正像运输工具的作用是乘载实体货物的,对于整体而言,货物是目的,工具是附带性质的。然而人们不能不看到,其实工具本身也是有价值的,也是一种信息。只不过我们往往是"得意忘言";特别是不从事语言研究的人们,就更不再顾及语言本身的价值作用问题。一旦我们将注意力比较多地侧重于工具本身的话,我们就不能不说,正像运输工具的变化是社会进步的一个鲜明标志,言语形式本身也负载了历史文化背景、民族哲学思维方式等内涵。世间最为广阔的是人的心灵。心灵的认知对象既可以是外界客体,也可以反躬自识,向内转,将自己,包括心灵都作为认识的客体使之对象化。当然,此时解读自己,包括自身能力与灵性最可靠的依据,还是自己最伟大的创造物——语言。当人们竭尽全力,试图解释人是怎么借助语言反映世界的时候,试图扩张语言表现功能的时候,将语言当做认识的主体的时候,内容和形式之间就不再具有原来的可分性了。此时的有效信息便居于前台位置了。我们来看新时期里边有些作品的言辞方式情状:

> 但他若有所失。天太大。海太阔。人太老。游泳的姿势和动作太单一。胆子和力气太小。舌苔太厚。词汇太贫乏。胆固醇太多。梦太长。床太软。空气太潮湿。牢骚太盛。书太厚。(王蒙《海的梦》)

这一段话写缪可言不习惯海滨疗养院的特殊生活。语句都非常简短,而且一句一个句号,显示了较大的停顿;同时也显示了句与句之间比较明显的意义间的不连贯性。但有趣的是,十四个句子,十四个"太"字,却又将它们统一起来。集中反映了人物内心的焦躁不安与特殊心绪。而这种语义是直接通过词语的组合体现出来的,组合本身即是这种语义的表达。此时有效信息成了阅读者关注的焦点。

再如:

> 你不知道耽误了我的时间就是耽误了国家领导人的时间耽误了国家领导人的时间就是耽误了党和国家的大事耽误了党和国家的大事是什么性质的问题这个后果你考虑了没有你负得了责任吗你负不了责任你就得给我先看你不给我先看我就去找你们的领导到时候你还是得给我先看你别指望拿着知识分子的鸡毛当令箭现在就让你瞧瞧还是谁说了算。(张洁《他有什么病》)

这是一位司机到医院看病时说的一段话。他自恃自己是某一重要人物的小车司机,不等叫号就要先看。于是就哇啦哇啦地讲了这一大套。

> 试想序列音乐中的逻辑是否可以把你的生命延续到理性机械化阶段与你日常思维产生抗衡与缓解并产生新的并非高度的高度并且你永远忘却了死亡与永

生的逻辑还保持了幻想把思维牢牢困在一个无限与有限的机会中你永远也要追求并弄清你并且永远弄不清和追求不到的还要追求与弄清……(刘索拉《你别无选择》)

这是一个人在大会上发言的一个段子。试图表现话语主体对人生哲理体悟得深奥艰涩。

对于这样的话语,任谁都不能像阅读传统作品那样,失却语言而只沉浸于作者所营造的具体的生活场景里。因为语言本身就是内容的组成部分。这种新的反映形式对有效信息的地位来说,显然是一种特殊的凸现。

三、修辞学的功用

修辞学研究的目标是什么?对此修辞学界虽没明确地进行过讨论,但是在认识方面分歧仍然是存在的,且有较大的差距,故很有提出的必要。

《修辞学发凡》里边指出:修辞学"最大的功用是在使人对于语言文字有灵活正确的了解,这同读和听的关系最大"。这种主张对后来的人们也深有影响。如张志公也表述过这样的认识:修辞这门学科,其功用与写作的缘分比较浅,却对于语文的阅读欣赏效果比较明显。郑远汉也持同样的看法。然而相当一些修辞学内容的教材都比较侧重修辞知识对语言运用能力的指导。如张静本《新编现代汉语》和黄伯荣、廖序东本《现代汉语》都有修辞运用不当例证的校正内容,直接实现着正误的辨析、改正以及正面的引导作用。

显而易见,不同的修辞功用特征认定直接牵涉到不同的修辞观念,也直接影响到修辞学内容的确定、解说方法的侧重、导引目标的差别,那么间接地还会影响到研究方向问题。我们认为,修辞作为一门基础理论科学,应该能够实现对人的语言实践的指导作用。听、说、读、写都是人的语言能力的体现;阅读是吸收、接纳和内化的过程,写作是倾吐、发表和外化的过程,一般来讲它对于语言主体应该是统一体。如果说两者之间有差别的话,相比之下后者在创造性思维方面来得更积极、更主动,更能体现一个人的言语素质能力。我们不知道修辞学对于阅读和写作有不同功效的判断,是否在人的语言习得生理机制上能得到证实,否则的话,如果修辞学仅仅满足于其中的一个方面,而对另一个相对更重要一些的方面意义价值有限,那就说明是我们的理论总结出了问题。另外我们知道,如果两者不协调或不甚协调的时候,极容易出现眼高手低的弊病。

不过就目前修辞学的研究状貌及水平来看,很有几位先生判断说修辞与听读关系最大,并没有错,因为我们现时所谓的规律总结还大都局限在现象的罗列上。比如将每一种辞格说明白了特点,在遇到类似的现象时,类比的结果会使人陡然悟到:喏,这就是说过的"比喻",这是说过的"夸张",贴上标签,便算完事大吉,满可以得胜回朝了。平日里的有关作业不就是这样做的吗?这里边有两个方面的问题需要注意:一是迄今为止我们对修辞现象的描写分析还不够到位,有待于进一步强化,和实际的应用多加联系,在细的方面多下工夫。比如说鲁迅的小说语言运用得好,怎么个好法?应能说出个道道儿来。如果欣赏还欣赏不到家,要想具有这种能力当然就更不容易了。也就是说,即便我们说修辞学的内容与听读关系最大,如果有实际的成效当然很好,如果仍是直觉感悟性的泛泛解说,只是心领神会而不能言传语达,这样的理论恐怕仍不能让人信服。再则就是必须加强自己对修辞应用能力的历练。如果自己从事的是这门专业研究,然而应用起来,表现出的尽是这方面的漏洞,说出来的写出来的连自己都汗颜,这恐怕是不行的吧?如果此时我们还搪塞说,自己只是搞这方面"理论"研究的,恐怕一般老百姓都会笑掉大牙的!张志公除了上面的基本认识之外,其实他还有另外的见识主张,那就是修辞学家要好好研究研究自己的语言,不要光评判人家的。如果自己说出来的话,写出来的文字很合乎文法,讲究文采,你研究的东西人家才会服气,说你研究的东西也真管用。也就是得有个现身说法。[①] 这话说得很深刻、朴实且很有价值。真正有责任心的专业研究人员,都应该在强化自身能力上面下工夫,人文科学都应该讲究这一点。

还有一个方面,强调修辞功用的全面性,于理论体系逻辑上的统一也是相当必要的。如果我们说修辞是"以适应题旨境景为第一义",这显然是从修辞运用的前提设定上给出的判断,而非欣赏时的准则。每个成年人从事言语活动,理性意识比较强的,未做之前,除了需要有内容上的基本安排外,于言辞上的效果问题同样要给予相当的注意。所以,理论上于修辞功用的论述认定还是准确周详为好。

---

① 引自1981年张志公于郑州大学中文系的学术报告记录。

第七讲　修辞方法

一、问题的困惑

没有哪一个学科像修辞学这样：最重视方法又总是因方法而陷入尴尬与困窘。

这主要体现在两个方面上：一个是总体哲学方法上面的。

修辞学注定要和哲学方法论的东西纠葛在一起。只要看看柏拉图和亚里士多德的著作便可知道这一点。之所以如此，其原因就在于哲学作为最高层次的方法论，它必然地要在认识和表达世界的工具上面，特别是表达思想多样化的手段上面得到最直接的反映。黑格尔指出：“方法是任何事物所不能抗拒的一种绝对的、唯一的、最高的、无限的力量；这是理性企图在每一个事物中发现和认识自己的意向。”[①]“工欲善其事，必先利其器。”(《论语·卫灵公》)紧密围绕着修辞而展开的对理论方法的追问，无疑有着重大的价值意义。“不仅探讨的结果应当是合乎真理的，而且引向结果的途径也应当是合乎真理的。”[②]更确切地说，只有追寻的途径正确，才能决定结果的合乎真理。

泛泛地从原则上讲，人们于方法上面追求的理想目标是“历史与逻辑的统一”，“主观和客观的统一”，然而，想达至这种目标并不轻松容易。

---

① 马克思：《哲学的贫困》，《马克思恩格斯选集》(第1卷)，第106页，北京，人民出版社，1972。

② 《马克思恩格斯全集》(第1卷)，第8页，北京，人民出版社，1956。

黑格尔在这方面下的工夫相当大,理论表述似乎也非常到位,比如他说:“唯一真正的方法与其对象和内容是没有不同之处的。”“方法就是逻辑内容的内在自我运动的形式之觉察。”[①]然而要在这上面求得主客观之间的完全和谐统一,却实属不易。因为客观事物的存在结构和运动方式没有一个现成的法则可以供人们轻松享用,且方法的确立又与人们解释世界改造世界的目的紧密相联。此时人的主观意愿和倾向性就在不知不觉中左右了价值的判断。方法不仅仅表现为具体的操作定位与角度、程序与步骤、标准与理据、工具与方式等可见理论与符号系统;因为客观世界是繁富复杂的,而追寻其中规律性的方法途径也不免层次多样,要厘清里边的思路方式谈何容易?!如果它作为一种整体的事物认识观念的话,随着社会的逐步认可遵从,就会深深地浸润于整个民族每一个成员的思维方式中,形成无意识下的共同的思想习惯。如前所述,柏拉图和亚里士多德都是非常注重分析客观认识对象的效能作用的,特别是后者所创立的逻辑学,就更是将人们认识分析客观对象时必须遵循的思维方式进行了很好的归纳。然而一旦到了具体的学科,当主体的因素得到强调的时候,就难以将科学的方法一以贯之了,唯心的成分就大行其道。倡导“回归柏拉图”的黑格尔何尝不是这样呢?就拿语言这种“人类最重要的交际工具”来说,黑格尔就认为:“感觉表明实在,思想和词表明一般的东西”。[②] 他举例子道:我们当然能吃樱桃和李子,却不能吃水果。“语言实质上只表达普遍的东西,但人们所想的却是特殊的东西、个别的东西”,因此,“人们所想的东西不能以语言表达出来”[③]。这种认定如果没有完全详细解释的时候,只能够将人引入五里云雾之中;而恰恰是黑格尔也就是于此没有再进行深入的讨论。因此,在这个问题上,只能说黑格尔将语言一个方面的特点给极端化了,本来他是非常强调辩证法的,然而在这个问题上却是绝对化地看,其认定就很难说是一种科学的结论。

我国当今的语言学、修辞学研究,不可否认也存在着值得讨论的哲学方法论的定位问题。有些先生就公开宣称,语言学的道路只能是走人文性而不能走科学性的。王希杰说:“现代修辞学应当宏观地全面地对待表达效果问题,反对原子主义。”[④]这里边没有对错问题,有的只是怎样的认识思路与途径才能更好地反映修辞的根本特征。

再一个是修辞运用的具体特征。

这一方面我国当代修辞学界讨论的比较多,当然有些观点受到了国外修辞学研究理论的影响。总的来说,过去对该问题的研究阐发认定尽管林林总总,但概括起来可归为两大类型。

---

① [德]黑格尔:《大逻辑》,引自张世英《论黑格尔的逻辑学》,第161页,上海,上海人民出版社,1959。

② [苏]列宁:《哲学笔记》,第233页,北京,人民出版社,1993。

③ [苏]列宁:《哲学笔记》,第236页,北京,人民出版社,1993。

④ 从莱庭、徐鲁亚:《西方修辞学》,第143页,上海,上海外语教学出版社,2007。

（一）传统结构观

这种观念介入讨论的人比较多，时间也比较长，这一类型展开的研讨成果也相当厚重，相应的，其争议性也比较大。值得肯定的是，这一类型中的不同界说大都植根于言语的运用形式本身去进行立论，很好地体现了语言本位的修辞思想。其中有代表性的理论有：

1."修饰说"

该学说产生的时间比较早，影响的时间也长。这种修辞观认为该言语活动的主要特点在于对文辞的修饰、加工、润色和美化。在现代修辞学里边，该学说可以张弓的主张为代表。这种学说对传统修辞观继承的比较多。如《论语·宪问》中的记载："为命，裨谌草创之，世叔讨论之，行人子羽修饰之，东里子产润色之。"即属这种修辞观的反映。再如武叔卿的说法："说理之辞不可不修；若修之而理反以隐，则宁质毋华可也。达意之辞不可不修；若修之而意反以蔽，则宁拙毋巧可也。"①对此，陈望道批评说："这也只是偏重文辞，而且偏重文辞的某一局部现象的一种偏见。"②

2."调整说"

该学说认为，修辞"是针对情意调整适用语辞的事，而不是仅仅文字的修饰。"③该学说重点强调的是形式对内容的适应上。这是陈望道修辞学说中的核心部分。不过《发凡》里边有关这方面的论述似乎也有不太明确处，第一，比如他说，"无论作文或说话，又无论华巧或质拙，总以'意与言会，言随意遣'为极致。"他论述的侧重点是在"适应题旨情景"上，好像将修辞的具体活动，即称作"修饰"就不顾及题旨情景了一样。前边我们已经说过，将这种"适应"当做修辞的"极致"显然是有缺陷的。第二，他又说道："在'意随意遣'的时候，有的就是运用语辞，使同所欲传达的情意充分切当一件事，与其说是语辞的修饰，毋宁说是语辞的调整或适用。"这种表述论证不够明确充分。"修饰"和"调整"我们认为只是个用词问题，关键是在里边注入什么样的内涵。如果顾名思义的话，两者都似有局限性。第三，他还说："即使偶有斟酌修改，如往昔所常称道的所谓推敲，实际也还是针对情意调整适用语辞的事，而不是仅仅文字的修饰。"这一点他讲得更有些含混。诗词创作属于语辞还是文辞？我们看到，《发凡》里边辨析了语辞和文辞，主张的是大修辞观，这倒没有什么错。问题在于他后边的用辞，事实上是用宽范围的语辞，包括了开初他所作的两类划分。

3."选择说"

这种学说则以为"修辞的对象就是修辞现象"的观点有些过于宽泛。从明晰的角

---

① 清·唐彪：《读书作文谱》。

② 《陈望道文集》（第2卷），第236～237页，上海，上海人民出版社，1980。

③ 《陈望道文集》（第2卷），第237页，上海，上海人民出版社，1980。

度进行认定，修辞则体现为诸多同义或近义形式中进行选择以实现最佳表达效果的一种积极努力。其实这种认识基础早在20世纪60年代即有一定的表述。如1960年高名凯的长篇论文《语言风格学的内容和任务》，即提出语言风格学的主要任务是研究语言的“同义系列”，指出：“总而言之，语言各个方面的要素及其配合手段都可以具有平行的同义系列，这些同义系列正是各平行的言语风格的构成要素或手段，对这种要素或手段进行分析和研究正是风格学的主要任务。”[①]那么1963年张弓出版的《现代汉语修辞学》，则正式将“同义手段”的概念提了出来：“是指同一种或极相近的意思、意义在民族语言方面有多种多样的表现手法。”但我们从在这之前的苏联语言学家对语言风格进行研究并作出的理论表述中也可看到同样的鲜明思想。20世纪80年代，林杏仁、王希杰、郑远汉等重提这一思想，在当时起到了唤醒与振兴的作用。嗣后黄伯荣、廖序东主编的《现代汉语》将这一观点吸收进去，进一步扩大了它的影响。

4.“组合说”

这种学说总的看法是，修辞是一种成功的言语表达现象，其中交织着内容与形式、言语与语境等矛盾，而解决矛盾的修辞手段是言语形式的最佳组合。这由刘焕辉提出。

毋庸置疑，这些不同的修辞观点都从不同的角度现象说明了修辞活动的具体表现。相当一些良好的修辞效果就是通过它们得以实现的，特别是有些具体的命名直接揭示了修辞的实际操作特征，非常有利于人们对特定现象的把握和应用方式的仿效。但另一方面我们也看到，如果依照比较传统的言语使用看情况确实是这样，然而当今社会的迅猛发展，人们思想观念的日益丰富复杂化，很多看似规范的东西也都产生了根本性的改观。不以多变的眼光、综合的观念、思辨的头脑、前瞻性的气度进行认识，所作的定位性的判断或分析不期而然地就会滞后。黑格尔在谈到文学艺术的整体性时认为，在内容和形式这两个对当的方面上，往往由一定的情况而发生转化：“内容非他，即形式之转化为内容；形式非他，即内容之转化为形式。”[②]如果说当时的黑格尔纯粹是一种理论上的思辨的话，那么而今可以说这种理论推断倒是真的变为了现实。当今文坛所出现的后现代主义、先锋派等各色各样的流派思潮的诗歌小说，以其形形色色的语言追求令人眩目；其思想倾向非过去的认识所能解释。汪曾祺是一位相当有社会责任感和创作态度相当认真的作家，但是，他的文学观念便足以使我们陷入深深的思考：“写小说，就是写语言。”[③]著名的小说评论家陈平原也有异曲同工之妙地论述：“语言结构即本体。”[④]说明作家和评论家在这儿达成了共识：语言直接成为了小说所要表现的主体。汪曾祺还说道：“语言不只是一种形式，一种手段，应该提到内容的高度

① 载《语言学论丛》(第四辑)，北京大学中文系编，上海，上海教育出版社，1960。

② [德]黑格尔：《小逻辑》，第278页，北京，商务印书馆，1980。

③ 汪曾祺：《关于小说语言》，《小说文体研究》，第358页，北京，中国社会科学出版社，1988。

④ 陈平原：《语言结构即本体》，北京，北京大学出版社，1993。

来认识。""语言是一种文化积淀。"[1]这一宣言就很能代表新时期作家们的创作主导思想的转向。事实上这种转向使得原来一向被看做形式的语言越来越主体化,特定的形式越来越成为情感表现的直接内容和显性外化。这是过去任何时代都无法比拟的一种全新的观念与走向。此时如若我们仍固守着内容就是内容,形式就是形式的两分法,一成不变;即便注意到了具体的现象,其解释力度也会大打折扣的。文学艺术家们在无限广阔的语言天地里纵横驰骋,每每为冲决原有的羁绊,发现一片新的田园而傲然长啸的时候,我们如果仍说他们是在原有的菜圃里边拾掇、采撷,这不能不说两者之间有相当的距离了。

(二)现代解构观

一些中青年学者则从文艺苑地里借鉴,汲取新的解释方法。陌生化、变异等即是对上述现象概念性的称谓。如冯广艺、冯学锋的《文学语言学》,姚亚平的《当代中国修辞学》等都广泛借助这种理论用于修辞学的阐释。比如后者解说道:"所谓'解构',就是打破,解开('解')一种固定的关系或结构('构'),析出一种或多种崭新的意义。修辞就是语言主体有意识地打破语言的陈习作超常运用,以创造理想效果。所以,'解构'是修辞的基本特征与普遍现象;对解构的规律、意义的研究也就成了修辞研究的重要内容。"(第 98 页)客观地说,这种类型的理论能够涵盖并贴近当前异彩纷呈的文学语言现实,很多挖掘也能直入言语主体的创作动机、言语成形过程的真实心理以及实际实现的效果,给修辞学增添了新的生机。但该理论的借用,要注意两个方面的问题:一是文艺领域往往有绝对化的表述倾向,如"文学语言的审美功能集中在制造这种陌生化的效果。"[2]如果持科学态度的话,就不宜以这种判断来概括所有的修辞的现象,"推敲"就肯定不是在制造"陌生化"。由此生发开来,"修饰"等说也好,"陌生化"等说也好,都具有一定的解说能力,但怎样将它们统一起来,形成更为强有力的理论学说,现在看来还是很有必要的。二是要使这类理论概念"修辞学化",以避免不同学科领域内容特征的混同化。

二、方法上的辨析

科学,通俗地讲,就是分科之学。重分析,重视矛盾的特殊性,重视特定事物内部结构的描写,是科学思维方法的根本体现。

---

① 《汪曾祺文集》(文论卷),第 1～2 页,南京,江苏文艺出版社,1993。

② 陈晓明:《反语言——文学客体对存在世界的否定形态》,《文学评论》,1988 年第 1 期。

是重分析还是重综合,效果显然是不一样的。

中国古代的思想家们则把自己关注的焦点放在了人类社会伦理秩序的建设上。这样一来,其认识方法的综合性特征便显得非常突出。即便说到物,也成了人的自然外化的东西。如果说庄子所言“天地与我并生,而万物与我为一”,只是天人合一、物我一体境界的话,那么董仲舒“天亦有喜怒哀乐之气”的认定,则全然地为这一时期盛行的谶纬之学提供了依据。正因为如此,思想文化奠定时期的诸子百家不管在具体的问题上有多少的差异,但在总的世界观上却都比较一致地强调变化。老子说:“祸兮福之所倚,福兮祸之所伏。”孔子说:“知变化之道者,其知神之所为乎!”(《周易·系辞上》)将此两者综合到一起,人们只能在笼统恍惚之中消弭事物之间的区别划分:“彼亦一是非,此亦一是非。”“今且有言于此,不知其与是类乎?其与是不类乎?类与不类,相与为类,则与彼无以异矣。”[①]这样一来成了混沌哲学,而惠施等名家所提出的命题:“一尺之棰,日取其半,万世不竭”,倒成了庄子笔下嘲笑的话语。因此,过多地强调整体性、变动性而不注重分析的结果,正如人们看到的那样,严密的学科分立就很难建立起来。

以古希腊为代表的西方传统文化重分析。这种条分缕析的功夫,往往源自对自然科学的研讨。自然科学对象的客观性、本原性,就决定了其认识的基点唯物主义的特征性质。自然科学对象结构的层次、关系以及单位,在相当程度上也决定了其认识途径的条理性和纵深性。如当时的留基波、德拉克里特就曾设想,物质内部都由最小单位的原子构成,原子之间有序并存在着相当的空间。这就是迄今为止仍具有哲学意义的原子主义分析观念的发端。正是当时人们以极大的兴趣来探讨未知的客观事物,严谨的表达方式——数学,特别是几何学,基本原理也才得以建立。柏拉图更是明确地表述道:“凡深知怎样去界定和怎样去分划的人就该视为神。”[②]亚里士多德也说,一根线有无限的可分性。亚氏本人即在数学、物理学、生物学等多门学科中均有建树,故能创建起具有方法论意义的哲学、逻辑学等。反过来,宏观思路的指导,使他在开创人文学科诸多门类的时候,也能做到驾轻就熟。比如他就能建立起全新的学科修辞学,并在其中将当时的演讲再分为政治演讲、诉讼演讲和典礼演讲等类型。其后的思想家们大都遵循这条思想路线。比如培根虽不主张原子论而改作分子说,但思考方式与前人完全一致。他说:“我们必须做到对物体进行分剖和分解……我们也没有任何理由见研究之精微而惊慌失措,仿佛那是无法解开的样子。恰恰相反,研究愈是接近于单纯性质,一切事物就愈变得容易和浅显;工作是由复杂的事物转到单纯的事物了,是由不可比量的事物转到可以比量的事物了,是由不尽根数转到并无不尽根数了,是由无限的、模糊的事物转到有限的、明确的事物了,其情节正好像字母系列中的字母和音乐中的

① 庄子:《齐物论》。

② 柏拉图:《对话集》,培根:《新工具》,许宝骙译,第172页,北京,商务印书馆,1984。

音符似的。应当指出，对自然的探究如果始于物理学而终于数学，那就会有最好的结果。"[①]列宁对这种思想认识方法也有极高的评价，他认为："如果不把不间断的东西割断，不使活生生的东西简单化、粗糙化，不加以割碎，不使之僵化，那末我们就不能想象、表达、测量运动。"[②]这种形而上学性质的方法在西方自然科学的建立完善中，确实有着不可磨灭的重大的历史功绩；是已被事实证明并将继续证明具有真正实际功效的认识方法。在我们现在充分享受现代化科技成果带来的巨大福祉的时候，不能不对其中融含的科技方法力量，给予应有的充分的肯定。即(1) 培植了唯物主义的认识基点，侧重于对未知世界的开拓，侧重于对事物对象的内部进行深入的认识，而不是仅仅停留在混沌模糊的整体表象上作一般性的观察；(2) 以认识事物的本原、最基本单位以及本质属性为终极目标，而不是仅仅停留在浅尝辄止的阶段上；(3) 强调认识反映的简明性和严谨性，过程的可操作性以及结论的可验证性。这突出地反映在遵循共有的准则形式逻辑上，同时还有下位层次上的具体的归纳法、实验法、定量统计法等，而不使认识反映仅仅停留在直接感悟的层次上；(4) 讲究全面的关系及结构层次认识，以追求系统的明晰性和条理化为重要条件，而不仅仅是以抓某一重点为满足。我们看到，科学的执著探寻精神在这种方法上面体现得是相当充分的。

然而这种方法在近代思想领域，却受到了黑格尔辩证法理论的责难和挑战。"形而上学"和"辩证法"与传统意义上的所指也随之发生了重大改变。先前柏拉图的"辩证术"主要包含了两大内涵："分析与综合"，"抽象与具体(一对多)"。如他曾表述说："我所笃爱的就是这两种法则，这种分析和综合，为的是会说话和会思想。不仅如此，若是我遇见一个人，他能如其本然地看出一和多，我就要追随他，'追随他的后尘像追随一个神'。"[③]而到了黑格尔这里，从传统形而上学所包含的"抽象和不变化"的含义中引申出一种反辩证法的思维方法，并把它称为"知性的形而上学"。比如他在《哲学全书》中指出："思想对客观性的第一态度是一种素朴的态度，它没有意识到思想自身所包含的矛盾和思想自身与信仰的对立，却相信，只靠反思作用即可认识真理，即可使客体的真实性质呈现在意识前面"，"最明确而且与我们相距最近的例证，当推过去的形而上学，如康德以前的那些形而上学"。[④] 与此同时，他又赋予辩证法以从来没有的含义与崇高地位，将它当作一种普遍原则与世界观。他说："无论知性如何常常竭力去反对辩证法，我们却不可以为只限于在哲学意识内才有辩证法或矛盾进展原则。相反，它是一种普遍存在于其他各级意识和普遍经验里的法则。举凡环绕着我们的一切事

① 培根：《新工具》，许宝骙译，第113～116页，北京，商务印书馆，1984。

② 列宁：《哲学笔记》，第285页，北京，人民出版社，1971。

③ 柏拉图：《文艺对话集》，朱光潜译，第153页，北京，人民文学出版社，1963。

④ 黑格尔：《小逻辑》，贺麟译，第94、95页，北京，商务印书馆，1996。

物，都可以认作是辩证法的例证。”[1]自然世界和精神世界的一切特殊领域和特殊形态，也莫不受辩证法的支配。”[2]如果抽取其所建立的辩证法的主要内涵的话，同样也表现为三个方面：矛盾的对立统一、质量互变和否定之否定。其后恩格斯则进一步创造性地发挥了对形而上学的猛烈抨击。他在《反杜林论》一书中指出：“把自然界的事物和过程孤立起来，撇开广泛的总的联系去进行考察，因此就不是把它们看做运动的东西，而是看做静止的东西……这种考察事物的方法，……就造成了最近几个世纪所特有的局限性，即形而上学的思维方式。”[3]马克思主义非常赞赏这种思想中所寄予的绝对变化运动的观念，进而赋予其革命的价值意义，并增添完善为整体的、普遍联系的和不断发展的内容。

仅从理论上进行思辨，就对任何对象的认识来说，所有的事物就其特征来讲，无非具有两个方面：内部结构和外部功能。两者相辅相成，构成了时空上的客观存在。内部结构是根本性的决定因素，它决定了一事物区别于他事物的本质属性；而外部功能则体现的是一事物与其他事物间的联系，它是内部特征的外化与延伸。其实我们在认识特定对象的时候，也往往是从这两个方面来进行的。形而上学和辩证法都有不可相互替代的重要作用。将形而上学、辩证法与内部结构、外部功能相对应的话，便可基本推证出这么一个大致模式：形而上学的认识方式适应于对事物内部进行深入的分析，而辩证法在解释事物现象间的联系上面具有一定的优势。因为前者重分析，后者重综合；前者重静态，后者重动态；前者重客观，后者重主观。形而上学是科学认识的先导，至今仍是我们认识事物最可凭依的武器；且与老实科学的态度直接相联系。辩证法在宏观论证方面有着极高的价值作用，抽象概括的结果，易于将其认识提升到更为普遍理论的层次。显然，两者都是认识客观存在与社会诸现象的有力武器。当然，偏颇性的选取，将形而上学的方法绝对化，就转变为错误的形而上学世界观；同样，将辩证的方法极端化，就会滑到相对主义的诡辩论。亚里士多德曾说：“辩证家与诡辩派穿着与哲学家相同的服装。”[4]这方面的教训是应该深刻汲取的！

问题是我们过去对辩证的思路给予了不适当的强调。特别是传统文化更是对此情有独钟。重心性而轻规则，重人事而轻物理，重情感而轻理智，重整体而轻个性，重动态而轻静止，重意义而轻形式，重综合而轻分析，重功能而轻结构，重类比而轻归纳，重描摹而轻抽象，重目的而轻程序，重结论而轻推证。跟柏拉图的定位正好相反相对，孔老夫子曾感慨道：“知变化之道者，其知神之所为乎！”（《周易・系辞上》）李约瑟指出：“当希腊人和印度人发展机械原子论的时候，中国人则发展了有机宇宙哲学。”“中

---

① 黑格尔：《小逻辑》，贺麟译，第179页，北京，商务印书馆，1996。

② 黑格尔：《小逻辑》，贺麟译，第179页。

③ [德]恩格斯：《反杜林论》，第18～19页，人民出版社，1999。

④ [希]亚里士多德：《形而上学》，第60页，北京，商务印书馆，1983。

国思想之思维方式为关联思考。”[①]要想在科学探究的道路取得进展，亟需对该思维方式来一个根本性的改变。

有些社会学科，比如与修辞最为临近的语法学，执著地使用形而上学性质的分析描写的方法已经显示出巨大的功效。修辞学要想取得突破和进展，同样也需要从该方法中汲取力量。笛卡儿指出：“全部方法只不过是：为了发现某一真理而把心灵的目光应该观察的那些事物安排为秩序。”[②]修辞学也需要这样做，即努力向精细处探寻、总结规则，为人们提供值得遵循的东西，以提高语言表达的效度。因为修辞不能是脱离言语形式的修辞。就现阶段的情况讲，言语修辞的研究最容易使该研究落到实处，并有助于将规律的总结具体化和具有可操作性。传统修辞学里边于这种情况上面存在着缺误显得比较突出。由于分析不精细不深入，即使是就言语本身修辞的评价论述，也往往显得空泛浅近；可以说是原则性强，实际应用起来则效果不明豁。孔子也探索过具体的修辞现象，比如他指出：“书之重，辞之复，呜呼！不可不察，其中必有美者焉。”也就是重言（反复）这种辞格形式肯定有审美的价值，但真正的价值何在？什么样的情况下要使用这种形式？通常采用这种形式的都有哪些词语字句？等等，这位老夫子就不再深究。

过去强调辩证法的人们，往往易于将该思维方式引入极端。古今中外不乏其例。如“运动是绝对的，静止是相对的”这样的一种表述，是持辩证观念的人们大都肯定的，但很少人对此进行质疑：在辩证的思想境界里，唯一的绝对的事物现象有存在可能吗？再比如庄子的相对主义，在古希腊时期也有同样的意识显现。亚里士多德即曾批评说：“传闻赫拉克利特曾说‘同样的事物可以是亦可为非是’，这是任何人所不能置信的。”[③]亚氏这么说，他自己同样也难以摆脱这种思想的困扰。再比如辩证法的大师黑格尔，认为美就是理念的感性显现。“概念与个别现象的统一，才是美的本质和通过艺术所进行的美的创造的本质。”[④]应该说语言表达也是一种艺术表现，甚至可以说是人类表达观念世界最具有全能性的表现工具，然而他对语言特征只作抽象这一个方面的认定。再如陈望道的《修辞学发凡》，是自觉运用辩证法思想来进行修辞学理论体系建构的，然而说到修辞的宗旨，就是“以适应题旨情境为第一义”，“即使偶然形成华巧，也当是这样适应的结果，并非有意罗列所谓看席钉坐的饤饾，来做‘虚浮’的‘装饰’，即使偶然超脱常律，也应是这样适应的结果，并非故意超常越格造成怪怪奇奇的‘破格’。”[⑤]美，似乎就没有了价值效用。

---

① ［英］李约瑟：《中国科学技术史》（第3卷），第337页，北京，科学出版社，1990。

② ［法］笛卡儿：《探求真理的指导原则》，第21页，北京，商务印书馆，1991。

③ ［希］亚里士多德：《形而上学》，第60页，北京，商务印书馆，1983。

④ ［德］黑格尔：《美学》（第1卷），第129～130页，北京，商务印书馆，1979。

⑤ 《陈望道文集》，第245页，上海，上海文艺出版社，1980。

方法不是一个自在自足的事物现象。故很多时候看似方法方面导致的差错而其根源并非在于方法本身而在于方法的主体。“批判的武器”毕竟不同于“武器的批判”,方法本身的正确也并不决定方法操作及其结果就必然正确。拿辩证的认识思想方法来讲,其实就其中所蕴含透现的逻辑来讲,特别是针对着像修辞这样的注重整体动态的言语对象来讲,应该是非常具有解释力的。比如美的境界即具有鲜明的相对性:整齐美与错综美,谨严美与灵动美,简朴美与繁丰美,激越美与舒徐美等,似乎都能构成矛盾对立。再看下位层次上的具体表现。《修辞学发凡》有关“消极修辞”和“积极修辞”的区分还是相当好的。可惜的是前者具体内容少却有标准,后者具体内容多却没有标准,两者失衡。即便是具体规则的确认上面,辩证的观点也没能贯彻到底。拿“消极修辞”中的“意义明确”来讲,似乎就不宜绝对化地肯定。有词语本身的明确,有词语本身不明确而放置在具体环境中的明确,还有体现语言发展动势和审美理念上的明确。它们有时一致,有时却迥然相异。T. A. Goguen《模糊集在系统分析中的应用》中的表述:“描述的不确切性并不是坏事,相反,倒是件好事,它能用较少的代价传递足够的信息,并能对复杂事物作出高频率的判断和处理。也就是说,不确切性有助于提高效率。”言语的使用在许多时候也确实能够给这种认识以强大的支持。如“崔嵬”指山势高峻;“窈窕”指女子体态美好。但怎么个高峻法、怎么个美好法,我们却说不出道不明;至于杜甫《古柏行》中的用法:“崔嵬枝干郊原古,窈窕丹青户牖空”,我们就更说不出个所以然来。然而这种超常的组合搭配,使得言语的表述具有了张力和弹性,空灵模糊中有了意境形象的厚度,刺激我们以积极活跃的思维进行多向的想象联系,从而得到情感的愉悦和美感的享受。所以说明确性的标准,如果指的是言语传递的整体效能,倒也罢了;如果是指言语本身,显而易见体现出的情况依然是明确与模糊的辩证统一关系。

传统文论触及修辞的内容很多,但往往体现出的特点是多为直觉感悟性的,深层次里边描写不足,操作性不强;再则就是宏观上边哲学的学理思辨逻辑性上缺乏严密。如《文心雕龙·征圣》中的说法:“虽精义曲隐,无伤其正言;微辞婉晦,不害其体要。体要与微辞偕通,正言共精义并用。”表述是很辩证,但这中间的“度”怎样把握?正言和微辞是一种什么样的关系?各自的言语体式又是怎样的?就缺少严格论证了。再如严羽《沧浪诗话》(卷四)中说:“语忌直,意忌浅,脉忌露,味忌短。”讲的是效用问题,跟刘勰所论述的直接相关。因为论述物对象是诗体,说“语忌直”等也确实说出了特定语体的特点。但是不是就要求一味儿地婉晦等?只是将大的原则进行认定,至于具体的严格界定、具体的表现方式与手段就不再进行深入的描写。对特定修辞现象的判断也是这样。好与不好,在好的里边又是怎样的一个好法,也往往凭借的是直觉判断,至于为什么,就很少展开必要的分析。宋祁的诗句:“红杏枝头春意闹”,李渔就认为其中的“闹”字于理不通,而王国维却认为“境界全出”。王安石的“春风又绿江南岸”,历代都肯定其中的"绿"字用得好，为诗眼，但好的理据何在，给出合理解释的却不多。

显然，这一切都与思想方法直接相关。强化这方法的论证力量，是现代科学意义上的修辞学需要努力追寻的方向。

三、修辞解析示例

我们赞同在修辞研究中采用辩证法与形而上学相结合的方法。

综上所述，修辞里边充满了辩证法。比如审美总目标统领下的下位层次的类型：整齐与错综，谨严与灵动，简朴与繁丰，激越与舒徐，雄浑与婉约，典雅与通俗，明快与含蓄，形象与思辨，连贯与跳宕，强调与散淡，鲜明与模糊，等等，都是对应而呈现的，很难用一种绝对的标准将其全部囊括。

拿广有影响的"同义形式的选择"来说，这一表述确实很能反映修辞活动的具体操作。如闻一多评价田间，将其喻作"时代的鼓手"，称颂他的诗作是"鼓励你爱，鼓动你恨，鼓舞你活着！"三个动词的使用便很见功力，很能反映选择的精当性。但正像词语里边除了同义词之外还有多义词一样，修辞里边是不是还有一个"同形多义的展示"？双关、反语等恐怕就体现了这一点。前者是在表达的基本意义确定之后，怎样选取最好的形式将其更精准地反映出来的问题，而后者则利用特定的形式让表达的意思多样化，意旨多向化，意蕴丰厚化。如《红楼梦》中写林黛玉临终焚诗稿，尔后直着脖子叫道："宝玉，你好……"模糊性的展示方式就易于引发人们无限的想象力，因为它追求的就是一种形式语义繁富的表现问题。

由此推及开来，是不是修辞里仅表现为这样的两种不同追求的使用方式？恩格斯在研究自然辩证法时写下一段十分耐人寻味的话，他说：辩证的思维方法"不知道什么严格的界线，不知道什么普遍绝对有效的'非此即彼！'，它使固定的形而上学的差异互相转移，除了'非此即彼！'，又在恰当的地方承认'亦此亦彼！'，并使对立通过中介相联系"[①]。这种情况在修辞里边同样也是存在的：同义形式的选择和同形多义的展示之间或许就会形成你中有我我中有你的共处局面，差别非常细微。

因此，修辞学最需要展示的是方法上的充分性，即哲学方法论、学科方法和具体应用上的操作，这三个层次上的理论与步骤都要充分考虑。当我们将哲学上的定位搞准确之后，即需要认真对待学科上如何实施的问题。那么首先要能够对修辞在语言中的性质有一个准确科学的定位。

众所周知，任何事物现象都是发展变化着的，但任何事物现象的发展变化都是通

① 《马克思恩格斯选集》(第4卷)，第318页，北京，人民出版社，1995。

过新质要素的不断积累旧质要素的不断消亡逐步变化的。特别是文化的变革,更不可能产生急风暴雨式的陡然巨变。语言上边更是如此,语言与社会存在着共变关系,这当然不错。当一个历史阶段社会发展速度骤然加快之时,语言在表象上也会随之产生前所未有的“繁荣”:新词新语新组合层出不穷,时髦时尚似乎成了主导,“乱花渐欲迷人眼”。其实我们已经经历、正在经历的现时汉语,恐怕人人都能深切地感受到这种变化的色彩缤纷。可能是这种身感心受过于强烈了吧,甚至有些从事语言学研究的专家们对语言学里边的基本原理、已经确认的语言政策都产生迷惘甚至怀疑了。如语言要不要规范的问题,有些人就认为,语言是非理性的产物,是大众行为,所以,很难确立准确科学的标准;也无需进行规范。这是很有意思的事情:很多人研究来研究去,到头来却变得虚无,认识结论好像又回归到了通常人们的体悟感觉中。这真真有点儿让人哭笑不得!稍作分析我们便可知道这种认识是站不住脚的:社会在发展,认识也需要深化。开初时的无意识状态并不决定整个过程都要“遵照执行”;随着人们理性意识的增强,科学方法的逐步完善,是完全可能实现对自然语言进行干预、分辨并进行规范引导的。再则,语言无论怎样快速发展变化,它总是“万变不离其宗”,基本词汇和语法构造决定了一种语言的基本面貌,它们作为语言中的核心,始终保持着相对的稳定状态。看似那么多的都在变,其实都是一般词汇上的量变,语法组合搭配上的局部改变,个人言语表达上的临时创新追求,都是不可能影响语言的本质面貌的。即便是连火星文都造出来了,那也是用在轻松游艺性场合的事儿,谁也不会真的将它搬到公文事务文件中来。这样,我们就可以知道修辞现象在整个语言系统中的位置了:它是对基本语法语义组织结构系统的随机性超越,是典型的言语变体。现代修辞学的表述是,零度之上的变动或偏差。

科恩在他的《诗歌语言的结构》一书中,就修辞学描写提出了比较启迪人并有望以此强化修辞学科学描写的设想,那就是要以语法为参照,来认识分析修辞的属性。他认为,语言零度并非绝对零度,而是相对零度,即把语言的惯用法当做零度的基准。将它付之于具体的语体的话,那就是科学的语言。他解释说,我们可以通过彼此近似的相临序列,如(1) 散文,(2) 散文作品,(3) 科学的散文,达到相对的零度。“在各种风格的散文作品中,选择什么作为规范呢?基于所有证据,我们必须转向不太关心审美目的的作者,即转向学者。”那么,采纳这种层面的参照物,可以使人们能给“偏差”赋予一种量的价值并将统计学引入修辞学。接下来重在测量间距而不是将它隐喻化,且这种测量不仅是所有诗歌语言与科学语言的间距,还包括各种诗歌之间的相对间距。由此我们可以避免印象主义和主观主义,并使得修辞学获得科学的地位。[1] 与此同时,μ小组:杜布瓦、埃德利纳、克林肯伯格、曼格、特里农(列日大学诗学研究中心)所撰写发

① 科恩:《诗歌语言的结构》,第22页,弗拉马里翁出版社,1966。

表的《普通修辞学》,则将修辞学零度的设定放在了语言的最小单位义素上面:“零度并不像它给予我们那样包含在语言中”,“零度是被归结为基本义素的话语”。这一步骤可以使人们能将形象化话语分作两个部分:未被改变的部分或基础(即零度)与经受了修辞学偏差的部分。“在修辞学的意义上,我们把偏差理解为零度的明显改变”[①]。

上述两家可以综合起来看,一个侧重语法,一个侧重语义,两者可以奠定基本的参照模式,而修辞即是对此的偏离。当然,面对纷纭复杂的言语成品,事实上什么是相对稳定的零度和什么是建立于其上的变更和偏差,很多时候不容易将它们很好地分离开来,但厘清不同属性的认识,显然对学科建设,强化修辞内涵的科学描写,是非常必要的。

下面以动词重叠为例,来认识分析一下语法修辞在其中的不同表现。

动词重叠是汉语语法中很有特点的一种现象。马庆株在谈到有关问题时指出:“谓词多能重叠,而体词多不能重叠,数量(名)词组能重叠,这说明它接近于谓词。”[②]为什么谓词多能重叠?这是没深入讨论的一个问题。但有关现象倒是在很早的时候人们便注意到了。吕叔湘在《语法学习》一书中曾表述说:形容词修饰动词,“往往要重叠一下”;《现代汉语语法讲话》也曾论述说,描写方式或状态的动词修饰语,“大多数是全部或局部叠字的”。即便是通常不能做状语的名词,一旦以重叠的方式出现,做状语就很自由了,如“大鱼大肉地吃”、“盘儿的碟儿的摆了一桌”。这种现象朱德熙在论证状态形容词多做状语时已经作过引证。此后的许多研究进一步肯定了类似的情况。如李宇明论述说,最具有动感性的动词重叠做主语、宾语显得更不自由。[③] 集中各个方面的判定,我们初步可以得出这样的认识:并非词类本身决定了自己能不能重叠或采取什么样的重叠方式,而是句法的要求决定了什么样的词能重叠,什么样的词不能重叠,能重叠又可采用什么样的重叠形式,由此在一定程度上决定了词语功能的分化。我们曾将这种特征解释成:“决定词语不同重叠形式不同语法意义的主要根据在于句法语域语义场的差别”“所谓句法语域语义场,是指不同位置分布的特定成分所具有的总的句法语义特征。”“主要的句子成分句法语义特征是:作为通常话题的主语有‘事物’的范畴意义,典型的特征便是空间上的静态可称量性;作为通常说明部分的谓语可能有‘行为’和‘性状’两种范畴意义,典型的特征则分别表现为时间上的动态延续性和质量上的程度级差性。这种总体的语义场的要求使得不同的词类单位进入语句时从而各司其职。如果出现跨位现象,便会产生原职能的衰减,新职能的增升。”[④]

但,语法系统并不能独自形成自足的机制,它毕竟是人的意识的产物。我们可以

---

① μ小组:《普通修辞学》,第36、44、41页,巴黎,拉鲁斯出版社,1970。

② 马庆株:《顺序义对体词语法功能的影响》,《中国语言学报》,1991年第4期。

③ 李宇明:《动词重叠的若干句法问题》,《中国语文》,1998年第2期。

④ 崔应贤:《论数量词重叠的句法、语义特征》,《语言文章论集》,第174页,北京,中央文献出版社,2007。

看到,即便是处在谓语的位置上,也并非所有的动词都能重叠。如不具有动作性的,像判断词"是"、"姓"、"等于"是肯定不能重叠的。即便都是动作性动词,情况也很复杂,如"喝醉"、"倒掉"、"跑丢",里边都由两个动词组合而成;然而前后的两个动词显然于重叠能力上大不相同:

喝醉	你喝喝	*你醉醉
倒掉	你倒倒	*你掉掉
跑丢	你跑跑	*你丢丢

"喝"、"倒"、"跑"三个,表现出的特点是多方面的,首先是它们所表示的动作行为是可持续的,它们分别可以以"V 了 V"的形式出现。如"喝了喝"、"倒了倒"、"跑了跑"。再则是可控的,动作行为的主体对它的实施是有意识的并能左右它的时间及状态,可以"我要 V"的句法出现。而这两点其后的三个动词都不行。这里边起主要作用的是,前边的都是自主动词,而后边的都是非自主动词。

再,即便都是自主动词,也不见得都能够重叠。如"夸奖、密切、庆祝"和"批判、分裂、悼念",前边的都能重叠,后边的却不能。比较着看:褒义的容易重叠贬义的却难。从这一角度说,动词重叠多向肯定、积极的色彩义上倾斜。

再,即便都是褒义性的,在重叠程度上仍有差别。如"夸、干、说"和"赞扬、劳动、演说",同样道理,前边一组容易重叠后边一组则相对不易。从这种意义上说,动词重叠连语体方面都有关系,倾向于口语,轻松活泼。

对上述情况,我们查阅统计了孟琮、郑怀德、孟庆海、蔡文兰编的《汉语动词用法词典》(商务印书馆 1999 年 5 月第 1 版)。该词典从《现代汉语词典》中选取了 1223 个动词,用义项出条,共 2117 条。其中注明能够重叠的动词,单音节 693 个,双音节 253 个。两者之比几近 3∶1。用"V 了 V"格式对能够重叠的动词进行检验,不能进入该框架的有 262 个。也就是说,在所标注能够重叠的动词里边,有差不多五分之一的动词并非有时间上的可持续性。这是不是我们认定的标准里边有错误?不是的。如该词典里边标的"醒",虽然我们不能说"你醒了醒",但可以说"你醒醒!"前者的形式还不仅仅是持续、过去时这些意义这么简单,事实上它作为陈述句中的形式,还意味着客观性,可以自由实现的特点。而后者也不仅仅意味着未然的、多在祈使句中应用等,它还反映着言语主体的主观感情色彩。刚刚我们说到,能够重叠的动词多属于自主动词,行为主体对其具有可控性;事实上,这种可控性更多地反映了言语主体的意愿。"醒"的可控性应该是不强的,然而当我们要求他人"醒醒"的时候,往往是寄希望于对方能够主动的、可控性地使自己醒来,并且觉得对方也完全有这个能力使自己从睡梦中醒来;于是便赋予了该动词以自主的语义。其实有些看起来实在跟自主动词不搭边的动词,同样可以借用特定的语境使其临时性的具有同样的功能。如:

（1）叫你死死看。（风树《被遗忘的宝贝》）

（2）那就死死看嘛。（易虹《不是真心我不要》）

（3）萧山机场开通“机场少丢丢”失物招领微博。（杭州网 2011-07-11）

当然，这都是些比较极端的用例，上述词典也不会将这种情况看做“死”、“丢”从而也就具备了重叠的能力。但不能不说，这种所谓极端的例子，就是对动词重叠相对固化了的零度范围的超越。“醒”超越得少了些，因为人们用得多了，似乎已经接近了零度。正因为如此，我们可以看到一个由零度到偏离的连续过渡模式的存在。

至此，问题的答案似乎已经是不言而喻的了：从句法组合的真实图景上看，是特定的位序分布决定了谓词性词语重叠形式的使用；而动词性词语所反映动作体现出的情态，进一步强化了它的这种形态。

接下来我们仍需要考问的是，动词重叠体现了怎样的一种语法意义，让人们在特定的语境场合里边尽力地扩大着它的使用范围，增强着它的效用？

人为万物之灵。人灵就灵在有语言。而语言的核心是意义。而意义又是最难以描写认定的；因为从最直观的现象上说，意义就在彼此心中。意义有三个层次：词义、句义和语境义。到目前为止，应该说这三个层次上边还唯有词义最易于认识和把握，因为老早的时候亚里士多德已经给我们总结了“属＋种差”描写它的方式。现时语言学界进一步具体地落实到了用义素的方法将它突出鲜明地给予认定。到句义就复杂多了，因为它是在组合制衡当中来识见其由它所表现的价值的。一如虚词，它之所以比实词难以在词典里边给予准确的反映，就在于它不像实词，特别是名词，凭借人们对客观事物现实作用及结构的认识，通过脑子里的概括抽象就可以实现；它必须置于具体的语句，看它在组合中所体现出的功能意义才能进行认定。这功能意义要比概念意义相对复杂得多，因为它是句法关系综合实现的意义，虽然它通过特定的词语来进行反映。

动词重叠的语法意义也是这样：虽然它以词法的形式显示的，然而它所表现的意义非概念义，同样也体现了句法表达的价值信息。最明显的，大家对动词重叠的形式范围有多大即没能达成共识。之所以如此，就在于动词重叠上边很有些仍带有句法的印迹，此时就看每个人把握的“度”是宽还是严罢了。单音节重叠的“VV”式，双音节重叠的“$V_1V_2V_1V_2$”，这肯定是典型的重叠形式，接下来它们中间加“一”，其结构就有些宽松了。还有我们前边说到的加“了”，其语法意义与典型格式就有了距离。至于说中间加了更多的，直至像《西游记》里的用法：“照顾八戒一照顾”，恐怕是纯粹的句法表达无疑。显然，它的语法意义也是在句法的组合里获得的，只不过逐渐地固化到该典型的词法形式中来罢了。

为了进一步说明这一点，我们来看它在汉语发展中的语法化过程。

语言是人类认识感知世界的思维载体。和一个人的语言习得经历一样，语言的发展也呈现为由粗疏到精细丰富的过程。虽然这样,一些基本的范畴意识即便是其早期也是应该初步建立的,比如与词类对应的事物与行为,时间观念上的过去和将来,经验和尝试等。

汉语书面语中有关尝试义的最早记录,要么以词汇意义直接体现,要么以祈使语句来暗含这种意味。

(4) 帝曰:“我其试哉。女于时,观厥刑于二女。”(《尚书·尧典》)

(5) 颜渊、季路侍。子曰:“盍各言尔志。”(《论语·公冶长》)

与此基本同时,“尝”由其本义以口辨味引申出“尝试”义,用在同样的语境中:

(6) 诸侯方睦于晋,臣请尝之。若可,君请继之。(《左传·襄公十八年》)

还有两者合一的:

(7) 愿夫子辅吾志,明以教我。我虽不敏,请尝试之。(《孟子·梁惠王上》)

到了汉代,则开始普遍地运用“试 V”式。这可以看做句法组合表现尝试义的开端:

(8) 王试出兵境以观之。(《史记·周本纪第四》)

(9) 其事未究,固试往,复问之。(《淮南子·卷十八》)

《世说新语》里边则进而出现了“试一 V”式:

(10) 可试一交言。(文学)

(11) 闻君善吹笛,试为我一奏。(任诞)

《齐民要术》中出现了“V 看”式。此时的“看”已从本义“观瞻”引申出尝试义。如:

(12) 尝看之,气味足者乃罢。(卷七)

与此同时,这一时期的“一 V”式,其中的“一”也开始不确指。如:

(13) 愿令我一见亡妇,死不恨矣。(《搜神记·卷二》)

(14) 一七日,一搅;二七日,一搅;三七日,亦一搅。(《齐民要术·卷八》)

到了唐代,句法组合型的“试 V 看”才大量出现。唐诗里边有趣的现象在白居易的诗中最多见。这可能与他以口语入诗有关。例如:

(15) 偶因群动息,试拨一声看。(《松下琴赠客》)

(16) 碧毡帐下红炉畔,试为来尝一盏看。(《府酒五绝》)

此时“试一 V”也大量使用。如李白的《登岘山亭寄晋陵张少府》:“凭轩试一问,张翰欲来归。”张巡的《闻笛》:“岧峣试一临,虏骑附城阴。”特别值得一提的是唐诗里边出现了一例“试一 V 看”：

(17) 主人憎恶鸟，试待一呼看。(吕温《和舍弟让笼中鹰》)

动词重叠形式在宋代佛教灯录中变得普遍。如《五灯会元》中的用例：“龙拍一拍，师便喝。”(卷第十七)“时有僧就地拈起，吹一吹。”(同上)须注意的是：此间的这种形式倒是表示已然的多。唯有到了《朱子语类》——因为朱熹是以劝导人们应该怎么做的，着眼点就有了未然的时间特征，尝试义才得以凸现。如：

(18) 审一审，看他意思着落。(卷三十四)

(19) 操亦不是着力把持，只是操一操，便在这里。(卷六十二)

现代汉语动词重叠的典型形式“VV”式又是经历了一个怎样的产生发展途径呢？以唐代为界，在这之前的同形式单位多用于已然时间，表时长量大。如：“行行日已远，乃造匈奴城。”(石崇《王昭君辞》)“行行道转远，去去情弥迟。”(谢惠连《西陵遇风献康乐诗五首》)到了唐代，虽然绝大多数的重叠动词仍表示这样的语法意义，但随着表意的丰富，词义的引申，有些已开始表时短量小。如：

(20) 看看水没来时路，渐渐云藏望处山。(杜荀鹤《春日登楼遇雨》)

(21) 忽然写出涧底松，笔下看看一枝老。(施肩吾《观吴偃画松》)

(22) 今日散材遮不得，看看气色欲凌云。(施肩吾《玩手植松》)

同一个“看看”，例(20)，有“渐渐”参照，则为时长持续。例(21)，有“忽然”参照，则为时间迅急。例(22)，则已经多少有了尝试的意味。

(23) 后闻师出世，遣少师持前问问师，师云：“雕砂无镂玉之谈，结草乖道人之思。”(《祖堂集》)

该句中的“问问”，因为是转述，似乎时间特征还反映得不太明显。如果是直接引语的话，则当为未然祈使无疑。

这在其后的宋代禅宗灯录里边，则得到了较充分的发挥。因为当时传经主张不立文字，强调棒喝顿悟，故言辞多为简短话语，期待听众尝试着理解或作出行为反应。这在南宋初期的《天圣广灯录》里边有颇多的用例，如：

(24) 师下禅床把住云：“道道。”(卷第十)

(25) 拈起拄杖云：“大众看看。”(第十三)

除此之外，还有“问问”、“住住(停停)”、“叫叫”、“转转”等。其后的《五灯会元》就更多：“等等”、“缓缓”、“款款”、“歇歇”、“捏捏”、“来来”、“忍忍”、“饶饶”、“道道”、“言言”、“用用”等。

到元代，两种形式合流，统一地转向表尝试。这主要表现在，动词重叠形式大都用在了表未然的祈请性的语句中。如：

(26) 你是一般妇人家,烦你替我看一看。(王仲文《救孝子贤母不认尸》)

(27) 吃了就伤本钱,着些凉水儿洒洒,还要卖哩。(秦简夫《东堂老劝破家子弟》)

如果说元曲里边"V 一 V"式的使用还稍多于"VV"式的话,到了明代中期《西游记》问世,那就是奠定了现代汉语动词重叠的基本状貌:"VV"式多于"V 一 V"式,且尝试义为其主导的语法意义。显然,动词重叠上面,汉语经历了一个由句法到词法的过程。这也是人们常说的词汇化历程。

不难看出,着眼于未然,言语主体寄希望于行为主体尝试着做某事,以获得特定体验,才是动词重叠形式上面所寄寓的语法意义。语法学界很有一些人认为它上面体现的是"时短量小"义,这又是怎么一回事呢?

其实这和人们通常的语感有关。先来看下面的时间横轴图：

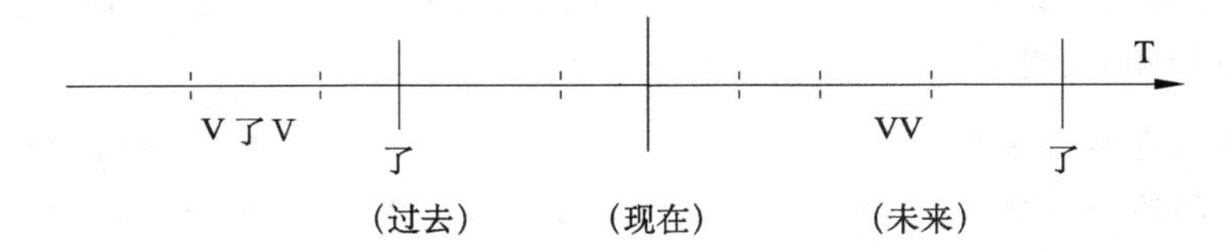

以"现在"为界,人们可以将行为的时间方式分为"过去"、"未来"两区域。"现在"仍是一个模糊的概念,是一个流动的点,说话中间即改变着,所以它以"V着"的形式在语句中反映着。而"过去"、"未来"里边还可以分割,最典型的就是表完成时点的"了",从而将其区域分作不同的时段。在一个时段里边,仍可以透现时间的观念,那就是动词重叠所反映的。如这样的话语:"叫你尝尝吧,你都给我吃完了!"显然,动词重叠所体现的时间意义始终不可能突出"了"所框限的区间,不管是"少尝尝"还是"多尝尝",终究不可能大于将特定的对象都"吃了"。这就是所获得"时短量少"感觉的心理基础。

因此,所谓时短量小,是由行为的性质决定的,尝试,即决定了时间上的未然,言语主体在其中寄寓的主观性,以及动作主体实施行为时的时短量小,还包括行为对象的定指性等。这里将"对象的定指性"稍作解释,看下边的语言单位：

吃饭

吃一碗饭

吃了饭

吃了一碗饭

这四个,都有哪些能独立成句?显然,其中"吃饭"和"吃了一碗饭"都能直接在其后边加上句号;而"吃一碗饭"和"吃了饭"都显得很勉强。之所以如此,就在于其中的动词和名词是否对应体现了各自的语法特征，即“有界性”的强弱。[①] 动词的典型特征在于时间性，名词的特征在于指称性。粗略地说，前者加“了”，突出了时间特征，即为有界，可用“＋”表示；后者加数量词，突出了空间边界的明晰，也为有界，也可以用该符号表示；当然，反之，用“－”号表示。很自然，四个的组合及匹配呈现出的面貌是：负负得正，负正得负，正负得负，正正得正。

再看这样的两组合：

*尝尝一碗饭
尝尝这碗饭

前一个不能匹配后一个能匹配，其原因在于：“一碗饭”的有界性不如“这碗饭”的有界性鲜明。如前，“吃了一碗饭”可以成立，“尝了一碗饭”不能说，就在于“尝”本身就是有限的。而“尝尝”在于该动作于一定的区域内可以弹性地控制，它是一种有对象目的的行为，于部分作稍小的尝试，可行，才能将一整体行为完成，“你尝尝这碗饭，如果好吃，就把它全吃了。”所以，动词重叠要求匹配的对象是定指的，其原因就在于此。

概而言之，动词重叠有这样的尝试综合色彩，于是它所表现出的基本特征，对言语主体来讲，就变得非常中和：看老舍《骆驼祥子》里的句子：

(28) 教她尝尝，她就晓得了，到底是爸爸好，还是野汉子好！

祈使句通常是对着第二人称来的，然而寄希望的行为主体已经不在场，显然纯粹是表达言语主体的一种情绪；本来刘四爷跟自己的女儿突然闹翻，应该是非常愤恨狂躁，然则采用了重叠的形式，降低了这种情调，目的是为了赢得在场人们对自己的同情。

再看类似的其他形式：

(29) 让我好好看看你们！(老舍《女店员》)
(30) 这么办，你先让我试一试，看我能独自混下去不能！(老舍《四世同堂》)
(31) 小三儿，小三儿，上这儿来，让我瞧瞧你。(同上)

这是又一种形式：言语主体让自己变作了行为主体。“谁”让“我”？这里是虚拟性的，动词重叠让自己的口吻语气变得非常柔婉。

朱德熙在《现代汉语形容词研究》一文中分析说，形容词的重叠形式出现在定语和状语这两种位置上的时候，往往含有爱抚、亲热的意味。如：“又见凤姐儿站在那边，也不盛妆，哭的眼睛肿着，也不施脂粉，黄黄脸儿，比往常更觉可怜可爱。”其实这种意味在动词重叠上面体现得似乎更显豁。如：

(32) 他病人不过是这样说，哪里就到了这个田地？况且年纪又不大，略病病

① 有关“有界性”，请参看沈家煊：《有界与无界》，《中国语文》1995年第5期。

就好了。(曹雪芹《红楼梦》)

(33) 有时人病一病是有好处的,因为能免除很多责任。(孙昊、余娟《调查:我国四成女企业家亚健康》)

“病”,是非自主动词、非褒义性动词,从哪儿上说都很难重叠;然而这里还就用上了。这是书中凤姐儿的言语。说话人将负面的东西有意识地说得轻巧:病似乎不是一个什么大不了的事情,站在行为主体的角度,经这么一重叠,竟成了自己可以控制的东西,就像常说的那样,病病人结实,如例(33)中的说法,那么稍微来来,不愉快的事,这里变作了一件轻松容易的事儿。这就是言语的魅力,言语的精巧处。

再看一个例子:

(34) 我在想,为什么这么多代表里头,要我第一个讲话呢?我想来想去,大概就是因为去年三月里头,我在《人民日报》上发表了一段原来在一个座谈会上的发言,提出语文教学上的迫切问题。大概就是那个发言闯下了祸,所以今天就非要我讲不可。这叫做“自作自受”,没有办法。刚才,主席已经声明了,我这个不是报告,是讲话。我想也不是讲话,是谈话或者是谈心。我是代表中的一员,跟大家一起来谈谈心。我今天说的话,打算分两个部分……(吕叔湘《关于中学语文教学的种种问题》)

这一段文字里边的用词也是特别精巧。前边是跟大家一块儿,所以仍用“讲话”。到自己了,借用大会主席的话,说不是作报告;自己认定呢,连讲话都不是了,是谈话或者是谈心。接下来一重叠“谈谈心”,口语化、亲切感、谦虚的色彩等越发表现得充分;言语主客体之间拉近了距离,非常易于人们接受。

由此不难看到,动词重叠,是稳定下来的一种非常具有特点的语法现象;然而又与言语的运用紧密联系着,在它上面充满着修辞的全息意义:语体的和感情的色彩、主观上的主控和弹性因素,以及对规则的有限超越,甚至包括了人们认识世界的时间观念等,单纯囿于语法的解释都显得范围狭小。我们这里还仅仅是举例性质,如果是专题性讨论,若能依照逻辑步骤,将其语义及其色彩以义素的方式给予细致描写与定性,其科学内涵必将愈以增强。然而通过这种初步方式的演示,不同样可以感悟到,宏观的综合分析,细处的深入描写,不正是强化学科健康发展的必由之路吗?

第八讲　语形修辞

黑格尔指出："思维形式首先表现和记载在人们的语言里。"① 语言作为交际工具，它首先表现为承载思想情感的特定形式。作为人类的伟大创造，人们借助于它可以将自己所认识到的世界上的万事万物，包括其本质与表象都置于这一符号系统之中给予概括与表现，人类社会的所有进步无不得益于它的这种能力。当然，人们认识与反映的种种局限性又往往与该工具的自身特性有关。别的不说，当它解释自身的时候即面临着各种各样的困境。仅拿"语形"来讲，顾名思义，就是语言的形式。虽然我们遵循唯物主义的方法论，宽泛地将所有的事物现象都分作内容和形式两个对应的范畴，但是想将两者完好地剥离开来，并非易事。虽然在语言学里边索绪尔作了"所指"和"能指"的区分，大致地可以将它们分别理解成概念和语言声音形式。但，如果想给出"语言形式"一个明确的定义，一如它的对应面语言意义一样，其特征还不是一下子就能说清楚的。

吕叔湘在《语文常谈》中说："语言的确是一种奇妙的、神通广大的工具，可又是一种不保险的工具。听话的人的了解和说话的人的意思不完全相符，甚至完全不相符的情况是常常会发生的。"这还仅仅说的是交际，即便是说话人自己，就能将自己思想与语言完全吻合起来吗？这里边的不确定因素或许也是很大的。

我们这一讲里，主要就语言及汉语中形式与意义间的关系，拣重点进行分析阐释。试图提请注意的是：充分注意语言及汉语的特点，就其利弊，既看重消极修辞中的规范要求，又要利用其优势，以张扬其效能，达到良好的表达效果。

---

① ［德］黑格尔：《逻辑学》，第7页，北京，商务印书馆，2003。

一、语形上的困境

言语交际活动中,存在着一系列的矛盾:语言主体与语言客体,人物角色与语言方式,语言本体与外部环境,合作原则与礼貌原则,初始动机与最终效果,言语内容与言语形式,遵循规范与灵活突破,等等,因而形成错综复杂、纠葛缠绊的多向关系。

在所有的环节因素里边,唯有语言是沟通、建立并发展交际双方互相合作的最重要桥梁。人们凭借着它来实现自己的设计主张,动机才能转化为能被感知的物质符号;题旨语境对语言的制约关系最终也要通过特定的形式得以反映,且以最佳的适应关系才能被人们肯定下来;语言艺术的最高境界——美,也得以特定的方式予以展示;单纯内心的体味,说不出,或者表述不到位,也是反映不出审美的真谛的……一句话,语言处在各种矛盾的焦点上,而内容与形式的矛盾是其主要的问题。

(一) 言意之辨

这一问题可以说是人类社会的一个终极论题。说得通俗一些就是语言能不能表达思想的问题,说到根子上仍是语言形式能不能合乎语言内容的表达问题。古今中外的思想家们一直就此问题展开论证。我们传统文化里边于此即一直存在着两种对立的观点,一是"言不尽意"说,一是"言尽意止"说。

赞同前者的居多。《周易·系辞》托言孔子"书不尽言,言不尽意"的阐述,首倡"言意之辨"的命题,并最先确立两者之间不能吻合的基调。而老庄学说,就更是将这一思想阐述得淋漓尽致。《道德经》从开篇的"道可道,非常道;名可名,非常名"到结尾处的"信言不美,美言不信。善者不辨,辨者不善",都在于强调语言的有限性,甚至极端化地否定语言的认知功能、论辩功能和艺术表现功能。而庄子对此表述得更多。《庄子·天道》载:"世之所贵道者书也。书不过语,语有贵也。语之所贵者意也,意有所随。意之所随者,不可以言传也,而世因贵言传书。"为何不可言传呢?《庄子·秋水》认为:"可以言论者,物之粗也;可以意致者,物之精也。"也就是说,事物之精微义理用语言表达出来的时候已经很粗疏了;而用意会神通的方式才可能达至佳境。据此他干脆主张:"得鱼忘筌,得意忘言",目的就是一切,甚至不惜舍弃工具和过程、手段和形式。

赞同后者的,先秦时期似乎就难得见到,我们仅可以从孔子"辞达而已矣"的表述中读到相关的信息,但不好说就是这种观点的体现。只是在魏晋时期那场相对比较正式的言意之辨的讨论中,唯有欧阳建旗帜鲜明地提出了这一主张。他著有《言尽意论》一文,其中指出:"理得于心,非言不畅;物定于彼,非名不辩。言不畅志,则无以相接;名不辩物,则鉴识不显。"他又进一步辨析说:"非物有自然之名,理有必定之称也。欲辩其实，则殊其名；欲宣其志，则立其称。名逐物而迁，言因理而变。此犹声发响应，形存影附，不得相与为二矣。”“苟其不二，则无不尽；吾故以为尽矣。”①

怎样看待这两种根本不同的认识？

不管上述哪一种认识，都不能持绝对肯定或绝对否定的观点。如上所说，语言是人类由鸿蒙阶段走向文明的阶梯。没有语言，我们就不可能认知世界并能动地改造世界。与此同时又必须看到语言本身的局限性：不要说是进入交流环节的言语，即便是全人类共同遵守的语言形式本身，就拿最基本的单位词语来讲，它的有限性与所反映内容的丰厚性之间就很难形成完全的匹配。语言历练我们思路清晰性的同时又往往制约我们的思维。

拿最简单的语言形式说，正像索绪尔揭示的，它是以线型的方式来表达人们综合整体（共时状态下的多种信息吸纳）认知观念的。受索绪尔这种思想的启发，新时期以来，有相当一些作家们在努力进行着大胆的尝试，试图突破这种固定模式的局限，以超常的方式赢得自由。

(1) 郭麻子大爷让我吹笛，刘主任让暖唱歌。暖问：“唱什么？”刘主任说：“唱《看到你们格外亲》。”于是，就吹就唱。战士们一行行踏着桥过河，汽车一辆辆涉水过河。（小河里的水呀清悠悠，庄稼盖满了沟）车头激起雪白的浪花，车后留下黄色的浊流。（解放军进山来，帮助咱们闹秋收）大卡车过完后，两辆小吉普车也呆头呆脑下了河。一辆飞速过河，溅起五六米高的雪浪花；一辆一头钻进水里，嗡嗡怪叫着被淹死了，从河水中冒出一股青烟。（拉起了家常话，多少往事涌上心头）“糟糕！”一个首长说。另一个首长说：“他妈的笨蛋！让王猴子派人把车抬上去。”（吃的是一锅饭，点的是一灯油）很快的就有几十个解放军在河水中推那辆撒了气的吉普车，解放军都是穿着军装下了河，河水仅仅没膝，但他们都湿到胸口，湿后变深了颜色的军衣紧贴在身上，显出了肥的瘦的腿和臀。（你们是俺们的亲骨肉，你们是俺们的贴心人）那几个穿白大褂的人把那个水淋淋的司机抬上一辆涂着红十字的汽车。（党的恩情说不尽，见到你们总觉得格外亲）首长们转过身来，看样子准备过桥去，我提着笛子，暖张着口，怔怔地看着首长。一个戴着黑边眼镜的首长对着我们点点头，说：“唱得不错，吹得也不错。”郭麻子大爷说：“首长们辛苦了。孩子们胡吹瞎咧咧，别见笑。”（莫言《白狗秋千架》）

请注意行文里边括号及其里边文字的表示方法。事实上作者之所以采取这样的表现形式，客观上是想打破语言功能上原有的格局：人们形成语言意识时，其实在于将其立体的多类型信息强制性地挤压成了一维性的展示方式。不如此，就不能将丰富复杂的思想给予条理化、明晰化的反映。从这种意义上说，人类所进行的各种类型艺术

---

① 《艺文类聚》卷十九《人部三·言语》。

表现,如绘画、雕塑、音乐、刺绣等,可以说唯有语言最具有全息意义的表现力。但这种线条型的表现方式又不得以舍弃共时性、整体性的感触涌动为代价。而在这个言语片段中,不管作家自己追求的是什么,客观上面能够给人们提供的,是在努力突破语言仅仅一线性的视觉领受,让人获得多向性的感觉,类似看电影,在欣赏画面的同时也有着背景音乐的听觉效果,视觉和听觉共同运作,人们可以回归生活中的感觉常态。

不要小看这似乎是细小的方面,它在很多时候都可能表现出人们理解上的差错来。如刘富道的小说《南湖月》里有这么一个细节表现:

> 苑霞把选择配偶的要求概括成一句话:"一个高个的诚实青年"。并在家里公开宣布,非此不依。气得爸爸质问:"你还要不要政治标准第一?"姑娘执拗地说:"那就说成一个诚实的高个青年,你不反对吧?"

"一个高个的诚实青年",注意里边"高个"和"诚实"的语序。正像我们对某一特定对象的观察,就拿"桌子"来说,它有多种特征可供我们来认识反映,仅就形状、颜色两样儿来说吧,一眼望上去,恐怕我们都很难辨析出是先看到了哪一种情况;但我们化作语言形式进行表述的时候就必须依照着线形的先后次序将它们一一说出。从这种意义上说,语言带有些强制性,且还有些变异。当然,不同的语言,都是特定民族认识反映世界固化了的思维方式的一种显现。有些侧重的是依照时间先后的顺序进行语序排列,这叫做临摹性组合方式。比如我们说"约翰醉醺醺地唱歌","醉醺醺"在前,即说明该状态是在"唱歌"前就有了的。同样的说法,英语里的次序是"John was singing drunkenly"。它遵循的是突出语义重心的方式,认为相比较着来说,"唱歌"相对于"醉醺醺"更为重要。这要经过一定的逻辑筛选才能够得出。虽然如此,任何一种语言都不可能完全遵从两者之中的某个单一方式,往往是相比较之中有所侧重罢了。正因为是这样,上边例子中的两定语,有可能依照着三种规则进行语序排列的:临摹性的、突出重心性的和自由的。作为该篇小说主人公的苑霞在第一种语序中寄寓了什么样的语法意义,我们无从知晓,如果仅从她个人身材高挑修长这种客观条件推测,她的选择配偶的要求或许"高个"就是第一条件;再加上该段表述中爸爸的质问,进一步强化了这种语序形式所体现的这种深层意味。但有谁就敢说这种意义就是唯一的呢?

言意之间形成隔阂的再一个方面就是不同思想领域的思维形态,特别是文学艺术,在意蕴追求上的别异所导致。巴甫洛夫在他的《二十年经验》中指出:"生活明显指出两种范畴的人——艺术家和思想家,他们的思维方式上有明显的区别。作家和艺术家从整体上全面地圆满地把握现实,毫无割裂地、毫无分离地把握生动的现实。思想家则恰恰是把现实分割开来,并且仿佛以此消除现实,即把现实造成某种暂时的骨骼。"[①]

---

① [苏]巴甫洛夫:《动物高级神经活动客观研究二十年经验》,《巴甫洛夫全集》(第3卷,上册),第308页,赵璧如等译,北京,人民卫生出版社,1962。

这两种思维方式的差异造成了两极化的对立。正像人们调侃性表述的那样：科学是把复杂的东西说简单，文学是把简单的东西说复杂。这在马克思主义的经典理论里边都有着不同的解释。如马克思指出："一门科学只有在成功地运用数学时，才算达到了真正完善的地步。"[①]这可以说是将西方传统的科学精神、分析理念延伸到了极致。与此同时，恩格斯却从辩证、人文的角度对此作出了怀疑性的评判，他讲："终有一天我们可以用实验的方法把思维'归结'为脑子中的分子的和化学的运动；但是难道这样一来就把思维的本质包括无疑了吗？"[②]人们不难看到的是，文学本来是语言的艺术，然而正是作家——语言巨匠们最能感受到"言不尽意"的无奈。"常恨言语浅，不如人意深"。(刘禹锡《视刀环歌》)似乎也恰恰是他们时常遭遇"意不称物，文不逮意"的尴尬。"山气日夕佳，飞鸟相与还。此中有真意，欲辨已忘言。"(陶渊明《饮酒》)虽然如此，他们仍要"吟安一个字，拈断数根须"。(卢延让《苦吟》)"为人性僻耽佳句，语不惊人死不休"。(杜甫《江上值水如海势聊短述》)所追求的境界，正如欧阳修《六一诗话》借梅尧臣的话所说的："状难写之景如在目前，含不尽之意见于言外。"同样如严羽《沧浪诗话》所言，所谓好诗应该是有如"羚羊挂角，无迹可求。故其妙处，透彻玲珑，不可凑泊，如空中之音，相中之色，水中之月，镜中之象，言有尽而意无穷"。现代诗歌、小说仍在执著地进行着这方面的表现，努力突破规范、追求自我感觉的把握体验、选取新的表现模式的倾向。如傅天琳《中午的大麦地》中的语言：

> 一只金蜂蜇醒我的午睡
> 不断分岔的公路
> 速度在歌唱

里边所浸润的是感觉的流动，意念的漫游。他们着力开创施展着语言的张力，以便人们的思想情感不为所拘。

正因为如此，海德格尔认为："诗性语言"是"不可形式"化的语言，它是对存在的显示和道说。"语言的本质问题决不能在形式主义中获得解决和清算"[③]。

而更多的现代小说创作自觉或不自觉地在执行着黑格尔哲学上的理念："内容非他，即形式之转化为内容；形式非他，即内容之转化为形式。"[④]内容与形式之间愈加趋向于融通和转化，语言形式本身也成了所要表现的内容。

如陈村《一天》中的一段文字：

> 张三一走进弄堂就把眼睛睁开了，刚才张三只睁开半只眼睛，张三睁着半只

---

① [法]保尔·拉法格：《回忆马克思恩格斯》，第6～7页，北京，人民出版社，1973。

② [德]恩格斯：《自然辩证法》，于光远等译，第230页，北京，人民出版社，1971。

③ [德]海德格尔：《在通向语言的途中》，孙兴周译，第226页，北京，商务印书馆，1999。

④ [德]黑格尔：《小逻辑》，朱光潜译，第278页，北京，商务印书馆，1980。

眼睛感觉是很舒服的,现在把一只眼睛全部睁开,张三感觉也很舒服。因为弄堂里的空气是很好的。张三从家里出来就觉得弄堂里的空气很好。很好的空气张三是很爱吸一吸的。张三从小就在这条弄堂里长大,这条弄堂张三是很熟悉的。张三小的时候弄堂好像比现在要大一些,现在人大了,弄堂反而小下去了。张三是喜欢这条弄堂的。

语言形式啰唆重复,而这又直接显示普通市民平庸沉闷生活色调的内容。真是你中有我我中有你。

为解决言意之间存在着的矛盾,我们古人想出了"立象以尽意"的方法。黑格尔则以"理念的感性显现"给美的境界定位。而现代社会随着科学技术的飞速发展进步,信息的显示又多以图示的方式展现。它们都有共同的地方:以直觉形象达意。老实说,这非常合乎人们的心绪情感:直观鲜明,非常易于人们接受。但,存在的不一定合理;易于接受的不一定就是最好的方式。黑格尔的美学理念来源于他的哲学思想,即所谓的感性、知性和理性三阶段的认识途径,最高阶段表现为抽象与具体的结合,理念与感性的统一。但又有谁敢保证这种感性显现出来的东西就一定反映了科学理性的内涵呢?屈从于本能感觉的,人类社会发展历史即证明了的,并不能反映文明进步的方向。思想理念的反映并非仅仅这一种途径。真善美的表现并没有统一的格局。科学强调逻辑,所体现理论的严整俊朗并非灰色,它像山一样体现着一种壮美的力量;文学突出形象,生命之树常绿,它像水总是在鼓荡着生活的柔美波澜。所以,不能将不同语体不同表现形式之间的偏好给予过分的渲染。过去人们过于强调文学与修辞的联系,把文学的语言提到了一个不适当位置,给修辞学理论的整体建设带来了一系列负效应,也给社会不同文体的写作欣赏造成诸多的不利影响。文章、消极修辞等,很难进入一些修辞大家的法眼,似乎都与美学无缘了。这不能不说是一种误解。这有待于修辞学于此进行深入的讨论。正确的认识态度应该是"上帝的归上帝,恺撒的归恺撒",让应用性的文章也能进入艺术的殿堂,让艺术性的文学也能更多地体现理性的力量。

(二)汉语语形上的特征

除了所有语言共有的特征外,母语还有自己的个性。作为我们工作生活中应用频率最高的交际工具,其语言形式上的特点同样也应该认识清楚,才能更好地利用其优势,避免其不足。

汉语上面,首当其冲的是读音和文字之间的相互依存性。按着基本常识,文字本来不属于语言的有机要素、组成部分,不需要将它当做语言必有形式给予考虑。然而,由于现代汉语语音系统过于简略,现代汉语普通话的语音系统比较简略:声母 21 个,韵母 39 个,再加上 4 个声调;这三项按照一定的组合规则构成表意的基本单位音节。

问题是三者之间并非完全配合，现实能够被肯定下来的音节也就1100个左右。语言作为符号系统和交流思想的工具，学习运用时的难易度与信息传递分辨率及效能之间往往呈反比关系。这样数量的基本表意单位，应该承认，分辨率比较低。过去赞同汉字走拼音化道路的人们认为，要达此目的，首先需要推行国家通用的普通话。音字统一，言文一致，那样实行拼音化就水到渠成了。事实上这是比较单纯的想法。为什么？关键就在于语音系统过于简略，分辨率低。有关这一问题赵元任曾调侃性地撰写《石氏食狮史》一短文，如下：

石室诗士施氏，嗜狮，誓食十狮。氏时时适市视狮。十时，适十狮适市。是时，适施氏适市。氏视十狮，恃矢势，使是十狮逝世。氏拾是十狮尸，适石室。石室湿，氏拭室。氏始试食十狮尸。食时，始识十狮尸，实是十石狮尸。试释是事。

不知哪位有心人，将这一写于20世纪30年代的"奇文"粘贴于网络，致使它再度蹿红。因为它"只能看，不能读"，让沉溺于这种表达工具手段的新新人类们"彻底晕菜"、"舌头抽筋"、"被雷倒"，"囧"的同时由衷频发"中文真是超级强大"的感慨！如果能从另一角度看问题的话，它们能够给人以深刻的启发是：我们的汉字之所以没能像埃及的象形文字、巴比伦的楔形文字和古印度的达罗毗荼语印章文字一样转变为拼音文字，很大程度上就在于表义系统的单音节属性，分辨率低；而文字，作为记录语言的工具系统，它本来不属于语言的要素，却在一定程度上承载了提高分辨率的功能效用。然而就是这样一套工具，却在记录真实的口语时时时表现出力所不支的状貌。不说远的，就拿平日多所见到的交际，它都不免尴尬难堪，如：

请问贵姓？
免贵姓张。
对不起。请问哪个zhāng啊？
哦，张，弓长张。

正因为汉语语音系统的这种特点，汉字的使用就成了提升汉语分辨率的有效手段。不仅如此，数千年汉字一直保持了超方言的作用，在维系汉民族文化传承方面发挥了其他工具不可替代的巨大功能。从这种意义上说，它弥补了语音系统上的缺憾，已经直接成为了汉语的显性形式。

汉字帮了汉语语音系统很大的忙，然而语音系统的困境并没由此消除。很简单，很多时候的交际不需要借用汉字，甚至也不可能借助汉字。这时候就得通过其他的办法来化解音同音近容易相混的状况。如特定领域传输里边人们将"107"的发音读成"幺洞拐"。其因就在于原来音节的读音都属于齐齿呼的韵，分辨率就很低了；改动后差异加大，从而提高保真度。如果没有这样的约定，就得颇费些口舌。如俗话里说的："读书读得通，难写十三gōng。"什么意思？这就需要再追加解说：有些人读书很多，很有学问;即便如此,可叫他一气儿写出 gōng 这个音节里边的十三个汉字,仍不容易!这个俗话是在普通民众中间流传的,虽然老百姓不可能都能按照汉语语音系统的特征,表述出同音字比较多、识辨及使用比较困难的道理,但这样的俗语本身不也说明,连他们也能悟出汉字与音节这两者之间的极大困窘吗?

至于相当一些流行于特定区域地方口语中的有音无字的单位,就更使人们尴尬不已。此时也只有拼音的方式才能显露其特定的情趣,同时无形当中又破坏了汉字系统的属性。如:

(2)"姓名?"老郭又问了。

"狗唚。"他爽利地这么答。"圆豆眼"兀地一瞪:

"严肃点好不好!"

他困惑地眼,脖子一拐:

"就叫狗唚嘛……从娘肚子出来叫到如今了。"

…………

"狗……"老郭捏住笔,一时吃不准是"亲"?还是"侵"?便又问,"哪个'qin'呀?"

"这都不知道?……吐的意思,就是说,狗都不想吃,吃了又唚出来,就是那个'唚'字。"说完就扮一下鬼脸……(权文学《在九曲十八弯的山凹里》)

(3)他早起上班打开水,上楼梯的时候绊了一下,暖壶碰在栏干上,"砰!"把一个暖壶胆 cai 了。暖壶胆 cai 了,照例是可以拿到总务科去领一个的。(汪曾祺《讲用》)

对语句中的拼音,该文页下注释道:"cai,北京土话,打碎了的意思"。但写成一个什么字,作家到底没能写出来。再如:

(4)他的嗓子只是"半条吭"("吭"字读阴平)一般铜锤戏能勉强唱下来,但是"逢高不起",遇有高音,只是把字报出来,使不了大腔,往往一句腔的后半截就"交给胡琴"。(汪曾祺《迟开的玫瑰或胡闹》)

(5)他听到背后有人迟疑地问道:"同志(志字只吐出了半个音)……先生,你找谁?"……这是老伴的声音。(陈世光《旋转的世界》)

上面诸例足以显示汉语读音与汉字之间易于形成的种种难堪。特别是后边两例,可以形成一个类别:汉字不表音,不但不能如实地记录汉语,更不能真实地再现说话人的语音状貌。有的作家也想作出这方面的努力。如鲁迅《鸭的喜剧》中的描写:盲诗人爱罗先珂当时来到中国,周边的环境让他感到极度寂寞。于是抓了蝌蚪放养在他挖好的池子里。这给他和邻居的孩子们增添了诸多的乐趣。没过多久,孩子们告诉他说:"爱罗先珂先生,他们生了脚了。"后来有人给这池子带来了鸭,这蝌蚪们可就遭受了灭顶之灾。傍晚时候，孩子们一见他回来，最小的一个便赶紧告诉他说："伊和希珂先，没有了，虾蟆的儿子。"注意前后孩子们禀报信息的话语形式：前者对对象的称谓是准确的(依照汉语近似的读音)，这可能是一个大一点儿的孩子；后者鲁迅还专门强调了是"最小的一个"，可能话还说得不够清晰，因为就是汉语的词有的也只是读了一半，对对象的称呼也就更难发音到位。这种飞白方式对人物口齿的描摹当然很形象。如果我们仍从汉语本身的特点再具体考究的话，蛮可以这样追问：其他的音节这孩子都能发得明晰吗？显然也是不可能的。但汉字已经定死了的，不可能再显示孩子口吻的原本面貌。上边的例子里边即说明，只好用注释的方式尽可能来体现。如果是拼音文字，相对就容易多了。这在他们的文字读物里边不乏这方面的实例。

有音无字的词语，有些作家偏偏极端地依照着自己的想象用同音字强行写出，而汉字的表意性与表现的情景适宜还好，一旦形成悖谬，会让人困惑不已。白桦在他的一篇小说里边曾有这样的一段文字：

(6)(崔得富)满脸苦楚纹，开口第一句就是"感谢毛主席，感谢党！"(白桦《街头"内参"》)

这个细节说的是特定人物本是满脸乐开了花，那么当然皱纹会愈发显豁。但作家这里用了口语词，并且用了这么两个意义上正好相反的字眼儿，显然与描写的情境是不相协的。

汉字既是汉语的一种重要表现形式，也是汉民族割不断的文化情结。汉字的创制，传说"昔者仓颉作书，而天雨粟，鬼夜哭"，比较典型地反映了汉民族亘古至今所存在的文字崇拜的心理传统，尽管在这种敬畏之中又包含了早期人们对文字巨大社会功效的感性认识。再比如为尊者讳的减笔书写方式，《红楼梦》第二回中的情节："雨村拍手笑道：'是极！我这女学生名叫黛玉，他读书凡"敏"字他皆念作"密"字，写字遇着"敏"字亦减一二笔，我心中每每疑惑，今听你说，是为此无疑矣。'"再如过去民间谁家孩子彻夜哭闹，人们多将写有"天荒荒，地荒荒，我家有个夜哭郎，过路君子念三遍，大鬼小鬼都扫光"的纸条儿贴在街边的树上或墙上，希图通过路人念读这种文字咒语，解脱附在孩子身上的所谓磨难。再如过去人们常在特定的地方贴上"敬惜字纸"一类的条幅等，都是这种文化心理的反映。

汉字的基本单位与结构书写顺序，都有可能成为人们将表意神秘化，进行谶纬的工具。如汪曾祺《幽冥钟》记述的一则故事：张士诚在承天寺登基，找人写承天寺的匾。来了很多读书人。他们都是没写两笔，就被张士诚拉出去杀了，接二连三死了许多人，吓得士人们再也不敢动笔。此时张士诚越发大怒，即下令将抓来的士人全部处死。有一人挺身而出，提起笔来一挥而就。张士诚看后欣喜万分，重金赏赐。他旁边的人百思不得其解，问：写的都是同样的字，为什么生杀判定呢？张士诚说："你看看前边那些写的是什么?上去第一笔就是一个'了'字,老子刚当皇帝就'了'了?你说他们该不该杀?你再看看后来这一个人家怎么写?先写'王'字,左边一横撇,右边一撇捺,接下来上边一折弯,最后是一竖到底。这叫做:先称王,左有文臣,右有武士,头戴平天冠,皇基永固。你说这人该不该赏?!"

汉字之所以没有像其他古老的表意文字一样变作拼音文字,其原因还与汉民族一向倡导"以意统形"、"立象尽意"有关;因为汉字本身就是一整套复杂丰富的不脱离事物基本形象概貌的符号系统。汉字的表意性,多维结构的层次组合性,在相当程度上折射着汉民族的哲学思维模式和特定的心理习惯。比如说有许多人将"安装"写成"按装",问题就在于意识深处总有和意义相联系的心理在起作用,总是想着既然是安装,一定要动手!再比如说"疙瘩",这两个字有多少种写法?郑林曦有一个统计,说是有六七种之多(见《论语说文》一书),从他列举的例证看,仍然没有达到穷尽。因为作为形声字,形旁也好,声旁也好,都可以成系列地进行替换。单拿两声旁来说,"乞"可以有"各"、"哥"、"可"等,"荅"可以有"达"、"旦"、"答"等。意旁就更复杂了:不规则球状的土块,大大小小的,你也写成"疙瘩"?那心里边才真正是疙疙瘩瘩呢!于是就有人将"疒"字旁换成了"土"字旁,同样道理,如果是石头呢?于是又有人将它变换成了"石"字旁。如果是铁的呢?如果是木头的呢?比如说《西游记》第三回中就写道:"这猴王打出城中,忽然绊着一个草纥繨。"这种意义上的联想甚至还触及了肌体本身。是不是有人认为,皮肤上长些小不点儿的赘疣,不能算做什么病难,于是也就写作"肉"字旁的"肐瘩"。类似这方面的例子应该说是举不胜举。这在《西游记》里表现得比较多,因为该作品口语词用得比较多,而这些口语词过去一向没有在书面语里边得到反映,又没有社会的统一认定。比如说猪八戒"榾柮"着个嘴,这个"榾柮"在这部著作里边就有多种写法。由此可以看出,吴承恩将这些词搬到书面上来的时候,连他自己都有些把握不住,到底该用哪些字来表述才好。

汉字的表意性直接导致了它数量与结构的复杂性。现代汉语普通话整个语音系统比较简单,然而它作为一种成熟的语言毕竟还要表述丰富的思想,于是将语词意义上的分辨难度转嫁给了文字。从数量上说,目前大字典已经累计到八万多字。这么大的数量是任何一个人穷尽毕生精力都难以全部把握的。再则从结构上说,由于数量上的庞大,尽管汉字是一种立体的组织,也使它在辨形的区分上具有相当大的难度。

因为汉字本身数量多,结构复杂,形体容易混淆,有人就总结出汉字的弊端是"三多"(数量多、读音多、笔画多)"五难"(难读、难记、难认、难写、难输入计算机)。至于它在实际应用上的难堪,恐怕从它产生之时即开始了。《吕氏春秋·察传》记载:"有读史记者曰:'晋师三豕涉河。'子夏曰:'非也,是己亥也。夫己与三相似,豕与亥相似。'"古人总结这方面的教训说:"字三写,鲁成鱼,帝成虎。"并有"鲁鱼亥豕"、"鲁鱼帝虎"这两个成语传世。但不管人们留下多少宝贵的箴言以提醒注意,主观上的重视是一个方面，客观存在的文字系统本身庞杂繁难不消除，这种属于消极修辞范畴的规范问题是不可能得到根本改观的。冯梦龙《古今小说》中的“赵伯升茶楼遇仁宗”，就一个汉字构件“厶”和“口”能不能“皆”可通用（如“滚”和“滚”，“台”和“吕”），主人公把本来到手的状元及第都给弄丢了。当代著名山药蛋作家西戎写的《在住招待所的日子里》，里边写女服务员将旅客“卞笃箴”叫做“下马威”；意在表现“文革”荼毒文化，给年轻一代所造成的无形伤害。不管作家具体的意旨如何，汉字本身的问题不同样令人深思吗？

二、积极利用语形

语言形式也是一个综合体，远到超出语言范畴外的图形表示。如：

（7）我将《张资平全集》和“小说学”的精华，提炼在下面，遥献这些崇拜家，算是“望梅止渴”云。

那就是——△。

（鲁迅《二心集·张资平的小说学》）

（8）再从外面炸进来，这“生命圈”便收缩而为“生命线”；再炸进来，大家便都逃进那炸好了的“腹地”里面去，这“生命圈”便完结而为“生命○”。（鲁迅《中国人的生命圈》）

当然也包括汉字形体本身：

（9）有两只小山鸡争着饮水，蹬翻了水碗，往青石板上一跑，满石板印着许多小小的“个”字。（杨朔《泰山极顶》）

大到整个篇章的组织结构形式。像题目和正文的布局，不同的语体都有鲜明且规范的格局。甚至属于同一大类的语体也可能出现各种各样的变体，例如：

（10）

我的工作
　　为祖国
　　　　劳动
　　　　　和歌唱
　　　　　　我的誓词：
　　　　　　　“为共产主义
　　　　　　　　奋斗
　　　　　　　　　到底！”

（贺敬之《放声歌唱》）

我们不可能将所有的语言形式的修辞现象在一个章节里边讲述殆尽。这里仍着重语音和文字这两个最显著的形式进行阐发。即便如此,首先也需要分辨积极健康的修辞与异化歧途的追求两者的区别。前者肯定是充分认识工具的特性,那么就是充分地利用形式的功能,以准确、严密、生动的方式来状物抒情。后者不是这样,很多时候表现为对形式的痴迷和执著,甚至将形式当做了目的本身。比如同样是“析字”格,同样在汉代,有用得好的。像《三国演义》中记述的儿歌:“千里草,何青青,十日卜,不得生。”意指董卓得意短暂,很快丧命。它借隐语性质的暗示,反映了特定历史时期人民的愿望要求;且该话语说是儿歌,然而对汉字结构的解析简约准确,意象也鲜明蕴藉。有用得不好的。据残存的纬书记载,孔子作完《孝经》、《春秋》,焚香拜告天地。上天知道后,立刻在天空挂起一道赤色长虹;尔后飘落,化作一块三尺长的黄玉,上面镌刻着一行神秘的汉字:“卯金刀,在轸北,字禾子,天下服。”当时没人能解得。直到汉朝建立,人们才恍然大悟:原来“卯金刀”是暗射“刘(繁体)”,“禾子”是暗射“季”字。汉高祖刘邦字季,谶言他要统一天下。这其实是汉朝人自己编的鬼话,故意借用拆字这种一时难悟透、悟透又感到几分玄妙来增加其中的奇异性。仅从汉字拆解本身上讲,也无多少意趣。汉字作为记录汉语的工具并不能完全真实地再现汉语口语的状貌,这不是一时就可以解决的。书法既张扬了它本身所具有的意蕴美,至于能将“福”、“寿”、“龙”诸字写成上百个不同的形体,无疑又是误区了;这和孔乙己将“回”字有四种写法当做学问,在性质上是一样的。

再则还需要说明的是,任何一种文字形体都不可能完全保真性地记录口语。正像赵元任描述的那样,说:“你尽弄尽弄,回头弄坏了!!”[①]试图通过字体大小的形式来显示声音越来越高的真实情形。这种情况就是拼音文字也不可能做到的。所谓积极健康的修辞,就是尽可能利用现有的或者是别异但又不失其特性的方式以反映其本貌。下边的用法就非常值得赞赏:

(11)家祥把一个红碗两个黑碗上贴了名字向大家声明道:“注意!一会把这三个碗放到里边殿里,次序是这样:从东往西,第一个,红碗,是刘广聚!第二个是马凤鸣,第三个是陈小元。再说一遍:从东往西,第一个,红碗,是刘广聚!第二个是马凤鸣,第三个是陈小元。”(赵树理《李有才板话》)

这是借助词汇,特别是标点符号来凸现的。这样既保持了语言本原的线性面貌,又使得人物的声腔语气得到了形式鲜明的反映。

---

① 赵元任:《汉语口语语法》,吕叔湘译,第16页,北京,商务印书馆,1979。

（一）声情并茂，节奏分明

各种语言都有自己的有利因素，有待人们积极地加以利用和发挥。汉语虽然表意的基本单位音节少，但不表明它没有自己的特点和优势。有三个方面非常能够反映出独特的个性，一是音节上的元音占优势与有声调，二是丰富多彩的摹声词和语气词；三是注重句法上的鲜明节奏。这些使得汉语体现出与其他语言所不同的面貌，那就是响亮悦耳，气韵生动。很多作家根据自己的创作经验大都强调了需下工夫作好这方面的努力。如老舍指出：除了注意文字的意义而外，还要注意文字的声音和音节。这就发挥了语言的音韵之美。我们不要叫文字爬在纸上，也须叫文字的声响传到空中。[①] 叶圣陶在给王力的一封信中也着重谈了这一方面的问题：

台从将为文论诗歌声音之美，我意宜兼及于文，不第言古文，尤须多及今文。今文若何为美，若何为不美，若何则适于口而顺于耳，若何则仅供目治，违于口耳，倘能举例而申明之，归纳为若干条，诚如流行语所称大有现实意义。盖今人为文，大多数说出算数，完篇以后，惮于讽诵一二遍，声音之美，初不存想，故无声调节奏之可言。试播之于电台，或诵之于会场，其别扭立见。[②]

汉语总的表述运用方面，作为动态的东西，灵活的现象，像音节整齐匀称、韵脚和谐自然、声调平仄相间、叠音悦耳舒缓、同音相谐双关、摹声声情并茂等，都能很好地突出我们汉语的表现力。

1. 音节整齐匀称

这种现象典型地体现在偶数音节的大量使用上。现代汉语的双音节化，我们想它的效用就在于：一是表义趋于更精确，二是语音形式上的辨析更清晰。那么客观上也增强了语言节奏的明朗特点。例如：

（12）人，只有能自由支配自己的思想，自由工作时，才能成为真正的活生生的人，才能成一份份活力去组织一个活脱脱、水灵灵、生气勃勃、万木争荣的社会呵！（陈祖芬《活力》）

（13）讲到长征，请问有什么意义呢？我们说，长征是历史纪录上的第一次，长征是宣言书，长征是宣传队，长征是播种机，自从盘古开天地，三皇五帝到于今，历史上曾经有过我们这样的长征么？十二个月光阴中间，天上每日几十架飞机侦察轰炸，地下几十万大军围追堵截，路上遇着了说不尽的艰难险阻，我们却开动了每人的两只脚，长驱二万余里，纵横十一个省。请问历史上曾经有过我们这样的长

① 老舍：《民间文艺的语言》，载《中国语文》1952年创刊号。

② 王力：《略论语言形式美》，《龙虫并雕斋文集》（第一册），第477～478页，北京，中华书局，1980。

征么？没有，从来没有的。(毛泽东《论反对日本帝国主义的策略》)

这种双音化的倾向如果说到语句里边的情况，可以说在许多方面都有具体的体现。这里仅以定语中的情况为例。我们都知道，现代汉语的复杂化标志之一就是长定语的繁富多样，特别是递归式的定语，各种各样的不同功能类型的词语，都可以一股脑儿地堆叠在中心语的前边位置，且大多数的词语后边都是以带“的”的形式出现。我们可以想象，如果真是这种情况的话，整个结构的“的”字势必臃肿不堪。为了减弱这种负面的东西，同时也为了音节的好效应，应用中人们大都采取了权变方式，即将紧挨着中心语的双音节形容词与双音节的中心词之间的“的”字取消。例如：

(14) 今日洞庭，诗意盎然，彩笔难绘，简直是一个用珍珠缀成的崭新世界。(谢璞《珍珠赋》)

(15) 在革命队伍里有一个岗位，是一种光荣和幸福，而坚守岗位则是忠诚于革命事业的崇高品德。(吴伯箫《岗位》)

(16) 西湖这么大，但它装不下我们对总理的无限深情哩！(石志明《西湖情深》)

它们都形成了很整齐的四字格形式，这是一种带有规律性的组合。

再则，如果是联合短语做定语，往往是同音节的排列在一起；而且往往是多音节的排列在最后边的位置，以使整个结构及语音片断在整体显得稳重坚实。

(17) 水、火、虫子、战争、时间等等，它们都是绘画的敌人。(徐迟《祁连山下》)

(18) 枪炮声、口号声和大渡河的流水声混成一片。(杨德志《大渡河边英雄多》)

(19) 发电机、卷扬机、混凝土搅拌机和空气压缩机的吼声，震荡山谷。(杜鹏程《夜走灵官峡》)

音节的整齐匀称包括的现象相当广泛。比如说音同音近现象的“避复”问题，这是涉及整个语言现象的普遍问题，语音方面也不例外，作为语言的形式，似乎显得更突出一些。我们都知道，“担担子”没有“挑担子”好听，就在于前者语音相近，听辨容易相混；将类似的情况尽可能多地避免，一是有助于信息的有效传输，二是能给接受者以深刻的印象。下面语句里边的具体情况就有这一方面的毛病：

(20) 一面提倡作家贴近、拥抱生活，而出一点尖端一点的作品，往往招来非议。(《人民日报》1987 年 12 月 27 日)

2. 韵脚和谐自然

押韵，也叫做叶韵、用韵、合辙，就是将韵相同(少数也有相近)的字，放置在句末，故通常叫做韵脚，它们或上下句出现或隔句重复出现；念读的时候，这些韵字有规律地、复呈性地得到强化，这种用法就叫做押韵。这种用法，前后呼应，和谐明晰，节奏明快，有很好的音乐美感。

近代以来有十八韵、十三辙问世。这显然比古代汉语中的一百零六韵(平水韵)简便多了。十八韵的代表字为“麻、波、歌、皆、支、儿、齐、微、开、姑、鱼、豪、侯、寒、痕、唐、庚、东”。十三辙为明清时代北方戏曲押韵的通规，相对来说就显得自由，比如说“支、儿、鱼、齐”四韵部可以通押。这比一般所说的宽泛的押韵(即单纯的韵腹相同相押)还要宽泛，这一定程度上会影响韵脚相同和谐自然的效果。且它是用两个字代表一个韵部，名称说起来不太方便(今天也有人借助十八辙的方法，采用新式带有意义色彩的十三个字来代替：“多快好省大干急追鼓劲越上游”)。正因为此，后来黎锦熙等人编写出十八韵，就是为了弥补这种不足。这种韵部分得比较细。但十八韵中的“庚、东”，是从十三辙中的“中、东”韵分化而来的，现在来看，完全可以通押，没有必要再细分。

不过，过去的押韵，韵部是由官方确认的；而真正现代意义上的押韵不再具有这种规定性和约束力，变得相对宽松。即便如此，古今汉语虽有变化，押韵宽严也有不同，但作为一种传统，它的效用却一直有着显明的体现。例如：

(21) 至若春和景明，波澜不惊，上下天光，一碧万顷；沙鸥翔集，锦鳞游泳；岸芷汀兰，郁郁青青。而或长烟一空，皓月千里，浮光耀金，静影沉璧，渔歌互答，此乐何极！(范仲淹《岳阳楼记》)

(22) 革命的集体组织中的自由主义是十分有害的，它是一种腐蚀剂，使团结涣散，关系松懈，工作消极，意见分歧。它使革命队伍失掉严密的组织和纪律，政策不能贯彻到底，党的组织和党所领导的群众发生隔离。这是一种严重的恶劣倾向。(毛泽东《反对自由主义》)

在通常人们的知识领域，所谓押韵，无非韵文中的事儿，其他文体就不再考虑该类现象的运用。其实不然，绝对化地看问题，将语言形式完全单一化，看似自由，最终也不免板滞；相反，就是完全自由形式的散文，适时地在特定的表述里边运用一些押韵的手段，节奏明晰，朗朗上口，音韵回旋，音调铿锵，有助于增强语势，得抑扬顿挫之美，一举而能收多种好的效果。

现代汉语中韵脚的选用，重要的是要注意这样两个方面的问题：一是宽韵窄韵的分辨。宽韵就是押韵字比较多的韵，窄韵就是押韵字比较少的韵。虽然说韵文的写作允许中间换韵，但是换韵过频也就很难充分体现押韵的真正效用；因此在写作之前，一定要根据作品篇幅进行选择。再一个是把握好不同韵脚的风格特色。越是开口度大的韵，越容易体现宏阔、勇敢、坚定、愉快、慷慨、激昂一类的思想情感，即所谓的豪放；越是开口度小的韵，便越容易体现细微、柔和、缠绵、感伤、悲愤等类的思想情绪，亦即所谓的婉约。这样会使题材情感与语音形式完全地统一起来。

3. 声调平仄相间

汉语音节有声调,其功能有二:一是区别意义,再一个是音节的言说念读抑扬婉转,增加了汉语口语中的音乐成分。人们不难分辨的是,我们如果说一个语意相对完整的语言片断,当声调相同时,既不好说,又不好听。如"春天花开"、"妈说她看(kān)花"。相反,改变一下,分别说成"春暖花开"、"妈妈说,她看(kān)着花",情况就大不相同:声调的差别,带来了整个语言单位平仄相间、参差错落的变动美感,听说双方都很容易接受。

平仄是古人首先作出的分辨。平声是平调,上声是升调,去声是降调,入声是短调:"平声平调莫低昂,上声高呼猛烈强,去声分明哀远道,入声短促急收藏。"汉语每一个音节上面都贯穿着高低、长短、曲直、升降的音高变化。利用得好,可以获得抑扬卷舒的音乐美感。这在古代诗词楹联里边有最为严格的要求和精到的表现,例如:

(23) 松声,竹声,钟磬声,声声自远
山色,水色,烟雾色,色色皆空
(南京燕子矶永济寺对联)

由古代汉语发展到现代汉语,语音系统发生了很大变化,由繁到简,入声在普通话里边消失。但汉语有声调这种本质没有变,将过去所谓的平仄规则移用到今天仍然是可以的。因为现代汉语中的很多成语就是对传统的直接继承。如果我们注意一下汉语中的成语,真正的这种四字格结构同声调是很难找得着的,绝大部分是声调的交错运用。如"光明磊落"(正好是阴平阳平上声去声)其他的再如"移山倒海"、"众志成城"、"狐假虎威"、"狼子野心"、"走马观花"、"颠倒黑白"、"朝三暮四"、"日暮途穷"、"瓜熟蒂落"、"翻云覆雨"等,都说明了前人在这方面的良苦用心。

现代汉语里边注重平仄相间情况的例子不鲜见,且仍表现出了很好的音韵效果。例如:

(24) 凉秋八月,天气分外清爽。我有时爱坐在海边礁石上,望着潮涨潮落,云起云飞。(杨朔《雪浪花》)

(25) 这时,日丽风和,海平如镜。渔船来来往往,有的驶近海心亭,有的又远远离去。渔歌悠扬,此起彼落。鱼鹰兀立船头,凝视海面。碧空如洗,万里无云。(曹靖华《点苍山下金花娇》)

老舍曾讲他的经验:"我写文章,不仅要考虑每一个字的意义,还要考虑到每个字的声音……上一句末了一个字用了一个仄声字,如'他去了',下句我就要用个平声字,如'你也去吗?'让句子念起来叮当地响。"[①]付诸实践,他的作品语言里边这种平仄相间

① 老舍:《关于文学的语言问题》,《出口成章》,第80页,上海,复旦大学出版社,2004。

的运用就很见功夫：

（26）一跺脚，刀横起，大红缨子在肩前摆动。削砍劈拔，蹲越闪转，手起风生，忽忽直响。（老舍《断魂枪》）

4．叠音悦耳舒缓

同音相叠，往往音韵明朗，节奏舒缓，很能够体现柔婉的韵致，沉郁的格调。如：

（27）曲曲折折的荷塘上面，弥望的是田田的叶子。叶子出水很高，像亭亭的舞女的裙。层层的叶子中间，零星地点缀着些白花，有袅娜地开着的，有羞涩地打着朵儿的；正如一粒粒的明珠，又如碧天里的星星，又如刚出浴的美人。微风过处，送来缕缕清香，仿佛远处高楼上渺茫的歌声似的。这时候叶子与花也有一丝的颤动，像闪电般，霎时传过荷塘的那边去了。叶子本是肩并肩密密地挨着，这便宛然有了一道凝碧的波痕。叶子底下是脉脉的流水，遮住了，不能见一些颜色；而叶子却更见风致了。（朱自清《荷塘月色》）

（28）孟祥英在地里做活，回来天黑了，婆婆不让她吃饭，丈夫不让回家。院门关了，婆婆的屋门关了，丈夫把自己的屋门也关了，孟祥英独自站在院里。邻家媳妇常贞来看她，姐姐也来看她，在院门外说了几句悄悄话，她也不敢开门。常贞和姐姐在门外低声哭，她在门里低声哭，后来她坐在屋檐下，哭着哭着就瞌睡了，一觉醒来，婆婆睡得呼啦啦的，丈夫睡得呼啦啦的，院里静静的，一天星斗明明的，衣服潮得湿湿的。（赵树理《孟祥英翻身》）

5．同音相谐双关

任何事物现象往往都有利有弊。像汉语这样的语言，作为表义基本单位的音节同音过多，一方面它有碍于人们在信息接收时的迅急解码，此外另一个方面，它又容易使得人们在同音不同义的词语之间形成关联，形成多个层面的联系，从而使得言语的表达丰厚起来。再则从人们的心理来说，可以使惯常的单向思维变为多向思维，达到积极活跃的激发效果。

古典名著《红楼梦》中的人物命名，谐音双关即为言辞运用中的一大特色。如人们所熟知的"贾雨村"为"假语村言"的谐音；"元春、迎春、探春、惜春"以谐"原应叹惜"；"卜世修"、"卜世仁"分别为"不识羞"、"不是人"。甚至主要人物"贾宝玉"也不无"假宝玉"这方面的暗喻，这有前边的所谓四大家族的传言"贾不假"为证，同时还有后边相对出现的"甄（真）宝玉"为证。而里边借用语音双关进行打趣或绕骂的故事编撰也相当多。如前边部分贾宝玉杜撰的"香芋（香玉）"，后边部分有人解说的"假墙（贾蔷）"等。也可以说，在这部作品里边，相当多地利用了汉语所存在的音近音同现象，来作为构织情节折绕隐喻进行表现的一种重要方法。

充分利用这种特点进行语意的曲折反映,可以说在我们汉民族传统文化里边具有相当的普遍性。这种方式手段至今仍在广泛使用着。许多禁忌语或委婉语,也正是通过这种方法得以反映的。春节时“福”字倒着贴;川剧《秋江》里艄公避讳陈妙常说姓“陈”等,都是这种心理文化的体现。曲艺里边,如相声,也常用这种方法抖包袱制造笑料。如传统相声《歪批三国》:

甲:周瑜在临死的时候,仰面长叹,说了一句。

乙:说什么?

甲:说:“既生瑜而何生亮?”这就是说:“纪氏老太太生的周瑜,何氏老太太生的诸葛亮!”

乙:哎,不对,人家是说既然生周瑜何必再生诸葛亮!

甲:我就这么体会!

乙:好! 那张飞他姥姥家为什么姓吴哪?

甲:你没看老太太管小孩儿,不是有那么一句话嘛:“你这个孩子,总出去惹祸! 真是无(吴)事(氏)生非(飞)!”这就是吴氏老太太生的张飞!

而文学作品中类似这种表现方法也是屡见不鲜的。例如:

(29) 鲁侍萍:“这真是一群强盗!(走至周萍面前)你是萍,……凭——凭什么打我的儿子?”(曹禺《雷雨》)

这是较典型的通常所见的谐音用法。而在实际的应用里边,谐音双关还包括了和其他许多修辞方式的交融用法。例如:

(30) 玉莲听不懂什么是持久战,她悄悄向金香问道:“金香,顾县长说的是什么‘战’呀!”

“你真是个笨蛋! 连个‘吃酒战’也不知道。”金香自以为是地说道:“就是喝醉酒打架嘛! 喝了酒打人最厉害了,我后爹喝醉酒,打起我妈来没轻没重。”

(马烽《刘胡兰》)

这是和“飞白”的混用。

(31) 他从桌上拿起一本小书,嗽了两声,又耸了耸肩,面对着墙郑重地念起来:“A boy, A peach”,他又嗽了两声,跟着低声地沉吟:“一个‘博爱’,一个‘屁吃’!”(老舍《赵子曰》)

这是带有摹声性的谐音:故意将摹拟的声音和意义磨合在一起,这样就使得它们多方兼顾并产生联系,效用极为明显。

(32) 凤姐儿笑道:“有什么事,这么要紧?”探春笑道:“我们起了个诗社,头一社就不齐全，众人脸软，所以就乱了。我想必得你去作个监社御史，铁面无私才好……”凤姐笑道：“我又不会做什么湿的干的，要我吃东西去不成？”

（曹雪芹《红楼梦》）

（33）施连文的牌毫无起色，他泄劲了，接着又说：

“干啥？学点现代化，跳舞也行嘛！”

“跳五，还跳六呢！”顾长顺鼓着腮帮子，“男的女的，搂一块儿扭来扭去，咱们大老粗，干不了，没那腰劲儿！”

（谌容《周末》）

因为上述用法在汉语里边很富有特点，人们喜闻乐见，因此举例也稍多了一些。谐音的同时，总是再和其他的东西相关联，并铺展开来。

6. 摹声声情并茂

人们通常夸耀某文学作品对特定形象的描写精到，多所用到的词语是“如见其人，如闻其声”，或“有声有色”。显而易见，状貌与声音是人们获知外界形象的最重要的两种特征。相当多的人在表述人物事件的时候，也十分注意借助声响来表现情状的真实性，突出其生动性，并渲染烘托场景气氛。例如：

（34）有才见他说起唱戏，劲上来了，就不客气的讲起来。他讲：“这焦光普，虽说是个丑，可是个大脚色，唱就得唱出劲来！”说着就举起他的旱烟袋算马鞭子，下边虽然坐着，上边就抡打起来，一边抡着一边道：“一出场：当当当当当令×令当令×令……当令×各拉打打当！”他煞住第一段家伙，正预备接着打，门“啪”一声开了，走进来个小顺，拿着两个软米糕道：“慢着老叔！防备着把锣打破了！”（赵树理《李有才板话》）

（35）朱源达敲过来了，敲得比他父亲好，有一种跳跃的感觉，显得顽皮而欢乐。快到我窗下时，那竹梆子简直是在喊话：“吃、吃、快点儿吃，快点儿快点儿，吃吃吃！”（陆文夫《小贩世家》）

在当代作家里边，汪曾祺也是很善于用象声词来表现生活场景或人物特征的。写人们打篮球是“砌楞砌楞”，鸾铃响是“哗令哗令”。就是笑，不同的人也有不同的声气特色：老头笑是“特儿特儿”，姑娘笑是“吃吃吃吃”。再看他的下边的一段描写：

（36）四周围安静极了。远远听见大闸的水响，支渠的水温静地，生气勃勃地流着，“活——活——活”。风吹着庄稼的宽大的叶片，沙啦，沙啦。远远有一点灯火，在密密的丛林后面闪耀，那是他父亲工作的医院。母亲和妹妹现在一定都睡了。（汪曾祺《看水》）

总之，象声词写得很有生气，很好地表现了一种博大的气势。

又因为摹声是对具体声响的摹写,虽说是要尽可能地在声韵上相同,以增强真实性的效果,但其实,众所周知,这种摹写大都只能是做到相近相似,通常情况下,人们也在相当程度上接受这种事实。如:

(37) 那天的天气非常炎热,蝉在大树上发出"知了,知了"的叫声。([美]迈克尔·韦尔岑巴赫《最后一只蝴蝶》)

但这并不影响在一定的情况下人们对之进行变异性的反映表现。如:

(38) "钱——"蝉在阳光里一面燃烧着一面诱惑地叫着。(王蒙《灰鸽》)

(39) 外边树梢头的蝉儿却在那里唱高调:"要死耶,要死耶!"你汗也流尽了,嘴里干得像烧,你手里也软了,你会觉得世界末日也不会比这再坏!(茅盾《雷雨前》)

7. 把握语句节律

口语不仅体现在字词的准确读音上面,同时在交际时候我们听到的多是一连串的表述完整思想内容的语流。如何在这中间安排组织好节奏和韵律,使之体现出均衡和谐的音韵美,应是言语主体追求的一种良好境界。

节律是语言动态运用中的综合因素体现。比如语调重在显示语句的功能,语速重在显示语气进程的缓急,停顿则主要体现结构的疏密,重音则主要凸现意义的重心。它们既受客观文本的制约,同样也反映言语主体个人的修辞的主控能力及效果。拿语速来说,心理学家将每分钟 100 个到 150 个音节的语速称作中速,也是人们最常使用的一种言说速度。如果不分场合、内容、语体、时间,什么时候都是一种节奏速律,也就是说,没有一种相对语音长短快慢的差别,显然就不能很好地再现或渲染情感氛围。高于或低于中速的分别是快速和慢速。一般说来,表示紧张、急切、欢快、激动等场合情绪时多用快速,表示沉重、伤痛、舒徐、悠远等场合情绪时多用慢速。动作行为,思想心律,言语口吻应相协一致。修辞强调的是言语主体适应特定需要的个人处理,比如为了壮文势,广文义,人们常常选用急促快当的语速来表现,犹如铁骑突出,玉盘倾珠,疾风暴雨,飞瀑急流,紧逼当中让人难以喘过气息,有着一气呵成的语势。若是为了抒情或强调,常可采用慢速表现方法,犹如丽日白云,和煦春风,使人心境澄碧高远;犹如铁帚慢拖,战鼓闷敲,使人心底震颤沉重。

和语速紧密相关联的一种语音修辞现象,就是曲艺领域常用的"贯口"。它往往是将数量比较多、音节相对比较一致(一般数目不多)的词语排列在一起,客观上能给人以杂沓堆叠、纷纭繁多的深刻印象;而念说的时候是疾风暴雨式地通贯而下,很能体现人们伶齿俐齿、briefly干脆的言语能力与艺术。深受北方这种传统文化影响的作家也会在其作品里边采用这种方式进行表现。例如:

(40) 桥头有个茶馆,是为鲜货行客人、蛋行客人、陆陈行客人谈生意而设的。区里、县里来了什么大人物,也请在这里歇脚。卖清茶,也代卖纸烟、针线、香烛纸祃、鸡蛋糕、芝麻饼、七厘散、紫金锭、菜种、草鞋、写契的契纸、小绿颖毛笔、金不换黑墨、何通记纸牌……总而言之,日用所需,应有尽有。(汪曾祺《鸡鸭名家》)

(41) 她上街买东西,甭管是买肉、买菜,打油、打酒,撕布、量头绳,买梳头油、雪花膏,买石碱、浆块,同样的钱,她买回来,分量都比别人多,东西都比别人的好。(汪曾祺《大淖记事》)

(42) 他是一个"全把式",不但田里场上样样精通,还会罩鱼、洗磨、凿砻、修水车、修船、砌墙、烧砖、箍桶、劈篾、绞麻绳。他不咳嗽,不腰疼,结结实实,像一棵榆树。(汪曾祺《受戒》)

再如轻重音的处理。口语里边抑扬顿挫、轻重缓急的声音处理是非常易于体现意义及情感上的细腻差别的。例如:

(43) 哎呀,那个大跃进时期的浮夸风真厉害,大辞典要上马,并且要在什么三年、五年里头就完工。(吕叔湘《〈汉语大词典〉的回顾与前瞻》)

(44) 孟祥英打回柴来了,婆婆嘴一歪,悄悄说:"圪仰圪仰,什么样子!"孟祥英担回水来了,婆婆嘴一歪,悄悄说:"圪仰圪仰,什么样子!"(赵树理《孟祥英》)

同样是"什么",例(43)中的要轻读,例(44)中的要重读。为什么会是这样?这主要在于此时的该代词已不再体现其本原意义,即指代事物,转而表现的是对事物行为的褒贬情感。虽然它们直接否定的对象都是后边的词语,但前者还要着眼于与其他文辞的对比:一部大词典的编纂却要在三五年内完工,谈何容易!因此这里用"什么"以显示时间之少,讽其荒谬,所以要轻读;后者则是不涉及其他,直接否定,看不惯其形象,极端鄙夷,故要重读。

(二) 巧借形体,语意多解

汉字是汉民族的丰厚遗产,所以,传统文化里边往往在极力张扬着这方面的表现技巧和艺术才能。就拿对过去人们所总结的"析字格"来讲,很多时候它所求取的就是一个语言的活泼有趣,是典型的讲究机巧和娱乐性的。古时也有将这种方式叫做"拆牌道字"(或作"拆白道字"),认作文字游戏。例如:

(45) 君瑞是个肖字这壁着个立人,你是个木寸马户尸巾。(王实甫《西厢记》)

(46) 猴王道:"据你说起来,乃是一个行孝的君子,向后必有好处。但望你指与我那神仙住处,却好拜访去也。"樵夫道:"不远,不远。此山叫做灵台方寸山。山中有座斜月三星洞。那洞中有一个神仙,称名须菩提祖师。"(吴承恩《西游记》)

(47) 处世须存心上刃,修身切记寸边而。(同上)

(48) 张俊民道:“胡子老倌,这事在你作法便了。做成了,少不得‘言身寸’。”王胡子道:“我那个要你谢……”(吴敬梓《儒林外史》)

将“谢”字分析成“言”、“身”、“寸”,受话的一方很容易听得出来,这说明就此用法当时已习惯多见。说话人这么讲是为了言语婉曲幽默。该方式在现代言语交际里边也更为多用。如:

(49) 刘桂兰脑袋一晃,把那披到左脸上的一小绺头发甩到后头去,这才说道:“咱们识字班有个人叫我来打听打听:她打八刀能行不能行?”

刘桂兰抹不开说是她自己的事,假托一个人,但她脸更红了,连忙避开肖队长的眼睛,低头坐在炕沿上。她穿一双芦苇织成的草鞋,青布旧棉袍子上有几个补绽。漆黑的头发上除开一个小巧的黑夹子以外,什么装饰也没有,她浑身的特点是屯里待嫁的姑娘的身上特有的简单和干净。肖队长早猜着她是来打听她自个的事的。没有等肖队长回答,她又笑着问:

“倒是行不行呀?”

肖队长说:“看是谁打八刀,谁跟谁打八刀。”肖队长说到这儿,笑着加一句:“童养媳是不准打八刀的。”(周立波《暴风骤雨》)

其中的“打八刀”,意味着“离婚”,“八刀”是“分”字的拆解。

拆字成词已定型的如“丘八(兵)”、“乒乓”。

有些拆字,纯粹是游戏。如谜语:

(50) 黄鹤楼,鲁班修,灵芝草,被人偷,骑龙跨虎自由去,八仙飘海各自休。

(51) 李字去了木,是个什么字?

谜底都是“一”。

也有取其字形一部分侧重解析的。

(52) 他魏天贵“半个鬼”为啥不搞?他不搞咱也不搞,跟着“半个鬼”没错!(张贤亮《河的子孙》)

鲁迅著有《且介亭杂文》,其中的“且介”是“租界”损其半而用。

析字的游戏,也多伴随着“潜台词”。如传统文化中的“对对子”。传说光绪皇帝与珍妃游园,当俩人坐下歇息时光绪皇帝偶发兴致,出一上联:“二人地上坐”,珍妃于心不安,想自己何样身份,怎能与皇上平起平坐?时见一轮明月高挂中天,皎洁照人,忽发奇思:“一月日边明”。所对下联很好地传递了自己的情感。再如:

(53) 此木为柴山山出,因火成烟夕夕多。(对联)

而有些“析字”，则属于“别解”性质。形式上是“望文生义”，但真正的用法却显得新鲜活泼。

比如有人宣传养猪致富：“‘家’字，不就是家家户户要勤奋劳作，多养猪养好猪吗！”

解放战争中刘伯承在一次战前动员大会上讲话，鼓励指战员要不怕死不怕苦，奋勇杀敌，指出：“所谓‘勇’字，就是男子汉头上戴顶帽子，无私无畏！”

与此有关的，就是对汉字的错识。这对于描写人物来说，属于“飞白”性质。如：

(54) 薛蟠笑道：“你提画儿，我才想起来：昨儿我看人家一张春宫，画的着实好，上头还有许多的字。也没细看，只看落的款，是‘庚黄’画的，真真好的了不得！”

宝玉听说，心下猜疑道：“古今字画也都见过些，那里有个‘庚黄’？”想了半天，不觉笑将起来，命人取过笔来，在手心里写了两个字，又问薛蟠道：“你看真了是‘庚黄’？”薛蟠道：“怎么看不真？”宝玉将手一撒，与他看道：“别是这两个字罢？——其实和‘庚黄’相去不远。”众人都看时，原来是“唐寅”两个字，都笑道：“想必是这两字，大爷一时眼花了也未可知。”薛蟠只觉没意思，笑道：“谁知他‘糖银’‘果银’的！”(曹雪芹《红楼梦》)

还有些是“析字格”的用法，是典型的“隐语”性质。就是故意把话说得不那么明白，使表述具有一定的隐蔽性。例如：

(55) 数内有一个帮闲的，唤作“干鸟头”富安，理会得高衙内意思，独自一个到府中伺候。见衙内在书房中闲坐，那富安走近前去，道：“衙内近日面色清减，心中少乐，必然有件不悦之事。”高衙内道：“你如何省得？”富安道：“小子一猜便着。”衙内道：“你猜我心中甚事不乐？”富安道：“衙内是思想那‘双木’的。这猜如何？”(施耐庵《水浒传》)

(56) “西贝草斤”年纪轻，水月庵里管尼僧。(曹雪芹《红楼梦》)

有些却相当费猜。如《世说新语·捷悟》载：

魏武尝过曹娥碑下，杨修从。碑背上见题作“黄绢幼妇外孙齑臼”八字。魏武谓修曰：“解不？”答曰：“解。”魏武曰：“卿未可言，待我思之。”行三十里，魏武乃曰：“吾已得。”令修别记所知。修曰：“黄绢，色丝也，于字为绝；幼妇，少女也，于字为妙；外孙，女子也，于字为好；齑臼，受辛也，于字为辞；所谓‘绝妙好辞’也。”魏武亦记之，与修同。乃叹曰：“我才不及卿，乃觉三十里。”

再如：

(57) 黄文炳道：“相公不可小觑了他！恰才相公所言，尊府恩相家书说小儿谣言,正应在本人身上。"知府道:"何以见得?"黄文炳道:"'耗国因家木',耗散国家钱粮的人,必是家头着个木字,明明是个宋字。第二句'刀兵点水工',兴起刀兵之人,水边着个工字,明是个江字。这个人姓宋名江,又作下反诗,明是天数。万民有福。"知府又问道:"何为'纵横三十六,播乱在山东'?"黄文炳答道:"或是六六之年,或是六六之数,'播乱在山东',今郓城县正是山东地方,这四句谣言已都应了。"(施耐庵《水浒传》)

(58) 凡鸟偏从末世来,都知爱慕此生才;一从二令三人木,哭向金陵事更哀。(曹雪芹《红楼梦》)

例(58),陈望道《修辞学发凡》解作"由听从而冷淡,而休弃"。但有的书解作"从冷来"。

利用汉字字形进行修辞的方式,除了上边所说的比较常见且效用复杂的"析字格"外,还有如"摹形"格。正因为汉字的间架结构复杂多样,符号本身也具有十分鲜明的形象可感性,所以许多时候人们竟忘记了它象形表意的性质,转而用字形作喻体来摹绘事物。比如有人描写特定地域的建筑物呈"品"字形;特定城区的道路呈"丰"字形;由此处到特定的地点走成一个"之"字形等等,至于丁字街,十字路口、八字胡等,更是多见多用。例如:

(59) 满天都是星光,火把也亮起来了。从山脚向上望,只见火把排成许多"之"字形,一直连到天上,跟星光接起来,分不出是火把还是星星。(陆定一《老山界》)

第九讲　词语修辞(一)

词语是一个笼统的说法，其实主要指的是词。在进入主要内容讲述之前，有必要交代的是，跟词汇学所讲的内容范围相类似，比词低一级的语言单位语素和比词大的语言单位熟语等，也都有一个修辞的运用问题。虽然语素不是语言里边的自由运用单位，事实上在富有创造性的作家笔下仍是能够参与搭配并体现精妙言语效用的。如《红楼梦》描写尤三姐的身材是"猿臂蜂腰，鹤势螳形"，这可以说将一个青春少女的苗条体态绘状到了极致。仅仅 8 个字，一字一语素，居然用了 4 组比喻！这里相对特殊的地方就在于采取了临时匹配的方式，打破了只有词才能进入句法组合的常规。再比如构词法，有一些词即是修辞造词方式形成的，如："板鸭"（比喻）、"万花筒"（夸张）、"红娘"（借代）、"退步"（仿词）、"寒门"（移觉）等。甚至有些不借助于修辞的观念是不可能解释得明白的，如"白菜"是菜，"木马"是不是马？"造词方法不同，作同样的构词分析就不能正确反映客观实际。"[①] 隐喻的专题研究，有的就是主要分析研讨该类现象。还有的则是涉及色彩，如天热时分吃个"冰棍儿"，如果不儿化肯定会让人吃惊；再比如带"二"字头的附加式合成词肯定都是不好的字眼儿。至于词的等价物——熟语，虽然固化了，相当于一个词，但毕竟是字数多了，于是就获得了某种自由，不像词内部一样，完全靠着语序来体现其修辞手法；有一些熟语能凭借明确的标记来直接彰显，如："呆若木鸡"、"如饥似渴"、"不翼而飞"、"逃之夭夭"等，还有一些惯用语、歇后语等，本身直接起着比喻象征的作用。因为它们相对稳定，这里稍作提示，就不多讲了。

---

① 任学良：《汉语造词法》，第 4～5 页，北京，中国社会科学出版社，1981。

词作为语言运用的基本单位,按道理讲,它所涉及的修辞应该说是最具有普遍性的。似乎可以这样说,不对词语使用中的修辞现象进行深入探讨,不建立起厚重的理论解说系统,不对人们的语言实践产生一定的指导价值,修辞学这门学科是不可能达到完善的。

一、过去的研究

最初的修辞,专以修辞格为主要对象,甚至达到了相等同的地步。这显然是有偏颇的。而今我们将修辞研究的本体范围扩至词语的锤炼、句式的选择、辞格的应用和语言风格四项组成部分,整个体系建设应该说才变得相对完善了。尽管如此,如果以冷静的态度来认识修辞学自身建构的话,还是会发现它仍存在着不尽如人意的地方。首先是四项内容间比重不但不对应,且差距很大。拿黄伯荣、廖序东主编的《现代汉语》中有关内容为例,词语、句式、语言风格,三者各占一节,而辞格一项即占四节。这种安排在一定程度上透现了辞格仍为修辞学主体的现实。再看我们修辞学领域最值得推崇并引以自豪的陈望道先生的《修辞学发凡》,其体系的建立虽与唐钺的《修辞格》已有根本差别,然则各部分内容在分量上存在着明显的差异也是一个有目共睹的事实。再则是这种差别不但表现在数量上,从质量的厚重程度上讲似乎也有显豁的不同。比如说修辞学研究里一向很少讲规律二字,好像言语的使用及效果往往都是个案性质的。这里,唯独辞格好像是个例外。吴士文曾对辞格的建立提出过三项要求,即特定的语词材料、特定的表现方式以及特定的修辞效果。以此将辞格与非辞格区分开来,人们在认识该类语言现象的时候具有了普遍性的可遵循的价值标准。其他三个方面呢?语言风格,其实是对前边三项内容综合运用所形成的整体格调,不是某一方面的着意苛求便能达到的。而词语的锤炼和句式的选择,其内容如何?有没有规律?具备不具备可操作性?多少年来,好像还没有一个比较一致的说法,没有个一定之规。

数千年的汉语研究,有一个让人颇感到几多迷惘的现象:从先秦到清末,语言学一向是语法学单薄而修辞学厚重。这有郑奠等先生先后编写的古汉语语法学、修辞学资料汇编为证。到了现代,语法学却一跃而居于先导科学的地位,修辞学却多少显得迟滞。外部原因且放下不表,内部原因又是什么呢?这恐怕得梳理一下有关的研究才能明白一些道理。

对于词语修辞的研究比较早,也比较系统,刘勰的《文心雕龙》在当时,直至今日,所提出的用词修辞观都是相当全面的。他将它看做“立言”之“本”,指出:“夫人之立言,因字而生句,积句而成章,积章而成篇。篇之彪炳,章无疵也;章之明靡,句无玷也;句之清英,字不妄也;振本而末从,知一而尤毕矣。”(《章句》)他推出用字四避说:“一避诡异，二省联边，三权重出，四调单复。”(《炼字》)还有如正面的“当”的要求，“以少总多”的要求，注重色彩及对象的要求，含义须明晰的要求，以及最高境界的“捶字坚而难移”等，共同形成了难得的学说系统。

自此以降，有唐诗宋词的精工实践，炼字用词的修辞阐述也更为丰富多样。那些卓有建树的文学大家们大都有自己的经验体会表述，像已不知出于何人之口的“千金易得，一字难求”、“一字未安，绕室终日”、“一个字未稳，数宵不得闲”。韩愈的“文从字顺各识职”，李翱的“词不工者不成文”，卢延让的“吟安一个字，捻断数根须”，文彧的“冥搜意句，全在一字包括大义”等。宋人更是讲究所谓的“诗眼”、“句中眼”。有许多还逐渐形成感人的典故流传至今，像贾岛的“推敲”，郑谷的“一字之师”等故事，每每提及都会让人感动不已。

但传统的修辞学研究往往受时代的局限。如刘勰的“四避”说，具体倒很具体，针对性也强，但有些语用现象随特定文体逐渐地退出历史舞台，也便失去了它的普遍指导意义。诗词是文学中的精华，选字用词更须下工夫，故诗话词论这方面的内容也更见丰饶。让人们不免感到遗憾的是，有关的表述大多只是就现象本身进行体悟。朱熹的“虚心涵泳，切己省察”，似乎就将这里的特点概括殆尽。究竟是怎样个好法，缺乏客观依据，自然也就不能形成共识。如宋祁《玉楼春》中的“红杏枝头春意闹”，李渔《窥词管见》中认为这个“闹”字用得不确切，“争斗有声之谓闹，桃李争春则有之，红杏闹春，予实未见之也”。王国维却于他的《人间词话》中给予了很高的评价：“著一‘闹’字而境界全出。”苏轼《夜行观星》中也有类似用法：“小星闹若沸”。同样，纪晓岚《评点苏诗》卷二也说此句用词不好，还批注为“似流星”。见仁见智，无足为怪，但判断的本身出于什么样的标准不明确，则是问题的关键。清代张谦宜提出了简单明了又便于实施的方法，指出：“炼字之法，莫妙于换了再看。熟字不稳换生字，生字不稳，亦不妨换熟字。雅俗虚实，哓哑明晦，死生宽紧之类，莫不互更迭改，务求快心。”(《茧斋诗谈》)这里的标准显然是比较全面的。生熟、雅俗、哓哑、明晦、死生、宽紧，这些基本上似乎将词语修辞要考虑的各个方面的要求，都包容了进来。理论上可以这么讲，而且我们还认为以此外基础可以建立一个比较严密的词语修辞体系，但如何使之精密化并具有操作性，实是需要进一步做的工作。

当今汉语修辞学，在词语修辞方面最具独创性和影响力的理论解说，一是张弓在《现代汉语修辞学》提出的“寻常词语的艺术化”。他认为条件是“把有关部分加以喻义化”，这样就能给听读者“以广阔的自由想象的余地让人们能创造性地展开形象思维”。并指出，这种艺术化的词类包括名词、动词、形容词、代词和副词五类，而前三种占多数。这里的关键在于什么是“喻义化”。张弓先生首先将该现象从比喻、拟人、夸张、反语、双关等修辞方式中排除开来，然后举例说明，以“事不关己，高高挂起”中的“挂”字为例：“动词‘挂’(悬挂)和‘不关己的事情’本不直接联系”，毛泽东的《反对自由主义》

一文中却将这种事物现象喻义化,比做可悬挂之物,“把两者临时巧妙联系起来,就使动词‘挂’虽然保持常义而又带上艺术色彩(带幽默味)”。显然这种解说还需要深化。再一个是胡安良在《词语漫笔》一书中总结的方法:寓繁于简、寓静于动、寓抽象于具体,暗含辞格和词类活用。客观地讲,两家的表述虽然操作起来和其他的学说一样,都有宽泛的一面;理论本身严谨度上也都有一定的欠缺,但所做出的努力仍值得赞赏。特别是前者,一看就知道它直接针对的就是词语修辞;至于后者,虽然所列追求不具有排他性,句法里也未尝没有这类表现,但目标明确,有章可依,却是它的突出特点。这要比那种什么“准确、妥帖”、“配合得当”、“色彩鲜明”一类的泛泛论述,要好得多。

与此相对的是具体现象的研究。语法学界和修辞学界针对当前比较常见的“副+名”组合有各种各样的解说。借助于现代语法学的分析方法,显然讨论深入了许多。如卢福波认为,名词内涵意义中的描写意义是副名组合的一个重要语义条件。[①] 什么是描写意义?施春宏的陈说或许能加强对这一提法的理解,因为他们使用的术语大致相同。后者也认为,名词的描写性语义特征是副名组合显现的客观基础。她首先将名词的内部语义成分分为关涉性和描述性两大类:前者指对名词的内涵起到说明、限制等介绍作用的客观性内容,主要是表“要素”,如类属、构造、原料、用途、数量、时间、方所等;后者指对名词内涵起到描写、修饰等形容作用的评价性内容,主要是表示性质,如属性、特征、关系、特定表现等。她还说:“这些有限的描述性语义特征是名词本身所具有的,是可以通过分析而得到的,只不过通过一定的语境将这种可能性变成了现实性。”她的文章最后也说,这两大类也就相当于语法学界过去有关定语限制性和修饰性的两大类型的划分。[②] 然而事实上有关这两大类的区分,迄今仍无一个明确的标准,其操作性当然还需要继续探究了。此外,还有储泽祥、刘衔生的“名词被抽象为概念时所舍弃的细节义的再现”[③];张谊生的“名词功能性状化”等提法[④]。各色各样的讨论都很能启发人们思考,问题的关键仍在描写的有效性上。

对于该现象,文艺理论及文学创作领域也多有涉及。早在古希腊,贺拉斯就曾在《诗艺》一书中告知人们:“在安排字句时,要考究,要小心,如果你安排得巧妙,家喻户晓的字便会取得新义,表达得就能尽善尽美。”那么怎样叫做“尽善尽美”?列夫·托尔斯泰认为,“语言艺术家的技巧就在于寻找唯一需要的词的唯一需要的位置。”(《什么是艺术》)什么是“唯一需要的词”,什么是“唯一需要的位置”?只能是视具体情况而定。但我们从这种表述里边得到的启发是,词语的真正价值及效果,仍要看它进入语句中的搭配,只有在组合里边一显示它的功用。阿·托尔斯泰的有关表述或许对人们

---

① 卢福波:《汉语名词功能转换的可能性及语义特点》,《逻辑与语言学习》,1992年第6期。

② 施春宏:《名词的描述性语义特征与副名组合的可能性》,《中国语文》,2001年第3期。

③ 储泽祥,刘衔生:《“细节显现”与“副+名”》,《语文建设》,1997年第6期。

④ 张谊生:《名词的语义基础及功能转化与副词的修饰名词》,《语言教学与研究》,1996年第4期。

也有教益，他说："要为文字的洗练、坚实和富于动作而作牺牲。"（《论戏剧创作》）戏剧台词应富有动作性，这是不错的；对于我们通常的词语修辞来讲，是不是也应该有这方面的追求？这也值得思考。

二、词义的性质

词语修辞的核心是词义问题。

是语言的创制造就了人类社会的伟大进步。因为唯有语言促使了人的大脑对万千事物进行归纳性的认识与概括性的反映，反过来这种认识和反映又帮助人的思维愈来愈严密化和复杂化，从而使得自身的创造性能力不可抑制地无限膨胀和不断地前进发展。

而语言的根本问题是意义问题，因为唯有意义才是我们认识和反映世界的本源。

（一）意义的不同类型

意义通常表现在三个方面：词汇意义、句法意义和语境意义。

词汇意义最易于理解，词典里的解释可以直观地看到。拿"人"这个词来说，《现代汉语词典》作了如下释义：

> 名 ①能制造工具并使用工具进行劳动的高等动物：男～｜女～｜～们｜～类。②每人；一般人：～手一册｜～所共知。③指成年人：长大成～。④指某种人：工～｜军～｜主～｜介绍～｜电影～｜媒体。⑤别人：～云亦云｜待～诚恳。⑥指人的品质、性格或名誉：丢～｜这个同志～很好｜他～老实。⑦指人的身体或意识：这两天～不大舒服｜送到医院～已经昏迷过去了。⑧指人手、人才：～浮于事｜我们这里正缺～。⑨（Rén）姓。

句法义指词在句法组合中所获得的意义。仍然是"人"这个词，看下边的用例：

(1) 人来了 / 来人了

"人"和"来"，两个词颠倒一下位置，意义便大不一样。紧急关头，人在极度恐慌的情况下，也往往不至于将"来人了——来人了——"唤作"人来了——人来了——"通常人们不一定说得出其中的道理，但也知道这里不同组织搭配中的"人"不是一样的人。语言学中当然可以作出"定指"、"不定指"的分辨。由此也可以看出词进入具体语句产生新义的客观性和丰富性。《现代汉语词典》没有将这两项意义单列出，这从一定意义上可以看出句法义的临时性和复杂性。其实，任何一部词典都不可能将语言中的所有意义搜集殆尽,不同的词典往往有目的、对象、经济等诸多因素的考虑与侧重。像“定指”、“不定指”这样的一些意义,是在语词意义搭配基础上延伸出来的句法结构关系义。作为指导人们语言实际应用,旨在规范的词典,可以不进行反映。如果是专业词典,比如是用来深入描写词语句法各种功能特征的,未尝不能对此进行反映,并给出它们不同的分布框架。因为它们确实存在着事实上的类属。如“有人来了”,这里边的“人”又变作不定指的了;与此相反,祈使句中的“来人!”“人”又是定指的。不同的出现条件互补,可以构成一种义项的完整内容,同时又与其他义项形成对立。当然,仅由这么一种句法义项的建立即可初步感受到,句法义因为是一种综合制衡,似乎更繁难,更不好把握。这在一定程度上即体现为我们现时只可能看到词典而不能看到句典的原因。

语境意义则指在社会文化背景基础上产生的意义。还是“人”这个词,看例子:

(2) 小狮子一个人的时候,善于隐藏就成了保证自身安全的最好手段。(中央电视台“动物世界”解说词)

该语句中的“人”是什么意义?恐怕不是一时片刻三言两语就能够说得清楚的。这就得结合人们在表述世界时往往以自我为中心所形成的认知方式进行解释。然而它对词义的影响又呈现什么样的状貌?仍需深入地探讨。

(二)词汇意义的三个层次

在上述的三种意义类型中,相比较来说,词汇意义作为基础意义应该是最易认识最好描写的。因为根据常识我们知道词义往往与概念相对应,遵从理性的抽象概括即可获得所反映对象的本质内涵。然而事实上,语言是人类的伟大创造,意义又是这一伟大创造里边的精髓之所在。然而,得于斯,失于斯;人们恰恰又对这一工具里边的核心内容认识得最为茫然。什么是词义,词义是什么?词义的家园在哪儿?一如《西游记》中所描绘的孙悟空师父的居所:灵台方寸山,斜月三星洞。唯有意义的注入凝聚才使得人类发音器官发出的声音具有了社会的价值属性。从本质上讲,意义只是一种意识,只存在于说话人和听话人的心里。

但,它又毕竟是一种存在,人们又必须把它追寻出来,超越“只可意会而不可言传,只可神通而不可语达”这一阶段,逐步使它清晰起来,显示庐山真面目,才可能实现由自在到自为的自由。之所以这样,其原因就在于,迄今为止人类已经建立起庞大的知识理论系统,然而对各门学科建立的基础语言来讲,唯独词义还没有一个让人基本满意的定义!

词义的属性之所以这样让人困惑,就在于在它上面注入了人类文化的综合因素,具有客观性与主观性、抽象性与具体性、规范性与灵活性、普遍性与民族性等复杂的辩证统一关系。公元500年以前,古印度的语言哲学家们就词本身有没有意义而展开争论,并因而分为两大学派:"词项派"和"语句派"。前者认为 Padas 或词类,本质上是有意义的成分;后者认为 Padas 只有在语句的上下文中才有意义。当前的分析哲学,即从事语言哲学研究的学者分别继承了他们的衣钵,同样在该问题上争执不休,且将不同的学说主张推引到了极致:赞同"词项派"观点的就称说词义不必依赖语言环境,赞同"语句派"观点的就干脆不承认词具有一般的意义。

语言学领域同样没有一个明确的定论。大致说来,代表性意见有:

一种是将词义和概念义等同起来,认为:"在很多情况下,词义就是表示概念的。""词义概括地反映了客观事物或现象的共同特征,舍弃其个别的、具体的东西。"①

一种认为词义与概念义并非绝对相同。"一般地说,词义和概念义对事物的反映可有深度的不同。""在抽象反映事物对象的内容上,词义和概念还有外延的差别。"②

还有一种将词义的范围极大地扩展开来,认为它是语言中言语所具有的各种可能性意义的总和。③

第一种观点肯定是图省事,因为这样的表述方式人们不难在逻辑学中找到类似的言辞。第二种观点是在肯定词义具有概括性特征的基础上,作稍小的质疑、探求和创新,但已经有了注意词义与概念为两类不同性质范畴的观念。第三种观点则完全是从语言学角度谈词义的范围内容,但有些走极端化的倾向。如言语的各种可能性意义的提法,如果像有些人说的那样:"词没有一般的意义,我们每次都赋予同一个词以新的意义"④,词义则成为玄而又玄、终不可归纳阐释的东西。

我们认为真正融注于词义中的,是这样的一个模式:

词义 ={ 固有属性[本质属性](类别属性)}

这一公式有别于亚里士多德下定义的方法:

定义(概念)=[种差 +(属)]

过去有关词义性质的认定,大都是用了后者直接代替了对词义特征的真切认识。

亚里士多德的逻辑学认定,代表了认识论初步建立阶段由感性到知性飞跃。这对于科学意识的培植,对于严密思维方式的条理化,当然具有重大的学理价值。即便今天,学科理论的严整建构,科学系统的全面建立,条分缕析,分门别类,特别是具体认识对象本质属性的深刻把握等,仍具有不可取代的方法论意义。然而逻辑学也在不断地

---

① 黄伯荣、廖序东主编:《现代汉语》(上册),第 253、255 页,兰州,甘肃人民出版社,1983。

② 刘叔新:《词语的意义和释义》,《词汇学和词典学问题研究》,第 187、186 页,天津,天津人民出版社,1984。

③ 法国语言学家居斯达夫·纪尧姆的观点。见程曾厚《居斯达夫·纪尧姆的"心理机械论"及其著作保存会》,《国外语言学》,1981 年第 2 期。

④ [美]福斯勒:《语言哲学文集·论语言学的心理学的语言形式》,引自《语言学译丛》1958 年第 1 期中波波夫《词义和概念》一文。

进步,并随着人们认识的深化演进扩充丰富着自己的内容。如果仅仅将概念的抽象当做认识的终点,就像黑格尔指出的那样,只能保持在“稀薄的抽象”层次上,绝对化地看问题往往变得不可避免。此时非常需要思维认识进一步地向理性阶段跃进,由分析到综合,由抽象到具体,才能使得认知真正趋向全面和科学。马克思主义的认识论将此表述为:科学观念的认识发展通常要经过两种道路,在第一条道路上,体现为“完整的表象蒸发为抽象的规定”;“在第二条道路上,抽象的规定在思维行程中导致具体的再现”。第二条道路的特征是:“具体之所以具体,因为它是许多规定的综合,因而是多样性的统一。”[①]事实上,遵循不遵循这种思想方法,其认识判断的结果会大不相同。即便是同一个人也是如此。连这种思想方法的创始者黑格尔也不例外:当他很好地贯彻辩证法的理念时,其分析论述即显得是那样的全面精到深刻;什么时候将思想认识片面化和极端化了,其结论便显得非常牵强和僵死。如前所说,他在语言属性的认识上就固守在知性阶段,于是就得出了不能用语言表达思想的结论;对美的认识同样如此,将其表现方式单一化、绝对化,也就禁锢了自己思想的开放性、解释事物现象的游刃性。感性认识与知性认识两者之间既明确区分又不应割断。

十分强调抽象的逻辑哲学到头来也要肯定认识过程最终趋向综合与具体。词义,作为与人们生活直接相关的内容,要让它只停留在与概念相等同的位置上,恐怕更不合乎客观实际。老实说,没有经过一定思维训练的人连知性这个阶段都达不到,然而并不妨碍他对该词在相当范围内的自由运用。刘叔新的表述里边即暗含了这方面的理解。就是达到相当学识阶段的人,他在对词义进行概括抽象的时候,是否真的只筛选“共同特征”,而“舍弃其个别的、具体的东西”呢?恐怕并不尽然。下边是多家对“人”的词汇意义的解释:

① 人类,使用工具进行劳动、改造自然的动物。(《辞源》)

② 能制造工具并使用工具进行劳动的高等动物。(《现代汉语词典》)

③ 由类人猿进化而成的能制造和使用工具进行劳动、并能运用语言进行思维的动物。(《辞海》)

④ 人(名)由类人猿发展而成的、会说话、能使用生产工具的最高动物。(郑奠《中型现代汉语词典纂编法(初稿)》)

⑤ 例如说“人”这个概念,必须先讲清它的内涵是“能直立、解放了双手、有复杂而有音节的语言、能制造并使用工具、有发达并善于思考的脑的动物”,再说明它的外延是“古今中外全部的人”。(鲍克怡《语文词典释义的附加内容》)

⑥ “人”这个概念就反映了能制造和使用生产工具,有语言,能思维,两足直立的动物这些特有属性。(金岳霖《形式逻辑》用例)

---

① 《马克思恩格斯选集》(第2卷),第103页,北京,人民出版社,1972。

如若将这些不同的定义采取聚合的方式给予结构描写的话,即会看到,它们有的合乎亚里士多德的公式,有的合乎我们提供的公式。前者非常吻合形式逻辑的要求,似乎就可以得胜回朝了。有些权威性的语文词典即是这样给出的词语解释。而有意思的是,恰恰是金岳霖这样的逻辑学大师,却将“两足直立”这样的属于非本质属性的“具体”的东西给表述了进来!两者似乎形成了悖论。究其实,恐怕这是由两个方面的原因造成的,一是最明显的表象,即像前边四例那样的词典都不属于详解词典,故要求解释的文字尽可能简练。在这种情况下,它要排除什么样的内容呢?比之于本质属性的排他性,显示的是唯有我所有而其他所无的区别性特征;固有属性,绝大多数的情况下,它往往显示的是所指对象的普遍性特征,不具有排他性,只体现某个具体方面的典型性。相比之下,当然是要排除这方面的文字了。再者,即使是逻辑学专家,他所形成的概念性认识也不拒绝固有属性的显示;那么,简明词典或中型词典对该项内容的处理,我们只能理解成隐含而不是排除。

如果认真观察分析的话,词典里边释义对“固有属性”的处理,即便是那些简易词典、中型词典,也并非都是省去为之。

有一些则是通过分立义项的方式来显示。如“小市民”,单看《现代汉语词典》(2015)里边的第一个释义:“城市中占有少量生产资料或财产的居民,一般是小资产阶级,如手工业者、小商人、小房东等”,单纯这样的理性义,是很难形成类似形容词那样的性状特征表述义的。但它还有第二个义项:“格调不高、喜欢斤斤计较的人”。不难看出,两个义项的分立,究其根本,是将伴随性的固有属性给予了独立的地位罢了。

有些是没有分立义项,但是在具体的解词里边,是将不同语境中的该单位当做语素义进行了分解。如“水”,通常词典里边也都解作“无色、无味的液体。在标准大气压下,冰点 0℃,沸点 100℃”。在解词里边,特别是在语文性质的词典里边,什么是本质属性,什么是表象的固有属性是难以明确区分的。“水”的解词,前边部分即是着眼于“水”的最一般的具体现象来讲的。正因为它“无味”,才推延出“淡薄”的引申义,于是才有了“水酒”的谦辞。因其“无色(液体)”,引发出“润泽”、“光鲜”义,所以才有“水灵”、“水红”等组合。因水有克火的特性,于是有“水火不容”;因水就下流动、无形易变,于是有“水泄不通”、“水性杨花”等等。

事实上,日常生活中对词义内涵的运用,其频率最高的并非本质属性,往往是固有属性。仍拿“人”来说。“那儿来了一个人”,其中的所指通常情况下谁也不会将他和高等动物联系起来;“两足直立”仍是人们最容易感知和接受的特征。《现代汉语词典》里边所解释的第 2 个义项未尝不体现着这种内涵。什么是“一般人”?无非“有胳膊有腿有个脑袋”这些具体表象而已。再看古代汉语中的用法。

(3) 射之,豕人立而啼。(《左传·庄公八年》)

其中的“人”的词义只能解作“(像人一样)两足”。

特别是对于广大的普通民众来讲,事物表象、具体特征、固有属性,才是与生活经验最为贴近的。像对"盐"的认识,人们只要知道"饮食里边不可或缺的白色咸味晶体物"就可以了,至于它的学名是不是叫"氯化钠",真正的内涵是不是"金属离子(包括铵离子)和酸根离子组成的化合物",通常情况下人们很少考虑也无须考虑。利奇(1981)曾表述说:"虽然在理论上,并且经常在实践中,理性意义往往是语言交际中最重要的因素,但在某些情况下,其重要性却降低到几乎等于零。"[①]其实他的这句话应该改为:"虽然在理论上,并且经常在实践中,理性意义往往是语言交际中最重要的因素,但在某些情况下,其重要性却降低到几乎等于零。"

再以"女人"一词为例。《现代汉语词典》的释义为"女性的成年人"。依照着逻辑学的公式可以描写为:

[+女性、+成年(+人)]

不可否认与该对象直接相关联的伴随属性有很多。正如利奇在他的《语义学》一书中分析的那样:

> Women这个词所指的事物还应包含很多附加的、非标准的特性。它们不仅包括躯体特征("双足"、"有子宫"),而且包括心理和社会特征("爱群聚"、"有母性本能"),还可以进而包括仅仅是典型的而不是女性所必具的特征("善于词令"、"善于烹调"、"穿裙子或连衣裙")。再进一步,由于某一个人或一部分人或整个社会的看法,内涵意义可包含所指事物的"公认特征"。过去居于支配地位的男子喜欢把"脆弱"、"易流眼泪"、"懦怯"、"好动感情"、"缺乏理性"、"反复无常"这些形容词强加于女子头上,当然,也把她们描述为具有"文雅"、"富有同情心"、"敏感"和"勤勉"比较符合其性格的品质。

但,利奇又认为,与理性意义相比,内涵意义(作者按:我们叫"固有属性")不够稳定、不明确并且是无限的,所以它不能被看作语言的基本组成部分。

利奇分析得很到位,但最后做出的认定却不准确。因为固有属性保留有相当鲜明的具体特征,往往体现为整体综合的因素,多与人们的生活感受相联系,且复杂多样,难以穷尽历数,边界不够明晰。但如果说其中富有典型性的特征没法认识和归总,显然是大大低估了该方面的价值。也恰恰是在这个层次上,人们频繁地让特定的词在意义上有所侧重,进行具体特征的凸现,以展示灵活生动的面貌。如:

这个小伙子很女人,清瘦,白净。　　[+秀气]

这个小伙子很女人,坐在那儿半天都没吱声儿。　　[+文静]

---

① [英]杰弗里·N. 利奇:《语义学》,李瑞华等译,第57页,上海,上海外语教育出版社,1987。

这个小伙子很女人,一说话就脸红。 [+害羞]
这个小伙子很女人,针线活都做得那么好。 [+手巧]
这个小伙子很女人,小事儿都考虑得很周到。 [+心细]
这个小伙子很女人,有点儿胆小怕事,动不动就哭鼻子。 [+柔弱]
这个小伙子很女人,总是将自己收拾得利利落落。 [+爱打扮]

这些特定语句中的“女人”都可以用附在末尾的注释义来替换;换句话说,意义都比较明确,且都表示唯一的内涵。正因为有这么多的灵动丰富的相关意义的表达,才不至于使得单一的“成年女性”单调枯燥。

如果和前边所描写的概念义综合到一起的话,应呈现这样的一个状貌,这或许反映了一个词词义的基本层次结构:

{+秀气、+文静、+害羞、+手巧、+心细、+柔弱、+爱打扮[+成年、+女性(+人)]}

是不是固有属性之外还有其他的属性,像只属于反映对象的某种个性的内容存在?恐怕也不能决绝地给予否定。“黡子在颊则好,在颡则丑。”谁也不会怀疑该表述特征的确切所指。不管怎样的详解词典都难将其反映出来,尽管它不具备普遍的意义,也很难否定它是人的细节特征之一。还拿“女人”这个词来讲,下边的用例词义上就很细节了:

(4) 周渔的头发被处理成卷曲的长发,看起来很女人。(《北京晚报》2003年3月12日)

尽管我们俗话里有“头发长,见识短”的说法,但这纯粹是一个社会时段中女性的装扮及人们的偏见所致,不能当做一种固有属性来认定(临时言语义仍是可以的)。至于某些细节,普遍性及典型性都趋向于弱化的时候,于该词的词义来说则是渐行渐远。

因此可以说,词义的追寻形成,呈由个别到整体到抽象的历时序列。概括的结果,词义反映的内容,只是使对象的特征共性得以突出显现,而个性特征失去鲜明,呈由抽象到具体,逐渐弱化的共时状态;获得了事物现象的本质属性,并非得鱼忘筌,将感性认识阶段积累的丰富形象材料祛除净尽,体现在词义中的,是共性和个性的统一。

(三)名词形化的类型

可以说,只要是名词因特殊的组合赋予了形容词的功能,从而由指称义变为侧重突出属性义,便都实现了这种由抽象到具体的转移。此时贮存于该词之中的,既在一定程度上仍保留着本质属性的类别义:因为的它多数用法里边仍是以名词角色出现的,即便是出现在我们现时所说的特殊句法组合里边仍保持原形式不变;又因其在新的搭配结构里受到制约,将其隐含的具体状貌特征得以鲜明体现。故形成一种新旧交替、意义重心暗中转移,既不将以往的语言心理模式彻底破坏,又有灵动变化追求的言语现象。

这种意义重心的转移都是以超常的组合搭配形式为前提的。

1. 副词+N

这种组合过去就有,不过大家一向并不看好它。语法学界曾有过副词能否修饰名词的讨论①。当大家知道语言现象里边应该区分一般、特殊和偶然三者关系之后,似乎也不好处置这一方面的关系。比如将曹禺《日出》里边顾八奶奶的"顶悲剧",一致看做病句;作者也是有意通过这一细节来张扬该人物粗俗造作之特征的。而茅盾《夏夜一点钟》里边的"很'感情'",却没人挑剔。这是受人物角色影响的缘故;对语言本体来讲,判断标准并不一致。新时期以来,随着社会发展节奏的加快,人们思想开放度的活跃,这种用法似乎陡然增升了一种被看重的价值,似乎觉得它具有极大的新奇效用。特别是对新鲜事物比较敏感的年轻人就更是这样。正如侯兴国在《婚姻中的经济学》中所说:"想当年,台湾艺人凌峰一句'我的脸很中国'竟不知'迷倒'了多少大陆美女。""副词+N"由此风行开来,不但不再是个别的临时性的现象,甚至还可以因其运用的普遍性而再分为若干个小类!像刚说过的"很+N",还有"永远+N"、"非常+N"等,许多人将它们分别当做富有特征性的现象专门撰文探讨。这从一个侧面即可窥视到该时尚用法的普遍性。

该类用法似乎有两个来源:一是直接用副词附在名词前边做定语,像程度副词与名词的组合大都是这类情况。它的结果使得后边的名词形容词化。例如:

(5) 我女人很母亲地说,孩子,保重。(阿成《亲正》)

(6) 那个男人的模样,很山东,车子上扭屁股一骑一蹬,更山东了。(阿成《望古城》)

(7) 林蓓瞅着宝康嘀嘀笑:"挺式样儿的。"(王朔《顽主》)

(8) 说实在的,你们对现代派文学的认识是非常皮毛的。(同上)

(9) 这条红裙子就像为你定做的一样。你瞧线条多维纳斯!(马中骏、贾源《街上流行红裙子》)

新时期以来,这类用法相当多见,已经形成引人注目的"程度副词+N"格式。相同的例子还有:很格局、很青春、很个性、很女性、很绅士、很四海、很罪恶、很中国、很德国、很淑女等。对相当一部分名词来讲,它的所指是特定事物对象,但概念的概括作用,始终使最能反映事物特征属性的意义内容蕴含其中。人们在接触到这个词的时

① 张静:《论汉语副词的范围》,《中国语文》,1961年第8期。邢福义:《关于副词修饰名词》,《中国语文》,1962年第5期。

候，绝不会只注意了词典中的概念意义，而将这一系列特点忽略的；即便人们准确地把握住了特定概念的本质属性，而这一系列的伴随属性，即富有特征性的固有属性仍然存在。生活中的主题内容往往还会使这种富有特征性的属性成为一个概念词的基本属性。比如“青春”亮丽富有朝气，“个性”性格鲜明有主见，“女性”温柔，“淑女”娴静等。对于一个具体概念义来说，它潜藏在深层；对于具体的运用来讲，它作为突出特征又成为一种伴随意义。在人们的观念意识当中，某种触动很容易将它们激活，从而居于前台位置。程度副词修饰的名词，大都具有某一方面的突出特征；两者的组合也就促使了这种现象的实现。这时候通常所指的事物对象意义倒退居到了次要地位。那么也可以肯定，此时的名词实际起到的是形容词的作用，就其语用现象来讲，仍属于修辞性质。

但不能不注意到的是，这种用法毕竟还没有完全普遍化，相当一些这样用法的名词还带有了形容词性词尾。如：

(10) 一扇门轻轻地关上常常是生活中最具悲剧性的动作。(2001 年全国普通高等学校招生统一考试语文试题：四、阅读下面的文字(题目是《门》)，完成 21—24 题。)

(11) “砰”地一声把门关上表明软弱，轻轻地关上门常常是生活中最悲剧性的举动。([美]克·达·莫利《论门》，读者 200，首页)

(12) 这个过程很悲剧化，却是人必须付出的代价。(张炜《秋日二题》)

(13) 她已完结了她最平凡的，也可以说是最悲剧的一生，升到天国去了。(李广田《回声》)

就是同一个作家使用这种现象时，也有斟酌交替的方式：

(14) 她慌忙说，“我很中国化。”(琼瑶《月朦胧鸟朦胧》)

(15) 你就是现在这种打扮，很中国，很东方。(琼瑶《水云间》)

对到今天为止所能够用作形容词的名词，我们大致能够划作两种类型：一种是这些名词本身大都具有伴随性的典型特征。比如“绅士”，《现代汉语词典》里边比较笼统地解释成：“指旧时地方上有势力、有功名的人，一般是地主或退职官僚。”但我们综合各个方面知识，包括对国外这类人物所表现出的风貌而形成整体观念，会形成和一定的“学识、修养和风度”相联系的具体特征内涵。能够比较容易辨析的是：地主不一定是绅士。从中国旧时的社会情况上讲，《现代汉语词典》对其本质特征的认定基本上是不错的，但，因为附依于该词上边的那些固有属性相当鲜明，故它的形容词化就显得轻松容易。如：

(16) 他很绅士，他实在是很绅士，我躺在床上只想到了这么一个词。(铁凝

《大浴女》)

(17) 踌躇之间,早有赌场小姐扭动腰肢款款走来帮忙换硬币,于是很绅士地递过钱暗里却频频看表,如坐针毡。(黄桂元《在赌城"服刑"》)

特别能够看得清楚的,就是"军阀"和"士兵"的对比,因为体现在前者词义中的,除了拥兵自重、强权割据这些本质外,紧密相联系的具体表现,像霸道、暴戾、强悍、野蛮等特征似乎是如影随形。因此它就容易接受程度副词的修饰从而形容词化。

(18) 这个连长太"军阀"了!年纪不大,脾气可不小!(曲波《山呼海啸》)

与"军阀"对应的"士兵",就很难想象有什么突出的具体特点,因此我们就难得见到"很士兵"、"太士兵"之类的说法。同样,不同性别不同年龄的人群中,"女人"个性特点突出,故"很女人"的用法似乎就是漫天飞;"孩子"也有比较鲜明的具体表现形式,但似乎不够突出,所以难得见到"很孩子"之类的组合,所能见到的也只是加后缀(如"孩子气")或在弱述谓性的句法位置上出现。有关这一点,后面我们即要论述到。"老头儿",恐怕同样作类似努力的可能性已经微乎其微了。

再一种则是多侧重利用这种表义的模糊性。具体特征相比之于本质属性相对来说就不容易进行严格认定,如果说本质属性可以用义素描写的方法给予确认的话,那么具体特征除了典型的可以外,至于属于这一范围到底有多少,恐怕不容易进行规定。正因为如此,有些名词的这种用法,就在于求取里边的不确定性以获得一种综合性的效果。如表示地域性的名词,范围越大,越不容易明确其语义。如:

(19) 李春波,一个很中国的歌手。(《大学生》1994 年第 3 期)

(20) 十分惊诧,女人的直觉为什么总是如此敏锐,尽管此时我已经很"西藏"了。(余纯顺《走出阿里》)

例(19)其实表达的是"很能保持中国传统风格"意思。只要说风格,就只能是一个整体性、复杂性的内容。例(20)其实相当于"很西藏化",需要包含很多内容。

2. 比 N 还 N

这是一种固定结构式,属于相对稳定的句法组合,第二个 N 在第一个 N 的陪衬下,并通过它前边的副词"还"对它强调,从而获得类似于"很 N"中的 N 相近似的效果。差别就在于一个是单一强调,一个是比较中强调。例如:

(21) 凭着院长千金的身份,在医院处处插手,指东划西,比院长还院长,弄得人人有意见,只是敢怒不敢言罢了。(陆北威《8 号病房》)

(22) 他们在舞台上塑造的女性形象尽管身份、性别各不相同,但有一点是共有的,那就是在台上给人的感觉"比女人还女人"。(小福子《旦角还缺少什么》)

(23) 他最突出的毛病就是见异思迁,比陈世美还陈世美!(魏润身《烧极》)

3. 同语相饰

这种现象就是定语与中心语用的是一个词语，通过偏正组合的形式，来突出强调事物名词所蕴含的某种特征意义。例如：

(24) 一个偶然的机会，我来到五莲山，一个偏僻山村高家沟。人称山里的“山里”。(王耀东《品西瓜》)

(25) 重庆时期，总理、董老，从延安带给我的小米，我看作珍品中之珍品。(曹靖华《小米的回忆》)

(26) 因此，她甘愿把一生中最美好的时代——称得上是青春中的青春，留给她哥哥的事业。(高晓声《李顺大造屋》)

(27) 阿里，是高原的高原，夏天似乎和它没有缘分，人称阿里是“死亡的土地”。(子瑾《万千气象话高原》)

(28) 橱窗中的橱窗，花城中的花城。(《羊城晚报》，1982 年 3 月 6 日)

(29) 汾城则是尘埃的尘埃的尘埃了。(柯云路《汾城轶闻》)

同一词语构成偏正结构，这种组合本身就比较特殊；特殊的形式必定意味着特殊意义的表达。例(24)，“山里”通常指山区腹地或深处，并伴随有交通不便，消息闭塞等方面的含义，而“山里的山里”这种表达式，其语义并非指表面的方位的纵深延伸，而是重在凸现和强化这后一种特征，使人们更可想见它的荒僻偏远、与世隔绝的情状。

上面三种类型甚至可以相互通用，如：“很山里”——“比山里还山里”——“山里的山里”，意义上可以形成这样的一个程度系列：很闭塞——比一般闭塞还闭塞——闭塞到极点了。因此可根据具体情况精细选用。

4. 专名转换

专用名词表示世界上独一无二的人或事物。正因为这种看似不足为奇的特征，便决定它进入句子参与组织的时候便受了一定的限制，那就是不能同与自身特征有悖的词语搭配。如不能再用具体的数量词语指称，因为它本身就带有具体的量的规定性。它的前边多不出现限定性的词语，即便是描述性的，也有一定的范围。但是为表意的特殊需要，表达效果的进一步增强，对这种常规的搭配条件也可有所“犯禁”，从而使名词在语义上暗中实现了转移。看下边的例子：

(30) 要造成几千个长冈乡，几十个兴国县。(毛泽东《关心群众生活，注意工作方法》)

(31) 至于“大蒋介石”，比如宣统皇帝、王耀武、杜聿明那些人，我们一个不杀。但是，那些“小蒋介石”不杀掉，我们这个脚下，就天天“地震”。不能解放生产力，不能解放劳动人民。(毛泽东《在中国共产党第八届中央委员会第二次全体会议上的讲话》)

(32) 中国人民中间,实在有成千上万的“诸葛亮”,每个乡村,每个市镇都有那里的“诸葛亮”。(毛泽东《组织起来》)

(33) 在你们中间,我相信,肯定会有未来的鲁迅和郭沫若的。(茅盾《在一九七八年全国优秀短篇小说评选发奖大会上的讲话》)

(34) 我以后者反包围德、日、意。但是我之包围好似如来佛的手掌,它将化成一座横亘宇宙的五行山,把这几个新式孙悟空——法西斯侵略主义者,最后压倒在山底下,永世也不得翻身。(毛泽东《论持久战》)

(35) “小陈景润”叫向远,是杜萍这个班上的数学尖子,全市中学数学竞赛亚军。(汪浙成、温小钰《苦夏》)

例(30),“长冈乡”、“兴国县”指的都是特定的乡、县,说要造成几千个、几十个这样的乡、县,事理上讲不通,然而于义、于情却是易于为人们接受的。这里借具体的语言环境,将专用名词转作一般名词,借以称指具有某种性质特点的一类乡县单位。这两个乡县,在“关心群众生活,注意工作方法”方面做得特别突出,是榜样,是典型,这样就通过句法平面专有名词带数量定语的方式,暗中实现了语义重心的转移,指该项工作做得很好的模范乡县。而由于仍用了“长冈乡”这一专有名词,表达灵活,语义也从而显得具体。完整的内容可以理解为“象长冈乡那样的关心群众生活的乡”。有些语句中的同样用例为了突出显示这种专有名词的变通用法与常规用法的区别,或用引号表明,或用破折号将具体所指给予显示。

5. 同语判断

这种情况指一种特定的句法形式“N 毕竟是 N”,前后 N 同语来讲的。例如:

(36) 但是,小齐毕竟是小齐,他经过短暂的迷乱之后,马上就清醒过来。(周克芹《许茂和他的女儿们》)

(37) 但是龙,毕竟还是龙。困居在北平的蒋兆和,并未悲观消沉,一蹶不振。(包立民《龙毕竟还是龙》)

(38) 老曾,歇一会儿吧,汽车毕竟是汽车,它为人服务,不是人为它服务,用得着一天擦好几遍吗?(蒋子龙《开拓者》)

这里的 N 也有具体属性的展示吗?是的,如果仔细分析的话,即可知前后的 N 在语义上是不一样的。可以这样说:不负载信息量和特殊表述要求的语句是典型的冗赘,是无效的表达形式,当然也会是被淘汰的对象。如果两者完全等同,则可以说该方式是无效表达。但是它不是。拿一个简单常说的同类语句来讨论:

孩子毕竟是孩子

多出现在具体的语言环境中:

孩子毕竟是孩子，拿不动那么重的东西的。　　(力气弱)

孩子毕竟是孩子，他能想那么多吗？　　(幼稚)

孩子毕竟是孩子，刚才打是打，一会儿又好上了。　　(健忘)

孩子毕竟是孩子，都不知道个累。　　(精力充沛)

孩子毕竟是孩子，就不知道个学习。　　(贪玩儿)

很有意思，我们用括号里边的词语来代替前边的N，只能是代替后边的宾语。根据语法的基本知识可知，主语往往是有定的，宾语往往是无定的。名词的典型语义特征即为指称性，而指称性中又可根据家族相似性原理区分出强弱的连续统。不言而喻，专有名词肯定强于有定名词，有定名词肯定强于有指名词，有指名词肯定强于无指名词，即：

专有名词 > 有定名词 > 有指名词 > 无指名词

专有名词和有定名词多做主语，有指名词和无指名词多做宾语。由上面的可代替成分看，宾语的表述性显然强于主语，后边括号里的形容词能够代替宾语位置上的N即可证明这一点。

将上述五种类型综合起来可以看到，名词被副词修饰，无疑地该名词充当了谓语的角色，它的表述功能是最强的，到了第五种类型，就比较弱了。但正像做的试验一样，其语义效能没有根本的差别。

当然，除此之外，还有一些属于口语性的名词形容词化用法。如：

(39) 真够雷锋的哎！(电视剧《渴望》第一集)

(40) 怎么劝，她都不听，那叫个疙瘩！(电视剧《血色浪漫》)

用得相对较少。

第十讲　词语修辞(二)

人类创造了语言，又往往迷失于语言之中；人类选定语言作为最佳的交际与思维工具，又往往受制于已有的规范模式。所以从后边的一种观念出发，海德格尔才将语言认定为人类的“存在之家”。他解释说：与其说人是一种语言动物，“毋宁说语言是存在之家，人居住其中而生存，同时看护存在真理”①。所以，人支配语言，应用语言，但很多时候对这种工具的认识还很茫然：人们靠着意义来理解世界和表述思想，可意义的描写认定又是人类最为犯难的事儿；本来用好语言几率最高的应该是词，可修辞里边有关词语锤炼规律的总结让人觉得又是最不靠谱的，即好像里边没有什么规律可言。

任何事物行为都有自身的结构和运行规则，认识不到只能说明我们的认识还没达到相当的层次与深度。这一节里边，重点讲述组词造句中的修辞规则。

一、语法化和修辞化

首先来了解语言中词语和句子成分的特性。

不管不同的民族语言有没有形态标志，即词语上面有没有明确的句法角色形式，其实人们只要使用语言，都是在以自己的意识给客观世界以分类并体现它们的关系。拿最简单的表达来说，“河水流淌”，即构

---

① ［德］海德格尔：《存在与时间》，陈嘉映等译，第402页，北京，生活·读书·新知三联书店，2000。

成了一个最基本且完整的信息:事物——行为。用哲学上的话语概括,叫做没有不运动的事物,没有事物不运动。这就构成了世界存在的两种最明显的现象。再进一步,事物有事物的特征,行为有行为的特征,这样就有了表达特征的词语的需要。上述最基本的语句就有可能扩展为:“清清河水静静流淌。”再想,物理学里边对可见事物的描述多解释为“三维立体”,正因为有边界的明晰性,故可以用具体的数量进行称指;而运动则主要体现在时间性上。那么,将这些特性再增添上去,这个语句又可说成:“一道清清河水在静静流淌。”如果再让这个语句朗朗上口并清楚地显示关系的话,还可以再添上看似简单却很有效用的词语:“一道清清的河水在静静地流淌。”

民族语言的发展史就是由简单到丰富的历史。

一个人的成长,由咿呀学语到流畅地使用母语,也体现着由简单到复杂的历程。

这种简单到复杂,主要体现在两个方面,一是词汇增加,再一个是组合的复杂化。如上述最后边的语句还可以扩展为:“这道清清的河水在静静地流淌着,在诉说着这块土地上人们的欢悦与忧伤。”从语法结构的递归性原理上讲,这种扩展是无限的。而现在,人们将一个相对完整丰富的语句通常认定为是由六大成分组成的:

[定语+(主语)]——{状语+[(谓语)+补语]}[定语+(宾语)]

要注意的是,这里将不同成分用不同的括号形式将它们之间的层次关系区别开来,就是想用最鲜明的方式以显示它们不同的句法语义功能上的差别。正像上述通过简单句法组合结构的递归性生成复杂语句,反过来也可以说明,初始表达形式中的两成分肯定是最重要的,它们构成了对立的两极:

指称(主语)——述谓(谓语)

其他成分往往比照着上述的两种职能而在两者之间寻找恰当的位置。因为定、状、补这三种附加成分往往也带有述谓性,只是没有谓语那么突出罢了,所以语法学界管它们叫做“降级述谓性成分”。如定语和谓语很多时候都是可以互换的:“唱着歌的老汉在修自行车/修自行车的老汉在唱着歌”,由此可见定语所具有的述谓特征。接下来,即便都是附加成分,它们之间也有述谓性程度高低的差别。比较下边的三个语言单位:

高高的个头——高高地举起来——举得高高的

由此可以得出一个述谓性由弱到强的递增序列。①

① 朱德熙1956年所写的《现代汉语形容词研究》一文即涉及该问题。他指出:形容词的“完全重叠式在状语和补语两种位置上往往带着加重、强调的意味”。相反,“在定语和谓语两种位置上的时候,完全重叠式不但没有加重、强调的意味,反而表示一种轻微的程度”。至于为什么,朱先生没有过多地解释。但朱先生的揭示,显然通过具体的事实现象已经告诉人们:不同成分间是存在着述谓功能差别的。还是朱先生的这篇文章,所举状态形容词充当状语的例子,很多应当属于定居状位的,也就是说,为了强化述谓性的表达效果而将本属定语的词语移到了状语的位置上。与此相反,我们却很难见到状居定位的情况。显然,仅就定语与状语的对比来讲,后者的述谓性要强于前者。至于补语与状语之间,述谓性的强弱问题应该是不言而喻的。

指称和述谓,一静一动,反比关系。正因为如此,我们可以说,述谓性的弱化即意味着指称性的增强,换一个角度,指称性的弱化即意味着述谓性的增强。由上一讲的最后部分可以看出:宾语相对于主语也有一定的述谓性。这样,就可以得出六大成分由指称到述谓的一个清晰的渐变连续统:

述谓性增强

→

主语——宾语——定语——状语——补语——谓语

←

指称性增强

依照着索绪尔关于语法规则聚合关系的解释,这些成分不同语义功能的体现,都可以用不同类的词语角色分布进行认定。这,就是词类的由来。如果说"河水流淌"还仅仅是名词和动词两类的话,"一道清清河水在静静流淌",就扩大到数量词和形容词。"一道清清的河水在静静地流淌",就又添加了助词。由这种语句组合的递归性扩展演示可知,随着民族思维能力的不断丰富复杂化,随着一个人语言表达能力的不断增强,具体体现在语句上面,即表现为附加成分不断地扩充,词的类型也相应地变得精细繁多。这些附加成分的扩充,词的类型的精细化,往往是通过原有的主要成分向附加成分上扩展,典型实词向非典型实词甚至向虚词上转移来实现的。因为这些附加成分、非典型实词直至虚词都重在体现语法功能,语言学界便将这种语言历史上的缓慢变化现象称为"语法化"。转变的结果,可以让这些词专门用来显示实词与实词间的组合关系、动词行为的时间特征、语气情感的细微差别等,以这些鲜明的标记来体现语言组合、表情达意上的清晰与严密。

如:"学校工厂"有歧义,"学校和工厂"、"学校的工厂"就消除了误解。

以"于"为例,来看汉语中具体转移的轨迹,它一开始肯定是动词。如:

> 壬寅卜,王于商。(《合》33124)
> 陨石于宋五。(孔子《春秋》)

这两个句子中的"于"都是典型的动词,当"到达"讲。以这种意义应用的,在嗣后相当长的时间里边仍保持着。如贾思勰《齐民要术》中的句子,即很有典型性:

> 水尽,着铛中暂炒,即出于盘上,日曝。(卷六)

"出于",等于"(从什么地方)出+到(什么地方)",其组合实为两个动词的连用。[①]

---

① 这里纯粹是为了显明地看到实词虚化的过程而选取比较典型的例证说明该现象。据郭锡良《介词"于"的起源与发展》一文分析,该词在汉语最早文字记载的甲骨文里边即虚化了。主要在于"于"的动作方向出现了变化。参见郭锡良:《介词"于"的起源与发展》,《中国语文》,1997年第2期。但语言学界迄今没解释清楚为什么类似"于"这样的词很快虚化的同时,本原意义的用法并没有马上消失,似乎仍在另一条途径上缓慢地演示着这种语法化的历程。

比较现代汉语同形式的说法“出于怜悯心理”，两者运动的方向正好相反，后者是“从怜悯心理出发”。按照语义关系的远近说，上述例证中的“出于盘上”，其结构的切分肯定是：“出/于盘上”。“出于怜悯心理”是不是也要照此切分呢？恐怕回答就不一定那么肯定了。这时的“于”因为是出发点，从而动作性不再鲜明，变成了介词，这倒可以作出判断。这也可以验证“于”因为运动方向的变化而产生语义变化而导致虚化的结论。但此时汉语的语音节奏分割于这种语义远近关系是不匹配的。依照着重新分析的理论，由此就有可能实现向“出于/怜悯心理”的过渡。现代汉语里边的“于”字分布即充分地体现着这种状态：

1. 忠诚于 自绝于 建立于
2. 战于 立于 生于 死于
3. 勇于 敢于 忠于 急于

第3组《现代汉语词典》即将它们当做词来收录。当然，这时候其后边的“于”已经词缀化了。作为最活跃的动词，虚化到这一步即到了尽头。

语法化是全社会的一种不自觉行为。它仅仅遵从着语言自身的发展要求，丰富着整合着整个语言的词类系统和组织结构系统，并反映着民族思维方式的不断复杂化与精密化。理论上可以泛泛地这么说，具体到语言内部的实际，却往往表现为特定的词语、结构或快或慢地不平衡的发展变化。将这些现象综合到了一起，似乎才看得出有一个总体的趋向规则。说现代汉语的虚词大都是由实词虚化而来的，即是这种变化规则的反映。语法化，特别是汉语的语法化，当然显示了一种很好的态势。因为汉语没有形态，语法化的结果，很大程度上实现了形态的功能作用。这是语言中的一股强大的力量，推动了语言的健康发展。

与此相对，具体运用时，却往往表现出与这种运动方向不甚一致的另外一种努力。这种努力倒是每一个言语主体在实施言语策略的时候积极发挥其效用的主动行为。他想使自己的言语，无论是词语还是组合结构，都尽可能地显示出表现力。言语的准确、鲜明、生动，是每个人的追求目标。同样，这虽然是每个人的个体行为，但将这种个体行为总结在一起的时候，可以看出这些言语行为也遵循着不期而然的共同规则。不过这种规则体现出来的特点却是与语法化的运行路线不同，即虚词向实词移动；在实词里边，述谓性弱的词语向述谓性强的词语移动。语法化现象已经为人所知，为了鲜明地揭示语言内部所存在的不同动态效能，在对比当中来彰显语用中的特殊性，我们把这种努力方向称作“修辞化”。

这后一种情况首推“词类活用”。众所周知，该种用法的特点在于“为了突出某种表达效果，而将甲类词临时性地用做乙类词”。虽然它也是一种词类转移现象，但它是一个怎样的转移法？通常讲的就比较少了。我们先来看具体的例子：

(1) 姐姐推门进来,她跟渺渺的性格完全不同,温厚婆妈,一点也不文艺。(张欣《缠绵之旅》)

(2) 所以录寄贵刊,希为刊载,一以略助多闻,二以见单文孤证,是难以"必定"一种史实而常有"什么疑义"的。(鲁迅《关于〈唐三藏取经诗话〉的版本》)

(3) 谁说女人是情感动物,比男人缺乏理性呢?女人一旦目的起来,比男人一点也不傻,也不逊色。(徐坤《厨房》)

(4) 至于被捕的……只现在知道的已经十几个了。(杨沫《青春之歌》)

(5) 谁也没理会,小玥更想不到靴子跟爱香已经那个了。(魏润身《挠攘》)

(6) 她的体态妩媚出铃兰般的风韵,清泉一样的眼睛淹没了她的理智。(赵香杰《爱的浮沉》)

这几个例证中的"词类活用"情况是:(1) 名词用做形容词,(2) 副词用做形容词。其他的,依次为名词、数量词、代词、形容词都分别用做动词。

再看两例:

(7) 呜呼呜呼,倘若黄昏,黑夜自然会来沉没我,否则我要被白天消失,如果现在还是黎明。(鲁迅《影的告别》)

(8) 有什么"奇迹",干什么"吗"呢?(鲁迅《"硬译"与"文学的阶级性"》)

之所以将这两例单独列出来,就在于这里的词类活用,简直活用到了极致。如例(7),即便是动词,仍还有一个及物不及物之分,相比之下,前者比后者更能体现动词的效用;于是这里将"沉没"也临时性地带上了宾语。例(8),语气词应该说在词类里边是相当特殊的,后附黏着性强,很少进入句法组合中去;居然这里不但进入了,且还活用成动词。可见鲁迅用词之汪洋恣肆,大开大阖!

总的特征是所有的词类都是向谓词,特别是向动词靠拢,尽可能地使不具有表达效能的或表达效能弱的词语向最具表达效能的词语上转移,以最大限度地实现词类功能的述谓化。

由此即可初步看到言语里边"修辞化"规律的存在。

再看特定时期人们言语的时尚使用。莫里斯在《开放的自我》中指出:"符号研究兴趣的最高时期是在普遍进行社会变革的时期。"上一讲里边我们列述的名词形化,该现象大都发生在现时。社会的高速发展,新事物的不断涌现,人们思维的活跃,都使得原有的词语组合表达有一种困顿之感,需要新的表现形式才能跟上时代的节奏步伐与人们情绪激越化的自由释放。其实新时期以来的现代汉语新变化强度是过去任何一个历史时期都不能比拟的。单纯拿词语"修辞化"这个方面来说,不仅仅是名词形化,连不常见的副词形化也很多。如时间副词充当定语:"曾经的美丽心情"、"上市,从来的梦想"、"他们急需即刻的救济"、"霎时的勇气"、"一向的劲头"、"已经的感觉"等。程度副词充当定语:“绝对男人”、“非常生活”、“稍稍的柔情”、“略微的感动”等。

仅以“永远”和“曾经”为例,来看现时人们运用的特点。上一讲里,我们已对“永远+N”结构做标题的情况作了简略的分析。事实上这种用法很快推广到了通常的话语表述里边,从而和“曾经+N”一道表现出与众不同的“个性”。这里单独作一阐发。众所周知,副词有着半实半虚的语义特征。“永远”、“曾经”当然也不例外。相比之于形容词、动词,它们的述谓性当然更弱。要想体现出述谓效用,自然是反过来向谓词性这一头儿转移。转移的方式通常是经过两种方式实现的。一种情况是省略了它们所修饰的动词造成的。新时期以来句法运用的一个显著特点就是省略主要成分,重新组合。如“曾经有过的辉煌——曾经的辉煌”,“马上动手术——马上手术”,“永远难以解开的谜——永远的谜”,“很有女人味儿——很女人味儿”等。这两词的新用例,还可以找出许多:

(9) 这或许将是个永无止境的递进,而她又将命定在这递进中作永远的拼搏。(何玉茹《铁凝,用心灵体味日子》)

(10) 婆婆曾用两只茶碗向她劈去,使她的眼角留下了永远的疤痕。(周文祥、诚然《如风如烟的爱——白薇和杨骚》)

(11) 哎,其实我一直没有告诉你,我曾经的梦想也是画家。(卞庆奎《中国北漂艺人生存实录》)

(12) 对人大面积的迫害,使我的头脑更加清醒,也就更不能原谅自己曾经的罪过。(冯骥才《一百个人的十年》)

这些语句中的“永远”、“曾经”都能添上适当的动词。如例(9),前后两分句对应,“永无止境的递进”与“永远的拼搏”,结构本应一致但事实上大不一样;不言而喻是“永远”后边少了“不能言弃”之类词语。省去了这样的词语,倒显得轻松跳脱,简约爽朗;当然,也透现出几分空蒙。

再一种情况则纯粹是为了追求语义上的拓展。“永远+N”做标题实现的大都是这种效用。用之于语句组合中,和“曾经+N”一样,很多时候则在于将语义扩大丰富起来。此时则往往不容易将它们和相近似谓词的意思区别开来。例如:

(13) 这张相片,现在陈列在毛泽东纪念馆,它将成为历史永远的见证。(苏公仁:《邓小平生平全纪录》)

(14) 畹町桥头的边防战士,无论是谁都愿意在这边关大地,为了亲爱的祖国,站成一尊永远的塑像!(张永权《长青的桂树记着他》)

(15) 我说来来来,看看你们的画,便和她一起来到曾经的卧室。(莫怀戚《透支时代》)

(16) 到处看得见她熟悉的人,她亲近的人,她至亲的人,她曾经的恋人……他们在花园漫步,脸上有舒畅的笑意。(铁凝《大浴女》)

前边两例中的“永远”实则是“永恒”的代用。后边用例中的“曾经”,或是补不上明确的动词,或是将它当做“过去”的同义词,或是将它回归到原型的偏正语义“曾经历”,都是与现已固化的语义有所偏移,以求取新鲜灵动的格调。下边的例子更能充分地说明这一点:

(17) 拜伦说:“看到海而不发出赞美词的人必定是个傻子。”我是个沧海曾经的人,对于海却总是漠然地,这或者是因为我会晕船的缘故罢!(梁遇春《观火》)

这简直是历史用法的再追溯,让人很容易联想到“曾经沧海难为水,除却巫山不是云”中“曾经”的语义。

语法化多表现在实词虚词的环节并偏重虚词,“修辞化”却比较多地表现在实词内部。许多从事语法化研究的学者也认为,真正反映在实词内部的语法化现象表现得并不突出。张伯江的《词类活用的功能解释》一文用具体的事例从一个方面比较充分地说明了这一点,甚至认为,实词里边基本上不存在述谓性词语向非述谓性词语游移的现象。[①] 但虽然大家认为语法化现象是一种比较普遍的语言发展现象,但为什么它在实词环节里边就表现得不突出呢?我们认为,从世界存在的方式上讲,空间和时间是最重要的两个范畴,而名词和动词便代表了这种状态的两极。名词的特征主要在于它的指称性上,它的现实性最强,名词和事物之间的关系通常是一对一的关系,它不需要借助语言系统发展的途径来加强自己,完全可以凭借人们认识事物的过程进行抽象便可以获得并丰富自己。这从儿童语言习得最先认识的是名词这一点便可以证明。而在词典里边,名词的概念义也最明晰,也是最容易采用“属+种差”的方式进行定义的。结合着认知语法的理论认识它的句法形式的话,可以看到,名词的有界性也是最突出和最明晰的,那就是数量词语对它的限定相对来说最自由。而它对应的行为动作却有比较大的模糊性,比如说同样是用义素的方法进行认定,相对于名词,对一组同义动词或近义动词的认定难度就大得多。而词语释义对它们也多采取描写的方式。形容词也表现为同样的情况。可以这样说,无论多少述谓性的词语都难以将纷纭复杂的事物动态刻画殆尽,表现抽象行为、表象特征、心理感受就更是如此。正因为如此,人们在不放弃这方面努力的情况下,除了精细地辨析选用原有词语的基础上,也不惜临时性地借用其他词类中的词语以丰富这方面的表现力。特别是文学作品,要使得语言富有弹性和张力,充分反映认知对象的形象性和生动性,充分展示主观情感的丰满性和复杂性,最大限度地利用原有词语进行表现便是一条最便宜的途径。这恐怕就是实词内部为什么指称性的词语多倾向于向述谓性词语的那一头转移,而非其反面的根本原因。

---

① 张伯江:《词类活用的功能解释》,《中国语文》,1994年第5期。

当然,语法化毕竟是语言自身发展的一条普遍性的规律。名词并非完全靠语言外部的认识抽象即可以达到自足。因为相当一些抽象名词在现实世界中并非客观存在,还有些指称对象往往出于意识的认定。比如“这讨论让李明来安排”,其中的“讨论”便具有了一定的指称性,也是其他的名词所不能代替的。也就是说,过去人们常说的动词形容词的“名物化”,便在一定程度上反映了语法化的运行趋势。如“发言”、“说明”等一大批这样的词,现代汉语词典里边都确立了它们的名词词性。尽管它不像人们通常认定的典型的语法化那样明晰,毕竟也说明了实词里边仍是存在着这种现象的。

修辞化的实现,既有语言自身的特征在起作用,同时也有人们的意识迁移规律在促使着。这里边体现得最明显的就是功能的典型性问题。比如时间副词活用为形容词,袁毓林认为,汉语词类作为一种原型范畴,是根据词与词之间在分布上的家族相似性原理而聚集成的类。① 时间副词是副词中的非典型成员,与表达时间意义的其他词类在分布上有相似性。比如“偶然的过错”,似乎说成“偶尔的过错”也不为过;“间断的响声”,类推出“间或的响声”似乎也能说得过去。在一个快节奏的社会发展时期,加之人们的求新求异心理,宜于这种相对时尚用法的形成。

从理论与应用两个方面来看,语法化和修辞化分别代表了存在于语言内部的两种力量:一个是规范,一个是发展。没有前者,语言便不能担当起最基本的交际工具的职能,人们的语言使用也就失去了组词成句表达意义的基本依据;同样,没有后者,语言也就失去了蓬勃的生命力,就不可能实现它与社会共变的关系状态。

从现代汉语百年的历程看,修辞化表现为两种主要的倾向:一是相对冷静的时期内语言沉稳地发展,人们依照着语言自身的特点来谨慎地使用。特别是有些著名作家作品以此为因素,构成自己表达风格的一个重要组成部分。再一个是大变革的时期,人们思想意识普遍活跃,求新求异成为时尚。当然,这里边也有作家不同时段的追求以及用得机巧问题。正因为如此,它的语用效果便不能一概而论。新异是它的主要特征,但新异的正面价值当然是显著的,也是需要给予充分肯定的;但新异不一定会趋向于美,这也是需要理性认定的。主要的特点在于突破固有的语法规则,但这种破得以明晰为第一要则。使用它,首先形式上得有比较清楚的显现,不管是听者还是阅读客体,都能明确地意识到言语本体在体现怎样的修辞手法。当然,铺垫充足是应该的。要么是上文里边大都有所交代,这里是自然地承递转用。例如:

(18) 现在是梅雨天,连雨了十几日。(鲁迅《靠天吃饭》)

要么是书面语里有形式标记:

(19)“我这头发很稀,台北会把它一根一根立着竖起来,吹得很结实,台

① 袁毓林:《词类范畴的家族相似性》,《中国社会科学》,1995年第1期。

北……"她张口台北,闭口台北地说着。美发师一边和老太太搭腔,一边就做起发型来。等老太太"台北"完了,头发也按她说的式样做出来了。(石梅《"蒙妮"交响曲》)

再则是要做到尽可能地语义清晰。当然,这得靠言语主体对社会语言的感受力与临界尺度的把握来实现。如上所述,随着词语句法功能的变动,语义自然有变化。甚至相当一些言语主体更是看中了该用法所带来的语义厚度才张扬其组合的。但这种用法不能仅凭自己的喜好无限度的扩大。这一点老舍的创作也给人们提供了很好的借鉴。他的前期作品,用他自己的话来说,有"油滑"的色调,其中就包括词类活用这方面的因素。看他《离婚》的用例:

(20) 在他的心的深处,他似乎很怕变成张大哥第二——"科员"了一辈子……

"科员"形式显豁,很好理解。下边这个得要人颇费点心思。

(21) 他要是和所长有一腿的话,我不是收拾他,就得狗着他点,先狗一下试试。

这里边的"狗"的活用,其义就不像"猫着腰"、"铁了心"、"球成一团"那样明白通透。类似的还有前些时昆明推出的宣传语"你昆明了吗"一样,词类活用求取的就是灵动,如果让它造成谜语的状貌就不理想了。最好的应该让人一听一看即明白其功能意图,接下来又非常值得语义上玩味儿,才能臻至佳境。老舍《骆驼祥子》中的用法就大不一样,让人激赏。例如:

(22) 眉棱棱着,在一脸的怪粉上显出妖媚而霸道。

(23) 在小屋里转转着,他感到整个的生命是一部委屈。

(24) 祥子的心还是揪揪着,不知上哪里去好。

动词重叠按通常的语法规则自身已经具备了时间因素,就不能再带表持续性的动态助词,然而在该作品里边就是突破了这一局限,从而赋予了词语一种传神的状态感与情调。

再看鲁迅的一则这种用法:

(25) 牛马同是哺乳动物,为了要"顺",固然混用一回也不关紧要。但究竟马是奇蹄类,牛是偶蹄类。有些不同,还是分别了好,不必"出到最后一册"的时候,偏来"牛"一下子的。

"牛"了一下之后,使我联想起赵先生的有名的"牛奶路"来了。这很像是直译或"硬译",其实却不然,也是无缘无故的"牛"了进去的。(《风马牛》)

这篇杂文是对赵景深主张"顺而不信"译法的质疑,主要采取反证的方法。依据赵多处将牛误译作马的事实，作了上述的诘难。真是无巧不成书！误码译将牛作马，恰恰照应了古语“风马牛不相及”，俗语“牛头不对马嘴”。赵过去一向攻击鲁迅的译作是“硬译”。这下落在了大手笔鲁迅的彀中，怎能不给他“牛”来“牛”去，成就绝好文字！这里的活用，起到的是强调重点的作用。

二、词语锤炼的类型

词语修辞，是一个相当丰富厚重的内容。因为任何一个基本的语言单位都牵涉应用得对不对、通不通、好不好的问题。拿最不起眼儿的虚词来讲，也马虎不得。卓有成就的文学家们也斟酌得非常到位。如鲁迅《阿 Q 正传》里展示的一个情节，写阿 Q 与小 D 打架：

> 四只手拔着两颗头，都弯了腰，在钱家粉墙上映了一个蓝色的虹形，至于半个钟头之久了。
>
> “好了，好了！”看的人们说，大约是解劝的。
>
> “好，好！”看的人们说，不知道是解劝，是颂扬，还是煽动。

仅仅是最小不点儿的“了”，有与没有，所持主张截然不同。

就是最简单的数词“一”，用得精致，照样儿能够取得出人意料的效果。《水浒传》第二十三回写景阳岗武松打虎一节，历来为人津津乐道。全段 640 多字，施耐庵竟不吝“一”字，复叠使用了 30 个：

> 那大虫又饥又渴，把两只爪在地下略按一按，和身望上一扑，从半空里窜将下来。武松被那一惊，酒都做冷汗出了。说时迟，那时快：武松见大虫扑来，只一闪，闪在大虫背后，那大虫背后看人最难，便把前爪搭在地下，把腰胯一掀，掀将起来。武松只一闪，闪在一边。大虫……把这铁棒也似虎尾倒竖起来只一剪。武松却又闪在一边。……那大虫又剪不着，再吼了一声，一兜兜将回来。武松见那大虫复翻身回来，双手抡起哨棒，尽平生气力，只一棒，从半空劈将下来。……那大虫咆哮，性发起来，翻身又只一扑，扑将来。武松又只一跳，却退了十步远……

这段描写令人惊心动魄：生死攸关，命悬一线，或虎亡人手，或人葬虎腹，动作的迅疾就是一切！作家似乎正是看准了这一点，“一”字的多加使用，对彰显力度和神威，渲染节奏和氛围，都起到了其他词语所不可替代的作用。

就是代词，用得巧妙，也能展现无限的意趣。看《红楼梦》中的一处用例：

> 袭人笑道：“你们不用白忙，我自然知道，不敢乱给他东西吃的。”一面说，一面

将自己的坐褥拿了来,铺在一个杌子上,扶着宝玉坐下,又用自己的脚炉垫了脚,向荷包内取出两个梅花香饼儿来,又将自己的手炉掀开焚上,仍盖好,放在宝玉怀里,然后将自己的茶杯斟了茶,送与宝玉。

看到了吗?都是“自己”的!透现的是袭人难以明言的衷曲。

词语修辞,各种各样的单位类型都有各自的特性,充分发挥其功能,细微展示其意义之精妙,最普遍的词都能着色生彩,显露魅力。下面仅就常见的词语的修辞方式给予描述。

(一)词语的锤炼

虽然说每种词语都有自己的效用,但总体说来,价值含量仍不能等量齐观。其因有二:一是不同词类的数量大不相同。仅名、动、形三类词,它们加在一起要占到一种语言词汇总量的90%以上。再一是功能作用也有差别。在所有词类里边,动词对于语句整个间架结构的建立往往占取中心地位。所以,语法学界普遍流行的观念就是动词中心说。在表达效能方面,正像我们已经看到的那样,呈百川归海之势,修辞化的总指向也是动词。动词在所有词类里边是最富有表现力的。如果说形容词的使用很多时候会给人以堆砌词藻负面效应的话,动词的使用不但少有微辞,倒一向是人们关注的重心。如阿·托尔斯泰在《论戏剧创作》中说的:“要为文字的洗练、坚实和富于动作而作牺牲。”所以,说到词语修辞,应该遵从不同词类不同的价值分量给予有侧重的分辨。

1. 锤炼动词

从词类角度看,修辞化是向动词这一中心词类转移;但,动词决不是词语修辞的终极点,因为同样都是动词,仍有一个推敲锤炼再选择的过程。古代诗文的撰写,留下了很多趣闻佳话。如果比较一下的话,还是动词多。不管是杜甫的“身轻一鸟下”的“下”、“林花著雨胭脂湿”的“湿”,贾岛的“僧敲月下门”的“敲”,还是王安石的“春风又绿江南岸”的“绿”,苏轼的“渊明求县令”的“求”,抑或是黄庭坚的“归燕略无三月事,高蝉正用一枝鸣”的“用”,都是着眼的动词。传统诗话也多关注于此。黄庭坚《答洪驹父书》:“老杜作诗,退之作文,无一字无来处。……古之能文章者,真能陶冶万物,虽取古人之陈言入于翰墨,如灵丹一粒,点铁成金也。”孙奕《履斋示儿编》:“杜诗只一字出奇,便有过人处。如‘二月已破三月来’,‘一片花飞减却春’,‘朝罢香烟携满袖’,‘生憎柳絮白于棉’,‘何用浮名绊此身’,则下得‘破’字,‘减’字,‘携’字,‘于’字,‘绊’字,皆不可及。”然怎么个好法?古往今来,却很难谈出一个绝对标准。正像朱熹《朱子语类·论文》中所言:“苏子由有一段论人做文章,自有合用底字,只是下不著。又如郑齐叔云,做文字自有稳底字,只是人思量不著。横渠云:‘发明道理,唯命字难。’要之,做文字下字实是难。不知圣人说出来底,也只是这几字,如何铺排得恁地安稳!”亦如《红楼梦》中第四十八回“滥情人情误思游艺慕雅女雅集苦吟诗”中香菱的感悟:“必得这两个字才形容得尽,念在嘴里倒像有几千斤重的一个橄榄。还有‘渡头余落日,墟里上孤烟’:这‘余’字和‘上’字,难为他怎么想来!我们那年上京来,那日下晚便湾住船,岸上又没有人,只有几棵树,远远的几家人家作晚饭,那个烟竟是碧青,连云直上。谁知我昨日晚上读了这两句,倒像我又到了那个地方去了。”

感觉来,说不出。这是文学创作,甚至是通常人语言运用普遍性的反映。像朱熹那样的大家尚且如此,其他人当更是如此。之所以这样,就在于词语锤炼是综合性因素在共同起作用,其解决的方式当然也复杂多样,似乎没有一定之规。这正是人们平日运用多所踌躇困惑,学者难以总结其规律之所在症结。有些因素肯定是超出了语言的范畴。比如词汇积累,没有大量的词语存储于胸,用的时候自然捉襟见肘,不能够选用大同小异且确切的词语进行很好的配置。修辞学当然管不了这么多,它能管的只是在具有了相当的语汇知识储备基础上的能力提高。如果我们就此能够达到共识,好,我们上述所讲的就是多种词类使用上的一种总体趋势;如果那样的问题比较清楚了,接下来就是如何攻坚突破的事情了。这里就常见的运用策略做简略的论述。

(1) 精确审辨功能及意义区别

让我们结合着具体的事例来谈。老舍曾以切身的体会给人们示范说:“比方写一个长辈看到自己的一个晚辈有出息,当了干部回家来了,他拍着晚辈的肩说:‘小伙子,“搞”得不错呀!’这地方我就用‘搞’,若不相信,你试用‘做’,用‘干’,准保没有用‘搞’字恰当、亲切。假如是一个长辈夸奖他的子侄说:‘这小伙子,做事认真。’在这里我就用‘做’字,你总不能说,‘这小伙子,“搞”事认真。’要是看见一个小伙子在那里劳动得非常卖力气,我就写:‘这小伙子,真认真干。’这就用上了‘干’字。像这三个字‘搞’、‘干’、‘做’,都是现成的,并不谁比谁更通俗。只看你把它搁在哪里最恰当、最合适就是了。”[①]粗粗一看,这似乎又回到了“语言艺术家的技巧就在于寻找唯一需要的词的唯一需要的位置”的老路子。似乎仍然是个不可把握的未知数,因为可变因素太多了。如老舍先生通过他描绘的情景已经在这儿给我们提供了诸多前提条件:言语主体的身份,对方的角色定位,包括对象现时的具体特征等。事实上,这些都是参考项,基础还在于对“搞”、“干”、“做”三词的细微功能的描写与认定。试作一下具体的分析。

这三个词,可以说是同义词,因为它们在常态情况下的组合搭配中是可以互换的。如“这件事他搞(做、干)得好。”从大的方面说,无论是意义的程度、范围,色彩的褒贬,语体的归属,还是语法词性,都没有根本的区分。差别重在搭配环节上。而搭配,有些明显有些不明显,甚至一向以深入描写总结规律为终极目标的语法对此都似乎无能为力。所以,有些人就主张让词典来解决,将所谓的固定搭配穷尽式地罗列。但,具体的

① 老舍:《关于文学的语言问题》,《出口成章》,第79~80页,上海,复旦大学出版社,2004。

铺排,并不能收寓繁于简之功效,特别是不能提高人们从理性上真正地把握好遣词造句的能力。

如果精细审辨,仍是能够看到它们不同的语义侧重的:

搞(从事某种行当、采取某种方法、实现某种目的。性质判断性强)

① [从事]:～工作/～旅游/～运输/～审计/～开发

② [实施]:～试验/～研究/～排场/～破坏/～花架子

③ [获得]:～东西/～关系/～独立/～创新/～项目

④ [使坏]:～同行/～女人

做(主导性的具体操作)

① [经营]:～事/～推销/～生意/～广告/～宣传

② [产出]:～东西/～饭/～豆腐/～作业/～镜框

③ [进行]:～决定/～选择/～准备/～调整/～安排

④ [做出]:～手势/～动作/～鬼脸/～样子

⑤ [作、担当]:～人/～主角/～指导/～经济人/～兼职

干(投入。要么大要么小)

① [投身]:～事业/～革命/～一行/～营生

② [做]:～活/～家务

③ [从职]:～医生/～书记/～临时工/～保姆

归纳出具体的义项,其差别就比较明确地浮现出来了。如,只能说“做饭”,我们就不能类推说“搞饭”、“干饭”;只能说“搞革命”、“干革命”,同样不能说“做革命”。这是因为“做”往往是具体的,它针对的是“事儿”;“搞”和“干”却是着眼于大处,往往是“事业”。于是人们多是描写“做”得认真、精巧、细腻等。“搞”和“干”也有不同,尽管很多时候两者可以互换。相比来说,“搞”指从事工作性质整体,而“干”更多地着眼于态度。所以,后者多可以说:“摔开膀子大干”、“拼命干”,后者通常是不这样说的:*“摔开膀子大搞”、*“拼命搞”。由此不难看出,老舍对看似相同的一组词深切的审辨,非常到位;是一般人很难企及的。而人们要想在词语修辞上达到一定的层次,就得不断地培养这种语感能力,精细的审辨能力。当然,以科学的态度进行认识,就必须从理论上注意归纳;不能将自己需要关注的课题图省事儿而一股脑儿地推给搭配词典。

(2) 在类义共现中给予展示

发展才是硬道理,运动才显得有活力,行为才最能够凸现人的潜在意识和性格特征。当一系列动作叠次显现时,如何选取大同小异的类义动作词语给予恰当的体现,很能够反映人们的语言功力。有造诣的作家是非常善于并敢于进行这方面的尝试的。看具体的例子:

(26) 老栓慌忙摸出洋钱,抖抖的想交给他,却又不敢去接他的东西。那人便焦急起来,嚷道:“怕什么,怎的不拿?”老栓还踌躇着;黑的人便抢过灯笼,一把扯下纸罩,裹了馒头,塞于老栓;一边抓过洋钱,捏了捏,转身去了,嘴里哼着说:“这老东西……”(鲁迅《药》)

(27) 他仿佛想把他的热情变成包子的滋味,全力以赴,揉面,摘面蒂,刮馅子,捏褶子,收嘴子,动作的节奏感很强。(汪曾祺《落魄》)

(28) 郭老头能吃饭,斤半烙饼卷成一卷,攥在手里,蘸一点汁,几口就下去了。(汪曾祺《塞下人物记·俩老头》)

(29) 正在咽着红饼子的萧胜的妈忽然站起来,把缸里的一点白面倒出来,又从柜子里取出一瓶奶奶没有动过的黄油,启开瓶盖,挖了一大块,抓了一把白糖,兑点起子,擀了两张黄油发面饼。抓了一把莜麦秸塞进灶火,烙熟了。(汪曾祺《黄油烙饼》)

(30) ……他悠悠地踱着步子,嘬着牙花子,慢吞吞地吐着每一个字。好像是在掂每一个字的分量;又像是在咂着每一个字的滋味。是的,他的话语就像五香牛肉干,浓缩,醇厚。(王蒙《说客盈门》)

所谓的同义词,其范围限度通常是难以界定的。名词里边所指对象不同,往往就过渡到了类义范畴。对于动词来讲就更是这样,此时用类义认定就更为确当。如例(26),其实一连串的动词反映的都是手部动作:“摸”、“交”、“接”、“拿”、“抢”、“扯”、“裹”、“塞”、“抓”、“捏”,在不多的文字里边竟然一连气用到这么多相近相似的词,两个交际对象,动作方向一个是拿出奉送,一个是拿进处理再送出;一个颤畏犹豫,一个凶狠强暴,其力度构成鲜明的对照。其中的很多个动词倒是都可以用相近的词语来代替的,如“摸”可以用“掏”,“扯”可以用“撕”,“裹”可以用“包”等,但其表现力及其意味则会荡然无存。

非记叙性的文章也可以通过该方式进行表现。

(31) 它只是一片沉着的鼓声,鼓舞你爱,鼓动你恨,鼓励你活着,用最高限度的热与力活着,在这大地上。(闻一多《时代的鼓手》)

(3) 画龙点睛,顿然生辉

现在修辞里边常说的锤炼词语,古人叫做“炼字”。传统文化推崇简易,惜墨如金;在此基础上,要么重视政治理论上的微言大义,要么重视意象上的鲜明灵动。故对字词的使用“如矿出金”(司空图《诗品·洗炼》),“如百炼钢”(杨百夔《词品·精炼》),“为求一字稳,耐得半宵寒。”(顾文炜《苦吟》),“壮非少者哦七言,六字常语一字难”(韩愈《记梦》)等。客观方面,有书写工具和语体上的硬性要求,主观方面,则有古人的艺术品位追求。于前者,今天的条件似乎都不再重要;于后者,随着整个世界文化的互通与价值观念的更新,那么现在条件下的动词锤炼,既与过去的有继承,如“野渡无人舟自横”,“横”,既有自然形态又有人的心境。

下面语句中动词的使用也有异曲同工之妙:

(32) 她约莫三十多左右,高身段,戴着墨镜,耳朵上摇着两只金色大耳环,怪好看的。(杨朔《埃及灯》)

看里边的“摇”,是什么在摇?谁让摇?或许都有,作家在这儿就是试图将这种综合性并具有模糊性的东西给予显示,将一个时尚女郎从外表到内心的光鲜活跃给凸现了出来。

也有当今时代的新特色,即比较普遍地采用隐喻的方式给予显示。所谓隐喻,即多立足于寓抽象于具体、形象、活泼的艺术追求,选取最富有生活气息和动感性强、形象鲜亮的词语置于恰当的位置。因为它多是单个动词来体现的,人们往往会忽略它的效用;有时也感觉到它存在的价值,但它的好却又说不出。仍拿毛泽东《反对自由主义》“事不关己,高高挂起”中的“挂”来说,“事不关己”,接下来按着表述语义及口气继续进行,正常的承接是“不管不问”,但这样的言语方式也太常规化了,没有一点意象感觉。这时用“挂”就不一样了,能够迅速给人以焕然一新的引发:很新鲜的组合;尔后很快会唤醒人们对鲜明生活场景的回忆:什么东西不用了就挂起来,若是不需要,甚至长久地都会被人们冷落,也就是束之高阁了!这种画面就体现了一种全新的认识图景,比单纯的性质判断当然要易于人们接受。“理论是灰色的,而生活之树长青。”(歌德《浮士德》)用它来解释这儿的语言表现追求,也恰如其分。下面语句中的动词选用当然也是同样道理:

(33) 不论从旧道德,从新道德,只要是损己利人的,他就挑选上,自己背起来。(鲁迅《为了忘却的记念》)

(34) 人们单是“上叶”也就忙得透不过气来。但这是最后五分钟了。再得两天,“宝宝”可以上山。人们把剩余的精力榨出来拼死命干。(茅盾《春蚕》)

如果也是对具体事物的描述,本身有形象性,此时需不需要再锤炼呢?当然需要,语言艺术的追求是无止境的。一个重要的方式即是将无生命的赋予生命。如杨朔《雪浪花》开篇时的文字:

凉秋八月,天气分外清爽。我有时爱坐在海边礁石上,望着潮涨潮落,云起云飞。月亮圆的时候,正涨大潮。瞧那茫茫无边的大海上,滚滚滔滔,一浪高似一浪,撞到礁石上,唰地卷起几丈高的雪浪花,猛力冲激着海边的礁石。那礁石满身都是深沟浅窝,坑坑坎坎的,倒象是块柔软的面团,不知叫谁捏弄成这种怪模怪样。

几个年轻的姑娘赤着脚，提着裙子，嘻嘻哈哈追着浪花玩。想必是初次认识海，一只海鸥，两片贝壳，她们也感到新奇有趣。奇形怪状的礁石自然逃不出她们好奇的眼睛，你听她们议论起来了；礁石硬得跟铁差不多，怎么会变成这样子？是天生的，还是錾子凿的，还是怎的？

“是叫浪花咬的，”一个欢乐的声音从背后插进来。说话的人是个上年纪的渔民，从刚靠岸的渔船跨下来，脱下黄油布衣裤，从从容容晾到礁石上。

有个姑娘听了笑起来：“浪花也没有牙，还会咬？怎么溅到我身上，痛都不痛？咬我一口多有趣。”

老渔民慢条斯理说：“咬你一口就该哭了。别看浪花小，无数浪花集到一起，心齐，又有耐性，就是这样咬啊咬的，咬上几百年，几千年，几万年，哪怕是铁打的江山，也能叫它变个样儿。姑娘们，你们信不信？”

“是叫浪花咬的”，一个“咬”字，成为整个篇章的文眼。

其他的例子再如：

(35) 春天有野迎春：夏天太阳一西斜，漫山漫坡一片黄花，散发着一股清爽的香味。黄花丛里，有时会挺起一枝火焰般的野百合花。（杨朔《海市》）

2. 锤炼形容词

形容词属于仅次于动词的述谓性词类。它的使用频率也比较高，表述上面也很有特点，那就是词义的模糊性最大，特别是状态形容词，可以说这种词类是典型的人的主观意识类的词。关键在于这类词描绘的是事物的特征状貌，这种特征状貌事实上也是很难用具体的数字，或严格的义素给出明确认定的。鲁迅先生曾结合自己的语言实践深有感触地说：“我实在连自己也不知道‘崚嶒’和‘巉岩’究竟是什么样子，这形容词，是从旧书上钞来的，向来就并没有弄明白，一经切实的考查，就糟了。此外如‘幽婉’，‘玲珑’，‘蹒跚’，‘嗫嚅’……之类，还多得很。”（《且介亭杂文二集·人生识字糊涂始》）鲁迅在这儿感慨的，涉及两个方面的问题：一是相对文雅生僻的形容词，还是少堆砌得好；再一个形容词自身所带的模糊性，让人爱恨不得。为了稍稍宽释一下问题的难度，我们可以选择简单的形容词来说。比如：“高个子”和“高高的个儿”，哪个高？肯定前者高。为什么？因为“高”是性质形容词，作用在于判断；“高高”是状态形容词，作用在于描写。高者可以用具体的数字表现，后者不行。对比之中，即可知道后者比前者的模糊度大。故，前者多用于科技、说明类等语体中，后者在文学里边有无限的空间。如：

(36) 一会，门帘一挑，露出一个年轻媳妇来。这媳妇长得很好看，高高的鼻梁，弯弯的眉，额前一溜蓬松松的刘海。（茹志鹃《百合花》）

王力指出：叠字法可以把“事物‘形容尽致’，这好像在语言里加上了鲜艳的色彩”[①]。朱德熙的说法：状态形容词都带有“主观估价作用”，“包含着说话的人的感情色彩在内”。[②] 上述例子中的重叠式形容词都鲜明地体现着这些特征。如果改换成原式形容词，肯定减色很多。词义的模糊性同样带来了两个方面的效应：一是增加了人们对词义的确认难度，一是人们使用词语表达思想有了比较大的自由度，使语言具有了一定的张力和弹性。

但形容词的类比较复杂。比如说色彩性的形容词，它本身的抽象性很突出；然则它在对比中倒显得不怎么朦胧模糊了，体现出的倒是颜色的鲜亮。杜甫诗词里边即有很多注意了这种对应。如“两个黄鹂鸣翠柳，一行白鹭上青天”（《绝句》）、“红入桃花嫩，青归柳叶新”（《奉酬李都督表丈早春作》）、“青惜峰峦过，黄知橘柚来”（《放船》），“碧知湖外草，红见海东云”（《晴》）等，其运用都描摹了一个可视的亮丽的风景画面。

现代作家里边也有关注这种运用及效果的。如：

> (37) 两个女儿，长得跟她娘像一个模子里托出来的。眼睛长得尤其像，白眼珠鸭蛋青，黑眼珠棋子黑，定神时如清水，闪动时象星星。浑身上下，头是头，脚是脚。头发滑溜溜的，衣服格挣挣的。——这里的风俗，十五六岁的姑娘就都梳上头了。这两个丫头，这一头的好头发！通红的发根，雪白的簪子！娘女三个去赶集，一集的人都朝她们望。（汪曾祺《受戒》）

> (38) 汉堡港是美丽的。岸上，一幢幢红色和黄色的建筑群；港口，碧蓝的海水翻卷着银白的浪花……（柯岩《船长》）

（二）词语的变异使用

词语在语句里边都有一定之规，什么样的词语和什么样的词语相组合，由全民的语言运用给出了基本标准。虽然没有拿出正式的“文件”，但大家心目当中都有一个基本的标准和尺度。这个基本的标准和尺度，就是语法。当然，语言也要发展，这个发展也有一定的尺度，不能动摇根本，它表现在个别的具体现象上，从而使语言表现出既有一个统一的规格，保障最一般的信息传递不走样；同时也使语言显得有兴味，有意趣和灵动性。这就是人们常说的语言运用概貌：“知常达变”。词语的运用也是这样，在保证常规搭配的基础上，人们还不断适当地改变一些词语的组合关系，从而表现出奇异的特征状貌和新的微妙的句法语义。这种运用也属于修辞的范畴。人们常说常用的主要有下面的一些类型。

---

① 王力：《汉语语法纲要》，第166页，上海，上海教育出版社，1982。

② 朱德熙：《现代汉语形容词研究》，《语言研究》，1956年第1期。

1. 词语的降用

制约词语组合搭配的因素有多种，其中包括语体的要求。显而易见，将书面语的词语用在口语中，会显得文绉绉的，不好的评价会说是“掉书袋”；同样道理，将表述相当抽象的重大理论观念的概念拿到日常生活的细节中来用，也会造成人们语感上的反差，也就是与潜隐于人们心底的词语组合规则形成冲突。但话又说回来了，如果在一种适宜的语境氛围里边，精心为之，将个别的异样语体色彩的词语引入，它既不会给人们造成错误的理解，同时又能给人以新鲜感，这不能不说是一种积极的语用的现象。因为这种用法大都是打破了不同语体词语类型间的组合规则；同时又大都是将具有严肃庄重色彩的词语临时性用到了反映通常生活题材的内容上，人们通常将这种特定的用法称为“降用”。这种语用现象极易形成“小题大作”、“大词小用”的滑稽感，所以整体能够获取一种调侃打趣，幽默诙谐的修辞效果。例如：

(39) 给儿子娶媳妇，也就等于是给家里定“接班人”，事关重大，非同小可。陶应发老夫妇俩不敢擅自作主，决定召开紧急“内阁会议”，让三个有见识的姑娘给拿拿主意。(李叔德《赔你一只金凤凰》)

(40) 看样子还得我这个当妹妹的插手，出面干涉他们的“内政”了。(关庚寅《“不称心”的姐夫》)

采用这种用法的言语主体当然也知道这不是该词语的通常用法，因此多用引号将它们分明地标识出来。当然，也有人根据具体的情况，不加引号，将它们直接融入表述语句里边。这样的方法当然也就更隐秘一些，更显得煞有介事。

这种用法格调鲜明、强烈，对言语的整体风格都可能产生影响。我们看到，有些作家在言语运用上对此有所偏好。这在赵树理、鲁迅的作品中比较多见。

(41) 娘既然管不了小奶奶，梅妮就得回来摆一摆小爷爷的威风。他一回来，按“老规矩”自然用不着问什么理由，拉了一根棍子便向孟祥英打来。不过梅妮的威风却也有限——十六七岁个小孩子，比孟祥英还小一岁——孟祥英便把棍子夺过来。这一下可夺出祸来了：按“老规矩”，丈夫打老婆，老婆只能挨几下躲开，再经别人一拉，作为了事。孟祥英不只不挨，不躲，又缴了他的械，他认为这是天大一件丢人事。(赵树理《孟祥英翻身》)

(42) 老相好都不来了，几个老光棍不能叫三仙姑满意，三仙姑又团结了一伙孩子们，比当年的老相好更多，更俏皮。(赵树理《小二黑结婚》)

(43) 他们谈到以后该怎么样办，燕燕仍然帮着艾艾和小晚想办法，他们两个也愿意帮着燕燕，叫她重跟小进好起来。用外交上的字眼说，也可以叫做“定下了互助条约”。(赵树理《罗汉钱》)

(44) 灵芝和有翼开玩笑说：“你爹的外号不简单，有形成阶段，还有巩固和发

展阶段。”(赵树理《三里湾》)

(45) 小尼姑全不睬,低了头只是走。阿Q走近伊身旁,突然伸出手去摩着伊新剃的头皮,呆笑着,说:“秃儿!快回去,和尚等着你……”“你怎么动手动脚……”小尼姑满脸通红的说,一面赶快走。酒店里的人大笑了。阿Q看见自己的勋业得了赏识,便愈加兴高采烈起来。(鲁迅《阿Q正传》)

(46) 但海婴这家伙却非常顽皮,两三日前竟发表了颇为反动的宣言,说:“这种爸爸,什么爸爸!”真难办。(鲁迅《致增田涉》)

少数的属于同层次的不同语体词语间的使用。看下面一则言语交际中的情况:

1993年底,香港宝莲禅寺天坛大佛举行开光大典。新华社香港分社社长周南、港督彭定康均应邀做主礼佳嘉宾。仪式结束后,彭答记者问指责我港澳办关于香港问题的声明“并不是一份有特别吸引力的圣诞礼物”。记者以此请周南发表意见,周南以“佛教的日子”为由不予评论。因为在宗教圣地,参加宗教仪式,双方展开外交争论是不合时宜的。无奈记者追问再三,周南顺口答道:“谁搞‘三违背’,定会苦海无边,罪无边,罪过!罪过!谁搞‘三符合’,自是功德无量,善哉!善哉!”末了一句“阿弥陀佛”,引得在场者阵阵掌声和笑声。

言语主客体都明白,言语主体并不信佛,但仅仅是场合的特点,又加上问题的挑衅性不便直接回答,那么,在阐明我国政府一贯立场原则的同时,对具体的不便明言的方面,又适时地借助佛教词语进行了婉曲表述,于情理既合又不合,让人感到严肃中的轻松,正面中的谐趣。

而真正轻松平易通俗谐趣性的词语却不宜用在严肃庄重的语体里。

2. 词语的仿用

这在通常讲修辞格的著作里边叫“仿似”,并且不限于词语的仿用。但是这种现象在词语上面体现得最多,而且最易于学习和使用,因此很有必要作为词语运用的一项特征来突出地谈一下。

这种用法的特点就是:利用过去常说常用、习惯定型了的词语结构及成分特点,在特定的上下文里边,临时性地更换某个语素,造就一个新词语。这种用法因为有原有词语的意义形式作铺垫,既不会被人们误认为是生造词语,又显得表述简明,灵动活泼,意趣盎然。例如:

(47) 一个阔人说要读经,嗡的一阵一群狭人也说要读经。岂但“读”而已矣哉,据说还可以“救国”哩。(鲁迅《这个与那个》)

(48) 想到生的乐趣,生固然可以留恋;但想到生的苦趣,无常也不一定是恶客。(鲁迅《无常》)

(49) 有些天天喊大众化的人,连三句老百姓的话都讲不出来,可见他就没有

下过决心跟老百姓学，实在他的意思仍是小众化。(毛泽东《反对党八股》)

这些例子可以看做一种类型。这种类型都是在表述的前边部分先将要“仿用”的词语交代出来，这个词语可以叫做原型词；而后借此而创一新词。

有的表述甚至将这种“创制”的经过都交代出来了。例如：

(50) 作诗的人，叫“诗人”；说作诗的话，叫“诗话”。李有才作出来的歌，不是“诗”，明明叫做快板，因此不能算“诗人”，只能算“板人”，这本小书既然是说他作快板的话，所以叫“李有才板话”。(赵树理《李有才板话》)

显然，这种创制是一种类推。

(51) 尤其使矛盾尖锐化的，是吴老太爷的真正虔奉《太上感应篇》，完全不同于上海的借善骗钱的“善棍”。(茅盾《子夜》)

(52) 中国战争史中合此原则而取胜的实例是非常之多的……都是双方强弱不同，弱者先让一步，后发制人，因而战胜的。(毛泽东《中国革命战争的战略问题》)

(53) 调查有两种方法，一种是走马看花，一种是下马看花……你们国家有那么多的花，看一看望一望就走，这是很不够的，还必须用第二种方法，就是下马看花，过细看花，分析一朵“花”，解剖一个“麻雀”。(毛泽东《我们党的一些历史经验》)

(54) 凡自以为识路者，总过了“而立”之年，灰色可掬了，老态可掬了，圆稳而已，自己却误以为识路。(鲁迅《导师》)

这四例可以看做又一种类型。就是原型词并没有出现，只是根据人们丰厚坚实的语言背景，才进行改换的。

词语的仿用，同样有着通常人们的认知基础。由上面的例证可以看得很清楚，所更换的语素里边，大致也可以分作两种类型：一种是反义性质的，如例(47)、(48)、(49)、(51)、(52)；另一种是类义性质的，如例(50)、(53)、(54)。拿第一种类型来说，人们大都具有对称性的心理思维定式，特别是我们汉民族，表现得更充分一些。然则过去所创制的词语里边却并不完全具有对称性。也就是说，语言并非一种理性、理想化的产物。而言语的表述却是丰富多彩的，对称性的语意要求却是许多时候都会出现。对于语言材料上的这种不足，人们便在言语中借助修辞仿用进行了弥补。由此也可以看出语法和修辞是互补性的，两者共同起作用，才能满足人们表达的需要。第二种类型则是通过连类而及、接近联想的方式得以实现的。

3. 词语的析用

人们的思想意识是丰富复杂的。言语主体要想使自己的知识经验很好地传递给客体,就需要解析。通常的正面解释属于正常的语言表述范畴,如词典释义、立论阐发等等。但这不属于我们这里要讲述的内容。我们所侧重的是“别出心裁”、“引发新知”,是别有意趣的表达,往往要从通常的认识观念中离析出更丰富的内容或异样的见解,有的只是将一个完整的词语断开分用,即便这样,也很能给人以灵动新奇的深刻印象。如“国家”,本为一个意义集中严密的词,是运用中最基本的单位,然则故意地将它拆解开来,说成是“有国才有家”,这就使原本的意思及结构等都产生了变异,显然增添了许多东西。再如“惊险”,作为两个语素的组合,意义上本是统一的;变化一下用“有惊无险”的形式进行表述,实际上就构成了与原语义的顿宕反差,新奇感、精细感都会在人们心目中油然漾起,修辞的效果也就凸现出来。

从整体情况看,词语的析用又可以分为两种类型,一是多为书面语中的应用。如:

(55)……因为歌谣的自然是诗中所无,故说是“清新”。就歌谣的本身说,“清”是有的,“新”却很难说——我们宁可说,它的材料与思想,大都是有一定的类型的。(朱自清《〈粤东之风〉序》)

(56)无理不能取闹,有理也不能取闹。《宁波日报》2004年1月12日

(57)小市民痛恨贪官污吏,土豪劣绅,于是武侠小说或影片中也得攻击贪污土劣,但同时却也抬出了清官廉吏,有土而不豪,是绅而不劣,作为对照,替统治阶级辩护。(《茅盾选集》第328页)

(58)不懂得路就问路,不认得的事物就请教。谦而不虚,采用老实的办法,狂而不妄,采取认真的态度。(徐迟《向着二十一世纪》)

(59)虽说因为痛恨流寇的缘故,但他是究竟近于官绅的,他到底想不到小百姓的对于“流寇”,只痛恨着一半:不在于“寇”,而在于“流”。(鲁迅《谈金圣叹》)

上面的例子都是对词语进行解析,且大都是肯定一部分,否定一部分。

(60)焦大以奴才的身份,仗着酒醉,从主子骂起,直到别的一切奴才,说只有两个石狮子干净。结果怎样呢?结果是主子深恶,奴才痛嫉,给他塞了一嘴马粪。(鲁迅《言论自由的界限》)

这一例则仅仅是拆词来用。

再有一种是口语用法。这种用法却大都是曲解:利用字面义而引发开来,看似无理却有意趣。例如:

(61)阿凡提来到皇宫门口,便扭转身子,把屁股朝着皇帝,倒着走上殿去。皇帝看见,骂道:“你这是干什么?阿凡提,还不转过身来,赶紧给我办要紧事。”

“我怎么能转过身来呢?”阿凡提说,“上次您说过,再也不要见我的面了。那有什么法子?今天,只好请您见见我的屁股吧!”(赵世杰《阿凡提的故事》)

(62)甲:还说我"胆大包天",我有那么大胆子吗?能把天包住!王母娘娘归我啦?

乙:你管王母娘娘干吗?

甲:那说"胆大包天"干吗?

(《侯宝林相声选》)

例(61)是字面曲解,荒乎其唐,实则辛辣嘲弄。例(62)则是故意地"望文生义"诡辩,令人解颐。

4. 词语的代用

所谓词语的代用,就是通常所说的修辞格"借代"。我们之所以将它放置在这里一并讲述,原因就在于,过去讲修辞格的著作,大多不讲内在的类别特性及关系,只是将它们一股脑儿地堆叠在一起;"借代",就其总体来说,主要还是一个词语问题:原所用的词语不出现,而借用与之相关的其他词语来代替它。当然,这是语言的表象;其深层的心理机制是:变常规思维为变异思维,变单向思维为多向思维,表述的内涵从而丰厚起来。我们拿具体的例子来说:

(63)一个阴暗的小屋子里,上面坐着两位老爷,一东一西。东边的是一个马褂,西边的是一个西装……马褂问过他的姓名年龄籍贯之后,就又问道:"你是木刻研究会的会员么?"(鲁迅《写于深夜》)

比如后半截语句中的主语,按通常的表述,应该是"东边的老爷问过他……"但这里不是这样,改作前边已作交代的他的衣着当主语;这样显然强调了他的衣着的象征意义,而且使得读者对整个表述的理解由下边图示的1式变为2式:

1式:(东边的老爷穿着马褂)　东边的老爷问

2式:(东边的老爷穿着马褂)——问

马褂

无形当中将人们的思索的空间扩大了,突出了人物特征,强调了重点,自然也增强了语言的生动性。同样效果的这种用例再如:

(64)普及工作若是永远停止在一个水平上,一月两月三月,一年两年三年,总是一样的货色,一样的"小放牛",一样的"人、手、口、刀、牛、羊",那末,教育者和被教育者岂不都是半斤八两?(毛泽东《在延安文艺座谈会上的讲话》)

(65)在口粮紧张的情况下,他不相信用粮食奖励养猪是积极的办法,因为大部分社员想方设法养猪的目的已是为了取得奖励粮来弥补口粮,小耳朵盼大耳朵的粮食吃,养猪事业是不会有多大发展的。(高晓声《"漏斗户"主》)

(66) 秃头站在白背心的略略正对面,弯了腰,去研究背心上的文字。(鲁迅《示众》)

(67) 雨来刚到堂屋,见十几把雪亮的刺刀从前门进来。(管桦《小英雄雨来》)

如例(64),用"小放牛"来指以延安为中心的共产党领导下的解放区流行的通俗文艺,用"人、手、口、刀、牛、羊"指初级识字课本。试想,如果仍用指代的本体,显然就失去了该语句所表达的形象感。

有的这种代用用法,则可以使文笔活灵,富有变化,并表现鲜明感情色彩。如:

(68) 早晨,警察到门,吩咐道:"挂旗!""是挂旗!"各家大半懒洋洋的踱出一个国民来,撅起一块斑驳陆离的洋布。(鲁迅《头发的故事》)

上述例子中,用"洋布"来代当时所谓的国旗,再加上其他词语的烘托,其感情色彩异常突出,讽刺意味特别强烈。像这样以最典型形象的画面进行极端性的辛辣嘲弄的言辞,恐怕也只有鲁迅先生想得出。

可以使文笔简洁精练。如1958年,国产的"东风"牌轿车出厂了。毛泽东同志高高兴兴地坐上了我国自行设计生产制造的汽车,当时一则消息的标题是:"毛主席含笑乘东风。"

再如:

(69) 先生,给现洋钱,袁世凯,不行么?(叶圣陶《多收了三五斗》)

(70) 彼此说著闲话,掌上灯烛,管家捧上酒饭,鸡、鱼、鸭、肉,堆满春台。(吴敬梓《儒林外史》)

(71) 行者道:"……我去!我去!——去便罢了,只是你手下无人。"唐僧发怒道:"这泼猴越发无礼!看起来,只你是人,那悟能、悟净,就不是人?"(吴承恩《西游记》)

(72) 君王城上竖降旗,妾在深宫哪得知?十四万人齐解甲,更无一个是男儿!(花蕊夫人《述亡国诗》)

例(70)中,"肉"指"猪肉"。例(71)和(72)可以说是又有一种特殊的语用功效在里边。如前者,行者所谓的"只是你手下无人"中的"人",是有特殊意蕴与所指,那就是"真正的降魔能手"。如后者,花蕊夫人所谓的"男儿",也是男儿特有的坚韧与刚强。这也是在实现着词义的转移,侧重的是特定的内涵。

5. 词语的转用

人们对于词语的组合搭配,往往于常规中求变化。有时候,人们依据在客观反映中所获得的奇特异样的感受,有意识地用事物根本不具有的特征性能,来描绘该事物,从而使语句的组织显示出一种全新的意境。比如宋祁《玉楼春》中的名句"绿杨烟外晓寒轻,红杏枝头春意闹”,一个“闹”字,境界全出,人们多赞赏和引用。如杨朔《荔枝蜜》中有“荔枝林深处,隐隐露出一角白屋,那是温泉公社的养蜂场,却起了个有趣的名儿,叫‘蜜蜂大厦’。正当十分春色,花开得正闹”。两例中都是将花儿开的状貌景象用一个“闹”字来形容描绘,极写姹紫嫣红、争奇斗艳的盛况,于静中有动,色中有声,想象感受颇为丰富奇特新颖。再如杨万里的《又和二绝句》:“剪剪轻风未是轻,犹吹花片作红声。一生情重嫌春浅,老去与春无点情。”钱钟书先生将这种语用现象称为“通感”,就是说“把事物的无声的姿态描摹成好像有声音,表示他们在视觉里仿佛获得了听觉的感受”①。事实上,人的多种感觉类别都是可以相通转换的。在定中组合的运用中,同样有类似的情况。例如:

(73) 在西方,有人描绘壮丽的教堂大建筑,曾经用上“石头的交响乐”这样一句奇特的形容词语。北京的节日之夜,我很想改动这样的譬喻,形容它是“灯光的交响乐”。(秦牧《长街灯语》)

(74) 是的,我又看见月牙儿了,带着点寒气的一钩儿浅金。(老舍《月牙儿》)

(75) 我将深味这非人间的浓黑的悲凉;以我的最大哀痛显示于非人间,使它们快意于我的苦痛,就将这作为后死者的菲薄的祭品,奉献于逝者的灵前。(鲁迅《纪念刘和珍君》)

(76) 槐花大放……扑出来一团团沉重的闷香。(莫言《断手》)

(77) 她们暂时压倒了我的听歌的盼望,这便成就了我的灰色的拒绝。(朱自清《桨声灯影里的秦淮河》)

(78) 春天,我们播种——

责任田播下金色的希望;

机床旁播下银色的理想;

体育馆播下鲜红的追求;

演兵场播下草绿的誓言;

实验室播下天蓝的信念……

(吉子《午夜的思索》)

(79) 来自吴淞口的老农,笑了。

把一脸深棕色的欢喜,贴紧了舷窗。

(黄亚洲《摆弄土地的人》)

(80) 吴荪甫突然冷笑着高声大喊,一种铁青色的苦闷和失望,在他酱紫色的脸皮上泛出来。(茅盾《子夜》)

(81) 陈伊玲以她灿烂的音色和深沉的理解惊动四座。(何为《第二次考试》)

① 钱钟书:《通感》,《七缀集》,第186页,北京,生活·读书·新知三联书店,2002。

(82) 自然,在热带的地方……响亮的天气反有点叫人害怕。(老舍《济南的冬天》)

(83) 你呼吸的轻风吹动着我,在一片叮当响的月光下。(舒婷《会唱歌的鸢尾花》)

例(73),北京的节日之夜,十里长安街华灯初放,就像一条灯的长河笔直地泻向天的尽头,高大建筑物上的串灯映出它们宏伟壮丽的轮廓,各种会场、群众聚集的地方,各色各样的灯竞相开放,璀璨绚丽,成了灯的长河、湖泊,海洋。这一切都显得那样和谐、融洽、自然、统一,正像一曲时而低絮、时而高亢、时而峰回路转、时而一泻千里、有着完美动人旋律的交响乐。由视觉向听觉自然过渡,视听相通,声情并茂。例(74),视觉触觉交融,写尽人的情怀心绪。后面诸例也是同样道理。各种感觉的融会贯通,使表达的内容含量更为丰富多彩。

6. 词语的讳饰

人们对美的追求永无止境,这也正是人类社会的完善、人格魅力的塑造最强大动力。除非我们想着降低自己的文化品格,才可能长久保持泼妇骂街般的心态;同样道理,在语言上面,只要我们注意观察社会这个有机体的话,自然能时时感受到这种追求永不停息的强劲律动。比如,同样的事物名称各式各样的叫法里边,便存在着直露粗疏与委婉文雅的选择问题。"屎尿房"、"茅房"、"厕所"、"卫生间"、"洗手间",这是一组同义词,显然前面的粗野,后面的文明。再比如语言里边早就存在的所谓"禁忌语","死",是人类的一个永恒话题,人们对它带有天生的恐惧却又不能回避它,欲休还说却欲说还休,只好是忌讳;人们对它有多种多样的称述,如"老了"、"走了"、"不在了"、"入了土"、"百年之后"、"牺牲了"、"英雄就义"、"圆寂"、"仙逝"、"今日脱了鞋,不知明朝穿不穿"、"上八宝山了"、"见马克思了"等等。其实这种现象老早即开始了。如《触龙见赵太后》里边触龙的前后两种说法:

(84)"老臣贱息舒祺,最少,不肖。而臣衰,窃爱怜之;愿令得补黑衣之数,以卫王宫。没死以闻。"太后曰:"敬诺。年几何矣?"对曰:"十五岁矣。虽少,愿及未填沟壑而托之。"

(85) 今媪尊长安君之位,而封之以膏腴之地,多予之重器,而不及今令有功于国;一旦山陵崩,长安君何以自托于赵?

再如《红楼梦》中的说法:

(86) 老祖宗看看,谁不是你老人家的儿女?难道将来只有宝兄弟顶你老人家上五台山不成?

(87) 凤姐儿低了半日头,说道:"这个就没有法儿了。你也该一应的后事给他料理料理,冲一冲也好。"尤氏道:"我也暗暗地叫人预备了。——就是那件东西,不得好木头。且慢慢地办着罢。”

(88) 苦绛珠魂归离恨天。

(89) 实告诉你说罢,那两日你不知人事的时候,林妹妹已经亡故了。

(90) 香魂一缕随风散,愁绪三更入梦遥。

这还是随手便能翻着的例子,可以想象,类似的讳饰词语还有很多。就这种语用现象来讲,人们之所以采用各种各样的表达方式,不难想象是基于对隐私或不如意事物行为指称的一种回避心理;避邪趋利,避塞趋顺,避陋趋美,是人天生的一种理想追求。人人都想将自己最好的一面展示给他人;但相对丑陋或厌恶恐惧的行为现象依然存在。社会的共识便形成整体的言语讳饰;以便尽可能地缓解它给心理情感带来的负担。如老舍《牛天赐传》中的表述:“他不必打开小行李卷看,准知道那是个男小孩。私生的孩子十个有八个是带着小麻雀的。”

讳饰在传统行业里边表现得更突出一些,并多表现出行业特点的“个性”。如川剧《秋江》中艄公听到陈妙常报自己的姓名,就赶忙阻止说,我们干这个的忌讳。再如:

(91) 新凤霞:等一会儿。我先歇歇!刚跑到这儿,浑身都是汗,累得都散了架子了。

把头李小眼:忌讳!你她妈的还是在戏班长大的,怎么这么外行哪?这个字是戏班儿的忌讳。你不知道哇?你怎么不说是折了架,碎了架?(新凤霞《艺术生涯》)

第十一讲　句法修辞(一)

一、炼句不易

同词语修辞一样，句法修辞也是该学科相当薄弱的一项内容。

句法修辞研究的相对薄弱，首先是由句法本身的难度造成的。不说别的，单纯从语言学的角度出发来认识语言现象，迄今能让人们信服的成果形式是词典而非句典。正像人们所看到的，词典编纂已属不易；句典编纂恐怕就更是难上加难了！曾经有人尝试过句典的编写，但从反映出的实际状貌来讲，其质量效果实在不敢恭维。最明显不过的一个事实是：词语组合的量次肯定要比词语本身的个体数量要大得多，因为前者是一个几何数列，后者是一个自然数列。有人通过核算指出，由20个词构成的语句数列总数高达10^{30}句。要读完这些句子，假若有那么一个人的话，他自有人类始一直不重复地读，读到现在也读不完。这种客观存在就使得我们试图通过有限的几种典型句式句型来统率句法修辞内容的设想，不免捉襟见肘。再一个重要的事实是：词语所表达意义可以在语句的制衡中得以彰显，然而语句的意义却不是词语意义的简单相加就可以实现的。整体大于局部之和，说的就是这个道理。系统的信息意义具有相当大的复杂性和模糊性。正像我们前边有所提及的那样：所有的事物现象通常都可分作内部结构和外部功能两个重要方面；而内部结构又由结构单位、结构层次和结构关系三个基本因素组成。任何因素都有可能对其整体性质产生根本性的影响作用。句法描写之难不言而喻。

需要沉静对待的还在于:句法上面还体现着特定民族历久涵养逐渐固化了的思维方式。理论语言学告诉我们:基本词汇和语法构造决定了一种语言的基本面貌。前者重在说明其民族基本的生产生活和文化存在,后者则主要反映其民族认识和反映世界的特定思路。许多语言学家都认为,语言与思维方式、思想之间存在着对应关系,甚至这种习惯了的不自觉状态的语法规则还决定了后者。维特根斯坦认为:"你选择什么样的语言,你就选择了什么样的思维方式,你选择了什么样的思维方式,你就选择了什么样的生活方式。"他在《文化与价值》一书中写道:"深入地把握住困难正是困难所在。因为,如果是在表面上抓住它,困难依旧原封不动,得不到改变。必须是连根拔起,使得我们开始以一种新的方式来思考这些事物。例如,从炼金术到化学的思维方式的变化是决定性的。新的思维方式正是最难建立起来的东西。"这是非常有见解性的认识。人们总是想着如何解决现实的困境,逢山开路,遇河架桥;而很少能够想到作为主体的自己只要挪动一下方位,或许就能将难题彻底解决。当然,对于语言来说,没有对错好坏的问题,关键在于所表现出的特点:优势进一步发挥,相对弱项的则需要改进。

对于汉语的句法特征,传统语法学往往是从有无形态上着眼的,认定语序和虚词是表达语法意义的两种最重要的语法手段。近些年兴起的语言类型学和认知语言学则侧重语序也给予了这方面的新的解释。如戴浩一、谢信一等人认为,汉语语序组织多遵循时间顺序规则[①],基于汉英语法对比,刘宁生又提出汉语句法的组织结构多遵循参照物先于目的物的原则[②],如果说这方面的描写揭示于修辞学真正有直接关联作用的,则是基于符号学角度进行的讨论,且不乏新颖的建树。Charies Li 和 Sandra Thompson 认为汉语是"主题居显要地位的语言(topic-prominent)",关键就在于"句子结构中起重要作用的是主题,而非主语"。台湾学者曹逢甫对此提出自己的看法,认为汉语是以言谈为中心的语言,对语句成分中的主语和主题应作详细的区分。他在《主题在国语中的功能研究:迈向言谈分析的第一步》这部著作里边,也确实做到了尽可能细致准确地分辨。美籍华人学者屈承熹也做了这一课题的探索工作。他曾分析说:"'主题'与'主语'并不是同一个层次上(level)的概念。'主语'是属于'句子'(sentence)范畴之内的一个概念。而'主题'是属于'谈话'(discourse)范畴之内的。换言之,前者是句子'内在结构'上的一种关系,而后者是句与句之间的一种关系……所以主题与主语在功能上和形式上都有差别。"[③]总的来讲,上述三家一致的地方就在于认定:形态语言多为主语语法,而汉语则为典型的话题语法。对此,台湾学者汤廷池描述得非常详细。虽然他最早将符号学的理论移植于汉语语法的分析解释中,最先给出句

① 戴浩一:《时间顺序和汉语的语序》,《国外语言学》,1988年第1期。谢信一:《汉语中的时间和意象》,《国外语言学》,1992年第3期。

② 刘宁生:《汉语偏正结构的认知基础及其在语序类型学上的意义》,《中国语文》,1995年第2期。

③ 龚千炎:《中国语法学史稿》,第353页,北京,语文出版社,1987。

法层面对应主语、语义层面对应施事、语用层面对应主题(即话题)的内容框架,然于最后一则,给出的描述也最丰富,客观上为他人的推论提供了最坚实的根据。看他在《国语语法研究论集》中所作的辨析:

语用上主语与主题有着八种区别和联系:(1)主语与谓语动词或形容词之间在语意上有一定的选择关系,主题与谓语动词或形容词之间则没有这种选择关系。(2)谓语动词可以决定主语,却不能决定主题。(3)主语名词可以把句中指称相同的名词改为代名词、反身代词,或整个加以删略,也可以由于改为被动而在句子中移动;主题名词除非同时兼任主语,否则不具有这种句法功能。(4)主题名词在指称上是"有定"或"泛指",主语名词不一定是"有定"或"泛指"的,"有指"名词也可以当主语。(5)主题名词经常出现于句首,主语名词则不一定出现于句首。(6)主语名词与所属句子之间有一定的句法关系,主题名词却常独立于句子组织之外,不与句子里的任何句子成分发生句法上的联系。(7)主题名词常可以在前面加上"说到"、"至于"、"关于"等,主语名词经过变形而离开句首的位置以后也可以在前加上"被"、"为"、"由"等。(8)主题与主语之间可能存在意义上的联系:施受关系、时间背景、处所背景、分子关系。

任何语言语法属性的判定,全称判断都是不足取的;因为所谓特色往往体现为主要的、相对比较鲜明突出的特征。说汉语是话题语法也是这样,这种特点则比较典型地反映在主谓谓语句上面。也就是朱德熙论述汉语语法特点时格外强调的第三个层次上的具体表现[①]。这种句型也确确实实反映了实际应用中的特性。例如:

(1)那杨小梅,模样儿长得俊,什么活儿都能干,心眼儿又挺好。(袁静、孔厥《新儿女英雄传》)

位于句首的"杨小梅",本来就是专有名词,表述的是特定的人物姓名,为什么它前边会加上定指代词"那"?还有,如例,是单句还是复句?可以说现有的汉语语法著作都很难作出明确并让人信服的判断。问题的关键就在于汉语语句不遵循中规中矩的形式语法的路子!专有名词前边仍加定指性的代词,于语法主语上说不通,于话题上面就迎刃而解了:它是作为话题的形式标志而显示的。不但如此,其后的停顿,甚至有些同样结构同样词语后边还要加上句中语气词"呀"、"也好"、"也罢"等,包括这种定指性的词语放在后边与专有名词构成同位短语的方式:"杨小梅那个人",都是话题不同形式的体现,以此作为醒目的对象,接下来就是展开描述,"评头论足",或判断,或绘状,或说明,从多个方面进行认定。这就是汉语展开表述非常多见的一种表述形式。围绕着中心话题所做出的述谓项目有多少?没有规定,也不可能有规定。这里采取的

① 朱德熙:《语法答问》,第5~6页,北京,商务印书馆,1985。

是总分扇面型的方式。再看一个例子：

(2) 有个农村叫张家庄。张家庄有个张木匠。张木匠有个好老婆，外号叫个“小飞蛾”。小飞蛾生了个女儿叫“艾艾”，算到一九五零年阴历正月十五元宵节，虚岁二十，周岁十九。(赵树理《登记》)

这里的句法格局则是又一番景象：是串珠式的。话题不固定在单一的对象上面，而是由旧的信息引出一个新信息，当新信息变为已知信息之后再引出另一个新信息，不断翻新，从而达到将一则故事的历史背景、位置环境、相互纠结的主要人物等，在非常有限的文字里边通贯托出。这种展开信息的方式可以和第一个例子形成鲜明的对照：都是主谓结构形成相对独立的分句，信息量可以说没有区分；然而一个是单一话题，分述它的多个不同方面，另一个是多个话题，依照关系依次表述开来。后面这个例子更典型的地方还在于下位层次上的结构：一共四个句子，两单两复。前边两个单句一个是兼语句一个是单纯的主谓句；后边两个复句也有意思，前者是两个单句形式，后者里边包含一个兼语句形式和一个主谓谓语句形式。绝大多数的兼语句实为递相承继关系的主谓句合并同类项后形成的复合句。[①] 因此我们可以将这种句子看做是一种紧缩结构后的句子；当然，为了需要，反过来人们也可以将这种合成的句子拆解成两个彼此分立的简单主谓结构形式。如第一个句子即可说成：“有个农村呀，(名字)叫张家庄。”同样道理，第三个句子也可紧缩为：“张木匠有个好老婆(外号)叫个‘小飞蛾’。”总体来讲，仅仅是四句，作家即采取了紧缩和宽松交替互用的方法(如果更精细分析的话，可以看到还有成分完整的完全句和适时芟除个别成分的省略句之间的变换等)，以便言说飞动跳脱，张弛有致。由此可以看出，汉语句法是具有张力和弹性的。它往往不为特定的形式所拘，以语用为宗旨，以意合为主要手段，以表达效果为终极指向，因此可以说汉语句法是极易充分展示修辞效能的一种言语结构。

正因为如此，传统文化里边虽然纯粹语法内容的研究薄弱，然而关涉修辞的句法现象的归总描述，包括理论概括却颇为多见。如宋代陈骙《文则》中云：“鼓瑟不难，难于调弦；作文不难，难于炼句。”确实道出了句法锤炼的甘苦。传统语文学里边涉及该类内容的甚多，给我们提供了极为可贵的话题。由历史延续到今天，诸多著述诸多名家都讨论过“奔马践死一犬”造语工拙的掌故，就很好地反映了人们于该课题上面的困惑与追求。

此掌故比较早的记载见沈括的《梦溪笔谈》：

往岁士人多尚对偶为文，穆修、张景辈始为平文，当时谓之古文。穆、张尝同造朝，待旦于东华门外，方论文次，适见有奔马践死一犬，二人各记其事，以较工

① 翟应贤、盛永生：《简论兼语句的范围》，《河南师范大学学报》，1990年第3期。

拙。穆修曰:“马逸,有黄犬遇蹄而毙。”张景曰:“有犬死奔马之下。”时文体新变,二人之语皆拙涩,当时已谓之工,传之至今。

由此开拓话题,引发迄无止境的评判。

陈善《扪虱新话》中评价说:“文字意同而立语自有工拙。”“今较此二语,张当为优。然存中但云‘适有奔马践死一犬’,则又浑成矣。”

逮于明清,记述评论该事的文字更是如缕不绝。仅以冯梦龙的《古今谈概》、郎锳的《七修续稿》为例。看前者的记述:

> 欧阳公在翰林时,常与同院出游。有奔马毙犬,公曰:“试书其一事。”一曰:“有犬卧于通衢,逸马蹄而杀之。”一曰:“有马逸于通衢,卧犬遭之而毙。”公曰:“使子修史,万卷未已也。”曰:“内翰云何?”公曰:“逸马杀犬于道。”相与一笑。

后者则对有关的记述作了一定的辨析,并有自己的评判。

> 《芥隐笔记》:欧阳与同院学士出游,遇马践犬,死于道。公试书其事,同院曰:“有犬卧于通衢,逸马蹄而杀之。”公曰:“使子修史,万卷未已也。莫若‘逸马杀犬于道’。”《扪虱诗话》又载此事,为穆修云:“马逸,有黄犬遇蹄而毙。”张景云:“有犬死奔马之下。”沈存中云:“奔马践死一犬。”以为浑成过穆、张也。予以二书所纪,必一事也,乃因前人之议,而后人复拟以较胜耳。文意固似欧阳者,然据其时,则穆在先矣。《芥隐》之言,恐亦帘视壁听者耶,亦未为古。五十年前,予同编修金美之、知县顾润夫、员外王荫伯共论此事,予戏曰:“‘马逸践犬死’,可矣。何数贤之议如是哉?”金戏予曰:“可惜当时无汝。”予徐曰:“欧、穆何可当也,但以一言论之耳。”顾曰:“然。”今偶见二书不同,思三君俱卒,识之。

其后的《唐宋八家丛话》里的记述倒与所论及的《芥隐笔记》中的大体相同,只是自己叙述该事的语言是:“有奔马毙犬于道。”

有意思的是,今有赤虎的网络小说《宋时明月》,里边也用到了该故事,其言语主角采用的是欧阳修,而同院学士中的言辞有一个也有特色:“有黄犬卧于道,马惊,奔逸而来,蹄而死之。”

将上述种种表述归总在一起,即为:

1. 适有奔马践死一犬。
2. 马逸,有黄犬遇蹄而毙。
3. 有犬死奔马之下。
4. 有犬卧于通衢,逸马蹄而杀之。
5. 有马逸于通衢,卧犬遭之而毙。
6. 逸马杀犬于道。

7. 马践犬,死于道。

8. 马逸践犬死。

9. 有黄犬卧于道,马惊,奔逸而来,蹄而死之。

真可谓:一句话,百样说!

当然,评价不同表述之工拙的也有很多。即以今人的评判为例,大致可分作两类:一是优劣评判的。像鲁迅先生在《写文章》一篇里谈到这个话题时说:"两人(作者按:指穆修和张景)的大作,不但拙涩,主旨先就不一,穆说的是马踏死了犬,张说的是犬给马踏死了,究竟是着重在马,还是在犬呢?较明白稳当的还是沈括的毫不经意的文章:'有奔马,践死一犬。'"

再一是像陈望道在《修辞学发凡》里就有关话题所表现出的态度,认为这要看意义的轻重和文辞的宾主,具体话语是这样的:

> 依我看来,这都是由于意思有轻重,文辞有宾主之分,所以各人的意见不能齐一下;而前人却都沿了存中的观点,以为是什么工拙之别,纷纷在抽象地发挥所谓工拙论,所以终于不得要领。

很多时候爽直的判断似乎也能够得以成立,就在于它往往排除了具体的前提与条件。然而这里的"逸马黄犬"故事,似乎就是没有了这前提与条件;于是也就失去了评判对错好坏的依据。其实这是个错觉。"以记其事",无论是传统的史传体,还是现今的新闻体,讲究的首要标准就是客观性;相对的另一面就是要尽可能少地在其中展示个人主观色彩的东西。如果肯定这一普遍性的要求,那就好办了。众所周知,在陈述、疑问、祈使、感叹四种句式中,就其客观体与主观性的序列讲,正好形成逆序的递次连续统:

主观性增强

——→

陈述句 —— 疑问句 —— 祈使句 —— 感叹句

←——

客观性增强

正因为如此,在A句式中不能存在的在B句式就可能实现。如前所述,朱德熙在论述形容词中两个次范畴小类的区分的时候即指出:状态形容词比之于性质形容词,更容易出现在谓语、状语、补语的位置上,后者则受到了比较多的限制。两者都能做定语;即便如此,状态形容词也多加"的",后者则以不加"的"为多。从这种描述来讲,形容词内部也趋向于两种述谓性能力的分化,一种是倾向于区别词,一种是倾向于动词。沈家煊以此为依据,仅以这两小类充当补语时候的情况为例,如"把嘴张得大大的"和"把嘴张大",接着判断说:尽管谓语动词都是复杂形式,但前边的语言单位是自由的,后边的语言单位却是黏着的,不能独立使用。这里说的是所谓自由和黏着,事实上也涉及补语是侧重于描写还是侧重于判断,是接纳状态形容词还是接纳性质形容词,直至牵涉到语言单位成句不成句的自足性问题。而判断成句不成句的依据则依据心照不宣的前提条件,就是客观性最强的陈述句。后者若是祈使句,照样能够成立。这一事实说明,主观性的强弱是制约语言单位分布的重要因素。句法的核心价值就在于语义的特定表达效能。句子的表达则对其内部的组织结构、整体格局等形成强有力的制约。

即便是陈述句,不同句型间仍有主观性的强弱问题。比如主动句和被动句、直陈句和描写句、常式句和变式句等等,都体现有这方面的差别。Finegan(1995)认为,语言的"主观性"主要体现在这样的三个方面:说话人的感情、说话人的视角和说话人的认识。[①] 比如汉语基本的语句组合,依照刘宁生的解释,汉民族认识特定对象时,往往借助参照物来达至目的物,而参照物相对于目的物来讲,通常具有[+ 较大][+ 固定][+ 持久][+ 复杂][+ 已知]这些语义特性。试比较这样两个句子:"书桌上面是一本书","书下面是书桌"。第一个句子可以接受,第二个句子不可以,即体现这种习惯了的语序特征。[②] 朱自清《欧游杂记自序》中谈到了相关句式的选择问题,他认为:"'是'字句,'有'字句,'在'字句安排最难。"他举例说:"楼上正中一间大会议厅",可以说成"楼上正中是一间大会议厅"、"楼上正中一间有大会议厅"、"一间大会议厅在楼的正中"。它们显示的内容意义是一样的,但他选用第一个句子,"盼望给读者整个的印象,或者说更具体的印象"。人们通过比较不难理解,最后一个句子是最不适宜、出现频率最低的。由此可以推知,"逸马黄犬"的记述,前者大于后者,且前者是整个事件的实施者,故它做主语犬做宾语,是最正常不过的句法语序格局。如果再加上词语的因素,将"践"、"杀"、"毙"、"蹄"等几个放在一起辨析的话,可知:"杀"和"毙"为自主动词,用于马以体现主观故意显然不妥;"蹄"这里是名词活用为动词,不是非常的需要不必采用。因此这儿用"践"最为妥帖。

再接下来,记述事实,特别又对眼前景是用口语的方式进行反映的,当然是简明为文辞的第一要则。句 8 像新闻标题,似乎典型地反映了"断烂朝报"的特征;而句 9 像通讯,描写的意味浓重。句 7 则散漫。

故,还是沈括不经意中写出的文字,明白稳当!

不仅如此,我们的古人在句法应用上面有着比较自觉的追求。最易见着的情况有三种。一是照搬。《春秋》:"陨石于宋五。"《资治通鉴·汉纪二十七》:"陨石于巨鹿二。"二是临摹。《史记·卷六十三》:"鸟,吾知其能飞;鱼,吾知其能游;兽,吾知其能

---

① Finegan, *Edward* 1995 *Subjectivity and subjectivisation: an introduction*. In D. Stein & S. Wright eds. (1995), 1-15.

② 刘宁生:《汉语怎样表达物体的空间关系》,《中国语文》,1994 年第 3 期。

走。走者可以为罔,游者可以为纶,飞者可以为矰。至于龙吾不能知,其乘风云而上天。"韩愈《获麟解》:"角者,吾知其为牛;鬣者,吾知其为马;犬豕豺狼麋鹿,吾知其为犬豕豺狼麋鹿也。惟麟也,不可知。"三是化用。《论语·雍也》:"仁者先难而后获"。《孟子·梁惠王下》:"乐以天下,忧以天下"。《荀子·修身》:"劳苦之事则争先,饶乐之事则能让。"范仲淹《岳阳楼记》:"先天下之忧而忧,后天下之乐而乐。"

而今我们的研究在继承上面有些后劲不足。近百年的现代修辞学,真正论述句法修辞的著述可以说是凤毛麟角,除林兴仁先生 1983 年出版的《句式的选择和运用》外,其他的著述就很少见到了。事实上,现代汉语的历史虽然不能算长,但它有着古代汉语厚重的源头,有着近代汉语丰富的积累,特别是有着现代汉语文学语言实践的成功业绩,无论是文学作品的巨大成就还是政论科研著作的行文展示,都表明它的成熟与丰赡,已经很快地适应了复杂思维形态和精准表述科学理念的需要。汉语词汇量相对于英语是少了一些,但汉语句法组合几近于全排列的特征,如:"死读书"、"读死书"、"读书死"。曹禺《北京人》里边的:"活死人,死活人,活人死",梁启超《饮冰室全集》所载的"放狗屁,狗放屁,放屁狗",以及传说中的曾国藩改"屡战屡败"为"屡败屡战",等等,从具体细节侧面即可看到它在语序上的相对自由度和表述意蕴的微妙精细处。比如有些作家,词汇量可能不算太大,艺术造诣却颇高,卓然成一大家。这一切都足以说明,句法组合的灵动性,能有效地弥补词语数量相对偏少的缺憾。相应地,也足以说明该句法组合的张力效用。而现代汉语修辞学里边这方面内容的薄弱,只能反映我们的理论工作还远远地落后于语言运用的客观现实。

二、结构张弛

对于任何学科来讲,结构都是认识的重点。现代语言学之所以愈发体现出科学的内涵,关键就在于将结构作为了分析的主要对象。句子这一级单位的主要特征就体现在结构上。语法学对它着重研讨,取得了长足的进步;修辞学也需要在这一课题上下工夫。

(一)松紧

句子,特别是汉语里的句子,特别具有弹性度和张力。也就是古人稍稍有所提及的所谓开阖、聚散等情状。然而怎样才能实现语句紧处紧得凝练、筋道,松处又放得开,有一种奔放感,却又是人们很少能将它落在实处的。

有关句子结构的松紧,其因素当然也是多方面的。这里我们专就联合结构这一具体现象予以讨论。对于该结构内部的语义关系,不是单纯短语属性认定即可以分辨得明白的,仍需在句子层面上解决。首先我们应该注意到,同样的这种短语,接受了句法的制约,它才会显现出“融合性”和“离散性”两种根本不同的语义性质。例如:

A. 老李和老张是老乡。

B. 老李和老张是农民。

两语句中“老李和老张”一模一样,然而它在A中是前者属性,加而不合,不能拆开来表述:* 老李是老乡,老张是老乡。在B中是后者属性,加而且合,可以拆开来表述:老李是农民,老张是农民。上述两语句也正如数学里的等式一样:等号后边的得数决定了前边两数的关系。正因为“老乡”是多指性名词,从而决定了该联合短语内部是融合性的,并进而决定了整个语句仅仅是一种语义表述的简单句,正因为“农民”是单指性名词,从而决定了该联合短语内部是离散性的,并进而决定了整个语句是两种语义表述的复合句。

所以,对于B来讲,有语句表述的一个松紧问题:要么采取现在的形式,凝练、紧凑。当然,它也可以采用分述的形式,则显得疏朗、宽松。

来看具体的例子:

中国政治经济发展不平衡——……

中国是一个半殖民地国家——……

中国是经过了一次大革命的——……

所以我们说,中国是一个经过了一次革命的、政治经济发展不平衡的、半殖民地的大国,这是中国革命战争的第一个特点。

(毛泽东《中国革命战争的战略问题》)

这一例证应该说是非常具有典型性的:前边三个自然段中的每一个句子,它们的述谓性成分居然共同容纳在了第四自然段的一个语句中。显然,所谓的组词成句,是有相当大的弹性的,可紧可松,可视具体的情况而体现鲜明的变数。

这种紧松关系句子类型的选择运用,最大的特点就是句中包含有类似联合关系的结构,且该结构内容的组织均属于上述B种类型。

凡是有该结构的,大都有这两个方面的选择。即便是最小层次的都存在这种可能:

(3) 他们的气质、风格、作风是大相迥异的。(张洁《起飞的准备》)

(4) 这一来不会错了,正是他!站在前进行列最前面的我们的同志、朋友和师傅!(阿累《一面》)

可对比下边的语句。

(5) 只有认清中国社会的性质,才能认清中国革命的对象、中国革命的任务、中国革命的动力、中国革命的性质、中国革命的前途和转变。(毛泽东《中国革命和中国共产党》)

再比如。

(6) 对于敌方投诚的、反正的、或在放下武器后愿意参加反对共同敌人的人,一概表示欢迎,并给予适当的教育。(毛泽东《论联合政府》)

(7) 一个人能力有大小,但只要有这点儿精神,就是一个高尚的人,一个纯粹的人,一个有道德的人,一个脱离了低级趣味的人,一个有益于人民的人。(毛泽东《纪念白求恩》)

综合紧凑的结构易于体现严谨和精简,而相对宽松分述的方式则易于突出显现排贯强调之势。这在古汉语中也不无类似的表现,当然,也有不同意味的精当评判。洪迈《容斋随笔》:"太史公书不待称说。若云褒赞其高古简妙处,殆是摹写星日之光辉,多见其不知量也。然予每展读至《魏世家》《苏秦》《平原君》《鲁仲连传》,未尝不惊呼击节,不自知其所以然。"其中即指出,像:"魏公子无忌与王论韩事曰:'韩必德魏,爱魏,重魏,畏魏,韩必不敢反魏。'十余语之间五用'魏'字。"(卷五)并不显得文字啰唆,反将其语气神态表现得淋漓尽致。同时期的王楙在《野客丛书》中也说道:"(后世务省文)《史记·卫青传》曰:'封青子伉为宜春侯,青子不疑为阴安侯,青子登为发干侯。'叠三用'青子'字,不以为赘。《汉书》则一用'青子'字,而其余则曰'子'而已,曰:'封青子伉为宜春侯,子不疑为阴安侯,子登为发干侯。'视《史记》之文,已省两'青'字矣。使今人作墓志等文,则一用'子'字,其余曰'某某'而已。后世作文,益务简于古,然字则省矣,不知古人纯实之气已亏。"(卷五)同样强调的是一个语气通贯与文字繁富之间的一致性问题。另外就是,表面上看,文字简约,结构就紧凑;文字繁缛,结构就相对松弛。然就效果而言,这里边不存在好与坏的判断,关键要看文气的需要。

如果语句里边的联合短语不止一个,而其语义是直接的照应关系,此时的情况就显得愈发复杂了。

有的是分别发生联系。如果将原本的结构用"A+B——a+b"形式来表示的话,这种结构中的语义关系展开后的照应形式应该是"Aa+Bb"。例如:

(8) 根据合众国际社和新华社的报道:前年和去年的十月,美国和苏联的天文工作者,都已分别看到了这位正向地球飞来的游客。(胡秀眉《"哈雷彗星"回归》)

该语句的实际语义是:"根据合众国际社的报道:前年的十月,美国的天文工作者已看到了这位正向地球飞来的游客。根据新华社的报道,去年的十月,苏联的天文工作者已看到了这位正向地球飞来的游客。"例(8)的结构实是两个句子的糅合。

这样的用例很多。再如:

(9) 颜氏生活日趋不能自理,更无力耕种田地,身为儿子、儿媳的刘加兴、邓贵芳仍不管不问。(简星《墙土下的冤魂》)

(10) 从车上望去,山坡上仿佛飞行过一团团流火,燃烧着,燃烧着……而这火一样的红色,被柞树、白桦、松树的金黄、雪白、翠绿颜色一衬托,整个秋山就成了个五彩缤纷的世界。(张天民《路考》)

(11) 这种对“卑琐、势利、狭窄”的自责心理,就是读者在消费了屈原、陶渊明、李白的高尚、淡泊、豁达之后的反观效应。(曾祥芹《阅读学新论》)

以上例均为短语组织结构内部的对应。

这种分别对应的结构方式,在古汉语里边即存在。如:

(12) 有决渎于殷周之世者,必为汤武笑矣。(韩非《五蠹》)

(13) 将军向宠,性行淑均。(诸葛亮《出师表》)

(14) 宫中府中,俱为一体;陟罚臧否,不宜异同。(诸葛亮《出师表》)

(15) 若有作奸犯科及为忠善者,宜付有司论其刑赏。(同上)

(16) 且燕赵处秦革灭殆尽之际,可谓智力孤危。(苏洵《六国论》)

(17) 句读之不知,惑之不解,或师焉,或否焉,小学而大遗,吾未见其明也。(韩愈《师说》)

(18) 今南海之生死未可卜,程婴、杵臼,月照、西乡,吾与足下分任之。(梁启超《谭嗣同之死》)

如例(12)中,“殷”对“汤”,“周”对“武”。以下诸例均如此。

至于像下边例句中主要述谓性成分那样的并列形式,则肯定是受了其他语言的影响,反映了汉语发展到现今愈趋丰富严谨的情势:

(19) 山地建立根据地之有利是人人明白的,已经建立或正在建立或准备建立的长白山、五台山、太行山、泰山、燕山、茅山等根据地都是。(毛泽东《抗日游击战争的战略问题》)

与此相对的另外一种情况则是交互发生联系。仍以“A+B——a+b”的形式为例,展开后的完整的语义关系为“Aa+Ba+Ab+Bb”。例如:

(20) 在总理逝世后,大小机关、单位、集体,连幼儿园也开了追悼会。(郁茹《第三次登临》)

(21) 在中国解放区内,一切青年、壮年的男人和女人,都在自愿的民主的和不脱离生产的原则下,组织在抗日人民自卫军之中。(毛泽东《论联合政府》)

(22) 那里有着男的女的工程技术人员和辅助人员,他们伏案力作,为了“考核产品”,为了祖国工业汽轮机的飞跃……(李君旭《啊,龙!》)

下边的用例则是将这种复杂的组合结构语义关系运用到了极致。

(23) 中国的革命的文学家艺术家,有出息的文学家艺术家,必须到群众中去,必须长期地无条件地全心全意地到工农兵群众中去,到火热的斗争中去,到唯一的最广大最丰富的源泉中去,观察、体验、研究、分析一切人,一切阶级,一切群众,一切生动的生活形式和斗争形式,一切文学和艺术的原始材料,然后才有可能进入创作过程。

(毛泽东《在延安文艺座谈会上的讲话》)

这个语句是将合叙与分述综合在一起进行表达的,既有简练概括、丰富集中的思想内容,又有突出强调的效果作用,疏密相间,缓急适当,结构严整有序,语气恳切有力,达到了内容与形式的高度完美统一。该语句可以说是我们现今能够看到的最为高度谨严凝练的复合句形式,其中包含四组联合结构,以其基数的量假设该语句完全展开分述的话,理论上讲,它完全可以用这样的数字来显示其可能形成的单一句式总量:$2\times4\times4\times5=160$!

(二) 收放

这里说的收放,和上述松紧类型有关,但又有自己的特定侧重,即形式上表现为人们易于感受到的长短句子。这一对儿人们一向关注的语句,并不是什么严格的概念;什么叫做长什么叫做短,并没有一定之规,只能是相对来说。有些人惯用长句,几十个字甚至上百个字地一气呵成;附加成分多、关联词语多,且中间没有停顿。大概善于思辨的人们,撰写哲学类或学术类的著作的人们多在这上边表现出长项。有些人则惯用短句,十来个字甚至几个字就是一个句读,很少用枝叶成分以构成纠葛缠绊婉转折绕的情势。闻一多说诗人田间是"时代的鼓手",大约与对象诗句的简短不无关系。对于两种句子不同的修辞效果,通常的解释是前者"表意周密、严谨、精确、细致",后者"简洁、明快、灵活"[①]。老舍先生的理解是:"短句足以表现迅速的动作,长句则善表现缠绵的情调,那最短的以一二字作成的句子足以助成戏剧的效果。"[②]不过,他的评述是侧重于文艺性的作品来讲的,并没涉及整个语言层面。事实上决定采取什么样的语句类型,往往都不是单一因素说了算。从客观上讲,首先是语体不同,口语和书面语就大不一样。这典型地反映在播音新闻稿和报刊新闻稿要求的标准上,区别之一就是便不便于口语念读,具体的体现就是句式是不是简短。从主观因素上讲,有个人追求风格问题。同样是写诗,郭小川的句式就比较长,并成为他的诗歌风格的重要组成部分。

老舍先生追求的就是句法简短,这一特色分外鲜明。例如:

---

① 黄伯荣、廖序东:《现代汉语》(增订四版,下册),第176页,北京,高等教育出版社,2010。

② 《老舍文集》(第15卷),第258页,北京,人民文学出版社,1990。

(24) 她出来了,向后院走去,大概没有看见他。他的心要跳出来。随着一阵爆竹声,她回来了。门外来了个卖酪的,长而宛转的吆喝了两声。她到了屋门,愣了愣,要拉门,没有拉,走出去。他的心里喊了声,去,机会到了! 可是他像钉在阶上,脚颤起来,没动。嗓子像烧干了似的,眼看着她走了出去。街门开了。静寂。关街门。微微有点脚步声。(《离婚》)

且这方面的追求对他来说十分自觉。他说:"当我写了一个较长的句子,我就想法子把它分成几段,断开了就好念了,别人愿意念下去;断开了也好听了,别人也容易懂。"[①]为达到该目的,他甚至能将一个相对完整的句子采取多处点断的方法,不但是让其朗朗上口,也要让其形成特定的一种意韵。看人们耳熟能详的《骆驼祥子》中的用例:

(25) 正是牲口脱毛的时候,骆驼身上已经都露出那灰红的皮,只有东一缕西一块的挂着些零散的,没力量的,随时可以脱掉的长毛,像些兽中的庞大的乞丐。顶可怜的是那长而无毛的脖子,那么长,那么秃,弯弯的,愚笨的,伸出老远,像条失意的瘦龙。

(26) 一股辣气慢慢的,准确的,有力的,往下走,他伸长了脖子,挺直了胸,打了两个不十分便利的嗝儿。

(27) 御河的水久已冻好,静静的,灰亮的,坦平的,坚固的,托着那禁城的城墙。

三例很有典型性。例(25) 中的"那么长,那么秃,弯弯的,愚笨的",我们简直分不清哪儿是谓语哪儿是状语,因为点断而获得了浑然一体的效果。例(26)、(27)也是这样,一是状语中的多个成分被点开,一是定语中的多个成分被点开,其效果是:容易念读是第一要则,紧接着的就是由于点断,在得以强调的同时也使其述谓性得以增强。

当然,老舍也很客观地说:"在一般的叙述中,长短相间总是有意思的,因为它们足以使音节有变化,且使读者有缓一缓的地方。"[②]是的,这应该是句式修辞的理想追求,即所谓"常行于所当行,常止于所不可不止",达到"行云流水、理趣自然"的高境界。长也罢,短也罢,只要是能够适应语境和张扬美学理想的,当然都值得肯定。无论是从民族语言的历史发展看还是从一个人的语言习得成长来看,语言的不断丰富复杂化,肯定是该语言充分发挥交际工具效能、满足社会进步和人们思维进化的一种标志。五四运动迄今,汉语在继承传统的同时也在吸收其他语言中有益的句法形式,这也是强化自身表现力的一种需要。正如鲁迅所说:"欧化文法的侵入中国白话中的大原因,并非

① 《老舍文集》(第16卷),第105页,北京,人民文学出版社,1991。

② 《老舍文集》(第15卷),第260页,北京,人民文学出版社,1990。

因为好奇，乃是为了必要。”[1]拿长定语的语句来讲，严密的判断，下定义，都离不开这样的结构形式。

(28) 无产阶级领导的，人民大众的，反对帝国主义、封建主义和官僚资本主义的革命，这就是中国的新民主主义的革命，这就是中国共产党在当前历史阶段的总路线和总政策。(毛泽东《在晋绥干部会议上的讲话》)

(29) 匀速直线运动的速度，就是匀速直线运动的物体在单位时间内通过的路程。

当然，有些属于论辩性的，更需要这样的表达方式。

(30) 这种错误，忽视资产阶级(尤其是大资产阶级)不但在极力影响小资产阶级和农民，而且还在极力影响无产阶级和共产党，力求消灭无产阶级和共产党在思想上、政治上、组织上的独立性，力求把无产阶级和共产党变成资产阶级及其政党的尾巴，力求使革命果实归于资产阶级的一群一党的事实；忽视资产阶级(尤其是大资产阶级)一到革命同他们一群一党的私利相冲突时他们就实行叛变革命的事实。(毛泽东《〈共产党人〉发刊词》)

例(30)，句子中做定语的是一个复句结构，这个复句结构内部又包含联合关系的多个动词性词语，字数达115个之多。但里边层次清楚，意思表达得繁富充分，不失为严密、准确的好句子。

但正如排列组合公式告诉我们的：参与的基数越大尔后所得到的数值也就越大，并呈等比数列增长一样。语言作为符号系统，说穿了，也呈同样的性质状态；不过它由每一个符号意义的参与并由分布的规定性，虽然不可能以全排列的状貌进行组合，但长句子也是最容易出现差错的，常见的错处有：

1. 词语冗赘。

(31) 成批成批炮弹的浓烟烈火，把正对着村对岸的小金门岛都吞没了。

(32) 何婵回到钻床前，何珠还未有完事的迹象，全部卸得下的零件都拧下来了，钻床底盘下摆得满满的。

例(31)中，“正对着村对岸”是“正对着村”和“村对岸”的叠加重合，反倒表述含混不清。两种说法任选其一即可。例(32)中的“全部”纯属多余。

2. 组织安排不合理，语序安排不当。整个语句因此显得语意不明，晦涩难懂。如：

(33) 在中国期间，她正好赶上我国二千多年前的在A市曾侯乙墓地下音乐厅举行的首次彩排。

---

[1] 鲁迅：《关于翻译通信》，《鲁迅全集》(第5卷)，第520页，北京，人民文学出版社，1981。

(34) 不管外来压力有多么沉重,有辉煌历史和光荣反对帝国主义传统的埃及人民都是不会屈服的。

(35) 作为年产一百六十八万件优质名牌产品的全国风雨衣的最大公司的经理,自己竟然没有一件风雨衣,这一点曾使多少人闻之泪下。

例(33)应调整为“在A市的已有二千多年历史的曾侯乙墓地地下音乐厅”。例(34)则应将“光荣”放在“传统”之前,并需在“光荣”前边加上助词“的”字。例(35),准确的说法应该是“作为年产一百六十八件优质名牌产品的全国最大的风雨衣公司的经理”。

3. 爱用多个的修饰词语,使定语杂糅堆积,冗长拖沓,结构从而失去平衡均匀,别扭生硬,念读不畅。

(36) ……并由此推向以提高技术,树立制度,改善方法,改善劳动制度,学习推广先进经验,展开群众性的创造发明和合理化建议,“找窍门”等为主的正常、合理、持久、全面的道路发展。

(37) 曹雪芹在《红楼梦》一书中的确表现了生活在十八世纪的二十年代到六十年代,生活在清朝那样最后的一个封建王朝的统治之下,对当时的丑恶现实深为不满,愤怒地揭露贵族阶级的糜烂生活而又充满着对繁华盛世的无限眷恋和哀悼,冷眼嘲弄着本阶级的衰败又以“无材补天”引为憾事,热情地歌颂叛逆而又将其反抗的幻灭归宿于命运的安排的矛盾交织的思想。

例(36)、(37),这两个句子都用了长定语,而使主要搭配成分之间的距离拉大。本来谓语一经提出,就要求尽快地与它涉及的对象进行组合联系,然而下面是长串的不与它发生直接关系的附加成分,使它一段时间内处于无从着落的地位,整个语句结构不够稳妥、扎实,在意义的表述上也分散了人们的注意力。

4. “的”字要么多要么少。例如:

(38)《锅碗瓢勺交响乐》塑造了一个逐步成熟起来的年轻的春城饭店的经理的牛宏的形象。

(39) 渲染他们的黑条绒上衣的后背上、透过来的白花花的污渍吗?

(40) 在16世纪发明的高智能的高雅的桥牌的英国人,万万不会想到辜学海会将桥牌文化纳入企业文化。

这些语句中的“的”字简直是漫天飞。

(41) 我向四周眺望,一座座险峻的高山上,蜿蜒着一条条整齐的山路和隐掩在绿树丛中的一幢幢的楼房都笼罩在温柔的暮霭中。

(42) 兵分两路,一路东南行去察隅,继续拍摄植物生态学者徐风翔的森林考察；一路西行往拉萨，拍摄我在“日光城”向支持科学家工作的各级有关部门进行采访。

这两个句子又是相对的另一种情形：由于定语过长，不好把握整个句子的结构。如例(39)：这个句子的主语是一个联合词组，里边的中心语又各带有比较长的定语，本来动词性词组充任定语大都需要带有“的”字，但只注意了其一而忽略了其二，“隐掩在绿树丛中”的后边有“的”，而“蜿蜒着”的后边却丢掉了“的”。将联合词组分述，可以看出例(41)的间架结构显然是杂糅性质的：“蜿蜒着——山路——笼罩在——暮霭中”，将“蜿蜒着”后边增添上一“的”字即可。例(42)是一个复句，前一个分句谓语动词后面是偏正结构，主要搭配成分为“拍摄——徐风翔的——森林考察”，后一分句的相对应的结构却成了主谓结构，主要搭配成分是“拍摄——我(向谁)——进行采访”，这种不适应的结构悖逆现象，也是由于定语较长漏掉了“的”字造成的。

由此可见，在我们的语言生活中，力避过多、过长、结构组织不规范的修饰限定性词语是非常必要的。在许多著名文学家的论著里边，都曾多次明确地指出这一点。亚里士多德的《修辞学》就曾谈及恶劣文风的四种形式，把“用了冗长的、过分的或者过多的修饰语”作为其中的一种表现。契柯夫在《致高尔基的一封信》中，有关这一现象评述得就更为详尽具体。他对高尔基说：

> 看校样的时候，尽可能删去名词与动词的定语，您的文章中定语太多，常使读者难于辨别，把读者弄疲劳了。“人坐在草地上”我写起来很明白，容易懂，不必花费注意力，假如相反的，我写做“一个高高的，胸脯窄狭，身材适中，长着草红胡子的人，在绿色的，被行人的脚踏平了的草地上，怯生生地向四边害怕地望着坐。”要看明白就不容易，放在脑中觉得沉重，不能立刻形成想象，而文艺是应该立刻形成想象的。[①]

郭沫若在他的《怎样运用文学的语言》一文中也指出：“形容词宜少用。的的的一长串的句法最宜忌避。”老舍结合着自己的创作经验，就这一方面的问题谈道：“我写东西，总是尽量少用字，不乱形容，不乱用修饰，从现成话里搁东西。”[②]

因此，需要懂得长句化短的一些基本方法。

一是代词指代。

将充任定语的部分词语独立出来，单独成句，在主句里边用代词、数词指代它。如：

> (43) 革命在全国胜利以后，由于新民主主义国家手里有着从官僚资产阶级接

---

① 《契柯夫高尔基通信集》，适夷译，第 60 页，上海，新文艺出版社，1954。

② 老舍：《关于文学的语言问题》，《出口成章》，第 71 页，北京，人民文学出版社，1984。

收过来的控制全国经济命脉的巨大的国家企业,又有从封建制度解放出来、虽则在一个颇长时间内基本上仍然是分散的个体的,但是在将来可以逐步地引向合作社方向发展的农业经济,在这些条件下,这种小的和中等的资本主义成分,其存在和发展,并没有什么危险。(毛泽东《目前形势和我们的任务》)

句子里边的介词结构,"在这些条件下"里边的"这些",在句法结构上起着很重要的作用,它指代着本结构从"革命在全国胜利以后"到"……发展的农业经济"整个的语言片段,共有108个字。如果不用"这些"指代,恢复原形式的长定语结构,意思当然没变,但结构成分不免过于庞大冗杂;把表示具体内容的定语抽出来,用代词复指,意思表达变得更为清晰、简练,便于言说。

二是部分后移。

一般对人、对事物特征进行描述的语句,大都采取这种方法。

(44)我吃了一吓,赶忙抬起头,却见一个凸颧骨,薄嘴唇,五十上下的女人站在我面前,两手搭在髀间,没有系裙,张着两脚,正像一个画图仪器里细脚伶仃的圆规。(鲁迅《故乡》)

(45)在大旗前边,立着一匹特别高大的剪短了鬃毛和尾巴的骏马,浑身深灰,带着白色花斑,毛多鬈曲,很像龙麟,所以名叫乌龙驹。……如今骑在它身上的是一位三十一二岁的战士,高个儿,宽肩膀,颧骨隆起,天庭饱满,高鼻子,深眼窝,浓眉毛,一双炯炯有神的、正在向前边凝视和深思的大眼睛。这种眼睛常常给人一种坚毅、沉着,而又富于智慧的感觉。(姚雪垠《李自成》)

如例(44),"一个凸颧骨,薄嘴唇,五十上下"和"两手搭在髀间,没有系裙,张着两腿,正像一个画图仪器里细脚伶仃的圆规",都是来说明"女人"情况的,部分处在前边位置充任定语,一部分放在后边做谓语,结构简短,人物的每一项特征都交代得非常明晰。例(45),不管是写骏马也好,还是写战士也好,也都采取了这样的方式。

最好的方法还是长短适宜,十八般武艺都得会。看毛泽东的两个用例。

(46)党八股也就是一种洋八股。这洋八股,鲁迅早就反对过的。我们为什么又叫它做党八股呢?这是因为它除了洋气之外,还有一点土气。也算一个创作吧!谁说我们的人一点创作也没有呢?这就是一个。(毛泽东《反对党八股》)

(47)美国白皮书和艾奇逊信件的发表是值得庆祝的,因为它给了中国怀有旧民主主义思想亦即民主个人主义思想,而对人民民主主义,或民主集体主义,或民主集中主义,或集体英雄主义,或国际主义的爱国主义,不赞成,或不甚赞成,不满,或有某些不满,甚至抱有反感,但是还有爱国心,并非国民党反动派的人们,浇了一瓢冷水,丢了他们的脸。(毛泽东《丢掉幻想,准备斗争》)

例(46),一共79个字,然而里边包含了7个句子。例(47),只一个句子,字数却达137个,其中光定语,即达97个字。之所以如此,主要在于前者是口语语体,后者是典型的书面语体。

文章作为一个有机整体,它是各种因素相互照应、相互牵制联系的辩证统一体。作为语言表达形式组成部分的长句短句之间,也是一种相辅相成的关系。“文贵于达而已,繁与省各有当也。”[①]“凫胫虽短,续之则忧,鹤胫虽长,断之则悲。”[②]在篇章主旨的提领下,语句形式的选用铺排,须讲究意韵,讲究文体,讲究变化。在特定的语境中,或多次适应,或侧重一方,都要视具体的需求来定,句法格式才算稳妥恰当,才能展露风采。

(三)疏密

说话写文章,得讲究上下文句的关联。口语和书面语的一个明显区别,肯定是前者粗疏后者严密。当然,从效果角度说,语句的连贯致密,衔接畅达,并非单纯一个语体问题,跟言语主体的修辞追求当然也有直接的关系。

看一则语句疏阔的用例:

(48)队伍到了一个地方,什么都没有了。饿了好几天了,老百姓不见影子,粮食没有一颗。老鲁一看,咳!有个猪圈。猪是早没有了,猪食盆在呐。没有办法,用手捧了两把。嘻,“还有两爿儿整个包谷一剖俩的呢,怪好吃!”老鲁说,这比羊肉好吃多了。“比羊肉好吃?”有人奇怪。唉,什么羊肉,白煮羊肉。“也是,老百姓都逃了,拖到一只羊,杀倒了,架上火呼烂了,没盐!”没盐的羊肉,你没吃过,你就无法知道那多难吃,何况,又是瘪了多少日子的肚子!啧啧,老鲁吃过棉花。那年,败了,一阵一阵地退。饿得太凶了,都走不动,有的,老鲁说:“像一个空口袋似的就出溜下去了。”昏昏糊糊的。(汪曾祺《老鲁》)

该段文字乍看上去似乎有点儿让人摸不着头脑,字里行间所反映的内容简直是跳跃性的,类似于电影中的蒙太奇技法:非常像口语,但又实实在在是小说的叙述语言。说是小说的叙述语言,却又是直接引语和间接引语交互使用着的,两者不断转换。它其实是在通过这种参差错综的方式,将人们围坐七嘴八舌话题断续连接的情景给予尽可能真实的再现。疏落散漫的文字本身也是内容表现的一种方法。

而谨严缜密的语句,则长于反映繁富精深的思想内容,易于增强论证说明的表现

---

① 洪迈:《容斋随笔·文烦简有当》。

② 《庄子·骈拇》。

力量。这类句子同样有着多种的形式。除了人们所熟知的复句各式类型外,还表现在其他多个方面。

(49) 很明显的,正确地规定战略方向,进攻时反对冒险主义,防御时反对保守主义,转移时反对逃跑主义;反对红军的游击主义,却又承认红军的游击性;反对战役的持久战和战略的速决战,承认战略的持久战和战役的速决战;反对固定的作战线和阵地战,承认非固定的作战线和运动战;反对击溃战,承认歼灭战;反对战略方向的两个拳头主义,承认一个拳头主义;反对大后方制度,承认小后方制度;反对绝对的集中指挥,承认相对的集中指挥;反对单纯军事观点和流寇主义,承认红军是中国革命的宣传者和组织者;反对土匪主义,承认严肃的政治纪律;反对军阀主义,承认有限制的民主生活和有威权的军事纪律;反对不正确的宗派主义和干部政策,承认正确的干部政策;反对孤立政策,承认争取一切可能的同盟者;最后,反对把红军停顿于旧阶段,争取红军发展到新阶段——所有这些原则问题,都要求正确的解决。(毛泽东《中国革命战争的战略问题》)

这个复合句里边,被复指的是一个比较长的并列结构,里边是由多个对比小句组合起来的。对比小句中,各有颇近似但又有严格意义区别的词语两两照应。该句容量巨大,但由于语句组织安排得疏朗清晰,整然有序,句法上的主干与枝叶分明,该句的主题意义就很容易认识并把握得准确、完整。不见杂芜繁缛,却显隽峻秀色。

(50) 敌人在我们这个大国中占地甚广,但他们的国家是小国,兵力不足,在占领区留了很多空虚的地方,因此抗日游击战争就主要地不是在内线配合正规军的战役作战,而是在外线单独作战;并且由于中国的进步,就是说有共产党领导的坚强的军队和广大的人民群众存在,因此抗日游击战争就不是小规模的,而是大规模的;于是战略防御和战略进攻等等的一全套的东西都发生了。(毛泽东《抗日游击战争的战略问题》)

这个句子有相当的代表性,多层复句,里边层次繁多,结构承接严密,关联词语明晰准确地显现将里边不同层次的组合关系反映得清楚豁亮,将事物内在的必然联系表述得尽善尽美。我们可以用层次划分的方法给予显现:

①敌人在我们这个大国中占地甚广,②但他们的国家是小国,③兵力不足,④在占领区留下了很多空虚的地方,⑤因此抗日游击战争就主要地不是在内线配合正规军的战役作战,⑥而是在外线单独作战;⑦并且由于中国的进步,⑧就是说有共产党领导的坚强的军队和广大的人民群众存在,⑨因此抗日游击战争就不是小规模的,⑩而是大规模的;⑪于是战略防御和战略进攻等等的一全套的东西都发生了。

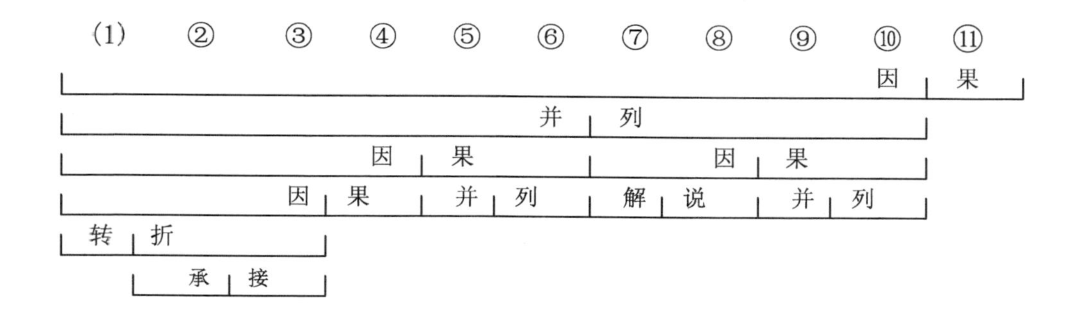

(四)整散

整句是指字数、结构相同或相近的一组句子。而散句是相对于整句来说的，即指在字数、结构上都散漫不整，各种形式交错运用的句子。这两种句子各有不同的表述作用和特色。整句由于形式上比较整齐明晰，节奏顿挫有致，因此显得富有表现力，易说易记，常常给人以鲜明深刻的印象。而散句的运用更为普遍，也自有独到的好处：自由灵活，能适应复杂多变的思想表述需要。但是两种句式如若过于单一地使用，又都会出现明显的弊端：要么伤于板滞，要么伤于烦琐，缺乏洒脱灵动的生气。所以我们的古人在谈到有关问题时就主张："文章一篇之中，须有数行齐整处，须有数行不齐整处。"[①]以求得奇偶相间、骈散相映成趣的效果。

古人文章是非常讲究这种行文结构及音乐上的参差错落美的。老子的《道德经》，就是这方面的好文辞、好句法，在整散的使用方面也给人们提供了范例。从开篇的"道可道，非常道；名可名，非常名"到末尾部分的"信言不美，美言不信。善者不辩，辩者不善。知者不博，博者不知"，似乎通篇是以整句占优势；其实不然，其中有些音节，如第三十二章即采用的都是散句。

> 道常无名，朴。虽小，天下莫能臣。侯王若能守之，万物将自宾。天地相合，以降甘露，民莫之令而自均。始制有名，名亦既有，夫亦将知止，知止可以不殆。譬道之在天下，犹川谷之于江海。

更为鲜明的是，作品的整体格调却是以两者结合、灵动多变为主导。如第二章：

> 天下皆知美之为美，斯恶已。皆知善之为善，斯不善已。
>
> 有无相生，难易相成，长短相形，高下相盈，音声相和，前后相随。恒也。

---

① 吕祖谦：《古文关键》。

是以圣人处无为之事,行不言之教;万物作而弗始,生而弗有,为而弗恃,功成而不居。夫唯弗居,是以不去。

特别值得注意的是,散文语体中的所谓整句并非韵文中的对偶,并不强求严格对应,如上例中的“天下皆知美之为美,斯恶已。皆知善之为善,斯不善已”。这样就形成了整散之间的一种过渡状貌,从而使得文句体现出一种整不古板、散不汗漫的有致韵律。

历代以降,深谙其效用的大家多有继承,也不乏这样的好事例。仅以韩愈《师说》中的一段文字为例:

圣人无常师。孔子师郯子、苌弘、师襄、老聃。郯子之徒,其贤不及孔子。孔子曰:三人行,则必有我师。是故弟子不必不如师,师不必贤于弟子,闻道有先后,术业有专攻,如是而已。

在当代,卓有成就的文章家、作家中颇有人注意句法上的铸造。用整句或用散句,都能张扬其各自的妙处。例如:

(51) 山峦爽朗,湖水清静,日里披满阳光,夜里缀满星辰。(碧野《天山景物记》)

(52) 不过,瞿塘峡中,激流澎湃,涛如雷鸣,江面形成无数漩涡,船从漩涡中冲过,只听得一片哗啦啦的水声。过了八公里的瞿塘峡,乌沉沉的云雾,突然隐去。峡顶上一道蓝天,浮着几小片金色浮云,一注阳光像闪电样落在左边峭壁上。(刘白羽《长江三日》)

(53) 仅仅两个月不到,恩来先生比起重庆时瘦了。大约因为过于忙碌,没有理发的闲暇吧,稍嫌过长的头发愈见显得他的脸色的苍白。他的境遇是最难处的,责任这么重大,事务那么繁剧,环境又那么拂逆。许多事情明明知其不可为而为,但却丝毫也不敢放松,不能放松,不肯放松。他的工作差不多经常要搞个通宵,只有清早一段时间供他睡眠,有时竟至有终日不睡的时候……(郭沫若《梅园新村之行》)

特别值得关注的是毛泽东于政论文章中对这两种句式的运用:用整句,严正有力,把事物特点性质概括得准确、鲜明;用散句,长于说理,将繁冗抽象的理论内容讲述得相当精当、具体。二者的交错运用,有机融汇,又使得篇章语句显现出整散交替、曲折生姿的统一情势。

我们看《中国社会各阶级的分析》里边的句子。

(54) 春夏之间,青黄不接,高利向别人借债,重价向别人籴粮,较之自耕农的无求于人,自然景遇要苦,但是优于贫民。

(55) 荒时暴月,向亲友乞哀告怜,借得几斗几升,敷衍三日五日,债务丛集,如牛负重。

例(55)中,每个句子里边,以整句为主,又不囿于严格的形式,节拍感强而又有变换,将情状鲜明地反映了出来。

再如《反对自由主义》这篇文章中的句子:

(56) 因为是熟人、同乡、同学、知心朋友、亲爱者、老同事、老部下,明知不对,也不同他们作原则上的争论,任其下去,求得和平和亲热。

(57) 事不关己,高高挂起;明知不对,少说为佳;明哲保身,但求无过。

同样是列举自由主义的各种表现,例(56)采取散句形式,例(57)则采取整句形式,形成了整个篇章句式繁富多彩纷纭错落的灵动美。

在毛泽东的众多著述中,整句和散句的运用,有些则注重整篇文章的统一风格。如《反对自由主义》,整句的数量稍多,通篇有着列举现象与说理明晰、简练的特色。而《论联合政府》,则长于具体、详尽地分析论证,整句较少,宏大题材的展开论述从而变得游刃有余。

有时候用了整句,其作用效果,是散句代替不了的。

(58) 唯独共产主义的思想体系和社会制度,正以排山倒海之势,雷霆万钧之力,磅礴于全世界,而葆其美妙之青春。(《新民主主义论》)

该句对共产主义思想体系和社会制度作了高度的赞美,热情洋溢,气势雄健,具有振奋人心的力量。

众所周知,韵文的典型特征就是整齐的字数形式,即多为偶数音节的句法占主导;而所谓的散文,则首先表现为句法形式的自由伸缩,句法字数的散漫开合,多奇数。陈善《扪虱新话》主张文中有诗、诗中有文:"韩以文为诗,杜以诗为文,世传以为戏。然文中自有诗,诗中要自有文,亦相生法也。文中有诗,则句语精确;诗中有文,则词调流畅。谢玄晖曰:'好诗圆美流畅如弹丸。'此所谓诗中有文也。唐子西曰:'古人虽不用偶俪,而散句之中暗有声调,步骤驰骋,亦有节奏。'此所谓文中有诗也。"其实这里所侧重强调的,也就是骈散结合,以求得参差错落、错综灵动的动态美感。而我们的行文,注意这方面的追求,同样不失为一种修辞的境界。

(五)轻重

所谓轻重,主要说的是语句所贯穿的主观色彩强烈与否。同样的信息内容,言语主体却可以赋予其不同的轻重意味,并通过特定的结构及词语反映出来。常见常用的语气类型所划分的句子,陈述、疑问、祈使、感叹,愈往后来则其主观情感表现得愈充分,当然所反映的分量也就大不相同。前边有关的章节内容已经有所涉及,毋庸赘述。这里想强调的是一些特定的语句结构,它们对语气情感的强调反映很有效用。

1. 排比句式

排比句式的主要作用就在于“壮文势,广文意”,雄健豪放,遒劲勃发。

(59) 它是站在海岸遥望海中已经看得见桅杆尖头了的一只航船,它是立于高山之巅远看东方已见光芒四射喷薄欲出的一轮朝日,它是躁动于母腹中的快要成熟了的一个婴儿。(毛泽东《星星之火,可以燎原》)

这是典型的排比句式。毛泽东将它用在文章的末尾部分,通过三个具体形象的比喻,来突出强调“中国革命高潮之到来指日可待”的中心思想。如果只用一个句子,江河倾泻的通贯气势,坚定强健的说服力量都将受到削弱。

递增递减句式则可以看做排比句富有特点的下位层次小类。

(60) 整个地球及地球各部分的地理和气候也是变化着的,但以它们的变化和社会的变化相比较,则显得很微小,前者是以若干千万年为单位而显示其变化的,后者则在几千年、几百年、几十年、甚至几年或几个月(在革命时期)内就显现其变化了。(毛泽东《矛盾论》)

(61) 他们,古代的优秀的艺术匠师们,石窟艺术的创造者,将当时千百万人所关心的主题,千百万人的社会生活,现实和理想,表现为一个人,几个人,几百人的,大小不同的画面。朴实和绚丽,兼而有之,吸收了外来影响,而又发展了中国民族色彩,它们既有强烈的艺术感染力,又提供了极有价值的历史科学资料。(徐迟《祁连山下》)

例(60)中的联合词组排列顺序是按时间从长到短逐渐递减的方法组织的,愈往小处说,愈能造成时间短暂、变化迅速的感觉印象。例(61)则是按渐增法来布置安排分句顺序的,愈往范围大的概念上说,愈能揭露这种主观主义作用的实质及其危险性,愈能显现出对这种反马克思列宁主义方法的深恶痛绝的强烈情感。

2. 重复句式

像同义词语的重复可以加强语义表述一样,同样语句的重复,其效果也有明显的价值意义。仍是洪迈的《容斋随笔》,其中称赞《史记》的用笔:

平原君使楚,客毛遂愿行,君曰:“先生处胜之门下几年于此矣?”曰:“三年于此矣。”君曰:“先生处胜门下三年于此矣,左右未有所称诵,胜未有所闻,是先生无所有也。先生不能,先生留。”遂力请行。面折楚王,再言“吾君在前,叱者何也”?至“左手持盘血而右手招十九人”于堂下,其英姿雄风,千载而下尚可想见,使人畏而仰之,卒定从而归。至于赵,平原君曰:“胜不敢复相士!胜相士多者千人,寡者百数,今乃于毛先生而失之。""毛先生一至楚而使赵重于九鼎、大吕,毛先生以三寸之舌,强于百万之师。胜不敢复相士!""重沓熟复,如骏马下驻千丈坡,其文势正尔。风行于上而水波,真天下之至文也。"(卷五)

其中"胜不敢复相士",前后重复,其人物言语神态毕现。

3. 固定结构句式

固定结构句式主要是指由连词以及副词配合而构成的定型的单句句法格式。表面上看这些起关联作用的虚词连接的是句子成分,实际上它们之间的搭配主要是突出强调语句正要表述的意义。例如:

(62) 为了达到克服上述这些不良倾向的目的,在全党中提高马克思列宁主义的理论水平是完全必要的,因为只有这种理论,才是引导中国革命走向胜利的指南针。(毛泽东《中国共产党在抗日时期的任务》)

像句中"只有……才……"这种格式,其实可以形成一个类型群体。其他如"凡是……都……"、"无论……都……"、"连……也……"、"只要……就……"、"不管……都……"等。这种句式的强调语气最为明晰断然,其原因不外乎:一是有定规的形式标志。句子如若去掉这些关联词语,并不影响语意的完整性,只是加强的意味相对减弱;二是它们大都属于条件判断性质的语句,或充足条件,或必要条件,或"无条件"的条件,不管这些条件是怎样的一种状况,只要满足,就必然推演得出特定的结果,表述语意也趋丰满坚定。

4. 增饰句法

同一语句的反复出现,即能达到突出强调之目的,但是有时为了将这种语意语气表达得更增强一些,往往可以在后一复出的词语结构里边添加新的修饰成分,通过前后排比照应增饰递进的方法,达到各方面都丰足的绝好效用。

(63) 真正的铜墙铁壁是什么?是群众,是千百万真心实意地拥护革命的群众。(毛泽东《关心群众生活,注意工作方法》)

在"群众"第二次重复出现时前边增添上限定修饰成分。随着内涵的明确,表述的内容更趋于丰富严密;音节节奏也由简到繁,由轻至重,从而使整个语句表现出紧逼激烈、气势夺人的特点。

这样的用法很多。再如:

(64) 在十八年党的历史中,凭借我们丰富的经验,失败和成功、后退和前进、缩小和发展深刻和丰富的经验,我们已经能够对这三个问题做出正确的结论来了。(毛泽东《〈共产党〉人发刊词》)

(65) 这一切像是在提醒那位有名的声学专家,不能用任何简单的方式对待一

个人——一个有生命有思想有感情的人。(何为《第二次考试》)

(66) 看来,这些朋友很难体味那些歌子传达的一种心绪,一种作为牧人心理基本素质的心绪。(张承志《黑骏马》)

(67) 自然,一提起5700哨卡,我就禁不住胆怯,但我还是愿去的,愿去,那儿,有一颗星,一颗闪烁着奇异光亮的星……(唐栋《兵车行》)

(68) 没有一个革命的党,没有一个按照马克思列宁主义的革命理论和革命风格建立起来的革命党,就不可能领导工人阶级和广大人民群众战胜帝国主义及其走狗。(毛泽东《全世界革命力量团结起来,反对帝国主义的侵略》)

(69) 朋友,当狂风卷起漫天风沙的时候,你们可曾想起森林里的小树,那样嫩弱的小树……(乌热尔图《一个猎人的恳求》)

(70) 街头巷尾,点头微笑,大家称我是模范,为什么呢?不过是为了一间房子,小小的房子,仅仅十三平方米的房子……(肖复兴《海河边的一间小屋》)

(71) 我马上想起,这不就是在北京展览过的那种镐头吗?是呵,就是那种镐头,那种赶做阵地工事,从鸭绿江挖到汉江,又从东海岸挖到西海岸的镐头!为和平,为每一个人的幸福建筑防线的镐头!那曾感动得人们滚下热泪的志愿军的镐头。(魏巍《挤跨它》)

(72) 我是为了谁呢?是你呵,我的祖国!呵,我的亲爱的,经历了巨大欢乐和痛苦的祖国;我们正在向四个现代化前进,而又困难重重的祖国!我是为你而讲的,你听见了么?呵,我的祖国,生我养我的祖国呵……(柯岩《船长》)

第十二讲　句法修辞(二)

这一讲里，主要从语义与语句的变化这两个方面来谈。

一、语义侧重

一接触语义问题，便有几分繁难。但要想将研究引向深入，特别是作为语言学的终极目标，仍需执著地向此挺进；尽管现今的认识有种种的局限，但只要艰难地探索着，其过程本身都是值得欣喜的。当然，同其他问题一样，不可能面面俱到，有重点上的演示就可以了。

（一）临摹与焦点

语法很能反映特定民族认识反映客观世界的思维方式，这具体地表现在语序上边。依照着索绪尔的理论，语言是以线型的一维性的符号链来进行表达的。将共时获得的多方面信息进行历时显现的时候，就不得不对这些信息作出合乎全民族认知习惯的组织布局安排。仍拿前边举过的例子来说："唱着歌的老头在修自行车/修自行车的老汉在唱着歌"，其中的谓定两成分之所以能相互换位，其原因就在于，仅从语法角度上看的话两谓词性单位是没有述谓性程度上的差别的；然而从言语表达的角度去看的话，情况就大不相同了，就不容易随意地转换位置了。这要看哪一个是已知信息哪一个是未知信息，且有表述上的不同价值。退一步说，假如有这样一个前提：两谓词性单位都是已知信息，现在要求它们共现表达。此时我们即便将它们都置于谓语的常规分布位置,且所谓平等并列地说成是"一边……一边……",其实仍是在强制性地将它们组合成了前后的排列语序。这种语序往往体现着语义重心的认知策略问题,有着民族思维方式的规定性。从总体认识世界的方式上讲,依照着时间的先后组织语序以再现其过程,是人类普遍性思维规律,这也体现了所谓"历史与逻辑相统一"的原则。所有记叙性质的语体概莫能外。仅以汉语中的一则片段为例。

(1) 从桂林,经贵阳,来到重庆的时候,在海棠溪过了江,他们从江边坐上了滑竿儿(轿子)上坡,他被滑竿儿抬着,上了一个又一个坡。(徐迟《祁连山下》)

将例子中的言语翻译成其他的任何一种语言,句与句之间的承接反映都与事件发生的先后顺序相一致。然而到了句子内部,形成基本的句法格局的时候就不一定相同了。

看下边相对应的汉英句子的翻译比较:

李明在公共汽车站碰到她。	Li Ming met her at the bus-stop.
李明醉醺醺地唱歌。	Li Ming was singing drunkenly.
李明扛着铁锹走了过来。	Li Ming came up shouldering a spade.

就附加成分的位序情况,人们形象地将汉语称作"雄狮型语言",英语等则为"孔雀型语言"。但这样的表述纯粹着眼于表象的具体状貌,并不能给人提供实际可遵循的价值。如果细心分析即可知道:汉语主语后边的部分都呈前后相联的述谓性成分,放在前边、反映具体行为的词语当是先于后边相对应词语所表示的动作行为发生,它们之间,时间上分先后,逻辑上是承继。与之形成明显对照的是英语同语义成分的位序排列,却正好和汉语中的语序构成对比,好像是在组织成语句之前即作过硬性的规定一样,要在两者之间进行比较,分出主次轻重,且一定是要将那个核心性的述谓成分放置于前,作为表述的重心。语言学家们通常将主要遵循时间原则进行组织结构先后布局的,称为"临摹性语言",而将与它相对的句法顺序语言称为"焦点性语言"。

上边的例子是整体句法结构型的,下位层次上的也是如此。

(2) 现在,一切记忆,巴黎,桂林,重庆,敦煌,都联系了起来。(徐迟《祁连山下》)

(3) 春季里,杏花、梨花、桃花、李花、苹果花,轮番的开放。秋季里,来看画的人,衣兜里都装满了成熟的、芬芳的、多液汁的水果。(同上)

(4) 全国人民代表大会常务委员会在这里讨论和确定国家大计。(孙世恺《雄伟的人民大会堂》)

这些语句中并列的词语,有些本身也体现不出什么逻辑关系,如第一例中的诸多地名之间;但它展现的是特定人物经历的先后,这样一来就不能不体现这种关系了。

有些类似的结构在反映这种语法意义的时候更隐秘些,得悉心体会。例如:

(5) 大青涩柿子是吃不得的。

(6) 多年来,我在这里干过各种工作,亲眼看到这里曾经是偏僻、荒凉而贫困的山区怎样迅速地变化。(杜鹏程《难忘的摩天岭》)

例(5),“大”、“青”、“涩”都是单音节的形容词,它们放在“柿子”前边并非随意的。正如我们常说“大红花”、“小白花”而不说“红大花”、“白小花”一样,都有规律可循:对于中心语事物名词来讲,凭依“距离相似动因”:哪个最能体现其根本特征的词语即与它距离最近。当然,对于人们的认识过程来讲,则往往是由表及里、由浅入深,逐步接近其核心要素。例(6),若不细心分辨也是很难识别出“偏僻”、“荒凉”、“贫困”三词之间的有机关系,事实上人们最先知道的是认识对象的方位,接着的是表象,末了是生活的实际状况。其语序也是一种临摹性状态。

这在英语里边情况或许就会有所不同。看这样的几个语句:

There are some sour green eatting apples.	这儿有几个生吃的青皮酸苹果。
A cat is a small domestic animal.	猫是一种家养的小动物。
Her husband's a funny little man, isn't he?	她丈夫是个矮小而有趣的人,不是吗?

如果精细辨析的话可以注意到:汉语中多层定语中有些词语,如表示体积的词语,即“大”、“小”之类,位置也比较活。这主要在于音节的因素,单音节的词语往往紧靠着中心语词语,使得表述中的言辞尽可能地偶数化。当然,这仍没有破坏句法中临摹性的根本特征。正像朱德熙所认定的,不带“的”字的定语与中心语之间往往表现出词汇化、“单词化”的倾向。[①] 下边的例子很能说明这一点:

(7) 看那个顶小的小绿夜壶非常有趣,绿汪汪的,也撅着小嘴。(老舍《骆驼祥子》)

“顶小”与“小”似乎是语义重复,其缘由就是“小”与后边的中心语词语组合紧密,已趋向于词汇化。

汉语句法的临摹性再一个突出的表现就是由背景到中心物、由大到小、由重到轻等类型的语序方式。例如:

(8) 湖中心有座亭子。

(9) 星期一的上午九点他们正式出发。

(10) 司令部、政治部、电台和后勤人员都安全地渡到了河西。(周立波《湘江一夜》)

---

① 朱德熙:《现代汉语形容词研究》,载《二十世纪现代汉语语法论文精选》,第191页,北京,商务印书馆,2005。

(11) 党的任务就是把红军的活动和全国的工人、农民、学生、小资产阶级、民族资产阶级的一切活动结合起来,成为一个统一的民族革命战线。(毛泽东《论反对日本帝国主义的策略》)

(12) 鲁镇的酒店的格局,是和别处不同的。(鲁迅《孔乙己》)

(13) 四铭就在她面前耸肩曲背地狠命地掏着布马褂底下的袍子的大襟后面的口袋。(鲁迅《肥皂》)

这和英语里边的目的物先于参照物的语序方式显然是不一样的:

There are the pavilion at the center of the lake. 湖中心有座亭子
the pen on the floor of the classroom 教室里地上的那支钢笔
the patient on the bed of the ward 病房病床上的那个病人
the name of the girl in the corner 在角落的那个姑娘的名字
a teacher of English in a middle school in Guangzhou 广州一所中学的一名英语教师

当然,汉语句法的组合并非一味地临摹,它也有重视逻辑、张扬自己主观表现的一面,尽管这样的情况所占比例相对少了一些。这典型地在主谓谓语句中得以凸现。主谓谓语句,用语法学的表述来说就是主谓短语做谓语的句子。这纯粹是结构的认定,却很难展示该句型在语义表达上体现了什么样的特点。之所以说该句法是焦点性的,正像我们在上一讲中初步表述的那样,该句式位于句首的大主语是典型的话题性质。说它是汉语里边特有的一种句型,就在于很早就有了这样句法的使用。如《尚书·尧典》:“瞽子父顽,母嚚,象傲,克谐,以孝烝烝,乂不格奸。”《庄子·马蹄》:“马,蹄可以践霜雪,毛可以御风寒。”《墨子·亲士》:“圣人者,事无辞也,物无违也,故能为天下器。”历代以降,历久不衰,如在《红楼梦》中的使用:“凤姐儿嘴乖。”“这位凤姑娘年纪虽小,行事却比世人都大呢。”显然,该句型在汉语中的地位是不容否定的。当然,它在历史的发展过程中也有变化。比如像大主语与小主语之间有包含与被包含的关系,这倒是非常传统的一种表达结构。它可以使人、事物的各种情况得以较全面详尽地表现。上边所举例子中大多为这种情况,再如:

(14) 这么大的人,拉上那么美的车,他自己的车,弓子软得颤悠颤悠的,连车把都微微的动弹;车箱是那么亮,垫子是那么白,喇叭是那么响;跑得不快怎么对得起自己呢,怎么对得起那辆车呢?(老舍《骆驼祥子》)

(15) 在这块土地上出生的乡民,大都手脚粗大,前额饱满,眉骨隆起,鼻阔近于嘴,腰长过于腿,活脱脱的一群秦始皇兵马俑的复出。(刘路、功振《遗址新人》)

至于像上举《墨子》中的例子,相对就比较少了。这一种类型的主谓谓语句,大小主语之间没有直接的语义关系,相对于全句的动词谓语来说,它们只是施事受事的关系。该例可以和下边的句子构成鲜明的对照。

(16) 凤姐也不接茶,也不抬头,只管拨手炉内的灰,慢慢的问道:"怎么还不请进来?"(曹雪芹《红楼梦》)

《墨子》的相应结构也可写成"无辞事,无违物",例(16)中相应结构也可改写成"茶不接,头不抬"。对比当中可以看到,受事名词放到前边的,可以突出强调某种事物、某个人,使其鲜明,也可夸张性地说明事物的量,表现动作行为的极端化。为了说明这一点,再看相同的更多的例证:

(17) 这辆车子,除了铃儿不响什么都响。

(18) 新媳妇哭了一天一夜,头也不梳,脸也不洗,饭也不吃,躺在炕上,谁也叫不起来。(赵树理《小二黑结婚》)

(19) 老头子一辈子天不怕地不怕,到了老年反倒怕起自己的女儿来。(老舍《骆驼祥子》)

这种句子,放到前边的受事名词通常有两种类型:一是明确认定性的,上边诸例均为这种情况。再一种是夸张性的,或使劲儿地往小处说,如"一口水都不喝",或使劲儿地往大处说,如"什么水都不喝",强调的意味极强。正因为少,过去的语法学著作通常将这种用法归之于修辞范畴,叫做"宾语前置"。而受事名词仍呆在动词谓语后边的,则这层色彩荡然无存。《红楼梦》里写凤姐的神态,纯粹在于表现凤姐心不在焉的慵懒。

主谓谓语句还有一种情况则是带有鲜明标志的,用"对于"、"关于"、"谈到"等系列词语来显示。例如:

(20) 对于他的死,我是很悲痛的。(毛泽东《纪念白求恩》)

(21) 关于这一点,我们可以从这一带发现的文物得到说明。(翦伯赞《内蒙访古》)

由此不难看出,汉语通常是以时间原则为主线,以动作行为的先后过程,或以心理认知的先后过程,普遍性地来组织语句内部的语序分布。这种语序方式与质朴自然的思维形态形式有着直接的关联,有着简易形象性的一面,也有着粗糙的不便于训练人们严密逻辑思维能力的一面。那么类似主谓谓语句这样的句型就有效地弥补了这方面的不足。

(二)肯定和否定

这也是所有语言都普遍具有、属于认识表达层次上的一对范畴。它们都是对事情性质的判断,而非只是词汇意义上的褒贬臧否。正因为如此,"老师不会批评我们的",

仍然是否定句;对照"老师不会表扬我们的"就可以明白。再则,语法修辞上面所谓的肯定句和否定句,需要提请人们注意的是:并非习惯上通常理解的反义关系,而是同义和近义关系;因为只有这样才能比较出同义形式在表达上的细微差别。例如:

甲:小李这个人真好!

乙:嗯,小李不错。

甲的话语是感叹句,然而又寄希望于从乙那里得到呼应。乙的答话遵从了礼貌原则中的"赞同准则"(尽量减少与他人的不一致),然而他使用的是否定形式;否定形式往往具有折中调和的意味,如上例的"不错",就要比"好"在程度上略低些。这种差距连农村的老太太也都能体悟得到。过去重男轻女的时期,两个老太太见了面,问:"你媳妇生了个啥?""啥? 唉,丫头片子!""哎呀,也不错啊!"如果生的是一个小子,仍用同样的言语就不能成立了。这都是因为"不错"这种否定形式的根本特征形成的。因为绝大多数的否定形式都不可能直接成为它的反面,说"不高",不一定意味着"低";说"不低",同样也不意味着"高",因此有"不高不低"的说法。其他类似的表述都有同样的情况存在。还能证明这一点的,还在于否定词与形容词的搭配,也很有语用上的规律手段:人们遵从趋利避害、祛弊就好的心理,否定不好的属性则非常干脆,"不错"、"不坏"、"不赖"、"不臭"、"不丑"、"不简单"、"不尴尬",而否定好的属性则有所保留,多采取委婉的方式,"不太好"、"不太光"、"不够完备"、"不太鲜亮"、"不很及时"、"不怎么聪明"。[①] 其实,"不错"并不等于"好",倒是"不太好"的概念意义趋向于完全否定。显然,在肯定否定的表达中也是分明透现着修辞色彩的。

还需注意的是,肯定否定还是认识分析问题的一种方式策略。说特定的对象不是什么容易,说特定的对象是什么不易。因为肯定句属于正面认定性质,它所强调的是关系,它所包含的潜在信息能覆盖否定句的蕴含。而否定句属于排除,往往是个案性质的,在于否决某种可能性。因此,从表述语义上讲,肯定句更难以把握,虽然它的句法结构并不复杂,在肯定句与否定句的对比中似乎不太重要;而否定句结构上复杂了一些,其中表述语义上的差别似乎也多了一些,但从总的判断上说仍代替不了肯定句的价值。

构成否定句的主要因素有三:一是否定副词:不、没有;一是带有否定意义的动词:以防、防止、劝阻、阻止、避免、忘记、切忌、幸免、难免、否认、怀疑;一是句末疑问语气,书面语表现为问号。

这三个方面,前边两个是明确显现的否定,最后一个则是质疑性的否定。要注意的是,即便是肯定句式,如若改作疑问句也便带有了怀疑的色彩:"你去教室了吗?"这

---

① 参见刘丹青:《"有"字领有句的语义倾向和信息结构》,《中国语文》,2011年第2期。

既可以是有疑而问,也可以是无疑而问。后者实则起到了否定句的作用,甚至还强于通常的否定,因为它还带有一定的讥讽意味。正因为这样,如果语句的正文部分出现其他的否定词语,该语句即成了双重否定句。例如:

(22) 无数革命先烈为了人民的利益牺牲了他们的生命,使我们每个活着的人想起他们就心里难过,难道我们还有什么个人利益不能牺牲,还有什么错误不能抛弃吗?(毛泽东《论联合政府》)

(23) 敢于这样做的人,难道不是一个英雄吗?(翦伯赞《内蒙访古》)

两例最后的分句仅以短语形式看是单一否定句,然而正是加上了疑问语调,并有疑问语气词"吗",故变为双重否定。负负得正,那么该语句表述的语义比起通常的肯定句还要强烈,关键就在于该结构方式上面所寄予的主观感情色彩是非常浓重的。

下边语句则就有问题了:

(24) 自改革开放以后,造就的亿万富翁有多少人能离不开这几种犯罪?

(25) 你不是不让我赔吗?(柳家旺《当代口语,1982年北京话调查资料》)

如上所述:反诘疑问句是无疑而问,或者说是用否定的形式表示肯定的意义。如例(22),"不能牺牲"、"不能抛弃"吗?答案肯定是:"能牺牲"、"能抛弃"。例(24)正与此相反。"离不开这几种犯罪"?答案肯定是:"能离开"。这就与作者本初想要表达的意义弄拧了。第二个句子的问题在于将"嘛"用作了"吗"。该语句已经由疑问转向责难。

陈述性质的否定句,语句里边出现单个的否定词,就是简单否定句;如果出现两项,就成了双重否定句。这里重点讲后者。通常来说,"没有"和"不"互有分工:前者否定的是以往,后者否定的是当前和未来。前者所否定的客观实在性强,后者则表现得主观意愿多。在双重否定句里,两个即可共现。如:

(26) 从前线回来的人说到白求恩,没有一个不佩服,没有一个不为他的精神所感动。(毛泽东《纪念白求恩》)

(27) 正经女人虽然痛恨荡妇,其实若有机会扮个妖妇的角色的话,没有一个不跃跃欲试的。(张爱玲《谈女人》)

(28) 南方不是没有大旱,可是成灾的时候较少,就因为老百姓有浇水的习惯。(姚雪垠《李自成》)

(29) 如果不这样做,不要说救穆青,她自己葬身商海,也完全不是没有这种可能。(张欣《掘金时代》)

上面的例子也正好说明的一个问题是:双重否定对于有些格式来说当然是强调,如:"没有一个不……",因为它凸显的是全称判断,故语气口吻非常紧迫强烈。然而两者的倒序用法,如例(28)和例(29)中的“不是没有……”则重在申辩,语气就委婉多了。

下边这些例句也是双重否定句的典型格式。

(30) 民国元年以前稍不同,先是说康党,后是说革党,甚至于到官里去告密,一面固然在保全自己的尊容,但也未始没有那时所谓“以人血染红顶子”之意。(鲁迅《论“费厄泼赖”应该缓行》)

(31) 如果把指南针的发明时代上溯到十世纪时的唐末或五代,也是不无根据的。(阴法鲁、许树安《中国古代文化史》)

(32) 孩子摸不着的地方,创造一个安全的环境,然后任其探讨、玩耍,而不是不让孩子动这动那。(方富熹、方格《儿童的心理世界——论儿童的心理发展与教育》)

(33) 她的心无时无刻不在恋着剑波,就好像生活中不可缺少空气一样。(曲波《林海雪原》)

现在的问题是,人们往往不容易将否定表达的结构把握准确或解释得完善。

看下边的语句:

(34) 谁也不能否认地球不是绕太阳运行的。

(35) 许多有识之士认为,不安全、侵权、不诚信以及防止文化受污染等问题,目前已经成为制约互联网行业进一步发展的最大瓶颈。

例(34)构成了三重否定。例(35)则是“防止”和“不”构成了双重否定,与前边负面现象的列陈形成了对立。

另外还要注意的是,否定副词“不”也有修辞上的灵活性,通常它是对事情性质的根本否决;但有些时候它的使用只是对表述不周的再斟酌更正,并非全面否认。如:

(36) 不仅仅是我们的这些筑路民工,不,十二万平陆人,不,六亿五千万中国人,人人心里都燃着一团烈火,这团烈火越烧越旺;对党和毛主席的深沉热爱,化作无穷无尽的力量,人们正用它加速建设我们伟大的社会主义祖国!(王石、房树民《为了六十一个阶级兄弟》)

语句里边单用的“不”,其意并非在于否定,去掉照样儿可以成立,因为句首已经说明了的“不仅仅是我们这些筑路民工”,更大范围的,接下来就采取本原形式的递增法即可;但是这里却连用了“不”,强调的意味便愈加浓重。

还需注意的是,在特定的句法结构里边,有些使用了否定词语的与肯定形式的,在语义上是一致的。这相当于词汇里边的同义词语。

好热闹——好不热闹

难免犯错误——难免不犯错误

差点摔个大跟头——差点没摔个大跟头

在我来北京之前——在我没来北京之前

我们认为,这些组合中的“不”、“没”,都是以强调的方式进入的。这在汉语的发展中也不乏类似的用法。如《水浒传》中的特定句法结构:“无×无×”,“无学无才”中的“无”确实是当“没有”讲,然而“无千无万”中的“无”却没有意义。

(37) 我在东京太师府里做奶公时,门下官军见了无千无万,都向着我喏喏连声。(施耐庵、罗贯中《水浒传》)

其他的,“没×没×”、“不×不×”等,都有同样情况可以参照。正因为这样的情况可以形成一个类别,像“难免不犯错误”是不是病句的问题大可不必纠缠不休。

(三) 主动与被动

主动与被动也是一对对应的范畴。它们在句法表达里边具体地典型地表现为主语是施事还是受事的问题:是施事,即为主动句;是受事,即为被动句。两者的典型格式分别是“把”字句和“被”字句。

很多时候同样的意思可以借用不同的形式来表达。如:

a. 我喝了水。

b. 水我喝了。

c. 我把水喝了。

d. 水让我喝了。

可以说四种句式表现的是相同的概念内容。不难理解这样一种理论推定:语言符号系统,既要保障其准确表达意义,又要讲究经济原则。要在这两个着力点上寻求到最佳的平衡,才能求得语言的科学有效、健康发展。如果说这四种句式在表达上绝对相同,其中的三种形式就会成为实足的冗赘;之所以它们没有被淘汰,这说明它们还是各有各的价值。a 句客观性最强,毋庸多言。b 句在“临摹与焦点”部分已有分析。后边两句就成了现时我们需讨论的重点。不管是怎样的情况,句类里边陈述句是最基本的参照。而在陈述句中,常规位置的主谓宾序列又是其他结构形式最基本的参照。一种最实在的语言体验是:通常的陈述句只是陈述事实,如果话题不是说“我”,只是客观介绍事情场景且是堆叠显现的话,有时候我们甚至会忘却言语主体的存在。陈述句里边,话题是“我”的时候,还是通常的主谓宾语序,此时的表述似乎仍是“不动声色”;一旦有了位置的变动或虚词的添加,附加性的语义、色彩等则都开始潜隐显现了。仅以 c 句为例:“把”字句,语句的语义重心,传统的“尾焦点”论者认为是在“把+宾语”后面的成分;而现在有的学者认为说话人是为了强调宾语而采用了“把”字句。前者鲜明的观点就是所谓的“处置式”,后者则转换角度,认为该句式体现着鲜明的主观性。但现在来看,后者是后起者,当然比前者多了一番新意。但仍不能说问题得到了根本的解决。看后者关于该句式句法语义特征的具体认定:

> 1)把字宾语通常是有定的;2)动词须是复杂形式的;3)把字宾语具有话题性;4)把字宾语受动作的完全影响;5)有不如意的含义;6)有出乎意料的含义;7)和因果关系和目的关系相联系;8)意义上受“都”字管辖的宾语要做把字的宾语;9)充当句子成分受限制。[①]

这些认定具体是比较具体了,可惜标准不统一:有些是形式认定,如2)和4),其实继承的仍是传统处置式的内涵。既然如此,主动态的处置与5)、6)又是怎样的一种关系?恐怕仍得进一步探究。

无论是哪种可能,有一点是可以认可的:语用上,被移动的成分是为了达到某一目的才作出移动的,将宾语位置提前这一变动是为了引起听话人的注意。主谓谓语句是这样,把字句当然也不例外。不过随着它们所移动位置的不同而体现出不同的语法意义及其功用罢了。在汉语发展史上,把字句的真正形成时间不算太早,特别是它的广泛使用就更是这样。但有意思的是,一旦通用开来即表现得非常丰富和清晰。仅从“把”的意义上讲,大致可以分作三类。第一种当然是典型的介词把。例如:

(38) 其中那一伙儿强的,把别的打的四分五落里,东走西散。(《朴通事》)

(39) 不知怎生滚在底下,吃了一跌,把鼻子跌破了。(同上)

(40) 若把父母的声名玷辱了,就要被别人唾骂说。(《老乞大》)

(41) 把那贼围在一个山峪里。(同上)

(42) 把这太平的气象,又变做了乱世。(《大宋宣和遗事》)

第二种当“用”讲。例如:

(43) 把那菖蒲叶儿来做席子,铺着睡时,跳蚤那厮近不的。(《朴通事》)

(44) 却早来到书院里,我把唾津儿润破窗纸,看他在书房里做甚么。(王实甫《西厢记》)

第三种当“向、在”等讲。例如:

(45) 就那里拿起一块大石头,把那人头上,打了一下,打出脑浆来死了。(《老乞大》)

分作三种,即可以看到一种新兴形式实行开来之初,似乎是那么的新鲜,普遍使用具有其时尚性,一如现时的“程度副词+N”。其实这些类型,在现代汉语里边未尝没有这种孑遗与痕迹。

---

① 沈家煊:《如何处置“处置式”?——论把字句的主观性》,《中国语文》,2002年第5期。

(46) 我们把大豆拿去榨油,主要为了榨取它所含有的脂肪。(王还例)

(47) 他气极了,拿了一把镰刀,劈头一下,把孟祥英的眉上打了个血窟窿,经人拉开以后还是血流不止。(赵树理《孟祥英翻身》)

尽管这样,典型的当然还占多数。接下来的问题是,这种句式确实是用把字将动作涉及的对象提到了状语的位置上吗?如果是这样,把字的宾语应该是可以还原的。但事实上相当一些是不能这样做的。(1)叙述、说明某种情况变化并产生了结果,句子主要谓语动词又往往是由“成”、“做”、“为”等充当的。(2)叙述、说明、命令、请求将某事物移动到某个地点或变换至某种程度;通常补语会用“到”、“在”、“进”、“回”加表示地点的名词。(3)有结果宾语者。等等,都很难再回到原来的位置上去。这说明,把字句的产生也是为了特殊的表达需要,在一定程度上是为了满足结构组合的复杂性

说把字句总的语法意义就是表处置,似乎非常合乎人们的语感。然而还有相当一些句子说是处置就很难被人们接受了。例如:

(48) 往大酒肆里坐下,不爱银子多少,把酒肉吃饱了。(《老乞大》)

(49) 一夏里不曾好生收拾,把我的银鼠皮被子,貂鼠皮丢袖虫蛀的无一根风毛,怎的好?(《朴通事》)

(50) 讨了半年不肯还我,把我的两对新靴都走破了。(同上)

(51) 原来是一封休书,把那小姐气死了,梅香又打了我一顿。(郑光祖《倩女离魂》)

这些句子宽泛地说处置当然可以,只是搁不住推敲。例(48),所谓处置,对象应该是把宾,然而句子的补语却是说人,两者没关系。例(49),谁处置?倒是说话者是受损人,正是无限的懊恼惆怅,跟处置意义似乎正是相反相对。例(50),谁把“我的两对新靴都走破了”?当然是自己,可是这时的把却出现在了“我”的前边。例(51)也是同样道理,气的只有施事主体,似乎这里的把纯粹是衍词。

其实,就是看上去非常典型的把字句,也很难看得出是不是施事主体非常乐意和主动实施的行为。如“我把他打了”。至于像“我把钥匙丢了”,当然就更不是行为主体有意识从事的。如果真是追究把字句总的语义特征的话,或许元代及其以后的发展都能说明该句式除了上述结构整合的结果外,还有明显的一层:是言语主体为了表现对该事件发生的奇异突然性给予格外的显现,或表现某种比较强烈的思想情绪。有这样的一些表现可以看得清楚:

1. 从言说者的角度揣测别人。

(52) 孩儿腕搭儿腕搭儿把那手来提的高着,打光光,打凹凹。(《朴通事》)

(53) 这一席唐突,把个王莲英羞得满脸通红,浑身是汗。(《三宝太监西洋记》)

(54) 小红听了,把脸飞红,瞅了贾芸一眼,也不答言。(曹雪芹《红楼梦》)

(55) 宝蟾把脸红着,并不答言,只管把果子折在一个碟子里,端着就走。(同上)

2. 用"把"以显豁。

(56) 如今你和宝玉好,把我不答理,我也看出来了。(曹雪芹《红楼梦》)

(57) 老爷把二爷打了个动不得,难道姑娘就没听见?(同上)

(58) 若说我们认真成了诗,出了这园子,把人的牙还笑倒了呢。(同上)

(59) 你出去站一站,把皮不冻破了你的。(同上)

例(56),如果遵从前一分句的结构,完全可以说成是"不答理我"。那样的话没有什么值得人们关注的,用了把字句,其义便突出了。例(57)也可以以一般的动补结构显示:"打得二爷动不得",但这样一来对比度就减弱了。例(58)是夸张,用把字句顺理成章。

3."把"宾的无定形式。

(60) 他老子逼着他念书,生生的把个孩子逼出病来了。(曹雪芹《红楼梦》)

(61) 到底要算蘅芜君沉着,"秋无迹","梦有知",把个忆字竟烘染出来了。(同上)

(62) 话未说完,把个贾政气的面如金纸,大喝"快拿宝玉来!"(同上)

(63) 黛玉白日已昏晕过去,却心头口中一丝微气不断,把个李纨和紫鹃哭的死去活来。(曹雪芹《红楼梦》)

这里边例(60)很有意思:本来大家都知道说的是宝玉,然而贾母偏偏说成"(一)个孩子",后边诸例则都是专有名词,又都于前边加上了无定的标志"个",甚至复数也是这样,似淡化把的宾语,实则强调事情的严重性。

4. 动词的广泛性。

(64) 再者年例送人请人,我把脸皮厚些,可省些也就完了。(同上)

(65) 怎么忽然把个晴雯姐姐也没了,到底是什么病?(同上)

(66) 又想梦中光景,无倚无靠,再真把宝玉死了,那可怎么样好!(同上)

(67) 偏又把凤丫头病了,有他一人来说说笑笑,还抵得十个人的空儿。(同上)

这些语句中的主要谓词性词语都不是动作性极强的动词,两个不及物,有一个还是形容词临时充当的。足以说明把字句并非像相当一些语法书说的那样严格,是非常具有宽松度的。

5. 特殊性的半句话,强烈的情绪格调。

(68) 我把你这个贱婢,你死在头上,还不省得。(《三宝太监西洋记》)

(69) 巨灵神道:"我把你那欺心的猢狲!你是认不得我!"(吴承恩《西游记》)

(70) 那大仙指定笑道:"我把你这个泼猴!你瞒谁哩?"(同上)

(71) 贾母听了,笑道:"猴儿,把你乖的!"(曹雪芹《红楼梦》)

与主动句中的典范代表“把”字句呈对立性的是被动句中的“被”字句。两者似乎可以形成反映动作行为施事和受事角色之间的对应关系：“我把他打了。”另一种表述方式就是“他被我打了”。但有时候并不一定，如：

(72) 那日谁知我失了脚掉下去，几乎没淹死，好容易救了上来，到底被那木钉把头碰破了。(曹雪芹《红楼梦》)

也就是说，“被”遭致的，也可能是受事对象局部的具体损失。且该句是“被”、“把”同现的一个较特殊的句子。

相比之下，“被”字句受制的因素相对少一些。比如说两种句式通常都要求谓语动词是动作性比较强的及物动词，能用在“把”字句里边的动词也大都能用在“被”字句中。但却不能倒过来说，能用在“被”字句里边的动词也都能用在“把”字句中。《红楼梦》中使用的“被”字句，单纯从常规用法讲，比现代汉语还普遍。例如：

(73) 他两个心里疑惑方才的话只怕被他听了去了，只好大家不提。

(74) 说是小丫头子坠儿偷起来的，被他看见，来回二奶奶的。

(75) 我如今被你一说，我有些懂得了。

(76) 我也曾使过眼色，也曾递过暗号，倒被那别人已知道了，你反不觉。

(77) 这样现成的韵被你得了，只是不犯着替他们颂圣去。

(78) 太太快别生气。若被众人觉察了，保不定老太太不知道。

(79) 今日被你遇见，又有这段意思，少不得也告诉了你，只不许再对人言讲。

(80) 宝玉被袭人一提，便说：“了不得，方才我在老太太那边，看见人多。”

(81) 贾琏想他素日的好处，也要上来行礼，被邢夫人说道：“有了一个爷们便罢了，不要折受他不得超生。”

这里边情况很复杂：这些句子里边做谓语的主要动词大都是及物动词，但这些动词大多不是自主性动词，也就是可控性比较弱；即便是能进入自主动词框架的，也都很难进入“把”字句。上述诸句也都不能转换成“把”字句。

(82) 怪道人说热身子不可被风吹，这一冷果然利害。(曹雪芹《红楼梦》)

(83) 知道贾赦被拿，又要唬死，暂且不敢明说，只得出来照料自己屋内。(同上)

(84) 那些下人只知妖怪被擒，疑心去了，便不大惊小怪，往后果然没人提起了。(同上)

这些语句中的“被 V”，主要谓语动词只是光秃秃的一个动词。这跟“把”字句也是很不一样的地方。

有意思的是：近两年来，很多过去不能形成“被 V”组合的，如不及物动词，现在也在被人们尝试着进行组合。这首先是从“被自杀”开始的。2007 年，安徽阜阳某经贸发展局局长李国福多次到北京举报该市颍泉区区委书记张治安违法占用耕地、修建豪华办公楼等问题。在一次返回途中被检察机关逮捕,尔后在监狱医院突然死亡。当地检察机关事后认定是自杀身亡。但是李的家属并不认可该结论,推断李没有自杀动机,死因蹊跷。同样,这件事媒体曝光后,引起广泛关注,有网友发挥聪明才智,把这起像自杀又疑似谋杀的蹊跷死亡事件称为“被自杀”。这种超常的组合,即巧妙地将怀疑与不满隐含于其中,很好地表达了人们对恃强凌弱等社会不良现象的愤懑之情。以此为发端,“被V”这种组合以其新颖深刻含蓄的组合特征被人们广泛接受,新闻媒体还常常用这样的组合用在标题上面,以求博得人们的青睐。从此一发而不可收,极大地拓展了它的使用效能。

其逐步扩大开来的途径可以由下边的方式来体现:

1. 被+不及物动词。除上例外,再如:

(85) 2009年的7月,我毕业了,我也“被就业”了。(京华时报2009.7.12)

(86) 研究生考试昨结束“被考研”完毕接着“考公”(南方报业网2010.1.11)

(87) 雷克萨斯“被出局”的危机(品牌中国2010.1.11)

(88) 网评:人活着却“被死亡”?(人民网2010.1.11)

2. 被+形容词。

(89) 中国“被强大”了吗?(新华日报2009.8.25)

(90) 开心是一种状态,“被开心”也是一种状态。(平凉热线2011.1.1)

(91) 河南林州寅吃卯粮预征税收　民企戏称被光荣(中国经营报2009.10.17)

3. 被+短语。

(92) 利比亚所有军官都被“官升一级”(人民网2011.3.27)

(93) 潜江幼师被预定“畅销”沿海城市(人民网2011.3.28)

(94) 稀里糊涂“被涨工资”(人民日报海外版2010.1.12)

4. 被+×化。

“×化”组合的情况很复杂,形成一个由动词(如“绿化”)到名词(如“四化”)的渐变序列。这中间有些词则处于过渡的状态中,如“合理化”、“年轻化”等,[1]然而即便是这部分词,一旦带上了“被”,显然是强化了动词属性,在话语里边多做谓语。如:

(95) 农民“被城镇化”透露地方政府获利渠道(人民网2011.3.12)

(96) 儿童选秀节目被“成人化”低俗庸俗媚俗泯灭童真(人民网2011.4.7)

---

① 张云秋:《“化”尾动词功能弱化的等级序列》,《中国语文》,2002年第1期。

(97) 加多宝集团再声明？王老吉“被多元化”(人民网 2011.4.13)

5. 被＋名词。

(98) 形色“被广告”,街头来捕捉(山西日报 2011.3.23)

(99) 有多少女人“被小三”?(人民网 2011.4.7)

(100) 又有多少人“被小康”了?(人民网 2009.12.24)

到这一步,则是将原来中规中矩的“被”字句扩大到最大的范围。这显然反映了随着改革开放、思想解放的不断深入,人们日益感到自身权利需挣脱往日罗网之必要,当这种追求与现实发生冲突,特别是自己往往处于弱势一方,无力获得自由,外界其他力量强制性地行使了本属于自己的自主权之时,“被××”的组合既是无奈的自嘲,又是苦痛的呐喊,这种语言新形式的运用非常能够表达时代的烙印与个性,自身的弹性和张力。有些用法甚至还有进一步词汇化的倾向。例如:

(101) 一年圈钱近亿元,检方揭秘“职业被骗人”(人民网 2011.3.28)

该报道解释“职业被骗人”说:这些人“表面上也是‘受害人’,但这些人又不同于普通的被骗人,因为他们自己投入的本金极少甚至根本就没有投入本金,即使投入也是为了‘抛砖引玉’。‘职业被骗人’的共性是曾干过传销、直销等工作,并担任高管,个别人甚至还曾受到过刑事处罚,熟知各种操作手法,且具有很强的鼓动性,会借助不同平台进行所谓的‘融资项目’,而且还会紧跟形势发展,利用国家扶持和鼓励的涉农、涉及民生等项目来博取投资人的信任、获得投资人的青睐”。

二、知常达变

句法修辞有没有一定之规?这个问题确实难以回答。就像古人谈论作文法一样:大体虽有,却无不变之程式。这在现代语言学中进一步得到了更为有理据的解释。雅克布逊是这样建构他的语言层次(hierarchy)理论的:语言由语音的区别特征(destinctive feature)、音位、词汇、词组、语句、话语(discourse)等六级单位形成,每一个层次的横向联系,即为通常所说的“语境”;而这些层次的纵向关系,则体现为一种自由程度的递增或衰减。所谓“自由”,既可以看做信息内容(或符号意义)建构时受语境制约的程度,也可以看做言语主体在建构语言单位时的被动或主动程度。他具体写道:“各语言层次上的组合形成了一个以‘自由’为基准的上升阶梯层次。语言使用者要把语音区别特征组合成为音位,其享有的自由程度是零;因为每一个语言规则(code)里已经预先制定了有关它的各种可能组合。由音位组合而成的单个词汇的自由,只能在已经规划好的范围内进行;这种自由只是一种边际的活动,也就是组成新字。把词汇组合起来成为句子,限制是减弱了。最后,把句子组合起来成为话语,语法上强制力就不再存在了,尽管,各种规范化了的话语仍不可忽视,但语言使用者在这个层次里享有大幅度的自由以创造新的语境。"[①]过去语法学界将研究的范围框定在句子的范围,无意当中是暗合了雅克布逊所描写的不同层级的不同特征。由这种层级特征的描述我们可以看到,句法处在中间层次,它既有规定性又有灵活性。前者即表现为语法结构的社会规则描写,而后者则表现为适应特定语境和风格需要的个性追求。

正是基于这种总体特征的判定,我们认为,在句法修辞里边存在着一个大体的基本使用倾向,那就是知常达变,常变常新。"善声而不知转,未可为能歌也;善言而不知变,未可谓能说也。"[②]在把握语言结构规律的基础上,除了依照语体以及特定言语主体的口吻去组织确当的句法外,都应该为句法形式的繁富多样化而努力。这其中,"常"是保证言语交际信息畅通的内储力,"变"是保持语言充满活力的原动力,"新"是保证语言具有魅力的激发力。可以说,常与变,从语言整体到具体细节都体现着,它是语法与修辞两种力量相互参照又有一定矛盾性的具体体现。异则同之,同则异之,一切以求新求美为高标。我们来看这样一则用例:

(102) 稻子收割了,羊羔子抓了秋膘了,葡萄下了窖了,雪下来了。雪化了,茵陈蒿在乌黑的地里绿了,羊角葱露了嘴了,稻田的冻地翻了,葡萄出了窖了,母羊接了春羔了,育苗了,插秧了,沈沅在这个农科所生活了快一年了。(汪曾祺《寂寞和温暖》)

这个语段的 13 个小句,全部采用了结构相同的陈述句式,而且句末全都用上了语气词"了"。值得注意的是,这一段文字并非与新时期以来盛行的意识流小说语言写法相雷同。如陈村的《一天》中,断断续续的"了"字句一共用了 128 个。已经构成了主人公庸碌市民生活及情绪的一种展现方式。而上例在整篇小说中只有一处,而且主要在于表现日常生活的安适恬静。结合着整篇作品,适当地来这么一种形式,看似呆板,实则是不变中的变,变中的不变,使得文句显得活泼灵动,新鲜别致,给人以深刻的印象。

变异和新奇虽不一定就美,但它是达致美的一条重要途径;且这种追求本身是无可厚非的。"凡是新的不平常的东西都能在想象中引起一种乐趣,因为这种东西使心灵感到一种愉快的惊奇,满足它的好奇心,使它得到它原来不曾有过的一种观念。"[③]同

---

① 雅克布逊、哈勒:《语言的两轴与失语症的两种类型》,见《语言的基本原理》(*Fundamentals of language*),第二部分,第 74 页,海牙,毛顿,1950。

② 桓宽:《盐铁论·相刺》。

③ 英国美学家爱迪生语。见北京大学哲学系美学教研室编:《西方美学论美和美感》,第 97 页,北京,商务印书馆,1980。

时一定要注意的就是,变不是目的而是手段,如果为变而变,将追逐新异当做了旨归;特别是连常规句法结构基本的特点也不了解,显然这种变也是变不到好上的。下边按着层次,由大到小,各以其一典型现象来谈。

(一) 句式选取

看具体的例子:

(103) 这时候鸡都快叫了,张木匠见艾艾还没有回房去睡,就发了脾气:“艾艾,起来!”因为他喊的声音太大,吓得艾艾哆嗦了一下一骨碌爬起来,瞪着眼问:“什么事,什么事?”小飞蛾说:“不能慢慢叫?看你把闺女吓得那个样子!”又向艾艾说:“艾!醒了没有?什么事也没有,你爹叫你回去睡哩!”张木匠说:“看你把她惯成什么样子!”艾艾这才醒过来,什么也没有说,笑了一笑就走了。(赵树理《登记》)

看里边不同人物同样意思的不同话语形式:张木匠和小飞蛾都想的是唤醒女儿回自己屋里睡觉。按功能,肯定都应该采用祈使句。可偏偏祈使句在四种句式中却处于一种非常尴尬的地位,以明确的句末语气标志标点符号为例,陈述句对应的是句号,疑问句对应的是问号,感叹句对应的是感叹号——恰恰祈使句没有自己对应的!这其实就反映了祈使句是一个复杂语气表达的集合体。比较着来讲,常态性的祈使句多用句号。如:“你先出去一下。”当然,作为两极,也就是强势祈使句和弱势祈使句,则分别用作感叹号和疑问号:“你先出去一下!”“你先出去一下?”于是它们之间形成一个强弱的连续统:

你先出去一下!——你先出去一下。——你先出去一下?
强势祈使——中性祈使——弱势祈使

除了这种最为显豁的标点符号之外,祈使句下位的第二个层次就是句末语气词。上述三个语句能否添加“吧”的能力也大不相同,添加之后明显地可以感觉到语气缓和了好多。因此,吕叔湘指出“不用语气词的祈使句,语气比较直率,语调比较急促”[①]。再接下来,就是祈使句词语的内部结构了。祈使句的完整组成应该是由四部分递次形成的符号系列:

$$S(\text{祈使主体}) + V_1 + O(\text{祈使宾体}) + V_2$$

这是构成一个祈使语句的四大基本要素。看具体的例子:

(104) 下板子去!什么时候了,还不开门!(老舍《茶馆》)

① 吕叔湘:《中国文法要略》,第301页,北京,商务印书馆,1982。

(105) 小王利发:总管,您里面歇着吧!(同上)

(106) 顺子(对方达生):二爷,请您这边落落。(曹禺《日出》)

(107) 周蘩漪:回来,(萍停步)我请你略微坐一坐。(曹禺《雷雨》)

由例子的比较可知,V_2为核心要素,因为其他的可以不出现,而它却是不可或缺的,且往往显示直接强烈的祈使情感,礼貌性差。接下来是"O(祈使宾体)+ V_2"两部分的组合。当然,有时候 V_1 也可以独立成句,如"请"。或者是"V_1 + O(祈使宾体)"(这一点汉语来了个语序错位,O、V 互换:"你请。"包括接下来的第三种结构组合:"你请坐。")但这仅局限于这样的词语,且伴随着具体的场合和必要的身姿语,如手势示向等。再接下来是"V_1+O(祈使宾体)+ V_2"三部分的组合。而真正以完全的结构形式出现的祈使句则相对比较少,往往在表郑重或礼仪时使用。

当然,此外有些词语严格来说虽不归属于这四要素中的哪一项,但其作用价值不可小觑。如出现在 V_2之前的状语"给我",往往是以强势话语的标志出现在特定语句中的;再如该区间多使用的情态动词"可以"、"应该"、"必须",包括重叠方式的"是不是"等,都对祈使语气的强弱以及礼貌程度起到重要的影响作用。如果作为广义的 V_2 将其描写进来当然会使我们对于祈使句的认识更趋于准确精细。我们这里对此不作专题研究,提醒即可。

这四项因素,依照着每一个项目都会存在着祈使强弱词语类型的差别,如詈语,显然反映了相当强烈的思想情绪,而征询性的词语、重叠形式的词语等则反映比较委婉柔和的情调。我们可以将祈使句的语气强弱与礼仪性的高低用这样一个图示给予显示:

礼貌性弱 ↑

强	(上级) (长辈)	命令	你	詈辞	−	!
中	(平等)	让	我 他	通常 动词	+ −	。
弱	(下级) (小辈)	请	咱们	V,好吗 VV等	+	?
	S	V_1	0	V_2	语气词	标点符号

→ 祈使语气强

有这个大致的坐标图,我们可以选取到祈使强弱与礼貌性强弱的合力:可以说以“滚蛋!”和“我想咱们还是在外边再等等好吗?”作为祈使语气强弱和礼貌程度的高低对立的两极。具体来说,言语主体S可以依照自己的身份,于其中找到自己的角色话语。如周立波《湘江一夜》的人物语言,斥责对方:“芝麻大的官,一开口,就是命令、命令,回去命令你的马儿们去吧,你这臭马倌!”显然说的就是人物言语与自己的职务地位没有相协。再如:

(108) 王利发:诸位主顾,咱们还是莫谈国事吧!(老舍《茶馆》)

诚挚地忠告、劝诫,故用了感叹号,但语句中却将祈使对象的“你们”换作了“咱们”,将自己也算作了一路人,对方接受起来就没有了什么生疏感。

例(103)中的情况也体现了这一点:张木匠就是单纯的一个 V_2,且后边是强势的感叹号,我们可以想象声腔是怎样的震撼人!小飞蛾采用的则是四要素俱全的方式(祈使主体S虽然用的是“你爹”,但未尝不是“我们”,这是承前而用;至于最后也用上了感叹号,疑有误,用句号以别于张木匠则妥当),因此体现的语气温柔和顺。可以说这里作家所表现的,是在同是祈使句中小类再选取,很是精细。

(二)分布重置

美国结构主义语言学非常强调分布理论,即不同类别词语单位在语言组合中的位序价值,认为由此即可以看出它们功能形式的明显差别。实际上这仍是在遵循索绪尔的认识思想:应用中的组合关系而作科学分析时需从聚合关系看。这是一种透现着哲学思路的认识方法。语言是一种符号系统,每一个基本应用单位的词都是一特定的符号;而任何一种语言都没有实施全排列状态,即说明语句的内部组合是“文通语顺各司职”,组词造句是有规律的。语法即是将这种规律描写清楚,给人们的具体使用提供范本,基本参照,不说是将所有的聚合关系规则都认识得准确明白,但基本的条理性得掌握,这样才能使应用中的组合关系有所凭依,有所超越也才能建立在理性的基础之上。

过去说到句法修辞,往往首先要说到“常式句”和“变式句”这一对概念,接下来就是简单地列举些“主谓移位”、“定语、状语后置”,即算大功告成。事实上恰恰在这上边有着语法和修辞两大范畴的重大分辨。且还是分层次的:不但最高类型的有分句与分句之间、主要成分之间有常规位置与变动位置的问题;中间的,附加成分和它们的中心语之间,情况就趋于多样化了,因为它们可供选择的位置不是单一的了;至于更具体的,可以小到成分内部的位置调配。例如:

(109) 莫子山暇日山行,遇一寺,颇有泉石之胜,因诵唐人绝句以快喜之云:“终日昏昏醉梦间,忽闻春尽强登山。因过竹院逢僧话,又得浮生半日闲。”及叩其主僧,庸僧也,与语略不相入,屡欲舍去。僧意以为檀施,苛留作午供,郁郁久之,殆不自堪。因索笔以前诗错综其辞而书于壁曰:“又得浮生半日闲,忽闻春尽强登山。因过竹院逢僧话,终日昏昏醉梦间。”(元·白珽《湛渊静语·卷一》)

(110)董婕妤冷笑道:“这事还用得着打听别人?关维伟啊关维伟,你好歹也是副处级的干部,这么一点政治敏感性都没有!”关维伟恶狠狠的骂道:“滚他妈蛋,老子有没有敏感性关你屁事?老子性敏感!”董婕妤骂道:“无聊!”(山间老寺《一号红人》)

而我们过去却在这一课题上做得还不够。主要表现在两个方面,一是语法修辞两者的界限区分不明。再一是下位层次的现象描写得不够具体深入。下面我们有针对性地专门就定语状语的移位进行讨论。

1. 定居状位

所谓定居状位,是指定语搁到了状语的位置上。

不过这还得先从状语的情况谈起。

形容词能够比较自由地做状语,但放置在状语位置上的形容词却是比较复杂多样的。看下边句子中的形容词:

(111)他愤怒地用力地将包袱向墙角猛推了一把。

状语位置上一气儿出现了三个形容词:“愤怒”、“用力”、“猛”,如果细心分辨即可发现它们应分属形容词中的三小类:谓人形容词、谓人谓动形容词和谓动形容词。因为三者语义上的搭配明显不同:说“他愤怒”,意义明确;说“愤怒地推”,意义不独立。说“他用力”和“用力推”意义都成立。说“他猛”,意义不独立;说“猛推”,意义明确。它们虽然在结构上统属状语,但在语义上由位置分布即可看出它们趋向于就近原则:离主要成分近的就有可能产生意义上的直接联系。

上面所举做状语的三类形容词还不是形容词的主体部分。形容词里边由于位置的分布不同在下位层次上还可以再分作唯定形容词和唯状形容词。如果唯状的形容词做了定语,可以将这种用法看做“状居定位”。不过这种用法很少,仅限于老舍,并且大都见于他的《骆驼祥子》。

(112)晃晃悠悠的他放开了步。

(113)很懒的他立起来,看了她一眼,走过去帮忙。

(114)愣头磕脑的,他“啊”了一声,忽然全明白了。

还是《骆驼祥子》中的,还有定居状位的情况。特殊的地方还在于,这种定语除了宾语的定语外,甚至还是主语的定语。

(115)祥子青筋蹦跳的坐下。

(116)白塔却高耸到云间,傻白傻白的把一切都带得冷寂萧索。

当然,老舍在其他作品中也偶然用到。其他作家也是如此,例如:

(117) 设若他稍微能把心放松一点,他满可以胖胖的躺在床上,姨太太与女儿们把他伺候得舒舒服服的。(老舍《蛤藻集·且说屋里》)

(118) 一个人矮矮的跪在长凳上,点了香,着了油,敲磬三声,含含糊糊的念起来。(汪曾祺《庙与僧》)

(119) 有一天早晨,刮着冷风,只有一抹阳光,黄黄的落在河对面的山坡上。(孙犁《山地回忆》)

真正说来,倒是定居状位,特别是宾语的定语前置放在状语位置上的用例现象比较多。有人将这些词语也算作形容词正常做状语,这是不对的。

又酽酽的喝了几碗茶
热热儿的倒碗茶来
圆圆的排成一个圈
松松的编了两个辫子
高高的爬到树上
黑压压的挤了半屋子
白花花地长满了胡子[①]

定居状位这种语用现象,总的来说应该算作现代汉语语法总体规律中的特例,偶然因素。至于现时人们口头上常说的“整整花了一天时间”之类,则纯粹为个案。

新时期以来,有作家似乎由这种分布重置看到了其中所蕴含的别样的表现力与情趣,执意地使用,着力展现着它所存在的可能意味。如何立伟,他将“定居状位”这种变式格局扩充丰富成一种整体行为,他不满足于过去只是将宾语的定语前移至状这么一种方式,其他位置上的定语,在他的笔下,为了艺术表现的需要,都可以适时地转移到状语的位置上去。这不能不说是一种开创。在他迄今为止发表的多数名篇中,篇篇都要有数例乃至数十例这样的变格句式,说明这种用法已经成了他的一种自觉表现手段。而不是像现代文学早期作家那样,只是把它作为尝试,或不经意地偶尔冒出,而是深谙其中三昧,着力发挥这种形式所蕴含的功效。他的这种努力和追求,有着令人欣喜的实绩,对他的小说简约、空灵、含蓄、淡雅的整体表现风格的形成有着积极的助推作用。

看他下面的语句:

(120) 黄娭毑白发苍苍地说。(《一夕三逝》)

(121) 老林酽酽呷一口茶,旺了精神。(《故城一些事》)

(122) 街两面人家,从窗格子里方方泻一片灯光在雪地上。(《雪霁》)

---

① 朱德熙:《现代汉语形容词研究》,《语言研究》,1956年第1期。

(123) 袁纪右眼青肿地终于说了话。(《水库》)

可以看得分明的是,这种用例简直是《骆驼祥子》用法的摹写。

定居状位,在人们过去的记忆联系中没有这样的搭配组合,新奇感自然会使人们振奋起来,产生兴趣,给予足够的注意,从而引导思维的丰富活动。如例(123),不管人们最后有什么样的看法,"右眼青肿"常规位置的偏移,确实在诉诸视觉的初始阶段,即会给人们注入一种深刻的印象,过去忆念中的有关眼睛肿胀方面的形象会被唤醒:状如小苞,眼缝狭小,青紫痕迹等。再看何立伟小说其他同类用法:

(124) 啪啦啦啦,这锣声这唤声,惊飞了那两只水鸟,从那绿汪汪里,雪白地滑起来,悠悠然悠悠然远逝了。(《白色鸟》)

(125) 少年边走边弯腰,汗粒晶晶莹莹种在了河滩上。(同上)

在绿汪汪的背景里,"雪白"地滑起来,光色多么鲜亮! 相反,如果仍在原位放置,"啪啦啦啦,这锣声这唤声,惊飞了那两只雪白的水鸟,从那绿汪汪里,滑起来,悠悠然悠悠然远逝了。"景致韵味显然弱于例(124)的情状,"雪白"这一色泽也不会像现在这样给人以强烈的鲜明感。例(125),"晶晶莹莹"一词调位,相应地得到了一定的突出强调,情状更为明晰光洁。

再则我们可以感受到的就是,定居状位,可以获得动态的意象。

状语,如果它修饰的是动词性谓语,那么它会拥有同其他句子成分(除却动词性词语充任的谓语)不同的语法职能,那就是动感性。这是受它直接搭配成分谓动词的影响而自然产生的句法语义特征。车尔尼雪夫斯基有句名言,很有助于这种描述的认定,他说:"'美丽地描绘一副面孔'和'描绘一副美丽的面孔'是两种全然不同的事。"[①] 当然,他的这种分辨无疑是侧重于艺术反映的特质来讲的,但是,如果从句法特征稍加分析,不难体会领悟得出定语与状语两种附加成分的不同语义功能。"美丽的面孔"是一种具有恒定状貌的静态事物,而"美丽地描绘",则可以使人想象到伴有纵横婉转鲜明情状的笔墨动态。这还可以从定语的特性来反证这一点。阿·托尔斯泰曾说过这样的话:"形容语(作者按:即类似'美丽的面孔'这样描写性的偏正词组)——这是一种非常重要的东西。因为它处在动词的后面,它就表示出在一定时间里的这一事物的这种(或者那种)性质。"[②]拿下边的一个具体用例比较说明:"拿荷叶包成扁扁的三角形放在笼里蒸",这个语句形式里的"扁扁"仍处在它的原位做定语,表现的是动作完成后成品的稳定状貌;而变换一下它的位置,就成了:

(126) 拿荷叶扁扁地包成三角形放在笼里蒸。(《小城无故事》)

---

① 龙协涛:《艺苑趣谈录》,第226页,北京,北京大学出版社,1984。

② [俄]阿·托尔斯泰:《语言即思维》,载《论文学》,北京,人民出版社,1980。

人们似乎能够从中感受到“包”的过程手的折绕纤巧状态。我们也看到,即便是某些含有动态性的词语一旦进入定语区域当中,表动感这种意义往往就显得无关紧要,表现在,习惯中人们往往将这一类字眼儿省略,以免它干扰和影响人们对某种特征的注重。如“那西瓜地上的(带着)银项圈的小英雄的影象”(鲁迅),“那肥胖的(穿着)青布棉袍,黑布马褂的背影”(朱自清),相反,即便是没有动态性的词语包含在其中,一旦放在状语的位置,如果后面的谓语有着较强的动感,也会相应地获得一定的动态状貌。何立伟小说语言定居状位的用法,人们大都能够获取这种意象。如例(124),“雪白地滑起”,人们可以意识浮现出这样的一种情景:两团“雪白”的影象、精灵在绿汪汪海洋中移动、飞升,随着思绪的连绵不断,在后一语段中,仍可追寻到“雪白”翅膀的扇动,逐渐成为两个白色的光点,直到消失在遥远的天际这整个动感意境。如例(123)“右眼青肿地说”,由说话时面部嘴巴的开合,接近联想到富于特征的右眼状貌,似乎也有稍小的伴随动作,同样会增加生动的意趣。再如:

(127) 马猴子一面瘦精精地爬起来,一面用力系裤扣。(《水库》)

“瘦精精”如果仍处在定位,人们至多会在脑海中映现出一个瘦瘪的形象,但这里是“瘦精精地爬起来”,这就使人们不得不展开丰富遐想,添补进去许多的新内容:肋骨条条,臀部尖尖,而且随着爬动,骨骼或暴凸或凹陷地运动着。

还可以肯定的一点就是,定居状位可以取得整体上的空灵厚重艺术效果。

传统规范语法注重严密、简明,句子成分在不同层次上往往表现为较朴实的一一对应关系,语义上也往往都是单一指向的,反映着思维的清晰和逻辑的谨严。但过分的澄澈,未免单调,特别是对于文学这门语言艺术来说,更是如此。对语言规范的认识应注入历时的观念。何立伟的“定居状位”语用似乎就让人们体会到一种执著扩大语言天地、丰富艺术表现力的态势动因。上面我们说了,当接触到这种新奇的语言现象后,自然会引起情感上的异常兴趣的反映,这是一种对新事物的本能反应;而当我们的神经活动将语言方面储备的知识唤醒以后,又会感觉到定居状位后增添的跳荡动态;尔后,当我们再审慎地综合考查思索这种特殊的变异整体结构时,又不能不坠入一种既迷蒙又新鲜、既空灵又合理的情感境地:定居状位后,结构上虽与它原来修饰的主语或宾语隔离,但在词汇意义上仍摆脱不了联系,结构上虽要求它与动词谓语进行直接的组合,但又有语义上的跨度,语义、结构的纠葛牵扯,由多向而丰厚,使静态的明晰与动态的扑朔同时共处在这一境域当中。看具体的语句。

(128) 风胆子大,竟将挑战书从工地黑板上红红地撕了下来。(《水库》)

(129) 冬茅草细细地瑟缩着,又像是悄语着。(同上)

例(128),在该语句前,作者曾一再提供“红”纸挑战书的信息。当遇着该语句叙说的情况,人们既可意识到“红红”是定语后移至状位的词语,又可由它与“撕”的接近而想象到风儿肆虐,纸张红色光亮的闪烁,陡然飘落的远景。例(129),“细细”是说明冬茅草的本身状貌,还是表现寒风中冬芭草瑟缩悄语的情态?都是,却一言道不明;都不是,里边却有着鲜明的景象与丰厚的意蕴。有关如下语意的实现可以表示为如下形式:

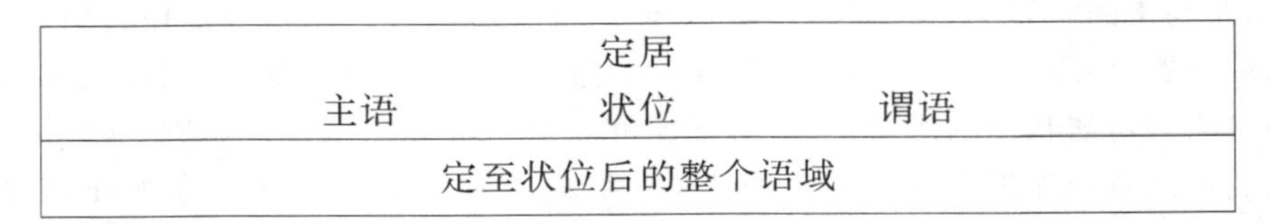

这种多向的语义构成了浑然一体的情致,使语言表现增升了一种厚重、扩张和弹性。这是何立伟的聪明和有效的开拓。我们不知道是他有意为之还是他本人也陷入了自己所设置的魔境,抑或作为探索创新也还有点难以把持,但我们从正面理解定居状位的多向特性,可以由结构助词“的”、“地”的混同上得到某些启示。

(130) 盐菜豆豉蒸肉自然早凉了,薄薄的结一层白油。(《雪霁》)

(131) 小卖部的女人拿火柴棍捅齿缝,将一片菜叶绿绿的捅了出来。(《水库》)

(132) 在夜里,又有几条条子鱼,银亮地死在星夜下面了。(同上)

(133) 一把宜兴紫砂壶,矮矮地坐在茶几上。(《故城一些事》)

(134) 一豆灯,淡黄的模糊着一片静寂。(《水库》)

(135) 夜里一豆煤油灯,淡黄地摇曳在水中。(同上)

(130)、(131),定居状位后,都用“的”。例(132)、(133),都用“地”,特别是例(134)、(135)两例,选自同一篇小说,同样的词语位置变移,“的”、“地”不同,说明了定语移位后意向的模糊与多效。

2. 定语后置

定语是句法中非常活跃的一个成分。除了移用换作状语之外,它还有一较典型的句法变换现象,那就是为了表述的需要,改变它的常规位置而移到中心语的后边。这种语用现象就叫“定语后置”。这种变式句法现象的修辞作用主要表现在下边的几个方面。

一是为了结构的平稳匀称。

有些中心语,在具体的语言环境里边,需要多方面内容对它进行比较详细完整的限定说明,然而,如果将反映这些内容的词语都一股脑儿地加在它的前边,势必会造成附加成分堆砌拥挤、句法组织臃肿不堪的情况。这时候,就需要将一部分词语后移,来减少过长的定语所形成的压力,使整个语句结构显得平稳均衡,给人以自然适宜的句美感。例如:

(136) 我午餐本没有饱,又没有可以消遣的事情,便很自然的想到先前有一家很熟识的小酒楼,叫一石居的,算来离旅馆并不远。(鲁迅《在酒楼上》)

(137) 那个腰似桶粗、浑身都是粗线条结构的壮实女人,被人唤作粗桂香的,瞪着一双粗眉大眼问。(义夫《花花牛》)

例(136)如果把后置的定语恢复到原来的位置,说成是"便很自然的想到先前有一家很熟识的叫一石居的小酒楼",词语安排则显得过于集中,并与特定的情境格调不相协调。将"叫一石居的"移到后边,念读畅顺,表述中心也变得显豁。例(137)也是同样道理,将多个定语前后分别放置,语句组织显得明朗清晰。

二是为了意义的强调突出。

现代汉语语句的表述有两个重心点,一个在句首,一个就是在句子末尾部分。定语后移的位置即属第二种情况。而且后置定语的语气重音往往可以自然地强于处在常规位置的定语,这些特点就为中心语词语某种特征的突出强调提供了丰足的条件。很多时候,中心语词语某种特征的突出表现,正是通过这种方式来实现的。例如:

(138) 一出嘉峪关,你望吧,满眼是无边的砂石,遍地只有一丛一丛的骆驼草,略略透出点绿意,四处有的是旋风,一股一股的,把黄沙卷起多高。(杨朔《戈壁滩上的春天》)

(139) 他好容易曲曲折折的汇出手来,手里就有一个小小的长方包,葵绿色的,一经递给四太太。(鲁迅《肥皂》)

例(138),上下两分句,"一丛一丛"和"一股一股"都是数量词,一个处常位,一个后置,其目的就是要在对比当中强调突出后者,表现戈壁滩荒凉苍茫、风沙肆虐的自然景观。例(139),宾语的中心语"包"有四个定语:"一个"、"小小"、"长方"和"葵绿色",单把后者放置中心语的后边,是为了突出显现"葵绿"这一种鲜艳脆嫩的色泽,为以后刻画作品主人公四铭灵魂的丑恶作铺垫。

还有的就是为了情状的生动形象。

有时候,定语后置是为了更恰切地反映人、事物活动以及人的思维的发展变化的推移过程,使描述更逼真、形象、准确,给人以身临其境的动觉感受。例如:

(140) 他的心抖得很利害,聚精会神的挖起那方砖来。下面也满是先前一样的黑土,爬松了许多土,下面似乎还无穷。但忽而又触着坚硬的小东西了,圆的,大约是一个锈铜钱;此外也还有几片破碎的磁片。(鲁迅《白光》)

(141) 她看看艾艾的两只手,光光的;捏了捏口袋,似乎有个戒指,掏出来一看是顶针圈儿。(赵树理《登记》)

例(140),这一段文字所要表现的是人的一连串动作及其心理波动。如果后置定语“圆的”放在“东西”前边,那么只是一种单纯的静态的说明性质,后移以后,则产生了处在通常位置的定语所不能表现的作用,即动感性。这种动感性与定居状位时的情况还不完全一样。这种动感性是成为全部语句描写时间临摹的一个组成部分:可以想见,在昏黑阴暗的角落里,落魄失魂的封建文人陈士光一旦“触着”坚硬的小东西后,是怎样的心底陡然一颤,下意识地赶快通体摸索,那种紧张、狂喜的情绪怎样顿时控制了他的全身。可是,待他摸过——圆的,才想那不过是个铜钱,其结局就可想而知了。正因为如此,有人不承认定语后置这一特征,认为此时后移的词语就是谓语了。这倒不是问题的关键,叫什么名字无关乎事情本身的性质。只要知道这些词语本来是可以放置在定语位置上的,常见的用法也是做定语,只不过这里移动了它在语句中的常规分布。后置的运用,言简意赅,动感强烈,有丰富的表现力,给人的印象极为深刻。

3. 状语的移位

和定语一样,状语也有一个前置后置的问题。如前所述,两者甚至还有一个相互移位的状貌发生;当然,主要的趋向大都是定语向状语移动,因为状语的述谓性高于定语。状语本身,相对又比定语复杂一样:状语往往涉及行为动作所有的内部条件和内部状貌特征,且这些条件和特征之间是离散性的,从理论上讲,状语是开放性的,无限性的;而定语则多为体现一个概念关涉的种种因素,故其因素之间的联系是有机的,整体表现是封闭性的,有限性的。状语的常规句法位置就有两个,一个是句首,一个是主谓之间。有人将这种两种位置的分布区分为“外围性状语”和“内在性状语”两类。[①] 由分布的不同,可以形成有特点的类。如外围性状语,通常由[+关联]、[+关涉]、[+评价]这样的次范畴的小类词语来充当。如:“依我看,你这一次最好还是不要去。”“依我看”作为评价性状语,句首就是它的特定位置,无论如何是不容易移到内在性状语位置上去的。[②] 这就体现了句法位置的规定性。然而状语内部的离散性又表现为:许多词语的位置又比较灵活。如时间方位性状语,外围性的和内在性的两种位置它都能出现,尽管它出现在主谓之间的几率比较高。这样就有了一个灵活选择,于是就更多地体现了修辞效用的考虑。

通常来讲,时地性词语出现在句首位置,往往是为了结构或表达上的特殊需要。

一是为了强调状语所表达的内容。

(142) 当我发现了中国革命的正确道路时,我便加入了中国共产党。(朱德《母亲的回忆》)

(143) 男人是天地间的流浪汉,他寻找家园,找到了女人。可是,对于家园,女

---

① 潘国英:《汉语状语语序研究及其类型学意义》,第84页,北京,中国社会科学出版社,2010。

② 很有些讲语法的著作将该类词语看做“独立语”,又说该类成分位置灵活,有矛盾。我们不作明确的区分,并将它认作状语中的一个小类。

人有更正确的理解。(周国平《周国平谈孩子》)

两例中的句首状语如若放于主谓之间,其表达的语义重心显然就会大受削弱。

一是行文的简练。

如果状语复杂结构,文字繁长,若仍放在谓语前边,会使主谓和谓语之间的关系趋于分散,主要成分的搭配显得过于疏离;前置可消除这种负效应。例如:

(144) 当老姜头喊出"合龙了!"的时候,人们都兴高采烈地欢呼起来。(马烽《我的第一个上级》)

(145) 当玉生拉起绳子,谷子溜满了口袋,宝全老汉把套在底上的口袋口卸下来的时候,大家都喊:"成功了,成功了。"(赵树理《三里湾》)

(146) 至于总参顾问一职,在他三次辞呈未果的情况下,孙毅在一次会议上当着众多将领,面对当时的总参谋长杨得志三次深深地弯下笔直的腰板,鞠躬恳辞。(李卫平《孙毅将军的长者之风》)

前边两例中的状语内容相同,差别是后者更长,置于句首,整个语句的格局则眉清目朗。例(146)则需要更多一点的斟酌工夫:语句里的状语成分多,如果一股脑儿地都放在主谓之间则会显得拥挤不堪;将部分调剂到句首,结构则显得布局合理,匀称得当。

一是为了避免重复。

当复句的各分句状语相同时,把共同的一个或几个状语置于句首,统领全句,文字简约,又使得语义显豁明了。

(147) 在一定的条件下,坏的东西可以引出好的结果,好的东西也可以引出坏的结果。(毛泽东《矛盾论》)

(148) 在这白光里,每一个颜色都刺目,每一个声响都难听,每一种气味都混合着地上蒸发出来的腥臭。(老舍《骆驼祥子》)

一是对比强烈,语义突出。

(149) 晴天人骑车,雨天车骑人。(福庚《追老姚》)

(150) 论学习,他文武双全;论文化,他是"满汉全席"。(老舍《正红旗下》)

(151) 19 世纪,出现了许多工人分工制造同一产品的手工业工场。在农村,地主、富农开设酿酒、酱油等手工作坊……在城市,手工工场的数量和规模都达到了相当大的程度。(浙江大学日本文化研究所《日本历史》)

句末不是状语的常规位置。所以,一旦原本的状语成分置于这个位置,要么是口语因时间匆促所限,没能妥帖组合,后边追加补充以求语义完善。如《大宅门》里的台词:"别人不能动都?""我走! 天下之大,就没我一个落脚的地方了还。"要么是书面语中的修辞用法。这后一种有意识的言语行为,在意图上倒是比较单一明确,即都是为了强调,着意渲染烘托一种浓郁、深厚的意境。如:

(152) 如果我能够,我要写下我的悔恨和悲哀,为子君,为自己。(鲁迅《伤逝》)

(153) 战士将冰的大山拥抱在自己的怀里,紧紧地,紧紧地……(张广金《崂山志趣》)

(154) 当年我们的地质学家来到这里,骑在骆驼的背上,他眯细两眼,露出雪白的牙齿,微笑着,神采奕奕。他逆着群山,望见了如林的井架将从这荒山上升起。他望见了新中国,一个更合理的社会,欢乐的社会,当他逆着大风沙,逆着苍茫寥廓的河西走廊,逆着雪冠嵯峨的祁连山脉。(徐迟《祁连山下》)

第十三讲　辞格研究(一)

辞格通常被看做修辞的主干内容，特别是其中的典型格比喻，似乎就能成为修辞的等价物。不论是西方的学术史还是中国传统的修辞学，都往往以辞格的研究为终极情怀。为什么会呈现这样的面貌？现代科学意义上的修辞学应该怎样建立体系？这是需要认真讨论的。

一、修辞格确立的依据

古往今来，人们之所以将辞格当做修辞学的主要研究对象，一如李世民在《大唐圣教序》中所言："象显可征，虽愚不惑；形潜莫睹，虽智犹迷。"辞格具有鲜明的结构（具体的语词单位和方式）和特定的修辞功效，从而给人们以深刻的印象和感染力，故易于人们及早关注并给予认识和总结。

不过话又说回来了，修辞所采用的材料方式手段是多种多样的，侧重不同，体现出的效果也迥然相异。以一个学科整体眼光进行认定的时候，需依照其特性给予反映，给予认定。如果仅仅以修辞格，即单纯以修辞的表现手段统帅一切，其结果正像人们已经看到的那样，必然会导致修辞格的泛化。如果将语法结构常规性的省略都当做修辞格看待，如果将文学的艺术手法映衬都攫为己有，视修辞无处不在的话，到头来，修辞也就在艺术的天地里失去了自我，失去了应被人所关注的价值魅力。

再则是修辞格应归属于哪个层次单位上的现象。现在语言学的研究,喜欢强调结构;而一说到结构,总是喜欢强调单位、层次和关系;那么,修辞格属于怎样的层次单位系列?好像虽然没有人从这种角度穷根究底,但这种意识却还是或明晰或笼统地反映着的。比如"象征",为什么不把它看做一种辞格?通常在人们的意识中,象征总是在篇章里边表现着;因为它总处于一个总体范围之内,一旦整体借助这种手法给予体现的时候,人们似乎就觉得它应该归入文学艺术的范畴,故很多人就不同意它具有辞格的资格。然而我们又说不清楚:茅盾的《白杨礼赞》,里边分明将"白杨"作了象征与比喻之间的自然过渡,否认它作为辞格存在的理由是什么?看其中具体的文字:

(1) 当你在积雪初融的高原上走过,看见平坦的大地上傲然挺立这么一株或一排白杨树,难道你就只觉得它只是树?难道你就不想到它的朴质,严肃,坚强不屈,至少也象征了北方的农民?难道你竟一点也不联想到,在敌后的广大土地上,到处有坚强不屈,就像这白杨树一样傲然挺立的守卫他们家乡的哨兵?难道你又不更远一点想到,这样枝枝叶叶靠紧团结,力求上进的白杨树,宛然象征了今天在华北平原纵横决荡用血写出新中国历史的那种精神和意志?

白杨不是平凡的树。它在西北极普遍,不被人重视,就跟北方的农民相似;它有极强的生命力,磨折不了,压迫不倒,也跟北方的农民相似。我赞美白杨树,就因为它不但象征了北方的农民,尤其象征了今天我们民族解放斗争中所不可缺的朴质、坚强、力求上进的精神。

如果我们能够承认像"板鸭"、"菊黄"、"漆黑"、"烛泪"、"麦浪"、"榆钱"、"爪牙"、"跑龙套"等是比喻造词,在最小单位一级都可能显示辞格的方式,为什么高层次上就难以给予肯定了呢?显然,不一视同仁,作不同的处理,是难以在逻辑上一以贯之的。

这样就涉及辞格的根本属性的认定问题。我们认为,所有修辞,都是言语主体有意识的言语效能的追求行为。这一点跟语法形成了鲜明的对照:语法规则精细非常,除了基本的组合规则外,绝大多数都处于一种无意识状态下的语感认可层次。

比如"对"、"对于"、"关于"三词,它们词义间是一种大同小异的关系。同,表现在它们都含有"关涉"的意义,如它们都能出现在这样的框架内:"～这个问题,我没有什么意见。"然而"对"还表示"对待"、"朝、向"两种义项,这却是另外两词所不具有的。因此,"～他一向很友好"、"～我笑了笑",其中的空缺部位另外两词是不可能填补进去的。还有,"关于N"这样的组合可以做文章的题目,而"对N"、"对于N"是不可以的。"关于"和"对于"之间的区别又体现在两个方面:一是充当外围性状语还是充当内在性状语的功能差异。虽然两者都能被放置于句首,然而前者是强制性的,即只能做外围性状语是它鲜明的语法特征;而后者却具有灵活性,两种状语类型对它都没有约束力。再则是语义上仍具有比较细微差别,前者表关联、涉及,侧重议题范围;后者表对象,针对性强。另外在意义轻重上也有不同,前者郑重,后者具体。

再比如更细腻一点儿的实词搭配组合。“气氛”一词做宾语,前边的动词V由于次范畴的差异从而分为“要求宾语必须带定语”和“不要求宾语带定语”这样两类。

- V
  - 必须带定语
    - “洋溢”——(欢乐)的气氛
    - “充满”——或(欢乐)或(悲壮)的气氛
    - “笼罩”——(悲壮)的气氛
  - 不要求带宾语
    - “图个”、“有”气氛
    - “烘托”、“营造”气氛

类似这样准确细致的词语组合规律,恐怕谁都不可能全部认识得准确、掌握得熟练才去进行言辞运用。由此我们可以说,过去语法理论中所讲的它具有抽象性,通过有限的语法规则可以指导无限的语言运用,事实上是靠不住的。不仅词与词之间意义不同、功能不同,就是同一个词与某一特定的大类搭配,里边的情况也千差万别。要想将自己已经了解其基本意义的所有词语对其语法规则都了然于心、理性洞明,谈何容易?!因此,所谓的学好语法以强化语言的交际职能,可以说纯粹是一种良好的拟想状态。这样一来,是不是语法就没有学习的必要了呢?不是的。不管什么层次上的人们,对自己所用语言清晰也罢不清晰也罢,都还是有一个基本尺度的,那就是过去有没有相对较普遍的类似的说法,以此时时来校正自己的言辞运用。说穿了,大众的言语行为给语言的规范树立了高标。这是一种典型的社会约束力量,是个人没有能力来改变的。即便人类文明发展到今天,人们试图对不自觉状态的语言本体实施干预,专家的自信与评判却屡屡在大众的言语行为面前显出几分尴尬。如有人曾认为叫“电脑”不合适,如果真切地反映对象事物特性的话,还是应该叫“电子计算机”。然而时到如今,以汉语为母语的主体愣是不买账,“电脑、电脑”地满天飞,如果不仔细想想,还真会忘却这一对象还叫什么名字!

与之相对的是修辞。虽然人们总是强调知识能力的层次性和渐进性,但说到语言的实际使用,我们并非必须遵循、事实上也不可能完全遵循先语法后修辞的路子;对语法是否有理性认识并不妨碍人们积极主动地有意识地去进行言语表达艺术的追求,甚至作为语言组合基础的事理逻辑,人们都不妨故意地进行超越或背离。拿人们比较熟悉的鲁迅《故乡》中的语句为例:

(2) 我到了自家的房外,我的母亲早已迎着出来了,接着便飞出了八岁的侄儿宏儿。

注意该语句中的“飞”,这于事理和词语的组合,肯定是不合常规了;然而这里却恰恰是通过这种超越常规的使用,达到了凸现孩童伶俐敏捷身姿形象的效用,如果仍固守规范的“跑”字,则兴味索然。该词选用的特点可用下图给予显示:

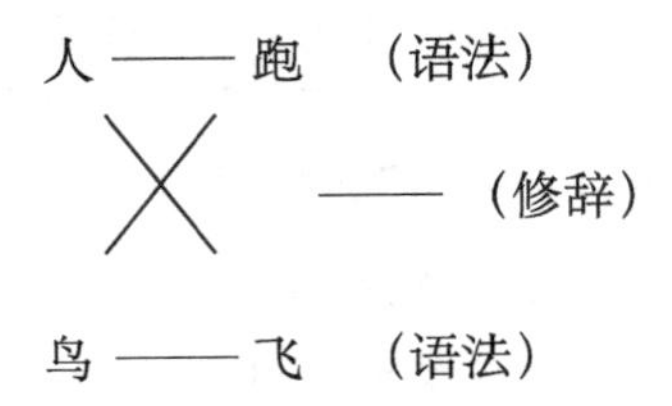

这里将孩子的快速跑动说成是“飞”,显然故意地夸张性地将鸟儿的快速飘摇运行移用到了跑动的孩子身上。这是言语主体的一种自觉行为。也是有意识打破语言组合常规而临时性进行的艺术创造。

为了说明问题,我们再看一则用例。

(3) 这种基于实践的由浅入深的辩证唯物论的关于认识发展过程的理论,在马克思主义以前,是没有一个人这样解决过的。马克思主义的唯物论,第一次正确地解决了这个问题……(毛泽东《实践论》)

看例中所示,“理论”前边的附加成分是繁富复杂的,里边的排列顺序与通常规则相比同样显得特殊一些:指量短语,特别是两个动词性的短语也都放在了限定性定语“辩证唯物论”的前边。如果按照通常的语法规则,本应依这样的语序形式出现:“辩证唯物论的这种关于认识发展过程的基于实践的由浅入深的理论。”可是两者对照一下,明显可以看出,后一句远远不如原句定语在结构上组织得周密严谨,气势上表述得通达畅顺。因为辩证唯物论的关于认识发展过程的理论,前边用比较长的篇幅详细地阐述了由实践始,不断由浅入深的两个认识阶段的进递。作为新段落又一层内容的开端语句,这里极需要来一个承上启下。承上,不必多用文辞,简洁概述最好。这样,用“这种”打头复指提领,紧接着用“基于实践”、“由浅入深”来汇总其两大段的内容——将它们放在限定性定语的前边位置,正是要体现语义内容上的紧承呼应并钩玄提要的重要作用,然后再缓推出所属范围。所形成的概括性话题为转入下文作了铺垫,整体上实现着一种暗中的自然过渡。语序上的这种精心安排,比起那些承转关联词语、强调句法格式等的堆叠使用,文字上简约不说,且更易于体现内在的逻辑力量:稳健坚实,密而不露;浑然一体,精致天成。

例(2)和例(3)中的情况我们就看得很清楚了:它们都是对组词成句常规定则的一种突破,都有着较典型明确的言语形式;且它们作为特定的类型和表现手法,还需具有不能作出其他解说的修辞上的普遍性,即在不同语言单位上面都可以予以展示。拿第一种情形来说,似乎与词语修辞里的锤炼很相像,但如果我们认真考究的话就会发现两者之间还是有很大不同的。一个仍属于词语自身语义再“开发”,充分利用,以提高表现力的问题;一个则是充分张扬,赋予其语言单位不曾具有的全新内涵的问题。还有,词语锤炼也仅限于词语本身,而后者作为一种言语手段,不局限于这一范围。从构词到句法再到篇章，都有同样性质修辞方法的应用。由此，“比拟”作为一种修辞格完全是可以肯定下来的。例(3)中的情况也是这样。再则，就是每一种辞格的应用，都有突出鲜明的修辞效果作为最基本的原动力。追求怎样的表达效应，往往决定着采用怎样的修辞手段。因此，怎样的修辞格和怎样的修辞目的是相对应的。

正因为如此，我们对修辞格认定与划分，都是基于效果、标记、综合性三个方面的考虑。辞格与修辞其他语言方式运用的一个重要区别就是所追求效果的明确性。虽然陈望道“消极修辞”、“积极修辞”的区分不足以准确认定非辞格和辞格两大类的修辞特性，但在一定程度上还是揭示了辞格修辞的效应特点。运用辞格，通常言语主体的目的性都是比较强的；运用得好，则能和特定的美学理想相吻合。故我们下边对辞格的分类也基于这种标准。标记则在于强调辞格形式的明晰性，并以此将它与非辞格现象区别开来。现时确实存在着以无限制地扩充辞格为追求的倾向。像联想，这本是人们最基本的思维能力，如果将这样的文字表述也认定为辞格，其结果不是有益于辞格的归纳与描写，反倒会消解辞格的价值。当然，我们所说的标记也可分作显性和隐性两种情况。像借喻，用喻体直接代替本体，似乎只是词语的借用问题；事实上它完全可以还原为一个完整的明喻结构。此时我们可以说它的标记是隐性的。综合性则体现了辞格作为修辞表现手法的属性。它往往不是所谓的词法、句法或章法所能归纳的，而是上述三者都可能是它的载体，从而反映它作为一种整体语言表现艺术的特征。

据此，我们将常用辞格以下边的类型给予反映：

侧重形象的：比喻、夸张、比拟、借代、幻变

侧重折绕的：反语、回环、委婉、别解、设问

侧重联系的：对偶、顶真、拈连、移觉、双关

侧重精警的：悖显、仿拟、顿跌、对比、用典

显然，这四组是以审美及表达方式给予认定的。形象富于生活的光彩与生动，然而折绕又使得主观的认识情调显示出异样的变化来；联系保持了思想方式、语言方式上的有机性通贯性，但很多时候人们又要打破这过分的关联，让它在中断中给予心理上以刺激与兴奋。当然，这都是相对来说的，并非逻辑上的严格意义。如果再观察一下的话，似乎可以注意到：它们有的侧重的是语言表象效果，有的侧重的是表达方法，有的则侧重语义，有的是侧重形式。说老实话，大类内部的有机性与大类之间的分立性还没有达到理想的清晰程度，但似乎比现时人们通常采用的一个平面排开随意列举好一点吧。

二、比喻的描写与阐释

语言里边，恐怕没有什么现象像比喻这样能引发人们的兴趣与关注了。有适常感悟力的人们可能没有明确的修辞概念意识，可能没有其他更多类型的表达方法，却大

都会借助于一定的比喻来试图说明观点或增强自己语言的表达色彩。至于名家名篇中的语言艺术,可能其长项表现在许多方面,然则典范形象的比喻也最能给人以深刻的印象,永远让人难以忘怀。像毛泽东的"纸老虎",鲁迅的"细脚伶仃的圆规",赵树理的"驴粪蛋上下层霜",茹志鹃的"秋日田野里的一株红高粱"等,都以其意象的鲜明生动、深刻精当,让人不得不颔首称是,会心微笑。至于中外传统的修辞学,无一不曾有过这样的经历:在某一阶段将修辞格似乎当做了全部修辞;而辞格里边,同样没有哪一种辞格能够像比喻这样给予了最多篇幅的分类、阐发与描写。特别是现代修辞学,亚里士多德的隐喻描述似乎有了重新被发现的价值,并将它当做人类普遍性的认知方式来认识,则更进一步地将该修辞手法推向了修辞魅力展示的崇高位置。

(一)比喻建立的结构特征

中国传统修辞的一个鲜明特色就是比喻占据主导。一如陈骙《文则》中所言:"《易》之有象以尽其意,《诗》之有比以达其情;文之作也,可无喻乎?"这与西方以语法为核心的历史正好形成鲜明的对照。且这种对比喻的充分肯定,是既注重实践又注意理论上的概括总结。比如政论最能显示出凌厉风格的《孟子》,使用比喻即达 61 处之多。至于对比喻的研究,比它更早些的"立象以尽意"的学说,即可看做涵蕴比喻最高意象的哲学概括。而墨子的"举也(他)物而以明之也",可以说是迄今为止所能见到的比喻定义的最早表述。《荀子·非相》中也肯定说:"谈说之术,分别以喻之,譬称以明之。"自此以降,这种试图通过最为简练的言辞以揭示比喻真谛的努力一直不曾停止过。前人通常不喜欢且不善于给具体词语下定义,似乎唯有对"比"(比喻)是个例外。这里再摘录数条以飨读者。

郑众注《周礼·春官·大师》:"比者,比方于物也。"

郑玄《周礼注》:"比,见今之失,不敢斥言,取比类以言之。"

刘安《淮南子·要略训》:"假象取耦,以相譬喻。"

王符《潜夫论·释难》:"夫譬喻也者,生于直告之不明,故假物之然否以彰之。"

刘勰《文心雕龙·比兴篇》:"夫比之为义,取类不常;或喻于声,或方于貌,或拟于心,或譬于事。"

孔颖达《毛诗正义》:"'比者,比方于物'。诸言'如'者,皆比辞也。"

朱熹《诗经集传》:"比者,以彼物比此物也。"

郝经《毛诗原解》:"意像符合曰比。"

吴乔《围炉诗话》:"诗之失比兴,非细故也。比兴是虚句活句,赋是实句。有比兴,则实句变为活句,无比兴,则实句变成死句。"

在这种种表述里边,我们可以看到有关比喻结构单位的认定,功能作用的概括等,非常丰富,尽管有的说得明白,有的说得笼统一些。到宋代陈骙那儿,已经有对比喻小类具体细致的划分:直喻、隐喻、类喻、诘喻、对喻、博喻、简喻、详喻、引喻、虚喻等,从而形成了对比喻研究比较详尽丰富的系统。再到明代徐元太编撰的《喻林》,比喻成了人们所关注的专题性对象。到了现代,特别是改革开放以来,有关比喻研究的专著已有5部,连比喻研究史这样的著作也已问世。不言而喻,这些跟比喻所使用的广泛性和独特的效果价值是分不开的。就到目前为止的研究水平看,似乎可以毫不夸张地说,正是辞格这一厚重内容的存在,修辞作为一门独立的学科才得以坚实地站了起来。而辞格里边,比喻又是其中的基础与核心。它形式多样,使用频率高且效果突出,借用徐迟对"哥德巴赫猜想"价值作用的比喻,它简直就是"皇冠上的明珠"。

由上边所列古人的有关论述,即可知很早的时候人们就认识到比喻的结构至少要有三个要素(本体、喻词和喻体)。新时期以来,人们在这方面再度进行了更全面的探究,有人便将要素增至四个(增加"相似点"),甚至增至五个(增加"喻展")[①]。这从一定程度上反映了人们理论上的认识愈来愈趋于广阔。但另一方面,比喻的要素,并非愈多愈好。值得辨析的就是,所谓要素,就是必备单位,舍取其一结构就难以建立。当然,比喻可以出现在不同的语言层次里边,就是一个层次上的表现也可以有各种各样的变体。此时什么是必备要素,什么是可有可无的成分,确实不好区分。但我们觉得,还是以四要素为好。为论述的方便,用下边的结构式来说明:

A	像	B——	C
(本体)	(喻词)	(喻体)	(相似点)

其实,比喻这个公式也可以施之于比较。正如黄伯荣、廖序东主编《现代汉语》(增订三版)讲述该内容的这一节后边,思考和练习里边出了一道这种类型的辨析题:"形式上带有'像、好像、同、如同'一类词的,有的是明喻,有的不是,是与不是的根据是什么?举例说明。"这里的重点也就是将上述同一种形式里边的不同性质的表达手法区分开来。

比喻建立的关键是A和B的问题。单从语言形式上看,如果没有"喻词"、"相似点"这些设定,我们不会知道它们是比较的两项还是比喻的两项,先姑且称它们为比体。《诗经》中的"比",往往就包容了这两类。墨子的"异类不吡(比),说在量",恐怕说的对象是比较而非比喻,看他的具体举例:"木与夜孰长?智与粟孰多?爵、亲、行、贾,四者孰贵?麋与霍孰高?麋与霍孰霍?蚓与瑟孰瑟?"(《墨子·经说下》)再看他给比喻下的定义,称"辟(譬)"而不称"吡(比)",似乎也可以看到他心目中的分辨。在先秦

① 前者见郑颐寿:《关于比喻的四个要素》,《修辞学习》,1984年第3期;后者见李胜梅:《比喻的结构系统》,《修辞学习》,1993年第4期。

诸子中,唯有他和荀子注重“类”的价值。如他讲:“夫辞,以类行者也,立辞而不明于其类,则必困矣。”(大取)后者关于比喻直接论述道:“凡同类同情者,其天官之意物也同。故比方之疑似而通,是所以共其约名以相期也。”(《荀子·正名》)然而,由于传统文化里边缺少概念内涵的深究,“类”的观念始终没有得到很好地思辨和研讨。越往后来,人们运用起来就越发有些随意了。看唐代皇甫湜的说法:“凡喻必以非类,岂可以弹喻弹乎?”(《答李生第二书》)请注意这句话的表达方法。后边的“以弹喻弹”,来自刘向《说苑》记录的典故:

> 客谓梁王曰:“惠子之言事也善譬,王使无譬,则不能言矣。”王曰:“诺。”明日见,谓惠子曰:“愿先生言事则直言耳,无譬也。”惠子曰:“今有人于此而不知弹者,曰:‘弹之状何若?’应曰:‘弹之状如弹。’则谕乎?”王曰:“未谕也。”于是更应曰:“‘弹之状如弓,而以竹为弦’,则知乎?”王曰:“可知矣。”惠子曰:“夫说者,固以其所知谕其所不知而使人知之,今王曰‘无譬’,则不可矣。”王曰:“善。”

同物不能比喻,这没得说,正常思维的人都知道。问题在于能不能由此推出“同类不能构成比喻”,进而得出“凡喻必以非类”的结论。由黄、廖本《现代汉语》教材对“运用比喻要注意的问题”举例分析看,最终仍落实在了“比喻”重在不同类、“比较”重在同类上。有的著作讲比喻也是以“不同类”来对该辞格根本特征进行认定的。[①] 甚至有的先生还由此生发开来,将这一所谓的“标准”提升到比喻建立的“相异性”原则高度。[②]

不难看出,皇甫湜的表述,由同物转变为非类,在逻辑上体现出了比较典型的偷换概念的错误。然而后来者却将此继承下来并做了发扬光大的工作,更说明这种传统思维方式的传承具有强势的力量。事实上比喻中 A 和 B 之间很难涉及“类”的问题。且不说生物学分类系统中的所谓“界、门、纲、目、科、属、种”,加之“亚门”和“亚目”,九个层次划分之困难众所周知,而此时讲比喻也要讲类的话,实与修辞的本质属性相抵触:任何应用都在于综合而不侧重分立,修辞更突出地反映在它对规范的颠覆上。是的,从语言事实看,比喻和比较在许多方面都能表现出对立性的差别。与此同时我们也注意到,它们之间毕竟还有一定的共性。比喻往往都有一个最基本的现实比较做基础,并在表现关系上与之形成一个渐变的连续统。看下面的例子:

(4) 他像桌子那么高。

(5) 他像门口的那棵小树一样高。

(6) 他像电线杆一样高。

(7) 他像大山一样高。

---

① 宋振华、吴士文、张国庆、王兴林:《现代汉语修辞学》,第 84 页,长春,吉林人民出版社,1984。

② 冯广艺:《汉语比喻研究史》,第 63 页,武汉,华中理工大学出版社,2002。

将A和B之间的差度用直观的形式表示出来,我们可以得出这样一个图式:

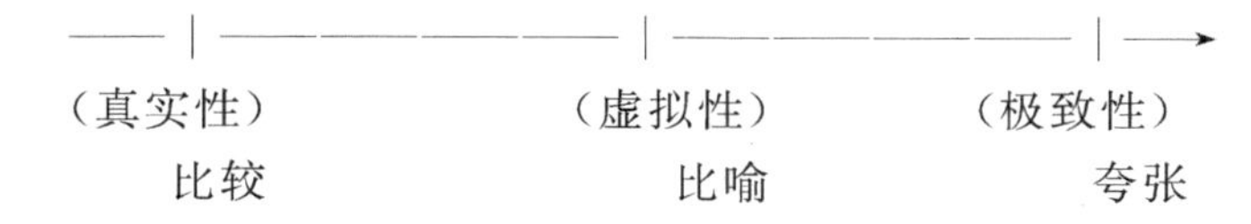

差度大小构成了比喻和比较的对立:向接近或等同一方偏移的,走向终极比较;向差度大的一方偏移甚至达到夸张效果的,走向典型比喻。钱钟书先生在《七缀集》中所引证的:古罗马修辞学早已指出,相比的事物距离愈大(Logius),比喻的效果愈新奇创辟(Novitatis atque inexspectata magis)。[①] 其实说明的就是这种现象。

下边两比体之间的关系很接近,应该说是比较典型的同类了,能说它们不是比喻吗?

(8) 烟台梨,个大皮黄,就像一个大肚子葫芦,咬一口,甜滋滋的梨水流在舌头上,渗入嗓子,就像吃了蜜一样。

(9) 芦苇开花了,芦花飘飘,白白的,软软的,像一簇簇轻盈的羽毛,在风中摇曳。

我们不知道梨与葫芦之间、芦花和羽毛之间,讲究类上的区别价值何在。甚至它们还可以相互比喻,因为它们都能体现具体事物所特有的外观形象的鲜明性。从这种意义上说,所谓比喻,重在建立不同事物间的联系,思维方式的多向性,从而使进行表述中的内容程序变得丰富多彩,形成了多个画面的叠加,意象更为多样。由此我们可以看到比喻建立的基本要求,即形象性愈发鲜明强烈。

后边还有很多例证都能说明,A和B类的问题,对于比喻的建立来说,是不可能构成决定性条件的;言语主体不必将此看成考虑的对象。

如果说两者之间真需要下点工夫思考的话,有这样两个方面值得注意:一是A、B确指与否的问题,再一个是两者在这一表述中所体现的语义轻重问题。

先说第一个问题。

比较中的A和B往往是确指的,特别是B更是如此。如:

(10) 这根木头像那根木头一样长——*这根木头像木头一样长。

(11) 他的个头像他哥哥——*他的个头像哥哥。

(12) 甲班的成绩像乙班一样好——*甲班的成绩像一个班一样好。

当然,有时候比较中的B也可以是不确指的。如:

(13) 水不像油那么轻。

---

① 钱钟书:《七缀集》,第37～38页,上海,上海古籍出版社,1985。

这种情况下的比体往往是类指性质的。A和B之间所以能够建立起比较关系,是因为它们具有共同的物理属性,可以形成同一范畴;并且由人们普遍的认知共识作基础,即有一个基本的设定:"在相同(或不相同)的时间(或地点或温度或湿度或体积……)条件下。"这种具体的要求或前提总是不可缺少的。如果没有这种设定,事物现象间的比较往往是不成立的,甚至是荒唐的。如"棉花和铁哪个重?"

与此相反,比喻中的B却往往是不确指的。如:

(14) 你的脑袋怎么像木头——*你的脑袋怎么像那根木头?

(15) 他的个头像巨人——*他的个头像穆铁柱。

(16) 今年甲班的成绩放了个卫星——*今年甲班的成绩像去年一样好。

很多时候,B是否确指,确实体现了区别比喻、比较的价值。不妨辨析一下下面的两个句子。

(17) 她像她妈妈一样体贴关心我们。

(18) 她像妈妈一样体贴关心我们。

前者,"她妈妈"是确指性的,除了当事人,对广大的社会言语接受者来讲,"她妈妈"的"体贴关心我们",不具有较普遍地为人们知晓认可的特征,不足以成为比喻的喻体。而后者中的"妈妈"却是类指的,具有某种特征的典型性,极易作为喻体出现。两语句的表述特点还可以用这样的两个句子作进一步的说明:

(19) 她像她妈妈一样漂亮。

(20) 她像花一样漂亮。

两句中的情况仅仅因为B的不同,从而区分为比喻和比较。两者区别的关键点不在于类的不同上,而在于B是否具有特征的典型性上。确指性的词语往往是具体事务中对特定人、事物的称指,通常不附带社会群体普遍承认的属性特性,不可能给人们形成某一方面的特定具象,因此一般不容易具有喻体的资格。而用于喻体的类指性词语却相反,多能体现特定方面的典型意义,从而引发人们相似性的认知联想。如"她妈妈"并不能给人们形成"漂亮"的原型意识,而"妈妈"却最能体现人际间最真挚的亲情。类似的还有,像"慈父般的关怀"、"姐姐对亲弟弟一样的疼爱"等。由此可以看到对象体B确指与否在比喻和比较的分辨中所显示出的重要作用。

当然,专有名词有些也是可用来做喻体的,如:

(21) 他像个莽张飞。

(22) 他像雷锋一样关心群众。

但这样的名词必须具有做喻体的属性条件,那就是本身附有某种特征的典型性,从而提供了形成比喻的必要条件。如“张飞”这一人物形象，经过千百年来各种形式的传播影响，已经逐渐成为一种特征意义凝固化的符号：男性粗鲁强悍的象征。“雷锋”则是我们新社会关心人民群众的楷模。下面的例子与例(19)也可以形成鲜明的对比：

(23) 她像西施一样漂亮。

显然，就比体，特别是就其中的B来讲，确指与否的状貌，在比喻和比较的区别中构成了对立；然而于“甲像乙”这种整体结构形成来讲，两者之间又能形成互补。

再说第二个问题。比较因为从本质上讲属于科学范畴，所以其中的A和B，一般都有着比较强的现实性要求。特别是B，多不能是虚妄的，如神话世界中的巨人、上帝、神仙、鬼怪、息壤、紧箍咒等，甚至与现实世界中距离大的，A也往往不能与之形成比较关系。如上例，肯定就不是比较。而这对于比喻来讲，B是否有现实的真实性却是构不成限制条件的。如下面的句子：

(24) 雨中的桃林，没有尘埃，没有鸣噪，幽静得像是仙境。

正因为如此，便自然涉及了我们要说的第二个问题。比较中的A和B，建立的基础是一种平等关系。说“A像B一样高(长、重、厚、黑……)”，理论上讲完全可以转换成“B像A一样高(长、重、厚、黑……)”实际运用中是不能转换的，要么是表述中的主客体问题限制了这种自由，要么是否定性比较判断中形成的表述语义不对应造成的。比喻中的A和B情况就不一样了。除了我们前边突出论述的强化形象性，特别是其中的小类“互喻”：“她的眼睛像秋水；秋水像她的眼睛”，更能显示这种特征，此处还有一种追求是，或者说更高层次的特色是：两者之间通常都表现为“一头沉”，也就是说在表达观念上两者之间是不等值的，人们通常将B看做某种特定类型的典范代表，体现为不可逾越的至高境界。有关这种情况，刘大为的有关论述很值得思考：“任何一个比喻都包含了一个比较，没有比较，本体、喻体以及它们之间的相似关系就无从确定。”[①]如果说我们上面对比喻、比较的辨析，比较多的是着眼于从语言的逻辑现象层面进行狭义区分的话，从广义性质上说，也可以认为比较的范围大，在一定程度上包容着比喻。一种比喻往往以宽泛的比较作前提。但比喻的根本属性却是：当对一个话语对象进行认定达到一定程度时，为了突出展示他(们)或它(们)的属性价值，从而虚拟性地将他(们)或它(们)与心目当中的最高典范类比，以使人们形成鲜明的印象。其中潜在的一种认识判断是：A像B，其实A不及B。我们来看实例：

(25) 三思为相，专以谄媚取容。司礼少卿张同休，易之之兄也，尝召公卿宴集，酒酣，戏再思曰：“杨内史面似高丽。”再思欣然，即剪纸贴巾，反披紫袍，为高丽

① 刘大为：《“凡喻必以非类”、“同类作比即比较”的质疑与比喻理论的建构》，《修辞学习》，2004年第2期。

舞,举坐大笑。时人或誉张昌宗之美:"六郎面似莲花。"再思独曰:"不然。"昌宗问其故,再思曰:"乃莲花似六郎耳。"(《资治通鉴》卷二百零七)

"六郎似莲花"和"莲花似六郎",蕴含的语义分量当然不一样。而"云想衣裳花想容",可以说就更是将这种比喻推及发挥到了极致。所以说,如果比较的双方在认识前提预设上是等值的话,比喻却是不等值的。

从这种意义上讲,比喻比比较的对象体范围大。但与此相对,因为比较的对象体现实性强,任何个体或群体的人或事物特定对象都具备这种资格,不受典型性特征要求的限制,所以说它又比比喻对象体的选择自由得多。

由直观形象性比喻到典型偏重性比喻,就算,完了吗?还没有,比喻还可以跃进到意象模糊性比喻。先看具体的事例:

(26) 自在飞花轻似梦,无边丝雨细如愁。(秦观《浣溪沙》)

(27) 花非花,雾非雾,
夜半来,天明去。
来如春梦几多时,
去似朝云无觅处。(白居易《花非花》)

(28) 等到灯火明时,阴阴的变为沉沉了:黯淡的水光,像梦一般;那偶然闪烁着的光芒,就是梦的眼睛了。(朱自清《桨声灯影里的秦淮河》)

三例共同的特征就是都将特定的对象,如例(26),众所周知,"花"形象鲜明实在,通常都是做喻体的;有意思的是,这里却做了本体,倒是拿迷离模糊的梦来喻它。显然,这是言语主体在追求自己纯主观的情感体味所致,重在塑造一种醞酝恍惚的意境。有关后边另一项比喻,很容易让我们联想到贺铸《青玉案》中多为人称道的比喻:"试问闲愁都几许?一川烟草,满城风絮,梅子黄时雨。"这里当然是倒喻。如上所述,倒喻往往意味着意象的极致。然而以梦做喻,将具体引向蒙眬,将形象的客观性进一步引向主观的深切感受,这当为更深情致的寻觅与营造了!例(27)的典型性同样不言而喻。本体指的是什么迄今是个谜,以梦做比就不足为奇了。

(29) 那盏白色水灯照耀着他,他很像是一桩往事走进卧室……后来,当他沉沉睡去,那模样很像一桩固定的往事一样安详无比。(余华《往事与刑罚》)

(30)(爱情是什么?)是一道美不胜收的好景致,是两个影子在月光下叠成的那首美丽的朦胧诗。(张玉庭《爱情是什么》)

例(29),"往事"无论如何都不可能唤醒我们明晰具体的形象感,然而细加品味却又觉得具有实在与厚重——这就形成了景与情的统一,即相当于王国维所认定的意境。例(30)所喻就更类似于现时抽象派的画面,真成了抽象与具体的综合体:诗中有画,画中有诗。

好了,我们可以用最简练的言辞来对比喻的主要特征作一归纳:比喻的心理机制在于将单一思维变为多向性的联系。根基在于虚拟的形象性的展示,作为表现手法,在更高层面上还有凸现其典型性与意象的模糊性等追求。当然,具体的操作,它还在客观上体现有民族性与时代性等。因为这不足以影响比喻的本质属性,故不再详述。

(二)比喻的认知价值

比喻在人类的认识活动中具有着不可取代的重大作用。古今中外,莫不如此。柏拉图建立自己的哲学体系的时候,强调"一和多"的关系,综合与分析的关系,客观和主观的关系等诸多宏大的课题。然而要想将自己完整的绝对抽象的理论概念化为人们易于接受的东西绝非易事。于是他采取了"床喻"、"洞喻"、"线喻"等一系列直观典型的形象来将问题浅显化,从而为人们把握其理念精髓提供了有效方法。仅以第一个比喻为例:他认为是人先在头脑中有了床的观念,木匠才依据这种观念制作了床这种器物,而艺术家又根据床的存在将它表现为作品。这先后间的程序重要的思想体现为:理念是第一性的,是它决定了存在。通常将柏拉图看做唯心主义的鼻祖,由此可见一斑。再则就是所谓艺术,其特征即表现为"摹仿的摹仿",其原因就在于它处于整个过程的最末端。柏拉图一贯对诗人及艺术采取贬抑的态度,概源于此。不言而喻,比喻往往是沟通具体与抽象、甲事物与乙事物、一般现象与典型现象的桥梁。借助这种手段可以使人们消除起始点与目的地之间的距离,通过事物现象之间的联系加强对话题本体的认识理解。再比如黑格尔的认定:"无知者是不自由的,因为和他对立的是一个陌生的世界。"为什么是这样的呢?黑格尔打比方说:就像人们对待书橱一样,如果是自己的,即可随手将自己需要的书籍找出;不熟悉,当然困窘难堪。黑格尔的认定看起来很简单,然而如果要说出来道道儿来却并不容易,因为它里边还蕴含着哲理的内涵。用一桩非常生活化的事物现象作比,一切便显得眉清目朗,所强调的主旨明白彰显。

中国传统文化里边对形象的肯定似乎比其他任何民族都早都执著。柏拉图在贬低艺术的同时自己却以光畅流丽的文字、鲜明跳荡的形象将当时世界上最富于哲理思考的思想表达得淋漓尽致!"诗人"和"哲学家"本来是在表达世界的方式上最不易配拢在一起的,然而它却统一在他一个人身上,同时又表现出巨大的矛盾性。黑格尔,这位柏拉图理念的传承者,同样也显示出几多尴尬:他虽给出了他的那个历史阶段有关美学的最理想定义,然而,当他单一认定语言性质的时候,却又仅仅强调了抽象性的一个方面:认定语言不能反映人们的思想。在这一关键问题上,中国传统文化的奠定时期即以卓越的实践并附以学理的精到阐发。古人在承认"书不尽言,言不尽意"的同时,指出"圣人立象以尽意,设卦以尽情伪,系辞焉以尽其言"。显然,这里似乎找到了一条解决言意之间有限的言语表达形式与高度抽象的思想理念、丰富厚重的感觉情绪之间矛盾性的绝好途径,那就是“象”的中介性工具与方法。那么,“象”为何物,又从何而来呢?《易传·系辞上》称:“圣人有以见天下之赜,而拟诸其形容,象其物宜,是故谓之象。”并进一步解释说:“古者包牺氏之王天下也,仰则观象于天,俯则观法于地,观鸟兽之文,与地之宜。近取诸身,远取诸物,于是始作八卦,以通神明之德,以类万物之情。”这里边强调的是符号来源及其特征,始终不脱离事物的形象性。象征性是一种总体的思维观念,认知策略,它在相当程度上罩盖着比喻这样的具体方式。看孔子与他弟子们的两则讨论即可以清楚。《论语·学而》载:

(31)“贫而无谄,富而无骄,何如?”子曰:“可也,未若贫而乐,富而好礼者也。”子贡曰:“《诗》云:‘如切如磋,如琢如磨。’其斯之谓与?”子曰:“赐也,始可与言《诗》已矣,告诸往而知来者。”(《论语·学而》)

(32)子夏问曰:“‘巧笑倩兮,美目盼兮,素以为绚兮。’何谓也?”子曰:“绘事后素。”曰:“礼后乎?”子曰:“起予者商也,始可与言《诗》已矣!”(《论语·八佾》)

不难看出,师生之间解读《诗经》,有着统一的方式:大跨度的联系,将形象与抽象实现了巧妙的结合。这种隐喻性质的关联,造就了传统文化中典型的表述与识读方式。陈骙在他的《文则》中说:“《易》之有象以尽其意,《诗》之有比以达其情;文之作也,可无喻乎?”不但典籍对象如此,连解读的主体也循此途径,真真是浑然一体,蔚然大观了!

孔子的“仁者乐山,智者乐水”表述,也鲜明地烙印着这种特色。再看他对后者的进一步拓展性阐发:

(33)夫水,大遍与诸生而无为也,似德;其流也埤下,裾拘必循其理,似义;其洸洸乎不淈尽,似道;若有决行之,其应佚若声响,其赴百仞之谷不惧,似勇;主量必平,似法;盈不求概,似正;淖约微达,似察;以出以入,以就鲜洁,似善化;其万折也必东,似志;是故君子见大水必观焉。(《荀子·宥坐》)

仅仅“水”,即可将德、义、道、勇、法、正、察、善、志等儒家推崇的伦理道德的典范精神全都体现出来,体悟涵泳内省的功夫由此可见一斑,其精微之处,其动人心处,非常值得体味。

再看一则孔子对玉的博喻阐发,也有异曲同工之妙:

(34)子贡问于孔子曰:“敢问君子贵玉而贱珉者,何也?为玉之寡而珉之多与?”孔子曰:“非为珉之多故贱之也,玉之寡故贵之也。夫昔者,君子比德于玉焉:温润而泽,仁也;缜密以栗,知也;廉而不刿,义也;垂之如队,礼也;叩之其声清越以长,其终诎然,乐也;瑕不掩瑜,瑜不掩瑕,忠也;孚尹旁达,信也;气如白虹,天也;精神见于山川,地也;圭璋特达,德也;天下莫不贵者,道也。《诗》云:‘言念君

子,温其如玉。'故君子贵之也。"(《礼记·聘义》)

再以音乐为例。《论语·述而》载:"子在齐闻《韶》,三月不知肉味。"可见其魅力之动人心魄,其夸张度也可以说到了极致。尔后历代对该艺术的描写、欣赏及赞誉从来没有停止过,要说声乐高妙处的摹写很难的,然而历朝历代,生花妙笔,无有穷尽。之所以如此,其原因都在于形象比喻在其中所产生的巨大作用。

(35)

转轴拨弦三两声,未成曲调先有情。
弦弦掩抑声声思,似诉平生不得志。
低眉信手续续弹,说尽心中无限事。
轻拢慢捻抹复挑,初为霓裳后六幺。
大弦嘈嘈如急雨,小弦切切如私语。
嘈嘈切切错杂弹,大珠小珠落玉盘。
间关莺语花底滑,幽咽泉流冰下滩。
冰泉冷涩弦凝绝,凝绝不通声暂歇。
别有幽愁暗恨生,此时无声胜有声。
银瓶乍破水浆迸,铁骑突出刀枪鸣。
曲终收拨当心画,四弦一声如裂帛。

(白居易《琵琶行》)

(36)

吴丝蜀桐张高秋,空山凝云颓不流。
江娥啼竹素女愁,李凭中国弹箜篌。
昆山玉碎凤凰叫,芙蓉泣露香兰笑。
十二门前融冷光,二十三丝动紫皇。
女娲炼石补天处,石破天惊逗秋雨。
梦入神山教神妪,老鱼跳波瘦蛟舞。
吴质不眠倚桂树,露脚斜飞湿寒兔。

(李贺《李凭箜篌引》)

(37)王小玉便启朱唇,发皓齿,唱了几句书儿。声音初不甚大,只觉入耳有说不出来的妙境:五脏六腑里,像熨斗熨过,无一处不伏帖;三万六千个毛孔,像吃了人参果,无一个毛孔不畅快。唱了十数句之后,渐渐的越唱越高,忽然拔了一个尖儿,像一线钢丝抛入天际……(刘鹗《老残游记》)

人类最了不起的功能就是意识。而意识所及,要么是广阔无垠,要么是微观纤毫。在科学解释不了的区域,意识也可以先期到达。即便是我们生活须臾不能离开的现象,比如声响,高一个层次的音乐艺术,人们可以用先进的仪器显示出它们物理性质的各种图像,但人们在其中所寄托的思想意趣、微妙感觉、某种莫名情绪的涌动等,却是怎样的设备都是难以将其描摹成具体的数据的。如上数例,人们却通过丰富飞扬的联想,将看不见摸不着的韵律节奏转化为形象可见的视觉图画,当然,也包括了想象中的夸张性的体味感受。它们没有一定之规,却给了我们无穷的遐想空间和美好的艺术享受。

歌德说:理论是灰色的,而生命之树常绿。恐怕是对此现象的最好注脚。

与此同时也要注意比喻价值效用问题。比喻毕竟不等同于科学领域的求真,不能将它看做科学论证的方法。

三、侧重形象描绘的辞格

形象性的修辞表达方式是一个大类。当然,这里边的层次还是要搞清楚的:比如过去人们通常单立一项辞格的"通感",如果我们对照上边对声音比喻的描写,将听觉的转换为视觉的,没有人会感到离奇;然而对下面的具体用例,为什么会觉得特殊呢?

(38) 在西方,有人描绘壮丽的教堂大建筑,曾经用上"石头的交响乐"这样一句奇特的形容词语。北京的节日之夜,我很想改动这样的譬喻,形容它是"灯光的交响乐"。(秦牧《长街灯语》)

(39) 柳梢的绿风,已卷走了昨日的小湾。(熊召政《小湾》)

跨度可能大了一些,但性质应该是一样的。

再如比拟,显而易见,它与通常比喻最明显的差别其实就在于侧重指称还是侧重述谓的问题。为了说明这一点,我们再来看两则具体的例子:

(40) 两根纤细、闪亮的铁轨延伸过来了。它勇敢地盘旋在山腰,又悄悄地试探着前进,弯弯曲曲,曲曲弯弯,终于绕到台儿沟脚下,然后钻进幽暗的隧道,冲向又一道山梁,朝着神秘的远方奔去。(铁凝《哦,香雪》)

(41) 起伏绵延的山群,像一只只巨大的恐龙伏卧着,用光秃秃的脊背没日没夜地驮着落日,驮着星光。(史铁生《插队的故事》)

两相对比,即可知后一例仅仅多了明确的指称喻词;其实它们摹写对象状貌特征的基本手段是一致,特别是它们所要追求的效果肯定是一样的,那就是形象生动传神!由此可知,比喻和比拟之间是大同小异,属于整体里边下位层次上的再区分。

还有借代。这在国外的修辞学里,比较早的时间就将它归属到比喻里边来了,称作“转喻”。然而现时国内常用的教材仍在强调它与比喻的区别，申明一个重在相关性，一个重在相似性。如果仅从语言选用的形式说是可以的，然而从效果上看，也不外乎形象这一终极性的追求。比如“不拿群众一针一线”，其意很清楚：不拿群众的财物，连“一针一线”那样的点滴东西都不占取。显然，所谓替代物要比本体具体鲜明得多，之所以如此，其原因仍在于言语主体想着给予客体一个形象典型的深刻印象。再比如毛泽东《采桑子》中的“红旗越过汀江，直下龙岩上杭”。“红旗”指代红军，这里的借代物色彩鲜艳醒目，非常具有象征意义。而象征，对于比喻来说，两者之间是具有交错关系的：有些喻体就是象征体，特别是喻体具有典型性的情况下。当然，有些象征体，特别是那些非常具有典型性的，不一定就是比喻，但形象的典型性与鲜明性却是非常突出的。比如传统道教的阴阳鱼符号，那盘桓缠绕的形象，直观地表现着矛盾双方相互依存相互转化的大哲理，胜过万千言语。它甚至可以看做一个民族文化的总概括、总标志。又有谁能说它不具有譬喻的效能呢？所以，说借代也具有和比喻同样的属性，即形象性。

话又说回来了，不能见形象即一股脑儿地都归入比喻的范畴。还是应该将语言本体的应用同文学的艺术表现手法区别开来，尽管语言运用本身也是文学艺术表现的重要组成部分。不然的话，学科分界就会趋于混淆；想着的是将自己学科的内容扩展丰富，但不加选择的容纳，客观上就将一个学科的特点给消失掉了。如果想肯定某种言语方式是一种辞格的话，一定要注意的是：它有没有明确且显豁的效果追求。修辞毕竟是语言的艺术，通常这方面的努力言语主体往往都是自觉的；可能他不能科学地解释其中的语言学根据，但这种付出他是有意识的，并且效果也是显著的。再则就是有特定的语言形式标记及其手段可以供人们来具体认定和把握，也就是说，要有语言上的可操作性，能够给人们提供可以遵循的范例。下边我们就一种特定的辞格类型作一比较充分的分析。

文学作品中常可以见到这样一种语用现象：当人们对人物的行为品格、事物的性质意义有了深刻的认识，充满着激荡强烈的感情的时候，突然间或逐渐地会就具体情景产生某种幻觉，映现出奇异、超常的景象状貌来。我们将这种特定的言语表现方式称为“幻变”修辞格。

(42)

……这车夫扶着那老女人，便正是向那门走去。

我这时突然感到一种异样的感觉，觉得他满身灰尘的身影，刹时高大了，而且愈走愈大，须仰视才见。(鲁迅《一件小事》)

(43) 在灿烂的朝阳里，福全嫂目送丈夫牵着她那头心爱的小花猪沿着村边的水渠向镇上走。她望着望着，忽然眼前一花，好像看到那小猪掉在渠里了！而且那渠立刻涨满了水，在滚滚地流向田野，稻田里长出茁壮的禾苗……(张少武《年猪》)

如果细心分析,可以看出上面两例有一些共同的特点:第一,它是人们思想意识活动的一种反映,其辞格前部大都有标志这种活动出现的动词“觉得”、“好像看到”等。显示了后边的“幻变”情景既形象鲜明又非现实存在的实质。第二,它是一种意识活动过程。辞格里边的词语必须具有动感性。如例(42)中的“刹时高大了”,“愈走愈大”,例(43)中的“掉在渠里”,“立刻涨满了水”等。第三,它是人们思想意识激昂时的一种反映,它的结果常是一种奇异特殊的幻觉景象,这种幻觉景象是在客观现实中不存在或不可能实现的。表现形式上则是景状奇特,多有夸饰之辞。如例(42)中的“须仰视才见”,例(43)中的“那小猪掉在渠里了!”“而且那渠立刻涨满了水”等。

由此可以将它和类似的辞格区别开来。例如:

(44) 那扎字声不仅感染了赵灿,也震动了教师和同学们。他们不但不嫌那声响干扰听课,反而觉得那是一种促进他们任教和学习的音乐。(航鹰《明姑娘》)

(45) 听着听着,他们竟觉得那尽力放轻的声音越来越大,越来越响,在课堂上回荡……(同上)

上面两例,都有“觉得”一词出现。但例(44)后边的词语不具有动感性,只是一种单纯的静态的比喻。例(45),前边的词语“听着听着”,表现了人们思想意识逐渐幻化、悠然进入的情状,后边的词语“越……越……”以及最后的省略号都反映了这种幻觉变化的持续发展,意境显得幽远隽永。

“幻变”格和所谓的“示现”格,两者有更多的形式上的相似点,但又有着明显的差异,显示出不同的表述功能和类型特征,主要表现在:

“幻变”是一种幻觉变化,而“示现”是一种自然联想;“幻变”着眼于眼前现实,在具体情景的基础上进行幻变,产生的是一种奇特的幻觉景貌,实则是情景交融的意境,而“示现”则是对发生过的事情的一种追忆,对远方正在发生或将要或将来出现的事情的一种如实想象;“幻变”格常用夸饰之辞职,以增加意境形象的奇异、壮美、开阔,而“示现”常用写实的手法,写得真实生动即可;“幻变”格一般出现在一个完整章节或整篇作品的末尾部分,对表现人物形象、突出某种思想情感多能形成一种猛然升华或渐入佳境的效果,往往构成一篇作品思想内容上的高峰或亮点,给人以巨大的艺术感染力,而“示现”在这方面相对来说不及“幻变”,它多处在作品的具体情节里边,来丰富充实某一方面的内容。例如:

(46) 他想着,将来有这么一天,机器会动了,他一定要在油压泵前站一天,看看它的扎扎的响是个什么道理。(草明《原动力》)

(47) “我已经将你到家的大约日期通知他,他也许就要来了。”

这时候,我的脑里忽然闪出一幅神异的图画来:深蓝的天空中挂着一轮金黄的圆月,下面是海边的沙地,都种着一望无际的碧绿的西瓜,其间有一个十一二岁

的少年，项带银圈，手里捏一柄钢叉，向一匹猹尽力的刺去，那猹却将身一扭，反从他的胯下逃走了。(鲁迅《故乡》)

(48) 窗外，雪下得正紧，它在风中升腾，回旋，飞翔于长天高山，扑降于千溪万河。我似又看见：在那茫茫雪原上，横贯一支行进大军，铁人和他的战友们，正挽手携肩，同生共死，向着共产主义的未来，面迎暴风雪走着、走着。(魏钢焰《忆铁人》)

例(46)是对未来事情的如实想象。例(47)尽管也用了大量的色彩鲜亮、动感很强的词语，并且有"神异的图画"等字眼，但都在于将人物的英姿神采写得生动形象，类似于"雨露去鬟湿，清辉玉臂寒"那样的合理想象，始终不脱离生活存在的起初性。因此两例都属于"示现"格。例(48)，由眼前风急雪猛的自然景观，而幻化出另外一种情景状貌。里边既有形象可感的性质，又有着奇异的超现实的色彩。虚实结合，情景交融，形成一种雄浑、开阔、思想性深刻的意境画面，深化了作品的主题思想。因此，它就属于"幻变"修辞格。

"幻变"格大致可分下面几种类型：

(一)"增补"。在眼前人、事物状貌的基础上，扩大某种体积范围或能量限度。这种用法多有一定的夸张意味。例(42)、(45)便是用了这种方法。

(二)"异配"。具有不同语体色彩的词语各有不同的使用范围，一般情况下不能混用组合。但在"幻变"格中可以突破这方面的限制，形成词语组织结构上的超常搭配。如例(48)，"在那茫茫雪原上，横贯一支行进大军"，"面迎暴风雪走着、走着"，有着记叙文体的色彩，而"同生共死，向着共产主义的未来"，则为议论文中多用。在该辞格中，两者有机地结合了起来。

(三)"物变"。即认为甲事物变作了乙事物。例如：

(49) 在老裁缝哽咽着说完这些话以后，人们突然觉得这棵树变成了将军：一身笔挺的军装，鲜艳夺目的帽徽领章……(陈世旭《小镇上的将军》)

"幻变"格的表述作用是多方面的，主要有以下几点。

1. 表现人物，为塑造人物形象服务。文学作品中用具体生动的情节对人物给予相当充分的刻画表现之后，有时常借助于"幻变"方法，来进一步凸显人物的高大形象，揭示人物身上所蕴含的深刻思想意义。如例(42)，再如：

(50) 她的话说完了。我的心长久长久地不能平静。一下子，面前这尊自由神对我有了更多更新的意义。几十年来就一直活在我心里的休斯先生的形象，在这一刹那突然无限地膨胀起来，变得那么崇高，那么伟大！巍然地和我面前的这尊自由神合二为一。(鄂华《自由神的命运》)

当“我”听了休斯先生反抗白人殖民压迫、创作自由神像的斗争事迹后,心中敬意顿然增升:休斯先生虽然被他的敌人迫害致死,然而他的不畏强暴的精神形象却在人们心中巍然高耸,就像他的作品自由神一样伟大崇高、形象鲜明。

2. 强调事物的重要性。在特定的篇章情节中,有些事物显示出非同寻常的意义作用,有必要突出它在文章中所拥有的地位和影响。也常用“幻变”格来表现。例如:

(51) 我始终遥望夜空,忽然想到祖国的大地江河,我觉得邓大姐那动人心弦的话语已经飞上九霄,飘入云空。(姜德明《仰光夜宴》)

对话语意义含蕴的深刻认识,激起了澎湃的联翩思绪,感觉到它具有非凡的力量,能飞上九霄,响彻万里夜空。

3. 表现人物强烈的思想感情。有些“幻变”格,表述的并不在于幻变中出现的具体人、事物本身,而是在于通过这些表现产生这种幻觉的人物的某种思想感情变化。如:

(52) 这巨大的打击和难言的悲痛,几乎把吴吉昌击倒了。……他失魂落魄地推开自家的院门,那些悬挂在檐下、窗前、墙头、树上的一株株棉花,在他的眼前一下子都变成了痛悼总理逝世的白花……(穆青等《为了周总理的嘱托》)

劳模吴吉昌对周总理无限崇敬,听到总理逝世的噩耗,精神情绪受到了极大的刺激,不胜哀痛,因而产生意识上的幻觉变化。移情于物,情景感人。

4. 丰富充实作品内容,深化文章的主题思想。例如:

(53) 我惊异地睁大了眼睛,想把赵淑英看得更清楚一些。她不久就爬上山路,骄傲地走着。天啊,她的背影,不就同阿秀一样么?我恍惚觉得阿秀又在我们新世界复活了。新世界就展现在她的四周和脚下,随着山坡,她步步升高,阳光正为她发出灿烂的光辉,山花正为她显示鲜艳的颜色,鸟儿也为她婉转着歌喉。(艾芜《野牛寨》)

阿秀和赵淑英母女二人,一个在黑暗的旧社会只能像一朵鲜花一样被黑旋涡吞没,一个在光明的新中国成为了值得骄傲的国家主人。模样儿极为相像的妇女,生活在不同的时代有着截然不同的命运。这样就通过幻化的形象意境揭示了与“旧中国把人变成鬼,新社会把鬼变成人”同样深刻的主题,使得整个篇章的思想性顿然生辉。

由此不难明白:过去很有一些著述都把“示现”当作一种修辞格来肯定。事实上它只是体现了文学情节表现的一种手段:对已有实际生活场景的一种回忆,属于人们思维进程中的正常联想状态。而“幻变”虽然从性质上也体现为意识行为,但作为一种强烈精神刺激下而产生的幻觉,转化为语言将它表现出来的时候,确确实实能够形成特定的话语形式和鲜明的表达效果。对比之下,哪个是辞格哪个应该排除,应该是容易分辨的。

末了，再谈及一点“幻变”格的运用问题。“幻变”格是具体生动的形象与人们思想情感有机结合的产物。因此运用过程中要注意自然贴切，形象鲜明性与思想的深刻性完全融合，要注意避免一些不良倾向。例如：

(54) 我跟在石书记后面，迈着大步向前走着。我觉得，石书记的形象，是这么的高大。跟着他，我的步子越迈越坚定，越有力。(刘洁《书记的铺盖卷》)

(55) 高思华像骄傲的山鹰，敏捷地向上飞升，身子愈来小了，可是她那无畏的精神和勇敢的形象，却愈来愈高大了。(肖育轩《火花》)

例(54)为表现而表现，显得呆板生硬。例(55)则写得过直过露。

第十四讲　辞格研究(二)

这一讲承接着上边,将有关辞格的其他类型作一概述。当然,其方法,仍采用类似的程式:受整体格局和篇幅的限制,每一种类型重点讲述一种格式,别的也只有从略。

一、侧重婉曲表达的辞格

在表达方式上屈曲婉转以换取语义的精微或情感的蕴藉,这在汉语言语表达上,也可以形成修辞的一个大类型。其中主要包括反语、回环、委婉、别解、设问等。

(一) 反语的类型

仅以反语而言,就包含着折绕的复杂方法。在古代不乏这样的用例。如:

(1) 绛侯勃自畏恐诛,常被甲,令家人持兵以见。其后有人上书告勃欲反,下廷尉。廷尉下其事长安。逮捕勃治之。勃恐,不知置辞,吏稍侵辱之。勃以千金与狱吏,狱吏乃书牍背示之曰:“以公主为证。”……绛侯既出,曰:“吾尝将百万军,然安知狱吏之贵乎!”(司马迁《史记·周勃世家》)

(2) 府吏谓新妇:“贺卿得高迁!盘石方且厚,可以卒千岁;蒲苇一时纫,但作旦夕间。卿当日胜贵,吾独向黄泉。”(《孔雀东南飞》)

例(1)，西汉初年重臣周勃，被封绛侯，官至太尉，丞相，然宦海沉浮，官场险恶；落难之时，连吏卒都能对他施以凌辱。这使他心感身受，有着切肤之痛。出狱之后，乃心有余悸；将狱吏的暴虐、淫威用"贵"称述，足以反映他的激愤。例(2)所用的一系列言语似乎都在向兰芝表示祝贺，实为讽刺以表述自己悲痛欲绝的心情。

反语所表现的范围也是相当宽阔的。如例，有些主要由词来凸现，有的也可以用篇章来反映。从表述的对象上来说，既可以是对恶人、坏人，也可以对同志、朋友和自己。从表达的效果上看，既可以是辛辣嘲讽的，讽刺挖苦，鞭笞痛斥，无所不用其极；也可以是善意的，婉转幽默，轻怜重惜，意蕴隽永。从常见的言语方式上看，主要表现型为两类，一是正语反说，一是反话正说。

反语运用的初衷，也是多方面的。有的表达喜爱的心情，如：

(3) 不过，拉自己老婆后腿的党员也有的是呢。我那个死鬼，就是这路货。……可是呢，他到底被我教育过来啦！(王汶石《新结识的伙伴》)

(4) 吴淑兰的心，被革命竞赛的热情燃烧着，早已飞回她的队员中去，飞到田野里去了。无论张腊月和她的队员们怎样苦苦劝留，说什么也留不住。

最后，张腊月无可奈何地笑骂道："我现在才认识你，你是个顶坏顶坏的女人啊！"她们两人，虽说只相处了一天，可是她们的友情是那么诚挚深厚……(同上)

用于讽刺，这当然是反语最多见的。由于对象的不同，其出发点和程度上还是有区别的。

(5) 始终微笑的和蔼的刘和珍君确是死掉了，这是真的，有她自己的尸骸为证；沉勇而友爱的杨德群君也死掉了，有她自己的尸骸为证；只有一样沉勇而友爱的张静淑君还在医院里呻吟。当三个女子从容地辗转于文明人所发明的枪弹的攒射中的时候，这是怎样的一个惊心动魄的伟大呵！中国军人屠戮妇婴的伟绩，八国联军的惩创学生的武功，不幸全被这几缕血痕抹杀了。(鲁迅《纪念刘和珍君》)

(6) 我告诉您了，根据报纸上官方介绍，他是天底下头等大好人，浑身上下毫无缺点，连肚脐眼都没有。(宗福先《于无声处》)

(7) 这时妇女们拿起这双鞋来，这个看看，那个瞅瞅，有的冷笑，有的撇嘴，有个巧嘴妇女笑着说道：

"这么结实的鞋，怎舍得拿出来？"

(马烽《刘胡兰传》)

由于对象的性质不同，肯定在使用反语的时候所寄寓的思想感情的程度也不同。上述例子中的情况能比较好地说明这一点。

有的则重在表达言语主体的主观感情。例如：

(8) 探春笑道:"我们的丫头,自然都是些贼,我就是头一个窝主。既如此,先来搜我的箱柜,他们所偷了来的,都交给我藏着呢。"说着,便命丫鬟们把箱柜、镜奁、妆盒、衾袱、衣包,若大若小之物,一齐打开,请凤姐去抄阅。(曹雪芹《红楼梦》)

(9) 我早已想写一点文字,来记念几个青年的作家。这并非为了别的,只因为两年以来,悲愤总时时来袭击我的心,至今没有停止,我很想借此算是竦身一摇,将悲哀摆脱,给自己轻松一下,照直说,就是我倒要将他们忘却了。(鲁迅《为了忘却的记念》)

(10) 我们过了江,进了车站。我买票,他忙着照看行李。行李太多了,得向脚夫行些小费才可过去。他便又忙着和他们讲价钱。我那时真是聪明过分,总觉他说话不大漂亮,非自己插嘴不可,但他终于讲定价钱;就送我上车。他给我拣定了靠车门的一张椅子;我将他给我做的紫毛大衣铺好坐位。他嘱我路上小心,夜里要警醒些,不要受凉。又嘱托茶房好好照应我。我心里暗笑他的迂;他们只认得钱,托他们只是白托!而且我这样大年纪的人,难道还不能料理自己么!唉,我现在想想,那时真是太聪明了!(朱自清《背影》)

例(8),典型地体现着言语主体对自己内部查抄大观园举措的愤激与痛恨;然而说自己丫头都是些贼、自己又是窝主的时候,却又是"笑"着,可以想见这种怒火中烧是怎样的强烈,对言语对象的讥讽之意又是怎样的厚重。这种反语重在泄愤。例(9) 则又是典型的鲁迅式反语。"忘却"和"记念",悖论得很,然而对社会黑暗的控诉以及个人心底愤懑的吐露得以淋漓尽致地表现。例(10) 则是反讽自己,真实感人。

还有的则是归谬法:表面上先给予肯定,在此基础上再借势引申,将原本主张所暗含的荒唐推向极致,从而使原来的主张者自己都意识到问题的性质。例如:

(11) 二世立,又欲漆其城。优旃曰:"善。主上虽无言,臣固将请之。漆城虽于百姓愁费,然佳哉!漆城荡荡,寇来不能上。即欲就之,易为漆耳,顾难为荫室。"于是二世笑之,以其故止。(司马迁《史记·滑稽列传》)

(12) 宋丹丹:我就寻思度蜜月之前呢,我去美美容,把这俩门牙装上,装个烤瓷的。

崔永元:高级的。

宋丹丹:嗯,然后再整整容,做个拉皮。

赵本山:我拍个黄瓜!

崔永元:您要是弄个拉皮儿,拍个黄瓜,我就只能烫壶酒了,这说着说着下酒菜都出来了。(何庆魁《昨天,今天,明天》)

例(11),古代大臣对帝王的谏劝往往都担着生死的干系,那么采取反语这种形式的迂回术显然是个好办法:有可能达到目的的同时又保全了皇帝的面子;也可能在不被采纳之时为自己留有退身的余地。所以,司马迁称述这种言语方式:“谈言微中,亦可以解纷”,甚至认为主要以这种方式显名于世的人物及行为“岂不亦伟哉”!刘勰《文心雕龙》也称誉其功效说:“优旃之讽漆城,优孟之谏葬马,并谲辞饰说,抑止昏暴。”例(12),则带有调侃性,真实的意图在于:偌大年纪还做美容,“拉倒吧”;但直说会“太伤自尊了”。将原意歪曲,领向另一面,其否定的意思也就尽显其中了。

反语的使用,盘旋折绕,避免了所谓“直言直语好心肠”的尴尬,对于深恶痛绝之事,其讽刺鞭挞的力量愈发彰显;对于喜爱肯定之人,其亲昵怜惜的情分愈发浓郁。当然,对于言语主体来说,上述种种效用有很多时候还可能是交互性的,其隐秘衷曲也会随具体情况而改变。所以,要达到什么目的,反语所透现的褒贬色彩程度要达到一个什么样的层级,也往往视具体情况来定。比如有的著作认为,运用反语,应该让人一看便知道是反语,而不至于当正意去理解。[1] 其实反语是复杂的,有时候不一定要让言语客体听出来,而是故意地给对方戴高帽,讥讽的同时让对方将其特征表露无遗。曹禺《日出》中的台词:

顾八奶奶:(滔滔地)四爷,你呀,真不是个规矩人,放着牌不打,烟不抽,一个人在这里打电话!……你们男人什么都好,又能赚钱,又能花钱的,可是就是一样——不懂得爱情,爱情的伟大,伟大的爱情,——

潘月亭:顾八奶奶是天下最多情的女人!

顾八奶奶:(很自负地)所以我顶悲观,顶痛苦,顶热烈,顶没有法子办。

当然,如果双方都很聪明,过于敏感的话,反语又会形成机锋。仍是《日出》:

方达生:竹均,怎么你现在会变成这样——

陈白露:(口快地)这样什么?

方达生:(叫她吓回去)呃,呃,这样地好客,——呃,我说,这样地爽快。

陈白露:我原来不是很爽快么?

方达生:(不肯直接道破)哦,我不是,我不是这个意思。我说,你好像比以前大方得——

陈白露:(来得快)我从前也并不小气呀!哦,得了,你不要拿这样好听的话跟我说。我知道你心里是不是说我有点太随便,太不在乎。你大概有点疑心我很放荡,是不是?

两个人的对话即很能体现对反语明确“度”的斟酌。

---

① 成伟钧、唐仲扬、向宏业:《修辞通鉴》,第511页,北京,中国青年出版社,1991。

(二) 回环的描写

言语的表达方式,值得注意的重在这样的两个方面:对语言本体属性的正确把握和恰当思维方式在其中的融注。

这里以回环辞格为例,来讨论蕴含于其中的两个因素的特征。

回环是汉语里边常见的修辞方式,历史悠久,繁富多样。先秦时期诸多思想家们大都是以辩证的论析思路来展开对自己观点的宣讲的。从老子《道德经》的“善者不辩,辩者不善”到孔子《论语》中的“君子周而不比,小人比而不周”,都透现了这种思维方式。当然,其中有些同类用法就不一定是在追求“反映事物现象之间的复杂关系”。如《诗经》中的用法:“泉源在左,淇水在右。女子有行,远兄弟父母。淇水在右,泉源在左,巧笑之瑳,佩玉之傩。”(《卫风·竹竿》)历代以降,该用法从来就没有停止过。晋朝的《璇玑图》,唐宋时期的回文诗词,则将这种辞格形式运用到了极致。确实,集数千年文字之积累,回环这种辞格人们看到的状貌是林林总总,多姿多彩:小到词语内部语素的互换,大到整个篇章的首尾往复,都能展示其用,张扬其妙。如若求其组合,则可大致分作宽严两种不同的类型:严式的则是正反两种顺序皆可通读。如连云港云台山花果山水帘洞中的对联:“洞帘水挂水帘洞,山果花开花果山。”宽式的则为结构或字词并不要求完全对应。如毛泽东的语句表达:“政治是不流血的战争,战争是流血的政治。”(《论持久战》)再如:

(13) 我要给阿Q做正传,已经不止一两年了。但一面要做,一面又往回想,这足见我不是一个“立言”的人,因为从来不朽之笔,须传不朽之人,于是人以文传,文以人传——究竟谁靠谁传,渐渐的不甚了然起来,而终于归接到阿Q,仿佛思想里有鬼似的。(鲁迅《阿Q正传》)

稍加分析,不难归总这样一个基本的规则:完全严式的回环,即所用字词、结构关系都相同而正反语序识读皆成理的,表意也完全相同。极端者往往是文字游戏;当然,也有些是为了渲染气氛或造成幽默诙谐之效果。如:

(14) 区长他们把菜端来,两头都放了一大盆肉,一大盆鱼,还配搭两碟子凉菜——一碟子是粉条豆腐白菜,一碟子是白菜豆腐粉条。(袁静、孔厥《新儿女英雄传》)

严式回环,如逆序词“感情”和“情感”,“慷慨”和“慨慷”,“妒忌”和“忌妒”之类,相当一些属于绝对同义词,顶多为了避复或为了押韵显示出一定的价值。从实际的效用上讲,并不值得肯定。而宽式的,则往往因为其某些方面稍小的差异而反映出意义上的精细分辨,很能透现语言表达上的精妙性。如上述老子《道德经》中的表述,“辩”与

“善”之间的关系，实际上提出了一个言语行为形式与言语行为主体道德之间的悖论命题。其实这也和老子的整个认识论有关，他的《道德经》开篇就是一个明确的定调：“道可道，非常道。名可名，非常名。”生怕一旦强调了语言的鲜明性、操作性和可验证性，便觉得远离了整体感觉上的美妙与自然：“玄之又玄，众妙之门”，沉浸于其中，微妙玄通；沉醉于其中，唯恍唯惚。之所以如此，关键在于他将运动转化作了过多的强调：“祸兮福之所倚，福兮祸之所伏。”似乎当一事物确立了自己属性的同时即已包含了对立面的因素；如果说这种辩证的观念还不算过分的话，它的引申就容易看到问题之所在了。

看明代赵南星《笑赞》中的“三僧与士人”：

> 有士人入寺中，众僧皆起，一僧独坐。士人曰：“何以不起？”
>
> 僧曰：“起是不起，不起是起。”士人以禅杖打其头。僧曰：“何以打我？”士人曰：“打是不打，不打是打。”
>
> 赞曰：此僧之论，其于禅机深矣，而不能忍禅杖之痛。近日士子作文，皆拾此僧之唾，以为文章之三味，主司皆宜黜之。告以黜是不黜，不黜是黜也。

显然，材料及结构形式上的差别愈大，其语用上的语义及效果也愈鲜明。

但，这里想追问的是，如若语言材料相同或大致相同，仅仅结构形式上的差别，即单纯采取了回环形式，语义效果会是怎样的一种状况？下边，我们仅定中结构形式上的回环作一重点讨论。

众所周知，汉语作为分析性语言，是非常注重语序手段在表达不同语法意义上的作用价值的，同样的词语不同位序的组合排列往往在表述意蕴上也有所不同。据此，我们是不是就可以说汉语中所有结构语序上的不同，都反映了语义上的差别？也不一定。或许句法平面我们可以这样说，在修辞上面却显得丰富复杂化了。

如“洁白的雪”和“雪的洁白”。两个词语以定语与中心语的形式，回环往复，换位组合，这种语用现象颇为多见。转换前后在内容侧重点上有了怎样的变化，过去语言学界并没有对此作过详细解说。但根据通常的语法理解，将这种结构叫做偏正结构也好，向心结构也好，都在于说明对这个语言单位整体来讲，里边词语由于充当成分的不同，在主次轻重上也就有了不同。“洁白的雪”主要说的是“雪”，“雪的洁白”无疑是侧重在“洁白”上。这种最简单的专业常识，就结构本身语义特征进行的分析，往往可以成为认识语言和组词造句的心理定式与基础。

然而事实上，许多人运用这种辞格进行表述的时候，并不把充任定语中心语的两词语位置的相互调换，看做表意上有很大差别的两个语言单位；而主要是看中了这种用法有形式上的回环美，有突出强调事物及其有关特征，并能充分地表现某种思想感情的作用，才着意加以选用的。例如：

> (15) 要而言之，就因为先前可以不动笔，现在却只好来动笔，仍如旧日的无聊

的文人,文人的无聊一模一样。(鲁迅《醉眼中的朦胧》)

(16) 那女的年纪比较轻,生得很美,穿着白色的高跟鞋,肉色的尼龙袜,深蓝色的裙子,淡青色的上衣,还披着雪白褛空的丝质小坎肩,有如蓝天上的白云,白云中的蓝天!(陆文夫《门铃》)

(17) 这叫扯皮的现代化,现代化的扯皮。(蒋子龙《关于鞋后底的问题》)

(18) 语言的华而不实走到极点,成为语言的贫乏——语言的贫困和贫困的语言;"最最最最"、"最红最红最红",和林彪式的"最大最大最大"、"最小最小最小"一样,表达了最贫乏的思想状态。(陈原《语言与社会生活》)

(19) 啊,我一闻着那香水的香味,oh,no,你的美丽的身体所发出的那种清香,就叫我想到当初我在巴黎的时候,哦,那巴黎的夜晚,夜晚的巴黎!(曹禺《日出》)

(20) 啊,坦诚而又虚荣的苏娜,叫我对你说什么好呢?无非是一个高级小市民,"高雅"的庸俗,庸俗的"高雅"。(张抗抗《北极光》)

例(15),"无聊的文人"、"文人的无聊",语序的变换,在言语主体心目中并不意味着意思上有多大改变。鲁迅先生通过这句话以及整体语境,对一些无端挑起内部争执的人们进行了严肃尖锐的批评。在他看来,那些人的所作所为,说成是"无聊的文人"或者"文人的无聊"都可以,一个样,一回事,都是非常令人反感厌恶的。例(18)或许更能充分地说明这一点。关键的地方就在于,"语言的贫困"和"贫困的语言"两种结构方式出现之前,有将两者概括起来的总体表述:"语言的贫乏。"反过来也可以说,它们之间是一种总分关系,统括与具体之间的关系。这时候,你不管说成是A的B或B的A,都行,都可以。此时的这种用法,与其说言语主体采用这种形式是想指明状貌特征和事物对象两个方面语义侧重的不同,倒不如说是想强调说明集中同一的东西,表现作者比较强烈的好恶情感,有万变不离其宗的意味。

与此相对,同样是这种结构方式,就是在认定这种语序变化似乎没有多大差别的基础上,着意说明两者意义上的不同;同样是以回环的形式,来细致地分辨两种情况之间的相异处,从而凸显相同词语不同句法分布在表意上的变化。例如:

(21) 人们说:中国有吃的文化,而法国有文化的吃。(周有光《吃的文化和文化的吃·科学吃和哲学吃》)

(22) 生活的理想,就是为了理想的生活。(张闻天《无产阶级专政下的政治与经济》)

(23) 批判的武器当然不能代替武器的批判,物质力量只能用物质力量来摧毁;但是理论一经掌握群众,也会变成物质力量。(马克思《〈黑格尔法哲学批判〉导言》)

(24) 我们的作家,是"为革命而文学",不是"为文学而革命",我们的作品是"由艺术的武器到武器的艺术"。(李初梨《怎样地建设革命文学》)

(25) 周梅森的艺术追求已经开始从"历史的人"转向"人的历史",从"悲剧的人"转向"人的悲剧"。(《小说选刊》1986 年第 1 期)

(26) 文学语言书面符号系统中的这些新成员,可以说是语言艺术中的艺术语言。(周建民《语言艺术中的艺术语言》)

(27) 斯泰因的书让我有一种轻松的紧张感,而米丽亚姆和她家的窗户则让我产生一种紧张的轻松感。(刁斗《证词》)

对照例(15) 到例(20) 中的同样结构,可以明显地看出,这些语句中定中结构的回环使用,重在辨析之间的差别。如例(22) ,"生活的理想"重在点明目的,而"理想的生活"则指目的的具体内容,差异明豁显现。再如例(23) ,"批判的武器"和"武器的批判",看起来只是两词语位置上的稍小变换,似乎没有多么大的意义上的差别,而作者正是要在这似乎相同的现象中析离出两者的不同来,它们一个是工具,一个是行为;一种是事物,一种是事件,性质别异,不能混淆。例(26) ,凭依通常偏正结构的限定形式,显示了异序的两单位在内涵所指上具有包容与被包容的关系。

上面的例证都是典型的定中结构式,即有"的"字做标记,同词语间的回环位序互换。再看一则没有"的"字的定中词语回环换位的例子:

(28) 这天午饭吃的是什么,糊涂涂老婆的说法和满喜的说法就不太一致——照糊涂涂老婆常有理说是"每个人两个黄蒸,汤面管饱",照满喜的说法是"每个人两个黄蒸,面汤管饱",字数一样,只是把"汤面"改说成"面汤"。究竟谁说的正确呢? 常有理说得太排场了一点,满喜说得太挖苦了一点,正确的说法应该是"每个人两个黄蒸、一碗汤面、面汤管饱"——黄蒸每个有四两面,汤面每碗有二两面,要是给黄大年吃,就是在吃饱饭以后也可以加这么一点;要是给王满喜吃,总还可以吃七分饱。(赵树理《三里湾》)

这好像是又回归到了语法状态,在着重辨析、强调中心词语的重要意义作用;但,因对比强烈,特别是反映了下层民众对语言细小现象敏锐的感悟力和表现力,生活情趣浓郁,修辞的效用就得到了极好的展示。

为什么会出现这种同样词语同样结构却为两样不同的表达意义与效果追求?

首先我们得从定中结构的特殊性谈起。

美国描写语言学,对句法结构的概括认定主要分为向心和离心两种类型。偏正型、动宾型、补充型当然属于前者,联合型和主谓型属于后者。然而事实上,唯有定中型的偏正结构在语义中具有最复杂的关系。这在汉语里边又表现得最为鲜明突出。

择其要者,相当简单的定中结构中,拿"名+的+名"来说,就其中两名词间属类的差别便能反映出多种多样的句法组合语义。最常见的限定关系，人对事物的领有关系，其中便隐含着丰富多样的谓词以实现其搭配的合理性，换句话来说，它往往以最简略方式映现着句法结构的表达关系。[①] 说“鲁迅的书”有歧义，就在于说有繁富复杂、表现不同关系的谓词性词语可以置入其中。两名词在义类上有着最大的差度，故这种定中结构的组合无论如何都是不可能转换的。而类项相近的词语，最易于形成逻辑上的并立关系；如若进入定中结构中，则易于形成回环转换。如例(19)，“巴黎的夜晚”和“夜晚的巴黎”，它们之间也只是时地名词稍小的差别，可以相互限定而难以区别相互间的轻重。

与此相对的是“谓＋的＋谓”结构。这种组合则往往为超常性的临时建构，或者说是借助于定中结构的“形”而追求复杂语义关系的表达。从例(20)和例(27)就可以看得清楚，用词上面为反义性质的，至于真正丰厚的内容可随言语主体不同观念的注入和营造的语境，使两谓词性词语之间至少形成这样三种关系：表面上一种情状而内在又是另外一种性质；先是什么尔后又是什么；或者是两种情况交织存在，你中有我我中有你。这种类型可以从一个方面来进一步说明定中结构的特殊性和复杂性。

介于其间的是“谓＋的＋名”或“名＋的＋谓”。首先需要说明的是，两者都是以降级的述谓性结构来实现其句法功能价值的。用语义学家利奇的话说：“每一个起修饰作用的述谓结构都与一个表示存在的命题对应存在。在这个命题中连接变元受到表示存在的量词的限定。这样的一个存在性命题就是主要述谓结构的前题。”[②]吕叔湘在《中国文法要略》中将该现象讲得更通俗明白一些，他说：“一句现成的句子大概可以改换成一个词组；大多数的词组也可以改换成句子。”并举例说：“溪深而鱼肥；泉香而酒洌”可以转换成“深溪；肥鱼；香泉；洌酒”。人们也不难理解“花红柳绿”可以比较自由地转换成“红花绿柳”，然而其中的“红”和“绿”则在述谓能力上减弱了许多。不然的话，就不会有吕先生将前者看做句子将后者看做词组的判断了。这也正是语义学家们将附加成分上的谓词称为降级述谓性单位、整个组合称为降级述谓性结构的原因。现在我们集中讨论的，如上所举，大都是带“的”字的定中形式。“红的花”和“红花”又有所不同[③]，述

① 参见袁毓林：《谓词隐含及其句法后果——“的”字结构的称代规则和“的”的语法、语义功能》(《中国语文》，1995年第4期)，其中对名词性偏正词组中谓词隐含的复杂性作了比较充分的描述。我们在《现代汉语定语的语序认知研究》(中国社会科学出版社，2002)一书中，也多方面论证了这种结构中的领属关系组合，在语义上具有隐含的句法上的表述特征，即NP1和NP2之间具有潜在的主宾关系。

② [英]杰弗里·N. 利奇：《语义学》，李瑞华等译，第399页，上海，上海外语教育出版社，1987。

③ 陆志韦的解释是：“‘大狗’跟‘大的狗’意义上很不相同。普通用‘的’的时候，为的是要注重名词的形态，性状。说‘大的狗’为要注重狗的‘大’。”(《北京话单音词词汇》，修订本，第24页)朱德熙则认为，“AB”是固定结构，“A的B”是临时性的组合；后者并有强调意味(《现代汉语形容词研究》，《语言研究》，1956年第1期)。范继淹则将“AB”式看做类同于一个整体的词法单位，而将“A的B”式看做句法学研究的对象(《形名组合间“的”字的语法作用》，《中国语文》，1958年第5期)。

谓的功能得到了加强。与此相对的是,本来"花红"中的"红"相对于它的状态形容词形式来讲,述谓性就弱了一些,此时若是其间再加上"的","名+的+谓"大多只能出现在宾语或主语的位置上,其述谓性特征便得到了进一步的削弱。现在我们看到的"谓+的+名"和"名+的+谓"是怎样的一种情况呢?原本的降级述谓性成分的述谓性得到了加强,而原来的典型述谓性成分的述谓性却变得弱化,所以,两者的功能趋于一致。"红的花"和"花的红"从述谓性上讲是没有什么大的差度的。

综上所述及分析即可以看到,定中结构回环格的应用,其句法基础及语义的表达功能,从所使用的词语类型上进行认定的话,没有根本的对立性区别。这便为人们有意识地置入自己的分辨提供了客观的材料基础。

不管人们对这种定中结构的特征有没有明确的理性意识,语感会让人们于具体的运用作出选择。一如《庄子·齐物论》中的故事:"狙公赋芧,曰:'朝三而暮四。'众狙皆怒。曰:'然则朝四而暮三。'众狙皆悦。名实未亏而喜怒为用,亦因是也。"撇开故事的实际内容,单纯着眼于定中结构的回环运用,显然有一个侧重形式还是侧重内容不同的选择问题。运用之先,言语主体对该结构特征往往有一个最基本的感知和认定,即大家长期以来不断培植起来的潜在意识,习惯法则,都认为该结构中的单位角色不同,有主有次,有正有偏。在此基础上,之所以将两个同样的结构放置在一起来用,其原因就在于此时有一种总的努力倾向和两种不同的心理、两种不同的预设在起着作用。总的努力倾向是:如果说语言的正确规范使用通常表现为正向思维的话,修辞的追求则多表现为逆向思维。后者总是不拘泥于一定之规,总是想在对特定语词结构的积极干预中来体现自己对言语的理解与把握,张扬自己对语言的表现力与个性。两种不同的心理与语用预设是:一是认为可以突破语序规则的限制,可以将同样词语进行不同角色的转换,颠三倒四,倒四颠三,没什么不一样的地方。利用该形式上的一致性,便故意地将两者交错组合,以凸现表意上的同一性,以求取"异中求同"、回环强调之效果。再一是设定该结构中的单位角色没有什么大的差异,却故意地离析之间的不同,以求取"同中求异"、辨析精细之效果。前者看重形式结构的颠倒,从而追求表述意义的一致。后者看重相同词语位序的一致,从而追求表述意义的差异。

正因为如此,同样词语的这种回环形式,如果没有特定的语言环境,是很难分辨本身的表意倾向的。如"国语的文学"和"文学的国语"。唯有胡适将它解释成"有了国语的文学,方才可有文学的国语"[①],才好将两者区别开来。

客观地讲,两种类型看似都为相同词语定中结构的回环,如果细心考究的话,可以发现,实际的运用中两者并不完全一致。第一种所用词语及结构确确实实保持了前后的统一,所以说它的同是真同。第二种却是在结构上或在词语的意义属性上往往产生

---

① 胡适:《建设的文学革命论》,《新青年》,1918年4月。

了变异。如例(21),“吃的文化”和“文化的吃”,乍看上去形式上没有什么差别,然事实上结构意义却有了一定的“变形”。“吃的文化”,其中的“文化”是名词,仍体现它的原本意义;而“文化的吃”,其中的“文化”在词性上就开始出现了转移;整个短语可以看做“有文化品位地吃”的变体形式。由例(22)可以看得更清楚一些,同样是“理想”,前者是名词后者是形容词,区别是后者前边可以加上程度副词而前者不行。显然,这后一种类型似同而非真同,它往往是言语主体为了求得辨析精细的效果,甚至夸张性地利用了这种组合形式。这种最简洁组合实际上是对其整体结构或词语的意义都进行了一些极端性的改造后取得的。

定中结构的回环格所反映的不同功能效用表明:语言的组织结构规则是基础,辞格的言语形式本身也是客观稳定的;然而运用里边,言语主体如何根据不同的需要,对语言本体积极地倾注个人认知观念,包括不惜对特定的语言材料进行强制性的变更,这就显示出了不同的人对语言特征的感悟力和驾驭力的差别。仍拿胡适五四运动时期提出的“国语的文学”和“文学的国语”为例,基于它在当时文学革命中的重要意义以及对研究胡适思想的重要作用,人们甚至将它概括为“十字纲领”。尽管字面上有人评述说“遇到了像绕口令和讨论‘先有鸡还是先有蛋’的问题一样的困难”①,但一经胡适自己分辨,即将不同的内涵熔铸在了不同的定中结构单位之中。因为它们结构简单,相当于两个复杂概念,易于把握,给人的印象极为深刻,而它所产生的社会影响也是巨大和深远的。不管是异中求同也好,还是同中求异也好,在运用这种辞格的时候,言语主体都是先对这一结构意义形式间的关系作了不同的厘析设定,然后将自己真实的表述意图通过特定的语境予以确立,同时赋予它们不同的修辞效用。由此可以看出,修辞活动里边充满了辩证法。对同样的句法辞格形式,人们也往往不将它的语义效能定死在一点上,多是根据不同的表述需要,利用它句法语义的不确定性有意识地向单一的方面进行强化倾斜,从而使语言在整体状貌上呈现出异同多变的美感特色来。

再则我们还可以看到,和人们规范使用语言的思维定势不同,修辞运作的心理机制是求新求变在起着主导的作用。异则同之,同则异之,成为一种始终不竭的动力。特别是“同中求异”回环辞格的运用,它在整体结构中追求异趣;而它本身的表达也在追求着精细语义的分辨。如果超越本文谈论的主要范围对象定中结构,着眼于整个回环辞格,甚至着眼于整个修辞运用进行认识的话,求别异,往往占取最重要的分量。事实上,即便是“求同”的种种努力,如“同字格”、“押韵”等的运用,相对于通常的表达仍是在追求着变化和新异。再回到我们的回环格上说,又因为这种特定结构有词语组合数量上的限制,其中寻常词语的运用常常会产生一种新奇的魅力。如有人问亚里士多德:你与一般人有什么不同?回答是:“很多人活着是为了吃饭,而我吃饭是为了活

① 吴晓峰:《国语运动与文学革命》,北京,中央编译出版社,2008。

着。”显然,在最一般的言辞上面,在手段和目标的不同上面,则体现了不同的人生价值观;同样是“活着”,其内涵是大不一样的。非常值得玩味儿。

二、侧重语义联系的辞格

我们不能说辞格的类型划分中,划作一类的诸多具体的辞格间具有必然的有机联系;因为修辞自身不能自成系统,如上所言,它并非于一项言语活动之前就决定了要准备修辞并准备哪些修辞,不像语法,你遵不遵循不是听凭你个人意志,任何一点都得依照大家都肯定的规则;它往往表现为随机的临时性状态,都是在语法逻辑基础上的变异。所以它们横向之间如果不是属于同一范畴,就很难形成相对一致的状态。对于具体的辞格来说也有一个认识角度问题。所以,我们将对偶、顶真、拈连、移觉、双关等看做侧重语义联系的,可能会有争议。比如第一个,如果上来就盯住其形式上的鲜明,将词语意义上的对应关系放到次要地位,也就不难理解了。对偶在汉语中的使用太多了。早在南北朝时期,刘勰《文心雕龙·丽辞》中就论述说:“造化赋形,支体必双,神理为用,事不孤立。夫心生文辞,运载百虑,高下相须,自然成双。”其后是更趋于兴盛。看下边的两例:

(29)

水天一色

风月无边

(李白题岳阳楼对联)

(30)

五百里滇池,奔来眼底。披襟岸帻,喜茫茫空阔无边。看东骧神骏;西翥灵仪;北走蜿蜒;南翔缟素。高人韵士,何妨选胜登临。趁蟹屿螺州,梳裹就风鬟雾鬓。更蘋天苇地,点缀些翠羽丹霞。莫辜负:四周香稻,万顷晴沙,九夏芙蓉,三春杨柳。

数千年往事,注到心头。把酒凌虚,叹滚滚英雄谁在?想汉习楼船;唐标铁柱;宋挥玉斧;元跨革囊。伟烈丰功,费尽移山心力。尽珠帘画栋,卷不及暮雨朝云。便断碣残碑,都付与苍烟落照。只赢得:几杵疏钟,半江渔火,两行秋雁,一枕清霜。

(孙髯翁题昆明大观楼对联)

因为它在传统文化里边用得太普遍了吧,就对偶建立的影响因素讲,形、音、义三要素简直是无所不用其极,即便是汉语的伴随记录形式汉字,各种方式也都是尝试了再尝试,如“烟锁池塘柳,炮镇海城楼”,“湛江港清波滚滚,渤海湾浊浪滔滔”。然而话又说回来了,人们如果真正对该辞格进行稍细点儿的分析,下位层次上的区分,首先就是所谓“正对”、“反对”和“串对”三类。这样的认定典型是从意义上着眼的。我们再看对偶里边的典型成员即“工对”,多为近体诗里的三四句、五六句,要求严格对仗:结构相同,词性相对,意义上能够形成对应的范畴。很多人往往强调前两者,其实,如果没有后者做保障,一组对仗也难做到严谨工整。

这里重点来讲“顶针”。

在陈骙的《文则》里边即对此有所反映,当时形象地称为“继踵”。陈绎曾的《文说》里边则将它称为“联语”。之所以如此,就在于它和对偶一样,也非常能够反映民族文化和民族的思维方式。如果说对偶重在说明事物间对应对立之关系的话,顶针则非常宜于表现汉民族关联性思维的特征。李约瑟指出:“当希腊人和印度人发展机械原子论的时候,中国人则发展了有机宇宙哲学。”“中国思想思维方式为关联思考。”[①]首先我们要注意的一个现象就是该方式使用的高频率,特别是先秦时期,简直是在民族文化奠定的那个时代,即将这一富有特点的表达手法运用到了极致。尔后可以说是历久不衰,迄今仍发挥着作用。孔老夫子非常善于使用它来反映社会伦理秩序政治制度诸因素之间关系。看一段他有名的表述:

子曰:野哉!由也!君子于其所不知,盖阙如也。名不正,则言不顺;言不顺,则事不成;事不成,则礼乐不兴;礼乐不兴,则刑罚不中;刑罚不中,则民无所措手足。故君子名之必可言也,言之必可行也,君子于其言,无所苟而已矣。(《论语·子路》)

诸子的著述里边,儒家的经典著作中,这种用法可以说是举不胜举。

(31) 治国者贵民壹,民壹则朴,朴则农,农则易勤,勤则富,富者废之以爵,不淫;淫者废之以刑而务农。(商鞅《商君书》)

(32) 知止而后有定;定而后能静;静而后能安;安而后能虑;虑而后能得。(《大学》)

(33) 古之欲明明德于天下者先治其国。欲治其国者先齐其家。欲齐其家者先修其身。欲修其身者先正其心。欲正其心者先诚其意。欲诚其意者先致其知。致知在格物。(同上)

(34) 物格而后知至。知至而后意诚。意诚而后心正。心正而后身修。身修而后家齐。家齐而后国治。国治而后天下平。(同上)

(35) 是故君子先慎乎德。有德,此有人;有人,此有土;有土,此有财;有财,此

① [英]李约瑟:《中国科学技术史》(第3卷),第337页,科学出版社、上海古籍出版社,1990。

有用。(同上)

(36) 天命之谓性;率性之谓道;修道之谓教。(《中庸》)

(37) 唯天下至诚为能尽其性。能尽其性,则能尽人之性。能尽人之性,则能尽物之性。能尽物之性,则可以赞天地之化育。可以赞天地之化育,则可以与天地参矣。(同上)

(38) 其次致曲。曲则友诚。诚则形。形则著。著则明。明则动。动则变。变则化。唯天下至诚信能化。(同上)

(39) 君子知至学之难易,而知其美恶,然后能博喻。能博喻然后能为师;能为师然后能为长;能为长然后能为君。故师也者,所以学为君也。(戴圣《礼记·学记》)

(40) 凡学之道,严师为难。师严然后道尊。道尊然后民知敬学。(同上)

(41) 孔子曰:"志之所至,诗亦至焉。诗之所至,礼亦至焉。礼之所至,乐亦至焉。乐之所至,哀亦至焉。哀乐相生。"(《礼记·孔子闲居》)

这诸多的用例里边,可以《大学》里边的"格、致、诚、正""修、齐、治、平"为代表。对于当时儒家所推崇的"内圣外王"来说,这八字"方针"正在于说明君子陶冶身心以建功立业的自然进递过程:唯有注重自我修养,道德完善,器识坚实,才能为外在的投身社会、建功立业奠定扎实的基础;而个人品质的陶铸,又须建立在深入观察、不断积累、依据客观事物的规律性而逐步培养起严谨思维方式基础上。显然,这种顶针方式所隐含的不同事物现象间的关系,体现着相互之间存在着的相对严密的因果或承继联系。

为了进一步看清楚这种特点,再看例子:

(42) 君子服其服,则文以君子之容;有其容,则文以君子之辞;遂其辞,则实以君子之德。是故君子耻服其服而无其容,耻有其容而无其辞,耻有其辞而无其德,耻有其德而无其行。(《中庸》)

(43) 以成礼节,以正君臣,以亲父子,以和长幼。此众人之所难,而君子行之,故谓之有行;有行之谓有义,有义之谓勇敢。故所贵于勇敢者,贵其能以立义也;所贵于立义者,贵其有行也;所贵于有行者,贵其行礼也。故所贵于勇敢者,贵其敢行礼义也。故勇敢强有力者,天下无事,则用之于礼义;天下有事,则用之于战胜。用之于战胜则无敌,用之于礼义则顺治;外无敌,内顺治,此之谓盛德。故圣王之贵勇敢强有力如此也。勇敢强有力而不用之于礼义战胜,而用之于争斗,则谓之乱人。刑罚行于国,所诛者乱人也。如此则民顺治而国安也。(《礼记·聘义》)

有意义的是,先秦两汉时期这种表达辞格的使用,也都是用在政治伦理关系之间,试图以此来表明相互之间的或逐级决定或制衡关系。如众所周知的"天时不如地利,地利不如人和",看似平易中即将客观条件与人的主观意志之间的关系,这样重大的课题给出了明确的表述。给人启迪也不言而喻。

当然，也必须看到，这种关系往往是建立在许多因素共存的情况下，多是人为地将其看做环环相扣的有机链条，而作出一维性机械判断的。一旦牵涉到一种全局性综合性指标的时候，这种平面式的连接关系就会显得有点儿局狭。看下边的例子：

(44) 至诚无息，不息则久。久则征，征则悠远。悠远，则博厚。博厚，则高明。(同上)

再看紧挨着它的其他句子：

(45) 博厚，所以载物也。高明，所以覆物也。悠久，所以成物也。
博厚，配地。高明，配天，悠久，无疆。
天地之道，博也，厚也，高也，明也，悠也，久也。(同上)

不说别的，连语序都不相对照，更说不上相互之间的决定关系了。

当然，也有用得相当好的，甚至用到了语句之间语义上的咬合上。看董仲舒《春秋繁露》中的用例：

(46) 治国之端在正名，名之正，兴五世，五传之外，美恶乃形，可谓得其真矣，非子路之所能见。(玉英)

(47) 是故春秋之道，以元之深，正天之端，以天之端，正王之政，以王之政，正诸侯之即位，以诸侯之即位，正竟内之治，五者俱正，而化大行。(同上)

这两例是相当明确的规范格式。再看：

(48) 人始生有大命，是其体也。有变命存其间者，其政也。政不齐，则人有忿怒之志，若将施危难之中，而时有随遭者，神明之所接，绝属之符也。亦有变其间，使之不齐如此，不可不省之，省之则重政之本矣。(重政)

(49) 为人君者居无为之位，行不言之教，寂而无声，静而无形。执一无端，为国源泉。因国以为身，因臣以为心。以臣言为声，以臣事为形。有声必有响，有形必有影。声出于内，响报于外，形立于上，影应于下。响有清浊，影有曲直，响所报非一声也，影所应非一形也。故为君虚心静处，聪听其响，明视其影，以行赏罚之象。其行赏罚也，响清则生清者荣，响浊则生浊者辱，影正则生正者进，影枉则生枉者绌，责名考质，以参其实，赏不空施，罚不虚出。是以群臣分职而治，各敬而事，争进其功，显广其名，而人君得载其中，此自然致力之术也。圣人由之，故功出于臣，名归于君也。(保位权)

这两例情况大变，如果不细心体味分辨的话，还真难以看出其语句前后进递的过程及其蕴含的逻辑关系。如例(48)，纯粹是以内在的语义进行系联的，而形式的东西变得模糊甚至是消失了的:先认定人的自然属性,承接着说到社会的政治往往干预它;再说到政治不容易做到公正,故神明又使它有一定之规;再说到这种规矩时时会遭致破坏,所以得省察。显然,这种思维方式的演进,一环套着一环,层层推进,很为难得。

再看利用这种方式以追求另外效果的用例。

(50)

谒帝承明庐,逝将归旧疆。清晨发皇邑,日夕过首阳。伊洛广且深,欲济川无梁。泛舟越洪涛,怨彼东路长。顾瞻恋城阙,引领情内伤。

太谷何寥廓,山树郁苍苍。霖雨泥我涂,流潦浩纵横。中逵绝无轨,改辙登高岗。修阪造云日,我马玄以黄。

玄黄犹能进,我思郁以纡。郁纡将何念?亲爱在离居。本图相与偕,中更不克俱。鸱枭鸣衡轭,豺狼当路衢。苍蝇间白黑,谗巧反亲疏。欲还绝无蹊,揽辔止踟蹰。

踟蹰亦何留?相思无终极。秋风发微凉,寒蝉鸣我侧。原野何萧条,白日忽西匿。狐兽走索群,衔草不遑食。归鸟赴乔林,翩翩厉羽翼。狐兽走索群,衔草不遑食。感物伤我怀,抚心长太息。

太息将何为?天命与我违!奈何念同生,一往形不归!孤魂翔故城,灵柩寄京师。存者勿复过,亡没身自衰。人生处一世,忽若朝露晞。年在桑榆间,影响不能追。自顾非金石,咄咤令心悲。

心悲动我神,弃置莫复陈。丈夫志四海,万里犹比邻。恩爱苟不亏,在远分日亲。何必同衾帱,然后展殷勤。忧思成疾疢,无乃儿女仁!仓卒骨肉情,能不怀苦辛?

苦辛何虑思?天命信可疑。虚无求列仙,松子久吾欺。变故在斯须,百年谁能持?离别永无会,执手将何时?王其爱玉体,俱享黄发期!收涕即长涂,援笔从此辞。

(曹植《赠白马王彪》)

(51)

他、他、他,伤心辞汉主;我、我、我,携手上河梁。他部从入穷荒;我銮舆返咸阳。返咸阳,过宫墙;过宫墙,绕回廊;绕回廊,近椒房;近椒房,月昏黄;月昏黄,夜生凉;夜生凉,泣寒螀;泣寒螀,绿纱窗;绿纱窗,不思量!

【收江南】呀!不思量,除是铁心肠;铁心肠,也愁泪滴千行。美人图今夜挂昭阳,我那里供养,便是我高烧银烛照红妆。

(马致远《汉宫秋》)

利用顶针,以表现缠绵悱恻、愁肠百结、凄惶难耐之情感,这两例算是相当典型的了。

极个别的反映了时间的进递:

(52) 如草木焉,根而干,干而枝,枝而叶而葩。(苏伯衡《空同子瞽说》)

当代这种形式的运用,则主要体现在客观人事背景,特别是空间关系的交代上。例如:

(53) 有个农村叫张家庄。张家庄有个张木匠。张木匠有个好老婆,外号叫个“小飞蛾”。小飞蛾生了个女儿叫“艾艾”,算到一九五〇年阴历正月十五元宵节,虚岁二十,周岁十九。庄上有个青年叫“小晚”,正和艾艾搞恋爱。故事就出在他们两个人身上。(赵树理《登记》)

(54) 有翼的屋头仿佛靠着一个谷仓,仓前边有几口缸,缸上边有几只箱,箱上边有几只筐。(赵树理《三里湾》)

(55) 大门朝东,对着大车路。大车路前面是一片沙滩,沙滩的尽头,横碰上一条小河。小河的那边又是沙滩……(欧阳山《高乾大》)

少数仍为政论方面的,而且关系一般不怎么复杂。如:

(56) 泥房外面是烂柴草搭的一个凉棚,凉棚下面砌起一个土台,土台上铺着一块布满烂洞、裂纹和粘成一绺绺的羊毛破毡子,毡子上放着一个四角包上铁皮仍然松松垮垮的炕等。(王蒙《哦,穆罕默德·阿麦德》)

(57) 嗯,这是我们江南的一个小村子,大龙溪很美,村子靠着山,山脚有个大龙潭,龙潭的水流到村前成了小溪,溪水碧清碧清的。(叶文玲《心香》)

(58) 指挥员的正确部署来源于正确的决心,正确的决心来源于正确的判断,正确的判断来源于周到的和必要的侦察,和对于各种侦察材料的联贯起来的思索。(毛泽东《中国革命战争的战略问题》)

(59) 希望是附丽于存在的,有存在,便有希望,有希望,便是光明。(鲁迅《华盖集续编·记谈话》)

这是非常有意思的发展变化轨迹:先秦两汉,这种顶针辞格的用法多用来论述政治伦理社会文化等重大问题中诸因素之间的制衡关系、因果关系、进递关系等。这确实能够反映事物现象间的某种特定联系,特别是对人的思维方式的培养来说都有重要的正面意义。但又不能不看到,这种单线联系的展示方式,分明有这样两个方面的因素在体现着:一是强调联系,弱化了分析。强调联系,会容易固守眼见的个体事物现象,人为地将其“拉郎配”。上面我们对董仲舒的《春秋繁露》运用该形式给予了相当充分的肯定性评价。从简单的文辞表达上说,该著作是非常讲究修辞的,特别是对“春秋笔法”,批点精细,从锤词炼句的角度说,达到了同时代理论梳理的最高典范。然而与此同时，他的所有学术思想都是由“罢黜百家，独尊儒术”这一中心观念支配的。表现出的哲学思维方式，就是“天人合一”、普遍联系的绝对化的倾向。“天亦有喜怒哀乐之气，和人一也。”将自然界万事万物简单地抽象为阴阳五行，并用来比附人体内部生理结构；并用“天不变道亦不变”来解释社会制度的波动变化。显然，如果用来建立联系基础的单位属性被搞错的话，那么整个链条也就崩溃了。再一个是强化了人为或心理的因素。这种情况在宋代程朱理学达到了极端。本来这一儒学是非常看重“格物致知”的，可惜的是，由于传统文化里边缺乏分析的因子，加之这一时期的大家诸事只往心上求。比如王阳明格竹子，不是实验的而是涵泳顿悟的，最后的结论却是进一步地强化了唯心观念：“格物在格心。”也就是说，程朱理学自己强调了《大学》中的理念，然而自己又打破了其中建立的基本链条。所以，拿这种观念方法作为政治伦理的思辨工具的话，如果比较同时代古希腊亚里士多德所总结的逻辑方式归纳法和演绎法，即可知，这种单向思维而缺乏层次结构的方法，肯定是有局限的。后来的文本里边有关政论语体方面的内容逐渐减少了对它的运用；甚至演化为一种文字游戏，即所谓的“顶针续麻”。到我们今天多用作来交代背景信息，反映事物之间的方位关系。这种表达方式的兴衰与转移，应该说是非常值得思考的。

三、侧重情致展示的辞格

像悖显、仿拟、顿跌、对比、用典等辞格，往往是说法形式上与通常的格局大不相同，而意义上却能给人以精警的效用。拿悖显来说，是典型的不拘通则以实现人们思想情感上的表达需求。如人们时不时地不自觉状态下的说法：“张三什么都好，就是嘴巴缺少个把门的。”前一句是个全称判断，后边紧接着来了一个否定性的特称判断，显然矛盾；然而话语当中人们对其普遍承认并乐于使用的。然而，很少有人追究这里边的道理是什么。不推求其普遍性规律的结果会是怎样的情况呢？往往不能形成统一的认识。事实上，如果将同类的正反两个方面的经验教训归纳到一起，还是能够得出有价值的结论的。比如《诗经·小雅·车攻》中的描写：“萧萧马鸣，悠悠旆旌”。毛传为“言不哗也”，肯定是对的。同样的情况，再如冯梦龙的《古今谈概》中载：

> 梁王籍诗云：“蝉噪林愈静，鸟鸣山更幽。”王荆公改用其句曰：“一鸟不鸣山更幽。”山谷笑曰：“此‘点金成铁’手也。”

显然，所谓悖显，就是要用形式上的事实悖论或逻辑悖论，来凸显某种特定的意蕴情感。反过来说，囿于成规，很多东西便会显得局狭，甚至影响价值方法的判断。再比如通常的描写方式：“夜深了，整个教学楼的灯光都熄灭了；只有西北角的一扇小窗还向外泄出一线光亮。”过去语文教学里边多把该类现象判断为病句，显然是合乎情理却与修辞的表达构成了矛盾。

这一块儿里边，我们重点说一下仿拟。该辞格最大的特点就是利用原有的事实材料背景，巧妙地替换其中的某些词句，让人们在先后的联系之中，以获得语义上的深刻印象，并享受语言轻松跳脱上的美感享受。注意，因为该辞格点儿上的意思特别鲜明，故不易被人误解为一种不良的文风模仿或抄袭。

和其他辞格一样，它也是从词法到篇章，都是普遍使用的。

仿词的，如：

(60) 第二天早起，她们的头发上结满了霜。男同志笑她们说：“嘿，你们演‘白毛女’都不用化装了！”她们也笑男同志：“还说哩！你看，你们不是‘白毛男’吗？”(魏巍《年轻人，让你的青春更美丽吧！》)

(61) 其实许多词语根本不能把它们划分为“反动”与“正动”。比方“杀人”一词，谁也说不明白它究竟是“反”动或“正”动。(陈原《语言与社会生活》)

(62) 我近来对于年关颇有些神经过钝了，全不觉得怎样。其实，倘若觉得罢，可是也不胜其觉得。(鲁迅《杂论管闲事，做学问，灰色梦》)

仿句的，如：

(63) 有一出戏，叫《林冲夜奔》，唱词里说：“男儿有泪不轻弹，只因未到伤心处。”我们现在有些同志，他们也是男儿(也许还有女儿)，他们是男儿有泪不轻弹，只因未到评级时。(毛泽东《坚持艰苦奋斗，密切联系群众》)

(64) 贡父晚苦风疾，鬓眉皆落，鼻梁且断。一日与子瞻数人小酌，各引古人语相戏。子瞻戏贡父曰：“大风起兮眉飞扬，安得壮士兮守鼻梁。”座中大噱，贡父恨怅不已。(王辟之《渑水燕谈录》)

仿拟篇的，如郭沫若《在悼念鲁迅大会上的演讲》，其中有仿拟《祭孔歌》写的段落。这首《祭孔歌》词是：“孔子，孔子，大哉孔子。孔子以前未有孔子，孔子以后孰为孔子。孔子，孔子，大哉孔子！”依照这种人们比较熟悉的曲章，讲演中改变对象，翻成新调：

(65) 鲁迅，鲁迅，大哉鲁迅。鲁迅以前未有鲁迅，鲁迅以后孰为鲁迅。鲁迅，鲁迅，大哉鲁迅！

再如张衡写有《四愁诗》：“我所思兮在太山，欲往从之梁父坚，侧身东望涕沾翰。美人赠我金错刀，何以报之：英琼瑶。路远莫致倚逍遥，何以怀忧心烦劳。我所思兮在桂林，欲往从之湘水深，侧身南望涕沾襟。美人赠我琴琅玕，何以报之：双玉盘。路远莫致倚惆怅，何以怀忧必烦伤。我所思兮在汉阳，欲往从之陇阪长，侧身西望涕沾裳。美人赠我貂襜褕，何以报之：明月珠。路远莫致倚踟蹰，何为怀忧心烦纡。我所思兮在雁门,欲往从之雪雰雰,侧身北望涕沾巾。美人赠我锦绣段,何以报之:青玉案。路远莫致倚增叹,何以怀忧心烦惋。”(张衡《四愁诗》)鲁迅仿拟道:

我的所爱在山腰;
想去寻她山太高,
低头无法泪沾袍。
爱人赠我百蝶巾;
回她什么:猫头鹰。
从此翻脸不理我,
不知何故兮使我心惊。

我的所爱在闹市;
想去寻她人拥挤,
仰头无法泪沾耳。
爱人赠我双燕图;
回她什么:冰糖葫芦。
从此翻脸不理我,
不知何故兮使我糊涂。

我的所爱在河滨;
想去寻她河水深,
歪头无法泪沾襟。
爱人赠我金表索,
回她什么:发汗药。
从此翻脸不理我,
不知何故兮使我神经衰弱。

我的所爱在豪家;
想去寻她兮没有汽车,
摇头无法泪如麻。
爱人赠我玫瑰花;
回她什么:赤练蛇。
从此翻脸不理我,
不知何故兮——由她去罢。

(《我的失恋——拟古的新打油诗》)

有意思的是,仿拟这种辞格跟回环一样,也是传统语文中常说常用的修辞现象,似乎不属于一个大类,其发展境遇也大不相同。仿拟的效果主要是幽默诙谐,然而它到现代,适应的区域倒是愈发广阔多样了。比如庄重严肃的场合照样可以用,如上边的例子。再如:

(66) 有些人可以到工厂农村去看一看,转一转,这叫"走马观花",总比不走不看好。另外一些人可以在工厂农村里住几个月,在那里作调查,交朋友,这叫做"下马看花"。(毛泽东《在中国共产党全国宣传工作会议上的讲话》)

现时出现了许多新文体,比如广告,倒使得仿拟这种辞格似乎再次获得新生一样,被广泛采用。例如:

(67) "乐骑"无穷。(某自行车广告)

(68) 默默无"蚊"的奉献。(电蚊香广告)

(69) 聪明不必绝顶。(某生发水广告)

(70) 路遥知马力,日久见威力!(威力牌洗衣机广告)

(71) 一片冰心在美菱!(美菱冰箱广告)

(72) 一贴见"笑"。(东方止血膏广告)

(73) 奥威手表,一"戴""添"骄。(奥威手表广告)

(74) "咳"不容缓,请用桂龙。(桂龙咳喘宁商品广告)

"'乐骑'无穷"本原应为"其乐无穷"。《抱朴子·畅玄》中云:"故玄之所在,其乐不穷。"进一步的解释是"玄所在之处,情趣盎然,其乐无穷。"虽然这种本原出处人们或许不一定能够确认,但认可的却是:这是传统文化中的东西,耳熟能详,亲切无限;或许人们不一定意识到,然而它已经作为自己认识反映世界的背景根基贮藏于思想深处。一旦遇着这种似曾相识的言语现象,两相对照的结果,会使得当前有限文字达到最大限度的正面效果。其他的例子,默默无"蚊"的本原形式为"默默无闻",后者作为成语,虽是中性词,但人们多清楚是赞扬他人作贡献不留名,敢当无名英雄的精神。"路遥知马力,日久见人心。""一片冰心在玉壶。"这些都是人们熟悉的句子,广告人在此将其中的个别词进行替换,使整个句子带上了崭新的意义,使原本风马牛不相及的两件事有了共同点。问题的关键还在于:广告既要讲究经济效益又得强调印象深刻。字少而意多,活泼又真切,才是广告制胜的法宝。利用原本的文化是实现这一目标的极好途径,也就是说,让传统厚重的文化成为眼前广告内容的一部分,让它承担了预设。这就是仿拟作为传统的修辞表达方式重新被看重的关键之所在。

好,有关辞格,每个类型集中地讲一个到两个,其他的就不再赘述。其意在于:人文学科,重在方法。留下一定的空间,好学的人们完全可以自己去钻研。

第十五讲　篇章修辞

过去一牵涉篇章,语法学、修辞学都变得扭扭捏捏,最终反映在教科书里边的,要么没有,要么只有相当可怜的一丁点儿内容。最可笑的是黄廖本《现代汉语》,一开始它还坚持五级语法单位,后来改作四级。跟篇章有些关系的"句群"的角色便非常尴尬了:语法一章的末了部分有它的一节,可又不承认它语法单位的身份。之所以如此,原因当然很多:客观因素在于篇章自由度大,难以把握。雅克布逊等人在继承结构主义语言学研究的基础上,比较早地提出了"大语法"的意识观念,认为语言是由语音的区别性特征、音位、词汇、词组、语句、话语这六个层次组成的。在谈到它们各自的特点及其相互关系时,雅克布逊论述说:

各语言层次上的组合形成了一个以"自由"为基础的上升阶梯层次。语言使用者要把语音区别特征组合成音位,其享有的自由程度是零;因为每一个语言规则(code)里已经预先制定了有关它的各种可能组合。由音位组合而成的单个词汇的自由,只能在已经规划好了的范围内进行;这种自由只是一种边际的活动,也就是组成新字。把词汇组合起来成为句子,限制是减弱了。最后,把句子组合起来成为什么话语,语法上的强制力就不再存在了,尽管各种规范化了的话语仍不可忽视,但语言使用者在这个层次里享有大幅度的自由,以创造新的语境。①

其实,认为篇章缺乏一定之规的认识,我们传统文化里边就此也进行过认定。如王若虚《滹南遗老集》里说:"或问:'文章有体乎?'曰:'无。'又问:

---

① [美]雅克布逊、哈勒:《语言的两轴与失语症的两种类型》(*Two aspects of language and two types of aphasic disturbances*)见《语言的基本原理》(*Fundamentals of language*),第二部分,海牙、毛顿,1950年,第74页。

'无体乎?'曰:'有。''然则果如何?'曰:'定体则无,大体须有。'"因此相当一部分人想保持学科的纯洁性,即便老一代、对传统继承得比较多的人们出于实用的目的,强调整体观念、意义的因素,在学科建立的初期体系里边包括了这一方面的内容,最终也被所谓科学化的思潮给挤兑得没有了市场。所以,这里边也包括了主观上的因素。

虽然如此,篇章上的语言学问题、修辞问题仍是要考虑的。学科里边的边界划分,并非以单位为准,而重在对象的属性。如同样是语言现象,词、句、篇章,语法学、逻辑学、修辞学都可以涉及。其中的关键在于各司其职,各有各的侧重点。以此为基础,我们看到,在不同的层次单位上面都反映着各个学科内容的"个性",简单的比附,将不同单位层次上的现象进行类推,往往会得出错误性的结论。在下面有关内容的讲述中都可以看得清楚。

一、标题修辞

讲篇章修辞,首先我们看到的最明显的形式就是它具有标题和正文两部分。

当然,这两部分乍看上去似乎有些不对称:从量上看,有些太不成比例了。除了稍微特殊的文体,如新闻,绝大多数的题目仅仅是一个句子,甚至是一个词,而正文却具有那么大的弹性度,长篇幅的几万、数十万,上百万字数的都有。居然它们就可以成为相对应的一个组成部分?是的,如果从文章的发展历程看,也是正文产生在先。也只是到了荀子,是他率先实现了标题与正文对垒的态势。从此奠定了篇章的基本格局。虽然量之间不成比例,若从功能效用上着眼,显然题目的价值也是不容小觑的,并具有语言上的独特属性。这里重点讲述它的特征。过去写作中往往忽略对它的结构描写,语言学又很少讲它的功能,修辞就更难得涉及。许多课题就是这样,它就在我们的眼皮子底下,对我们现代知识学人来说都是不得不用的基本对象,却偏偏缺乏对它的理性思考。这是典型的习焉不察。

那么首先需要思考,题目的基本功能作用是什么。

存在的往往都有存在的根据并能由人们解释其成因。很多世象的出现往往是适应特定的需要而体现其价值的。对于汉语书面形式来说,由没有题目的散片段章语录演变出标题正文俱全的篇章,同样体现了语言表达形式上趋于鲜明规范的一种健康走向。其实最能说明题目基本效用的,就是通过前后之间的变化效能即能看得明白。特别是在这之前本来没有题目而后人们给它添加了题目,想着的是什么?最鲜明的就是像《诗经》第一首"关雎",《论语》第一篇"学而第一",其实它们都没有什么具体的意义,只是取下边紧挨着的文字开头的两个字而已(古人文章、文学不作明确的区分);它用在文本的开头最显著的位置,并且印刷体大都用比正文大几号的字体标出——其真实用意在于告诉读者：喏，一个相对独立的篇章开始了。由这种客观事实即可说明，文章题目的真正价值就在于“标记”上。仍以《论语》中的情况为例，一上来的标题就是“学而第一”。究其根本，“学而”就不成个意思，“第一”才是重要的。它告诉你，《论语》这个总标题下，还分作好多块儿，这儿是第一部分。现在许多长篇论文，下分几个章节时，也是用“一”、“二”、“三”、“四”来标定的。都没什么具体的意义，仅仅说明层次作为排行而已。不过，现在社会人们更注意这种形式上的明确性和章法上规范性，由此题目对于文章来说，显得更是不可或缺罢了。当然，或许还会有人说，今天的文章仍有例外，如人们写日记、写信等，就不要题目。如果我们结合日常的经验随意想一想，似乎觉得确实如此。但一定要注意，这类使用频率还比较高的文体，由于它们的对象性相当强，其标记作用已经让其他形式手段、环境因素给代替了。即便是人们阅读作品时即兴或不定时地写出些眉批、旁注等文字；一旦发表，成为社会精神产品时，通常也是需要加上什么什么“批语”这样的标题的。所以说“标记”作用是文章题目的根本属性。

如果所有的篇章标题都单一地体现标记作用，这未免也太粗疏单调，和统一地规定某一符号为标志一样简单；如果这一总体的形式能够发挥更大的效能当然再好不过了。我们看到，即便是最为简便的篇章，如“请假条”、“收据”等，名字本身即说明了文本的性质效用。不同语体在题目上面很多时候语言上还表现出了比较明显的区别点。如新闻的题目可以多到三个甚至四个，这就是它的特殊性。其他再如什么什么“讲话”、“调查报告”等，都在体现这种价值。所以，在篇章标题上边，所反映出的较具有普遍性的第二个方面的作用价值就是表明语体。不同语体都有自己的语言特点，题目于这方面的作用有助于显示明确的交际目的、有利于共识确认。

第三种功能则主要由自身的语言特征来反映，当然，这仍由它与正文内容的关系来决定，那就是它的话题属性。所谓话题，通常指描写、说明、论述的对象范围。请注意，这一属性很大程度上决定了篇章标题在语言特征上的组合性质，那就是话语关联、涉及的特定课题。有关这方面的理解，前边内容的讲述里边我们曾辨析“对于”和“关于”的用法差异：两者分别构成的介词短语，前者不能做文章题目而后者可以；从一定意义上说，“关于 N”中的介词即是作为话题的标志出现的。题目具有话题性的再一个重要特征就是它具有体词化的属性，也可以说是作为篇章题目所特有的语言现象。比如正文的表述通常需要完整的语句；如果说在口语里边，反映生活的文学作品里边，有可以接受的特定结构的“半句话”的话，那么，篇章内容的语言，却特别强调话语的规范与准确性，即主谓两大部分都俱全的完整形式。而与此相对的篇章题目，却是另外一种情形。总的来讲，它基本上呈现出两种形态：一是名词性的偏正短语，一是述谓性的多种结构类型的短语（也包括少量的句法形式的短语）。即便是这两种类型，也各有特色，与正文的语言大不相同。就是同样的篇章题目，要做的第一步也是先建立文学和文章两大类语体的区分意识。在名词性词语的形式上也能体现出差别来。最明显的一点,就是单个名词能自由地成为文学作品的名字。如赵树理的小说《孟祥英》、《三里湾》、《地板》等,再如李准的《信》、《李双双》,孙犁的《荷花淀》,巴金等人合作的《手》等,可以说举不胜举。而在我们所查证的300万字的全国报刊索引中,除说明文难以明确界定外,其他属于文章范畴的,特别是其中的典型语体——科研论文,没有一例是这种形式。都需要带上必要的定语以显示内容特征及范围,而在深层含义上展示的是语体范畴。如:

(1)《发展中的少数民族出版事业》(天海,《出版工作》,1985年第12期)

(2)《李白送别诗的浪漫主义》(车秀武,《辽宁大学学报》哲社版,1990年第5期)

(3)《马克思恩格斯的文艺生态观》(高翔,《社会科学辑刊》,1995年第5期)

由此我们可以说,文学作品的题目对充当成分的词语要求相对宽松,这也反映了这种语体具有弹性和柔性的特征。如《信》,它要成为狭义文章性质的题目,往往需要变动成《说信的篇章结构》、《谈谈信的语体特征》之类。

再进一步,文章题目和文学题目都可由名词性的联合短语来充当。似乎两者没有大的区别。然而如若我们细心分析的话,仍能看到它们之间的差别。这一点,文学作品的题目好像表现得很规矩。如《明子和咪子》(冰心小说名)、《打鱼的和钓鱼的》(金河小说名)、《金牛和笑女》(欧阳山小说名)等,大都是人物名称间的组合。文章题目的命名当然也有同样的情况,但它更多地侧重,要么单是事物现象名称间的组合,如《汉族人名与汉语特点》(张树铮论文名)、《佛教与岭南》(曹旅宁论文名);要么是人与事物现象名称间的组合,如《马克思恩格斯与意大利民族统一运动》(胡永树论文名),两类中富有典型性的是语义组合跨度比较大,如鲁迅的《文学与出汗》、《革命导师列宁与图书馆》(胡继武论文名)、《毛泽东与〈逻辑指要〉、〈柳文指要〉》(乔东光论文名)、《毛泽东和天安门城楼》(董保存论文名)等。

特别值得注意的是,名词性短语题目中,还有一种相当特殊的结构,那就是"名词性+数量词语"的形式:近似于语句中的同位短语,但意义上却是偏正型的;然而说它是偏正结构吧,它们之间已经近似于固定化——通常不加"的"字。例如:

(4)《礼貌语言种种》(刘振铎,《逻辑与语言学习》,1985年第6期)

(5)《魏晋玄学研究三十年》(胡绍军,《国内哲学动态》,1985年第12期)

(6)《记忆十诀》(李恒荣,《大众心理学》,1985年第6期)

(7)《周总理关心机械工业二三事》(沈鹏,《文献和研究》,1986年第1期)

(8)《陈寅恪二三事》(李坚,《民国春秋》,1990年第5期)

再说述谓性的。做题目的这种类型最常见的就是"动词+宾语"形式。这种组合与文章内容部分最易于吻合,故也多用。如:

(9)《释胡同》(张清常,《语言教学与研究》,1985 年第 4 期)

(10)《试论宗教哲学的主题与结构》(何光沪,《世界宗教研究》,1990 年第 4 期)

(11)《介绍陕西、河南出土的几枚印章》(林洎,《考古与文物》,1985 年第 6 期)

值得注意是,这种类型的结构在文章题目中,更多地趋向于将动词移于最后的位置。比如上述三篇篇目都可以作如下转换:

释胡同=胡同释

试论宗教哲学的主题与结构=宗教哲学的主题与结构试论

介绍陕西、河南出土的几枚印章=陕西、河南出土的几枚印章介绍

我们看目前有影响的数家语言学刊物的名字:《语言文字应用》、《汉语学习》、《语言教学与研究》、《语文研究》、《修辞学习》等,都分明能看到后移并逐渐定型的特征。

当然,一旦移置后的动词与前边的词语之间再加上“的”字的话,此时的动词“名物化”形迹就十分突出了。例如:

(12)《关于马克思主义在中国传播的史前史的探讨》(韩佳辰,《马克思主义研究丛刊》,1984 年第 3 期)

(13)《对社会主义人口规律问题的再认识》(李况能,《南开经济研究》,1985 年第 6 期)

(14)《补语与状语的比较》([加拿大]王邱丕君,《语言教学与研究》,1992 年第 4 期)

(15)《关于同义手段的性质和范围的探讨》(王培基,《青海教育学院学报》,1992 年第 2 期)

由上述分析可知,不管这种形式结构中的动词怎样变换位置,它所涉及的内容对象的“受事”性质仍然没变。我们再看“回忆”一词的情况:

(16)《列宁的回忆》(克鲁普斯卡娅著作汉语翻译名)

(17)《小米的回忆》(曹靖华散文名)

(18)《在周恩来同志领导下工作的回忆》(薛暮桥,《光明日报》)

(19)《童年的回忆》(刘再复,《丑小鸭》,1986 年第 2 期)

(20)《一段受尽磨难的坎坷历程——我在永祥书馆工作的回忆》(范泉,《出版史料》,1990 年第 1 期)

由此我们知道,中学课文里边将朱德原作的《母亲的回忆》,改作《回忆我的母亲》,乃是不懂篇章题目特征的缘故。

到此,我们说篇章题目的作用到顶儿了吗? 还没有。“立片言以居要,乃一篇之警策”,要善于打出旗帜,或者说是点明中心观点,等等,也都是与篇章题目的功能紧密扣

合的。以陆稼祥主编的《文学语言论文集》(第二、三合辑)中的篇章题目为例,其中有的很能反映这种特点。例如:

(21)《文学语言在新时期如何规范化》(彭加强)

(22)《文学语言研究与民族学关系密切》(雷阵鸣)

(23)《苍凉悲壮,哀而不伤——张惠言的〈木兰花慢〉杨花词赏析》(刘开洁)

(24)《文学语言是语文教师在中专德育中的得力助手》(席丽明)

也就是说,这些题目要么针对性强,集中突出,要么将自己总的认识观点和盘托出,不拖泥带水。让人们看着便觉得一切都眉清目朗、干练爽气。

最末了的一种,篇章至此应该说已经到达完美追求的最高境界,那就是静中求变,追求篇章题目的个性化和多样化。这其中若能将言语主体自己的情感兴味很好地融合进去,"笔底常带感情",则会给人们盎然的阅读享受。如1948年,美国国务院鉴于在华政策的失败,发表白皮书,从各个方面来掩饰自己举措的错误。对此,毛泽东在不到两个月的时间里在《新华日报》先后发表五篇评论,驳斥美国白皮书中的种种谬论。不说别的,这五篇文章的题目就足以让人们激赏,它们是:《丢掉幻想,准备斗争》、《别了,司徒雷登》、《为什么要讨论白皮书?》、《"友谊",还是侵略?》、《唯心历史观的破产》。这些题目有直面评论的,有直接认定的,有选择疑问然而其结论不言自明的,有口语化言语形式的运用才求得幽默讥讽效果的,当然,也有正面立论以给即将建立的政权以明确定位的。丰富多样,跌宕多姿。像这样的应用方式,对于体现语言的魅力,展示良好的风格,树一范例。

总之,标记篇章、显示语体、体现话题、打出旗帜、展示风格等多个方面,呈现着递增的总情势,类似一种金字塔形。当然,对于具体的篇章题目而言,并非这五个层级都要考虑到。这里边没有绝对的优劣好坏,从修辞角度说,首先要考虑的就是篇章的效用问题,采用什么样的语体,在此基础上才能说到应该递增到哪个层级上斟酌的问题。有关题目的选用命名,最不可取的是在可供选择余地比较大的情况下,却平庸刻板,没有特色。再则就是,题目的结构组成,还有很多精细处,比如新时期以来多所运用的格式"永远+N",之所以如此,恐怕追求的就是悠远隽永的意味情调。再比如复合式里边的述宾型合成词,本来它自身带了宾语入句之后就不能再带语句宾语了,但新时期以来汉语打破了原来的很多规矩,这种复合词也出现了新变化,也能带宾语了。这种带,主要就出现在做题目的语句中。为什么是这样?恐怕跟题目注重音节偶数化有关。还有,就是题目里的标点符号运用问题。如上所举,毛泽东的五篇评论中,有两篇为疑问句的加了标点符号,另外三篇则没有加。如果比较全面地回顾一下现代汉语题目运用状貌的话,就会发现一种非常有趣的现象:问号用得相对多一些,但也不是必须的。其次是感叹号,但相比之下已经非常少见了。如1951年6月6日《人民日报》社论《正确地使用祖国的语言，为语言的纯洁和健康而斗争！》，后来的引证者大都将其后边的感叹号略去。没查证原文是一个方面，大家认为多不使用恐怕也是一个重要的原因。其他的标点符号则很少见到。而今，新时期以来，标题中的标点符号使用出现了一种新用法，即在词语之间用上冒号，以体现语义上的繁杂关系。例如：

(25)《家庭难题：有哪些，原因何在？》([美]N. 威利著，子华译，《国外社会科学》，1985 年第 12 期)

(26)《爱国主义：建设社会主义现代化强国的推动力》(尹韵公，《光明日报》，1993 年 1 月 3 日)

(27)《商业文化：涵义、变迁及其建设》(宋醒民，《当代财经》，1992 年第 11 期)

此时的冒号，还不简单等同于过去相同位置上的破折号，后者当然是解释性质，而现时所用的冒号则往往是一种意义上的延伸。如例即可略见一斑。

二、语体特征

1956—1962 年的全国语言科学规划中，将“语体”的研究提到了议事日程，认为它作为民族语言的功能变体，“这项研究对语言变体有着重大的意义，必须逐步展开”。1985 年复旦大学举行了我国第一次“语体学学术讨论会”。同年 8 月，全国修辞学会年会还将语体研究当做中心议题。可以这样说，半个多世纪的语言学研究，修辞领域里边，在范围的拓展上，一个重要的现象就是不断地丰富和扩大。有人还曾主张将这块天地一分为三：修辞学、语体学和风格学鼎足而立。不管我们赞不赞同，这种认识本身足以显示后两者在这一时间段中得到了怎样的关注和重视。

语体，也叫言语体式，是指由于交际目的、交际场景或交际工具的不同，而形成相对稳定的不同的言语表达特点、章法范式。同一种语体类型的内部，在运用语言材料上，都有共同一致的特点；在表现方法上，也有复呈性的特征。而不同语体之间，却又体现出多方面的明显差别，从而适应着功能上的多样化的需要。

(一) 口头语体和书面语体

恩格斯说：“每一门科学都是分析某一个别的运动形式或一系列互相关联和互相转化的运动形式的，因此，科学分类就是这些运动形式本身依据其内部所固有的次序的分类和排列，而它的重要也正是在这里。”①

① [德]恩格斯：《自然辩证法》，第 227 页，北京，人民出版社，1971。

鲁迅也曾指出:"语文和口语不能完全相同;讲话的时候可以夹许多'这个这个'、'那个那个'之类,其实并无意义,到写作时,为了时间、纸张的经济,意见的分明,就要分别删去的,所以文章一定应该比口语简洁,然而明了,有些不同,并非文章的坏处。"[①]

口语为本原形式的语言,与生活最为贴近,总的特征是:自然,朴实,通俗,平易;生动,活泼,富有浓厚的生活气息情调。表现在多方面的因素是:语音多变,语调丰富;语汇多彩,可以运用整个语汇系统的各种词语;句式简单,多用短句;辞格不受限制,都可以用;语段安排自由,衔接不紧密,多跳脱。因为有特定场合的介入,固多省略,因此用书面语表现的话,容易产生歧义。如"一张北京"(深层结构:我买一张到北京的火车票),"你们完了?"(深层结构:你的任务已经做完了吗),"他是'人民',他是'光明'"。(深层结构:他订的是《人民日报》,他订的是《光明日报》)同时又由于时效性比较强,思维的组织跟不上嘴巴的速度;还有的是为了克服信道中的损耗;还有的是为了强调,固多羡余成分。例如:"售票员:前面是王府井站。王府井到了,在王府井下车的同志请准备下车。没有买票的同志请买票。下车的同志请打开票啦。"

其中有随意谈话体和正式口语体的区分。

随意谈话体属于日常交际中的言语,随意和偶发是其典型特征,其言语的表现主要是粗疏性、多变性和生动性;纯真自然,原汁原味。前边有关章节里已有涉及,这里不赘述。

正式口语语体则是经过一定的自觉思考或总体上的准备而表达出来的口语。特点是积极的思考、情绪上较紧张的应对。课堂教学、法庭辩论、外交应对、演讲体、实况广播体等都属于该范围。这种语体最重要的特性是得体与活泼。如:

(28) 教材如果要比较、要竞争,那就是同一门课,比一比哪本教材最薄,而不是比哪本教材最厚。……如果不言简意赅,还会出毛病。前半句是正确的,后半句一补可能产生点疑问,比如说:"××几个词合在一起是一个词组,如果有了一定的语调,它便成为一个句子,就不成为一个词组了。"就是词组成了句子就不再是个词组。是这样吗?比如,他是个人,啊,他要是当了校长,就不再是个人了?这,这总不行吧?还得是个人嘛,不过他现在有了职务了,人还是人嘛。是个词组还是个词组嘛,不过这时候它具备了某种条件,取得了这么一种资格了。所以后半句一加 ,至少引起了点值得商量的问题。(张志公,1980 年青岛《现代汉语》教材统编审稿会上的发言记录)

(29) 嚄,这天可真蓝哪!一点儿云彩也没有。有一条小河哗哗啦啦地流着。这水可清亮啦!水里有好些圆石头,像鸡蛋似的,人们都管它叫卵石,这些卵石在水里可以看得清清楚楚!在河边儿坐着一个老头儿,长得虽然瘦,可是挺结实,那双眼睛可有精神啦!(孙静修讲故事)

---

① 鲁迅:《答曹聚仁先生信》,《鲁迅全集》(第 6 卷),第 76 页,北京,人民文学出版社,1981。

（二）文学语体与文章语体

语体作为特定的程式、总体的格调，它既可以成为学科理论体系中的重要关注对象，又能为人们的应用提供最为切实的规则范例。正因为这样，相关的学科领域里边，如写作学、文艺学、语文学、语法学、修辞学、文章学等，大都要论及该项内容。该项内容的难度也是客观存在的。不要说不同学科之间，即便是一个学科内部也会出现争议。如前所述，修辞学界在20世纪80年代和90年代之交，曾就它的分类问题展开过一场大讨论（当时多采用“语体”这一术语。它与“文体”的同异问题，有人认为相同，有人就认为不同。这里暂不涉及该项争辩），最终也没能求得一个一致的结论。其他学科，包括国家颁布的语文教学大纲里边也有涉及该内容的分类认定。因为它涉及的学科太多，本身范围又相当繁富，大家认识的角度、采用的方法形态各异，如果将各种各样的体系标准放置在一起的时候，我们就会看到该项内容显得过于驳杂了。客观性的复杂是一个方面，而很多情况下却是与人们的主观认识有关；如果说这种主观认识仅仅是视角的不同倒也无所谓（如北京经济学院出版社出版的《写作新教程》，依照思维形态及表现方法上的不同，将书面文体分为两大类：独创性的和规定性的，前者包括诗歌、散文、小说、报告文学、学术论文、杂文；后者则包括公文、应用文），然而很多时候恰恰是分类观念的科学性上出现了差错。这时候就很有必要讨论讨论了。在这个问题上，出现的乖误突出地表现在下边的三个方面。

1. 繁琐列举

钱冠连在《汉语文化语用学》一书中曾指出，如果我们对中国文化认真审视的话，就会发现，在有关语言审美方面，汉民族对文学艺术、儒家人物的言谈及禅宗公案情有独钟。如果审视中国传统文化里边对语言方面真正下过工夫并算得上研究的东西，要数文字训诂和文体风格评述这两大块。文字训诂虽有汉民族自己的特色，但世界上的文明古国在历史文化中也大都有类似的内容；文体风格评述当然也不例外。有意思的是，汉民族于这后边的一种似乎有着更大的兴趣、特别的执著追求，最引人注目的地方表现于：在不间断的3000年的文字记载历史长河中，人们坚持不懈地在进行着不同文体形式的实践探索，并形成了不同时期代表性的特定作品体裁。从文学上说，像人们熟知的早期《诗经》、先秦散文、汉代辞赋、唐诗、宋词、元朝戏曲、明清小说等，从文章上说，那就更多了，仅用宋濂在《曾助教文集序》中的说法，是“文之为用，其亦溥博矣乎！”他简单举例说，施之于朝廷的，则有诏、诰、册、祝之文；行之师旅的，则有露、布、符、檄之文；托之国史的，则有记、表、志、传之文，其他的还有很多，如序、记、铭、箴、赞、颂等等，可以说是林林总总，不一而足。与此同时，人们对文体风格特征的描述，也是条分缕析，精细详尽，各种各样的诗话、文论连篇累牍；至于文体类型的划分，就更是乐此不疲，穷尽搜罗，其数量随着时间的推移愈加增多。看下边粗疏的线索便可明白：

曹丕的《典论·论文》第一次将文体分为8种。

刘勰的《文心雕龙》,作为篇名的就列有33类文体。

《昭明文选》中,文体分为39类。

张表臣的《珊瑚钩诗话》将文体分作53大类。

吴讷的《文章辨体》则把文体分为59大类。

徐师曾的《文体明辨》增至127类。

贺复征的《文章辨体汇选》又把文体的分类上升到132类。

这是一个很有意思的现象。季羡林先生多次指出,中国人的思维方式是综合性的,西方人的思维方式是分析性的。而恰恰在文体分类这一点上,我们的古代学人们却显示出了特有的例外,真是锱铢必较,毫末毕现。愈到后期,这种划分的结果,用《四库全书总目提要》的话说,便到了"千头万绪,无复体例可求"的地步。

在这一领域里边,多一点分析的精神,本来是无可指责的。它所体现的文化价值、方法意义,无疑是空谷足音。可惜的是,这种数量不断增升的趋向,在反映认识精细化深入化的同时,有些却比较明显地表现出了机械地为分类而分类的倾向,并不是依照着客观对象的本貌真正在作科学的分类。如徐师曾在《文体明辨》中对"论"的再划分:"今兼二子(作者注:指刘勰、萧统)之说,广未尽之例,列为八品:一曰理论,二曰政论,三曰经论,四曰史论(有评议、述赞二体),五曰文论,六曰讽论,七曰寓论,八曰设论。"还有一些纯粹只是个名称问题。如张表臣的《珊瑚钩诗话》中的说法:"帝王之言,出法度以制人者,谓之制。丝纶之语,若日月之垂照者,谓之诏。制与诏同,诏亦制也。"这样的分类价值何在,实在是大可怀疑。

其实分析的方法里边有一个认识操作的科学量度问题。形而上学的方法过去之所以多受责难,很大程度就在于它不注意事物的本质与联系,唯以划分是求。我们的古人也曾有过精深分析的思路。比如先秦的思想家们就提出过这样的命题:一尺之棰,日取其半,万世不竭。这样的思路方式当然不错,只是绝对化地看待了这种划分。现在我们知道,一旦这种切分达到了一定阶段的时候,所截得的单位也就不再是"木"。任何一个特定的客观认知对象往往都是由最小的有机单位来构成的,超越了反映事物本质的量质界限,便进入了另外的一个新的认知领域。

新的历史时期,我们有了先进的科学的认识方法论的指导,应该说可以有效地避免古人的某些思想局限性了。但现时是不是就不再表现出这种倾向性了呢?周楚汉在他的《比较文章学》一书中指出,现代文体的类型,"有的辞书载五百来种,有的统计,光财经应用文就有千余种"。如果真是这样的话,岂不让人望而生畏!就是我们的前人中最喜欢作文体分类的人也要瞠目结舌了。理论的总结本来是要收执简驭繁之功效,如果呈现在人们面前的是另外一种面貌,它的效用也就可想而知了。显然,若想建立一个真正的科学实用的文体学系统,一个重要的前提就是要努力克服这种繁琐列举的弊病。我们的古人于此也曾作过有益的探索,今天的文体分类理论里边也有很精到的表现。只是这项矫正工作目前还不能让人们满意,仍需要投入更多的努力。

2. 层次杂糅

上边我们谈到分析方法中体现科学量度的问题,其实还只谈了问题的一个方面。同样值得注意的是,这种解析划分,也决不能是同等量的无限划分。任何一个特定认知客观对象也往往还有一个内在结构联系的层次问题。依照"历史与逻辑相统一"的观点,我们的理论反映,即对象分类的内容当然也应该体现这种特征。我们古人的思想观念里边也不是没有这种思维方式,庖丁解牛的寓言就曾给人们提供了很好的范例。可惜的是这在传统的文体分类里边表现得薄弱了一些,表现出来的倾向,正像上面已经指出的那样,大多是一个平面的穷尽式列举。当然,也正像王德春在《论话语分类》一文中指出的,这种现象一直到清代才有所改观,"文体研究者注意到文体划分的概括性,探求文章的共同特征,明确划分的标准",从而体现了"从芜到精"。[①] 现代的文体分类,层次关系的描写划分得到了加强,这反映了认识上的一种历史进步。我们在欣喜这种科学方法得到一定程度普及的同时,又看到了它所产生的新的问题:相当一部分的文体类型层次划分并不能与文体系统的实际状貌相吻合,具体表现为区分标准不统一,不同层次上的文体类型杂糅,在它上面反映不出逻辑的严密性来。

"科学研究的区分,就是根据科学对象所具有的特殊的矛盾性。"[②]文体的分类并不是一种简单的归总,它的根本意义在于反映它与其他类型的本质差别以及内在要素的关系。这又具体落实在分类标准以及分类的操作程序上。我们看到,一些普遍认定的分类体系中,多有不尽如人意的划分。如尹相如主编的《高等师范写作教程》,将写作的体式分为五种:(一)新闻类、(二)文学类、(三)议论文、(四)说明文类、(五)应用文。如果说大学课程里边带有了一定的研究属性的话,那么多年来的中学语文教学中也基本上是这样认定的。1980年修订的《全日制十年制学校中学语文教学大纲(试行草案)》规定,初中能写一般的记叙文、说明文、议论文、应用文,高中能写比较复杂的记叙文、说明文、议论文、应用文。1990年《语文大纲》要求初中学生能写简单的记叙文、说明文、议论文和一般的应用文,高中能写一般的记叙文、说明文、议论文和常用的应用文。"记叙"、"说明"、"议论"指的是表达方式,"应用"说的是功能,它们是一个层次上的东西吗?值得注意的是,教学内容中的具体分类,它的作用往往超越了具体内容本身,相当程度上起到了方法思路的演示作用。如果一种分类体现不了科学分类的严谨度,那么怎样潜移默化地影响和培养学生的严整思维能力?由此说开去,中学语文教学中的类似情况还有语法部分,"中学教学语法系统提要"中对短语的分类是:名词

① 中国修辞学会编著:《修辞与文化》,第2、3页,乌鲁木齐,新疆大学出版社,2000。

② 毛泽东:《矛盾论》,《毛泽东选集》第一卷,第309页,北京,人民出版社,1991。

性短语、动词性短语、形容词性短语、主谓短语、介词短语。前三个是按功能说的,后边两个是按结构说的,它们怎么能放在一个层次上一块儿来说呢?它造成的负效应是隐性的,然而也是巨大的,不能不引起我们的重视。

尤其让我们感慨不已的是,有的分类,论据已经是那么鲜明坚实地说明了规则,让人觉得体现出科学性的结论已经呼之欲出了,然而在亮明观点的时候,却突然走了样,给人留下了太多的遗憾。看最近出版的黎云汉先生的《汉语风格学》一书中对不同文体特征的分类描写。他将书卷语体分作事务语体、科学语体、政论语体、文学语体四类,同时与上述并列的还有一个交融语体。最后一种我们可先撇下不管,看他对上述四类的具体考察描写(摘要)。

事务语体:

语汇:专用词语	概括、抽象性词语	成语、熟语	形象性、感情性词语
26.8%	1.8%	1.6%	0.9%

语法手段:第一,句型比较长,平均每句在20个字以上,占总句子的20%。第二,句子类型比较单纯,陈述句和祈使句分别占总句数的92.9%、7%。第三,普遍使用成分共用句,约占总句数16.7%。

修辞方式:有很大的局限性,必要时才使用一些句式类和比较类的修辞方式,例如对偶、排比、反复、对照等,使语言增强表现力。一般不用夸张、摹拟等形象的修辞方式,而反语、双关等具有含蓄风格色彩的修辞方式则没有看到。

风格特征:简明、朴实、庄重。

科学语体:

语汇:科学术语约占实词总数的21%。主要使用规范的书面词语,包括成语和古语词等。极少使用描绘性、表情性词语。

语法手段:专门科学语体的句子一般都比较长。陈述句出现的频率非常高。

修辞方式:专门科学语体风格对修辞方式有很大的封闭性。文学语体风格里常用的描绘类修辞方式,如夸张、比拟、借代、摹拟等在专门科学语体风格里很难找到。

风格特征:谨严、平实、庄重。

政论语体:

语汇:政治术语和专业词语约为17%。

语法手段:它十分注意长句子修饰语的恰当运用,又大量使用多种复句。“政论语体跟专门科学语体、公文事务语体一样大都使用陈述句,但也用疑问句、感叹句和祈使句。”

修辞方式:几乎各种修辞方式在政论语体中都有一定的适应性。

风格特征:谨严、雄健、庄重。

文学语体：

语汇：非常丰富多彩。它以通用词语为主，使用时要求与“人物性格特征”、“环境描写”结合，而且特别讲究寻常词语艺术化。广泛地使用具有表情性和描绘性的词语。较多使用口头词汇和熟语，以及适当使用方言土语，这是文学语体风格有别于其他语体风格的显著特点之一。文学语体没有多少专门的术语，但其他语体如科学语体、公文事务语体、政论语体等专门术语，却经常出现于文学语体中。

语法手段：使用的句式是多种多样、变化万端的。从句子的结构方面看，文学语体的句子比较短，长句比较少，平均每句不超过9.5字，比专门科学语体（平均每句21.5字）和说明科学语体（平均每句15.8字）的句子都短，也比应用语体（平均每句20.1字）的句子短。

修辞方式：文学语体可以调动一切修辞手段，充分展现出它的表现风格的多样性。

语言学的研究往往最能体现分析方法的严谨性，因为它在从事调研的时候，多是从微观入手，常用定量统计的方式来作为最终定性的基础。由于论据坚实，数字具体，所以结论也往往最让人信服。黎先生对上述四种文体特征的认定，正是按照这种方法作了精密细致的调研，最终集中在对风格特色的描述认定上。将它们放在一起的时候，我们看到，很明显前边三种是一种类型，最后边的一种自成一种类型。本来是鲜明的两大类：文章、文学，而该著作仍然遵从了习惯的说法，将它们平起平坐地放在了一个层次平面；本来已经到了一种科学分类系统的门槛儿，却仅仅为了文体分类数量上的平衡（笔者曾问数位编写过有关该内容的学者，他们都说有这方面的考虑）而放弃了严格意义上的执著。这，不能不让人顿生功亏一篑之慨。

有关前边三类，即文章，与文学这两大类型的区分，黎先生上述调查与论述让我们从精细处深入地看到了它的客观存在。周楚汉在他的《比较文章学》一书里边，则从宏观的视界进行了理论上的分析思辨，可以使我们从理性上进一步强化这种分立意识。我们在这里还想作一点商榷补充的是，我们认为，这两大类文体的根本区别点还在于表现方式上。别林斯基早就指出：“哲学家用三段论法，诗人则用形象和图画说话，然而他们说的都是同一件事。”[①]巴甫洛夫也曾指出：“生活明显指出两种范畴的人——艺术家和思想家，他们的思维方式上有明显的区别。作家和艺术家从整体上全面地完满地把握现实，毫无割裂地，毫无分离地把握生动的现实。思想家则恰恰是把现实分割开来，并且仿佛以此消除现实，即把现实造成某种暂时的骨骼。”[②]我们可以将这种论述看做这两种不同文体表现方式的心理基础。西方有人曾调侃性地将这两种不同的表

① 别林斯基：《一八四七年俄国文学一瞥》，《别林斯基选集》（第2卷），满涛译，第429页，时代出版社，1952。

② 巴甫洛夫：《动物高级神经活动客观研究二十年经验》，《巴甫洛夫全集》（第三卷，上册），赵壁如等译，第308页，北京，人民卫生出版社，1962。

现方式作了这样的描述:“科学是将复杂的东西说简单,而文学是将简单的东西说复杂。”这种表述看起来过于轻松,然而它却揭示了两大文体根本特征上的不同。拿最基本的用词来说,说某人个头高,有这样三种表达式:“身高:1米90”、“高个子”、“高高的个儿”。“高个子”是认定性的,肯定高,但高到什么份儿上,并不严格明晰;“1米90”则具有了不可更移性;“高高的个儿”却越发变得模糊和富有弹性。显然,前者代表了文章的表现方式,后者代表了文学的表现方式。当然,中间的“高个子”只能说代表了文体中的中介状态,也就是属于黎先生所标立的交融语体范畴。

3. 淡化语体

这是在目前语体分类中有一定影响的认识观念。这种观念产生的基础有多方面的因素:有的是鉴于语体种类的繁多,有的是出于语体中多见的交叉现象,有的则是考虑到语体使用中的灵活性。应该说这多种多样的认识中相当一些出发点是很好的,有的正是基于这种考虑,从以简驭繁的目的出发,另辟蹊径,从具体的表现方式对语体进行分类,分为记叙、说明、议论、抒情四类。这是一种很积极的值得赞赏的处理方法。特别是在目前的中学语文教学大纲里边正在突出这种思路;根据特定对象及学习内容的特点、教学目的的需要,有针对性地采取这种模式。这应该说是体现了实事求是的精神和应用中的科学内涵。与此同时,假如说不管是什么样的领域,都一致地采取这么一种认识模式,或者说坚决地持彻底淡化语体的思维定式,我们也可以绝决地判定,这也是不可取的。大学里的写作教学以及社会中从事实际文字工作的部门,不管是理论研究还是实践运用,语体意识不但不能削弱,相反倒是亟待加强。

文体,像语言一样,也是全民交际的工具,特别是其中数量最大、使用最普遍、最富有社会功利性的文章,更是民众之公器。它的规范使用状况,也直接反映了一个民族整体文化素质的高低,同样也是衡定精神文明建设质量的重要指标。不同的文体适应于不同的交际需求,有助于提高工作效率,它的明确精细区分,客观上也体现了社会发展进步的要求。理论的总结描述,当是文体间本质区别联系的真实反映。当然,主观的认识与客观对象之间通常很难达到完全的一致;我们所追求的也就是尽可能地反映了对象实际的真理性。既不能像传统对这一课题的讨论那样,无限地分离类别;同样也不能像当今我们的一些同志主张的那样,淡化不同文体间的界限。两种极端都是有偏颇的,特别是后者,它所可能产生的负效应绝不能低估。其实,文章文学不分家是传统文化中的又一个极端。如先秦“诗”之为“经”,就是明证。历朝历代,更是将各种篇章体式用“文章”统领。刘勰认定:“圣贤书辞,总称文章”(《文心雕龙·情采》),然在文体论中将骚赋等一股脑儿地都归入了文章。至于像金圣叹的“天下之文章无有出《水浒》右者”(《〈水浒传〉序三》),像李渔的“千古文章,总无定格”(《闲情偶寄》),把小说、戏曲等都归入文章,显然大家仍然遵循了不作逻辑科学区分的这种传统思维模式。这种思维方式不管是在文本本身还是文论上面都一致地体现着,而这种具体认识与方法的操作又反过来强化了中心所固有的认知方式。

淡化文体的认识有些是过于看重了体裁形式的兼有状态。应该说,中介形态的事物现象也是一种客观存在。列宁也说过:“一切都是经过中介连成一体,通过转化而联系的。”[①]其实中介物的存在也正反映了事物间联系区别的复杂性和丰富性。如果一切都是界限分明的二元对立,那么一切都会变得过于呆板和简单化了。我们看到,在总的类型区分的基础上,实际还存在一个具体小类间逐步过渡的渐变连续统。看下面的图示:

文章　　　　　　　　　　文学

议论文——说明文——记叙文——小说——戏剧——诗歌——→

在这个连续统里边,相邻近的两文体间就表现了比较多的相接近或共同点的东西。拿“记叙文”和“小说”来说,前者是后者的基础,甚至有些就是后者的雏形。那么我们就可以说前者便具有了中介类型的性质。但是处于这个连续统两端的文体间则形成了最明显的对立,文体类型的分立也由它们间的差别构成了最为坚实的基础。而两者之间的其他文体宽泛地说也都处于一定意义上的中介状态,整体所形成的连续统实际呈现为特征状貌上的一种递次系列,只不过到了“记叙文”和“小说”这一环节上,我们理论上将它看做两大文体区分的量质界限罢了。尽管如此,我们整体着眼的时候,则又不能不看到高层次上的文章与文学两大文体类型的对应存在,它是在肯定事物具体复杂现象基础上的进一步抽象概括;反过来,这种概括抽象又便于我们把握问题的实质,从而将那些看起来似是而非的东西剥离出来,使形形色色、各种各样的体裁形式具有更容易理解的性质。

还必须指出的是,处于上述连续统两端的“议论文”和“诗歌”之间,本来是差异性最大的:一代表典型的文章,一代表典型的文学;一最应该体现出客观性,一最应该体现出主观性。然而因为其中的人文科学综合性因素太多,又与认识主体的社会价值观念息息相关;有限的思想认识与表达方法使得人们困惑于其中:或许不妥,人们却得意于此;或许正途,人们又惴惴不安,构成了迄今社会思想史上的最大难题。如《易经》与《诗经》,题材内容迥然不同,然而并不妨碍它们采取相同或相近的表现手法。《孟子》属于典范的政论文体,然而它所用到的比喻达 61 处之多。从司马迁到韩愈再到梁启超,不断地在强化着这种主流的篇章表现力,用梁启超的话来说,就是“笔锋常带情感”[②]。这种特征现时情况下很难用对与不对进行评价认定,然而事实上人们看到这种追求的极致,激情澎湃的背后,浮艳辞藻的下面,则是理性的削弱,逻辑的伤损。它的负效应则又不得不提防。

---

① 列宁:《哲学笔记》,第 103 页,北京,人民出版社,1970。

② 梁启超:《清代学术概论》,第 86 页,上海,上海古籍出版社,2000。

我们在充分肯定文体类型区分的同时,也非常赞同文体间富有表现力的不同言语方式的渗透、交融和借鉴,以增强语言体式的灵活性和表达的生动性。这种情况因为是部分表达方法的借用,有关特定文体的功能、结构,整体言语风貌没有根本的变化,因此它不可能对不同文体间的分立造成动摇。我们之所以这样主张,还在于目前社会文章的运用现状在这方面表现得同样不令人满意。和上述所举不同文体间杂糅情况相对的另一面,是我们所遇到的相当多一部分的特定文体写作,总是固守着老一套的程式,甚至是就那么几个干瘪的语句在那儿重复使用,千人一面,千人一腔,枯燥无味,面目可憎。特别是政论性文章,毫无个人特色及风格,它在相当程度上阻延了正确思想在群众中的传播和影响力。封建时代有老八股,五四前后、延安时期有洋八股、党八股,现在则有新八股,可见这是一种痼疾、顽症。唯有坚持不懈地反对,才能对它进行有效的遏制。

三、篇章结构

篇章是一个大结构,是结构就必须强调结构的组合问题。虽然很多人都认定文章无固定的程式,"无成势,无恒形"。一如刘熙载《艺概・文概》中所言:"兵形像水,惟文亦然。"与此同时,《孙子》里边又有一比:"故善用兵者,譬若率然。率然者,常山之蛇也。击其首则尾至,击其尾则首至,击其中则首尾俱至。"(《九地篇》)陈善《扪虱新话》进而喻比道:"予谓此非特兵法,亦文章法也。文章亦应宛转回复,首尾俱应,乃为尽善。"这从另一个方面说明了它仍注重系联贯穿、浑然一体的意神态势。唯有将此形成思维里边纵横泱荡、捭阖自如的境界,像苏轼自已所感受的那样:"某平生无快意事,惟作文章。意之所到,则笔力曲折,无不尽意。自谓世间乐事,无逾此者。"才能算得上修辞的行家里手和大手笔。"先明白正大,务要十句百句只如一句贯穿意脉。说得通处尽管说去,说得反复竭处自然佳,所谓行乎其所当行,止乎其所不可不止,真作文之大法也。"①

比如说我们现时将作文表达的手段通常用叙述、描写、说明、议论和抒情五种类型来概括。如果再具体化一些,问:它们各自的特点是什么?相信很多人的回答往往将其重点放在了各自不同的功能作用上,或是放在文辞字句上。其实我们完全可以从篇章的缩略形式尽可能简练地进行认识。老舍说:"思想设若能有形体,节段便是那个形体。"②叶圣陶则就文章的结构组成特征指出:"一篇文章,其组织单位是一节(节即我们

① 李耆卿:《文章精义》。

② 老舍:《关于文学的语言问题》,引自张志公主编:《现代汉语》(下册),第363页,北京,人民教育出版社,1982。

所说的自然段、段落)而不是一句。把节认为单位,来看文篇的组织,看许多节怎样地排列,看前一节和后一节怎样地发生关系,这是了解一篇文章的扼要手段。"[1]台湾学者曹逢甫则就大语法观念,并结合语文教学的特点进一步论述说:"在语言教学和翻译中,段落是比句子更合适的工作单位。"[2]以此为基础,如果我们认真分析一下段落类型的话,可以发现,它大致可以分作三种类型:完全段、过渡段和强调段。完全段不仅表意是完整的,同时结构上也是完整的。完全段中已蕴涵有文章"布局谋篇"的基本状貌,很多都可以看做文章的雏形,有些独立出来就是篇章。如中学《语文》所选篇章:《继续保持艰苦奋斗的作风》就是毛泽东《在中国共产党第七届中央委员会第二次全体会议上的报告》第十部分被节选出来单独成文的。完全段的间架结构多由起始部分、展开部分和终结部分形成,这就如同文章有开头、中间、结尾一样。其逻辑联系与词语特征正与一定的表现手法对应。

那么下边即以完全段为主体来阐述篇章结构需要注意的几个方面。

(一)程式的常规与变异

有关篇章结构相对固定的结构程式,前人已有比较明确的归总;只是在理论解释上缺少整体的严密罢了。如陈骙《文则》里指出:

> 载事之文,有先事而断以起事也,有后事而断以尽事也。如《左氏传》欲载晋灵公厚敛雕墙,必先言"晋灵公不君"。《公羊传》欲载楚灵王作乾溪台,必先言"灵王为无道"。《中庸》欲言舜好问而察迩言,亦先曰"舜其大智也与"。《孟子》欲言梁惠王以其所不爱及其所爱,亦先曰"不仁哉梁惠王也"。若此类,皆先断以起事也。如《左氏传》载晋文公教民而用,卒言之曰:"一战而霸,文之教也。"又载晋悼公赐魏绛和戎乐,卒言之曰:"魏绛于是乎始有金石之乐,礼也。"若此类皆后断以尽事也。

这里所谓的"断以起事"和"断以尽事",实则说明的是总分关系,一对多的关系,结论与具体表现的关系,是将总的结论放在篇章开头还是放在篇章末尾,以彰显其结构特征的问题。人类思维有着共同性。古希腊圣哲亚里士多德所抽象的归纳法和演绎法,在古老的东方其实也是使用着的,只是我们用得不够自觉(当时没有这样的理论总结)且有限的使用也多用在对社会事务的认定评价上罢了。

陈骙《文则》所总结的其他章法铺排方式,其实应属于总分关系的变体。如:

> 数人行事,其体有三。或先总而后数之。如孔子谓:"子产有君子之道四焉:

---

① 叶圣陶:《开明国文讲义》(第二册)中的《文话二四》。

② 王铁民:《句群组织与思维训练》,《广东青年职业学院学报》,2000 年第 3 期。

其行己也恭，其事上也敬，其养民也惠，其使民也义。”其类是也。或先数之而后总之。如子产数郑公孙黑曰：“尔有乱心无厌，国不女堪。专伐伯有，而罪一也；昆弟争室，而罪二也；薰隧之盟，女娇君位，而罪三也。有死罪三，何以堪之。”此类是也。或先既总之而后复总之。如孔子言：“臧文仲其不仁者三，不知者三：下展禽，废六关，妾织蒲，三不仁也；作虚器，祀爰居，三不知也。”此类是也。

这在《孙子·九地篇》中也有突出的表现：

孙子曰：用兵之法，有散地，有轻地，有争地，有交地，有衢地，有重地，有圮地，有围地，有死地。诸侯自战其地，为散地；入人之地而不深者，为轻地；我得则利，彼得亦利者，为争地；我可以往，彼可以来者，为交地；诸侯之地三属，先至而得天下之众者，为衢地；入人之地深，背城邑多者，为重地；行山林、险阻、沮泽，凡难行之道者，为圮地；所由入者隘，所从归者迂，彼寡可以击吾之众者，为围地；疾战则存，不疾战则亡者，为死地。

是故散地则无战，轻地则无止，争地则无攻，交地则无绝，衢地则合交，重地则掠，圮地则行，围地则谋，死地则战。

在整个篇章的下笔之初即将“九地”名称逐一列出。其语序既有自身内在的规则，又决定了全章的行文格局。接下来则是九地之“实”的解释。第二段说战事策略，都遵照执行。再看后边的其他响应性的文字：

凡为客之道，深则专，浅则散。去国越境而师者，绝地也；四达者，衢地也；入深者，重地也；入浅者，轻地也；背固前隘者，围地也；无所往者，死地也。

是故散地，吾将一其志；轻地，吾将使之属；争地，吾将趋其后；交地，吾将谨其守；衢地，吾将固其结；重地，吾将继其食；圮地，吾将进其途；围地，吾将塞其阙；死地，吾将示之以不活。

需要注意的是所举第一段，称指名字、所列语序似乎都有变化，接下来的段落又承前回归原初的格式。由此可知，篇章组织的常规体式还是保持不变的，这是质；而稍少的局部的变动则在于破除过分的刻板生硬，这是量。

现代文中，也始终脱离不开这样的格局。例如：

(30) 昨天下午，老师带我们到人民公园去找春天。一路上，我看见桥下的河水轻轻地流动着，河边上的柳树发了芽。公园里，红梅花儿开了，成排的树苗儿在春风里舞动，小草偷偷地钻出了泥土，小鸟儿叽叽喳喳叫个不停。我们快乐地唱起歌来，春天真美啊！

(31) 这来的便是闰土。虽然我一见便知道是闰土，但又不是我这记忆上的闰土了。他身材增加了一倍；先前的紫色的圆脸，已经变作灰黄，而且加上了很深的皱纹；眼睛也像他父亲一样，周围都肿得通红，这我知道，在海边种地的人，终日吹着海风，大抵是这样的。他头上是一顶破毡帽，身上只一件极薄的棉衣，浑身瑟索着；手里提着一个纸包和一支长烟管，那手也不是我所记得的红活圆实的手，却又粗又笨而且开裂，像是松树皮了。

这两例都是记叙性的，然而仍采取了具体与认定这样的结构策略。如第一例，"找春天"即暗含了一个常识性的预设：春天是美好的；而末尾部分响应着，是明白表露。中间部分则是对春天怎么美所作的细致描写。这是"总——分——总"的结构方式。第二个例子则是比较单纯的"总——分"形式。

完全段的起始方式有多种：首括式、提问式、引述式等。展开方式有：通过列举事例展开、通过时空推移展开、通过因果关系展开等。终结方式有：结论式、引申式、引证式等。这些都涉及了章法问题。知常达变，规范与灵活相结合，当能拓出新境。

与总分关系相对差异比较大的是演绎式的。例如：

(32) 人总是要死的，但死的意义有不同。中国古时候有个文学家叫做司马迁的说过："人固有一死，或重于泰山，或轻于鸿毛。"为人民利益而死，就比泰山还重；替法西斯卖力，替剥削人民和压迫人民的人去死，就比鸿毛还轻。张思德同志是为人民利益而死的，他的死是比泰山还要重的。(毛泽东《为人民服务》)

这是议论性的段落，里边集中使用的是三段论的推理方式。从一般意义上讲，这种方式应该说是归纳法的逆顺序，即走的是从一般到个别的路子。但因为它得先有一个归纳为基础，它的大前提未必已经成为普世原则，如例，仅以古人言辞为根据，似乎无须再作过多的证明；虽然这种方法像亚里士多德认为的那样，用这种方法推出的结论并不会给人们提供新的创建，然而它却是依靠着普遍价值出发的，故附带有比较多的理论思辨色彩和严密的逻辑准则。传统里边，这种思维方式表现得相对贫乏，这是需要注意并强化的。

（二）意脉的关联与认知

《诗·大序》是这样认定《诗经》的类型特征的：

故《诗》有六义焉：一曰风，二曰赋，三曰比，四曰兴，五曰雅，六曰颂。

虽然它讨论认识的对象明确，对认识篇章结构的基本意脉也有积极的参照价值。仍是需要指出的是，这种认定见解独到，影响广博，实为嗣后数千年文教、审美诸重要思想之滥觞；但它分类的混沌性也很能反映传统的特色，很少顾忌逻辑上的周严性。其实里边包括了两个范畴：一是音乐属性，一是表现手法。随着讨论的逐步展开，人们将"赋"、"比"、"兴"从中划拨开来，明确也罢不明确也罢，还是比较统一地归入了后者，并给予重点探究。这里边还有问题，就是将文学的表现方法和语言的修辞方式混在一起。还好,人们还是在比较快的时间里有意无意地将“赋”排除了。确实,“赋”多反映为诗歌的表达方式,主要是叙述铺陈,侧重于总体的全面展示;在它上面实在很难找寻到语言的印迹。这样人们将认识的重点集中在了“比”、“兴”上面。然而正是这“比”、“兴”,又形成了人们争执不已的最大难题,且对不同认知方式的走向起到了彰显的作用。先看郑众、郑玄他们对两者的不同认定,同是在《周礼·春官伯宗·大师》注中,郑众说:“比者,比方于物也。兴者,托事于物。”郑玄说:“比,见今之失,不敢斥言,取比类以言之。兴,见今之美,嫌于媚谀,取善事以喻劝之。”前者着眼言语本身,后者却偏重于内容美刺的联系。有人在前者的基础上将两者的差别进一步明确为:比即修辞格中的比喻,而兴却仅为篇章结构开头的方法。这恐怕是有偏颇的。因为大家在这儿讨论的话题有一个基本的前提,即都着眼于篇章结构,都是将表现自然界的事物,如鸟兽草木、风云雨雪、星辰日月等类文字放于篇章起首,以引领下文。在此基础上,才考虑到它们与后边内容之间的语义关系如何。如《关雎》:

关关雎鸠,在河之洲。窈窕淑女,君子好逑。

《氓》中的段落:

桑之未落,其叶沃若。
于嗟鸠兮,无食桑葚;
于嗟女兮,无与士耽。
士之耽兮,犹可说也;
女之耽兮,不可说也。

现时人们都说《关雎》是兴,《氓》是比。首先一点,它们在结构上是完全一致的。现时民歌仍然如此。如根据陕北民歌改编的《山丹丹开花红艳艳》中的段子:

山丹丹(的那个)开花(哟)红艳艳,
毛主席领导咱打江山。

再如李季《王贵与李香香》中的段子:

百灵子雀雀百灵子蛋,
崔二爷家住死羊湾。

所以,此时的“比”不能单纯解释成比喻,因为它首先起的作用在这儿与“兴”是一样的。而差别在于,它与后边内容相似相关性突出鲜明,而“兴”往往在于营造氛围或者仅仅起到烘托作用甚至是衬托作用罢了。还要强调的是,两者共同的地方都在于建立两现象之间的联系,根基于比,不管是语义上的还是形式上的!

郑玄的解释则混淆了两者的区别,似乎都成了比喻,都用的是曲笔,只不过一个重在批评，一个重在褒扬而已。这种将语言结构的表现方式与政治、教化、讽诵盘结起来，暗中转移为语体特征的做法，当然是不足取的。然而，这种思维方式并非郑玄的独创，在第十三讲“比喻的认知价值”部分，我们即对《论语》里边有关孔子及其弟子们有关认识解析现象文字的方法做出过一定的讨论。其实，更早的时候，民族的这种思维方式也亦奠定，即便是今天看来，都令我们赞叹。如《易经》里边，“观物取象”并“假象喻意”的认识方式及表达方式即已达到完备的程度，如整个卦辞系统的基本符号单位阴阳两爻形式，即“- -”“—”来象征种种对立的各种事物现象。这种形式的反映，与同时代的古希腊柏拉图所说的“一和多”的关系既相同又不相同：相同的是，都是一种高度的抽象；不相同的是，这种形式的抽象始终不脱离事物行为的表象特征。以此为基础，再每三爻叠成一卦，由此构成形式不重复的八种图案，分别象征自然界的八种基本物质及现象，包括人各种因素于其中。爻也好，卦也好，这些还是基本单位和材料，它们的价值作用在于说明的是联系和变化。一如《大学》第三章所载：“汤之《盘铭》曰：‘苟日新，日日新，又日新。’”《诗经・大雅・文王》：“周虽旧邦，其命维新。”朝代更替，但文化却一脉相承，那就是强调运动发展的主旋律。《易・系辞下》所宣示的宗旨是：“穷则变，变则通，通则久。”最终达到的目的是什么呢，也就是孔子所阐释的：“精义入神，以致用也”，“穷神知化，德之盛也”。于是《周易》里边又将这八卦上下两两组合，形成六十四卦，试图从其状貌以知往察来，推断人世间或个人的旦夕祸福。如果说西方文化是人、物相分离的话，我们老早奠定的却是天人合一、物我一体。如果说比兴这种表现手法还能看到两者之间的明显分界的话，类似《易经》里边的情况却是不容易将它们分别开来的，可以说就是纯然的隐喻。

《诗经》有比兴，似乎景是景、情是情，然而于主体的心目中仍是浑然一体不容分割的。后来人们对它的理解都仍遵循了《易经》的思路。《毛诗序》对《关雎》的直接认定就是“后妃之德”。《文心雕龙》对《关雎》一诗的解释：“关雎有别，故后妃方德”，即可看做这种方式的发扬。朱熹虽分别给“比”、“兴”下的定义是：“比者，以彼物比此物也”；“兴者，先言他物以引起所咏之词也。”(《诗集传》)然而他对该诗的注中认定说：“兴也。”“周之文王，生有圣德，又得圣女姒氏以为之配。宫中之人于其始至，见其有幽闲贞静之德，故作是诗。言彼关关然之雎鸠，则相与和鸣于河洲之上矣；此窈窕之淑女，则岂非君子之善匹乎？言其相与和乐而恭敬，亦若雎鸠之情挚而有别也。后凡言兴者，其文意皆仿此云”。这里需作几点质疑：这里既然说淑女君子相与和乐而恭敬，“若”雎鸠之情挚，不就是“以彼物比此物”嘛，怎么又成“兴”了呢？又，雎鸠“和鸣河洲之上”以兴淑女君子之善匹。然则又于此着意强调了全诗以喻“后妃之德”，是不是又在说整首诗又是一个“兴”呢？这又是比较典型地在体现着家国同构、天人一理的思维范式。

由此可知，比兴方法在篇章构织方面，须以形式为根据，追究其最基本的思维建构在其深层中的蕴涵。不但是文学体裁如此，在文章上面同样能够看到相似性的拷贝。看《韩非子》里的篇章，以寓言故事切入，如《和氏》即非常类似于比兴推理的组织，而有些则应该属于这种结构的变体。如《五蠹》中的“守株待兔”，虽不在篇首，但对于整个篇章的论证说明起到至关重要的作用。现代文中，这种方式虽然逐渐演化为用典辞格，但如果整篇引入的，仍对整个文章的风格都能起到张扬点睛的作用。如毛泽东的《愚公移山》即如此。

当然，篇章修辞是一个系统工程，这里同样是以点讲释，不可作全部看。

第十六讲　语言风格

语言风格，主要讲的是表现风格。它是民族语言的时代变体、流派变体、个人变体等，当然，侧重的还是最后一个。它是一个人语言表现力成熟的体现，反映出的是见识修养、美学追求、语言驾驭能力等个人特色的综合格调。

通常认定的语言的三级形式为：口语、书面语和文学语言，语言风格应该属于文学语言的范畴。它根基于民族语言的规范，同时又以个人语言的出色运用丰富着自己的母语，彰显着语言的健康发展。所谓的"以典范的现代白话文著作为语法规范"，既包含着这方面的内容：规范不等于规定，其中还孕育着语言表达效果及艺术的张扬。

过去有关的研究一说到这一内容，便往往将它和文学艺术挂起钩来。也正像我们上一讲所论及的：文章作品也有一个风格问题。相对程式化的章法格局，并不代表语言表达也完全老套化了。八股文之所以失去生命力，难以在文化历史上占取一席之地，并不因为它属于文章的范畴，而在于它给自己套上了太多的约束，违背了篇章修辞的规律和价值。语言风格与文风既有联系又有区别，它们的不同就在于一个侧重语言本体的特征表现，一个紧密体现思想内容；相同的地方在于都看重语言运用的整体风貌。文风问题既然不局限于文学作品，为什么语言风格就单单框限在这单一的辖域呢？

一、语言风格的特点

"风格"一词我国最早见于魏晋，一开始主要是用来说明士大夫的威仪、风度、品德。如葛洪的《抱朴子》，似乎用该词品藻人物德行操守为一时尚，多处使用。《行品》中有“士有行已高简，风格峻整”。《疾谬》中说：“以风格端严者为田舍朴马矣”。《遐览》中有“其体望高亮，风格方整，接见之者皆肃然”。到了南北朝，该词语义才有所改变。但有意思的是，刘勰《文心雕龙》应该说是风格文论的巨著，不但实现了由传统文体风格向表现风格的重大转变，且建立了该风格体系的比较科学的理论框架。然而它在使用该词时却仍非我们现在所理解的意义。《议对》中论述道：“及陆机断议，亦有锋颖，而腴辞弗翦，颇累文骨，亦各有美，风格存焉。”显然，这里的“风格”指的是文治教化的特色。倒是北齐颜之推《颜氏家训·文章》中的说法“古人之文，宏材逸气，体度风格，去今实远；但缉缀疏朴，未为密致尔耳。今世音律谐靡，章句偶对，讳避精详，贤于往昔多矣”与“指文章作品，作家创作个性和作家作品的艺术特色”接近了许多。

有关风格的研究，西方发轫较早，且理性意识比较清晰。如亚里士多德的《修辞学》就风格论述了它的基本格调为“准确”，并就实现这一目标需要避免的诸方面进行了详细的列举。亦如中国的情况一样，风格是诸多因素的概括统称，本身抽象度就比较大；同样它的称指可以用于广阔的领域，故理解上的差异也是非常大的。如黑格尔在《美学》中说：“法国人有句名言：风格就是人本身。”这是过于夸大了行为主体的对象价值，有认识目标转移之嫌。歌德说：“风格是艺术所能企及的最高境界。”[①]称扬风格的标志作用是对的，然它适应于艺术论范畴。英国批评家瓦尔特·罗利说：“style 这个拉丁语原义为铁笔的名词，久已用来作为标明驾驭语言这种流动事物的艺术，而这种驾驭是具有日益蓬勃的生机与审慎的矫健性的。显而易见，凭借比喻手段，本来最刻板最简单的工具竟把他的名字借给艺术中最精致最灵活的艺术。”[②]这倒是说到了语言本体上了，可是它仍在泛泛地称道它是“艺术”。

现代意义上的汉语修辞学建立之后，有一个重要特征就是注重语言风格的研究。如龙伯纯的《文字发凡》，既借鉴了在这之前日本的风格理论，又对传统有关风格的文论有比较好的继承，形成了别有建树的系统理论。陈望道的《修辞学发凡》则侧重对风格效果的分类。1949 年之后，以“文革”为界，可分前后两个时期。前一时期受苏联影响大。1953—1955 年间，苏联语言学界曾专门就风格问题进行讨论。高名凯的《语言论》(修订版)第三部分第三章，即专门论述了语言风格。1959 年出版的北大本《现代汉语》，开创了国内基础课教材讲“风格”的先例。1960 年，苏璇等人翻译了《语言风格与语言风格学选译》。该书反映了上述苏联那次讨论的成果。1963 年出版的张弓的《现代汉语修辞学》，即认定风格是修辞学的三大任务之一，是最新、最实际、最重要的课题。后一时期则表现为风格研究的自觉。这在一定程度上得益于老一代语言学家的

① [德]歌德：《文学风格论》，王元化译，第 3 页，上海，上海译文出版社，1982。

② [英]瓦尔特·罗利：《论风格》，《英美近代散文选读》，第 68～69 页，北京，商务印书馆，1982。

指引，如吕叔湘的《语言研究工作者当前的任务》，张志公的《语言学？修辞学？风格学？》，都对该课题给予了非常高的肯定。其后的成果主要体现在三个方面，一是语言风格成为专业教材中的必具内容；再一是成为多次全国性专业会议的中心议题；还有就是专著纷纷问世，如程祥徽的《语言风格初探》、黎运汉的《语言风格探索》、郑远汉的《言语风格学》、张德明的《汉语风格学》、王焕运的《汉语风格学简论》、郑荣馨的《语言表现风格论——语言美的探索》等。

传统文化里边谈"风格"，多从文学艺术角度切入，重视直觉感受涵咏体验；多是用几个形容词来将各种文体的风格特征概括出来，常给人一种只可意会不可言传，只可神通而不语达的感觉。如《沧浪诗话》："子美不能为太白之飘逸，太白不能为子美之沈郁。"王世贞《艺苑卮言》："太白以气为主，以自然为宗，以俊逸高畅为贵；子美以意为主，以独造为宗，以奇拔沈雄为贵。"这虽有一定的合理性，但具体事实根据的论证性偏弱。现代研究，特别是语言学角度的介入，则在有力地改变着这种固定的认识方式，强化了实证性和思辨性，扎实描写的成分在逐渐增加。

总的来说，语言风格的主要特点表现为如下几点。

（一）整体性

马克思指出："具体之所以具体，因为它是许多规定的综合，因而是多样化的统一。"[①]语言风格之所以可以捉摸、可以把握，就在于它是各种表达特点的综合表现；也就是说，言语主体行成于思，诉诸语言，不论怎样的情、思、志、趣，都必须通过具体的语言形式得以展示。仍像马克思、恩格斯在《德意志意识形态》中所说的那样："无论思想或语言都不能独自组成特殊的王国。"情动于中，必然形之于外。这样，语言就成了追溯言语主体内心世界的窗口。与此同时，语言又成为我们认识言语成品整体观念情态的物质基础。语言是人类最重要的交际工具，但很多时候语言又在掩饰人们的真实思想和情感。这反映了言语效用的多样性，也给人们的准确认识增加了难度。特别是言语主体在自己的作品中注入美学追求的时候，语言风格的实现，对他自己来说，有些是自觉的，有些是不自觉的。理论上的完整概括，就非常需要语言学、修辞学的研究和他一道来完成。既然语言风格是言语主体言语作品所体现出的个性格调，那么，整体认识，综合把握，就显得非常必要了。

语言风格的整体性，体现在两个大的方面：一个是言语本体的整体性，一个是结合情景的整体性。这反映了广狭两种不同意义的解读观。这在传统文化里边即有不同的辨识，如孔子的"不以人废言"（《论语·卫灵公》），即体现着前者。如孟子的"知人论世"（《孟子·万章下》），即体现着后者。这样就涉及语言风格建立的两个因素：情景因

---

① 《马克思恩格斯选集》（第2卷），第18页，北京，人民出版社，1995。

素和本体因素。

1. 情景因素

这一因素往往反映为言语主体的个人条件、言语交际的环境及内容等。

张承志在《小说的语言》中说:"写作本身使人逐渐发现着语言的内涵。叙述本身拥有的含量简直令人震惊。我拥护这样的见解:小说的叙述语言本身,是作家全部知识、见解、修养、气质的总和。"①

老舍早先也表述过这样的思想:"风格不是由字句的堆砌而来的,它是心灵的音乐。"②言语主体的气质性格与自己言语作品的情貌风格往往有着对应关系。李贽对此有过具体分析:"盖声色之来,发于情性,由乎自然……故性格清彻者音调自然宣畅,性格舒徐者音调自然舒缓,旷达者自然浩荡,雄迈者自然壮烈,沉郁者自然悲酸,古怪者自然奇艳。有是格,便有是调,皆情性自然之谓也。"③

看具体的例子。《红楼梦》第七十回写史湘云、林黛玉、薛宝钗三人分别就柳絮填词。她们的咏作分别是:

(史):岂是绣绒残吐,卷起半帘香雾。纤手自拈来,空使鹃啼燕妒。且住,且住,莫使春光别去!

(林):粉堕百花洲,香残燕子楼。一团团逐对成球。飘泊亦如人命薄,空缱绻,说风流! 草木也知愁,韶华竟白头。叹今生谁舍谁收?嫁于东风春不管,凭尔去,忍淹留!

(薛):白玉堂前春解舞,东风卷得均匀。蜂围蝶阵乱纷纷:几曾随逝水,岂必委芳尘?万缕千丝终不改,任他随聚随分。韶华休笑本无根:好风凭借力,送我上青云。

接下来的文字是:"众人拍案叫绝,都说:'果然翻得好气力!自然是这首(指薛的诗作)为尊。缠绵悲戚,让潇湘妃子;情致妩媚,却是枕霞……'"当然,不言而喻蘅芜君的应该是"清新飘逸"。这里所写众人的评论也都是风格的认定。由这一情节可知:风格认定是把握特定作品艺术格调的关键。风格是作品思想情感通过言辞巧妙组合而体现出的浑然的精、气、神,以艺术造诣的魂灵统一地展示着。且这种才情思绪是与言语主体的地位经历、性格心理、追求审美一脉相通的。史湘云是潇洒磊落,故其轻灵;林黛玉是多愁善感,故其哀婉;薛宝钗是春风得意,故其飘逸。

对此,古人多有这方面的认知与表述。认为见识多广,行千里路,读万卷书,涵养性情,必然胸襟博大;长期生活在狭小圈子里,则必然心曲多促狭,锱铢必较。陆游《示

① 《中国青年报》,1983年4月7日。

② 老舍:《言语与风格》,《老舍全集》(第16卷),第258页,北京,人民文学出版社,1999。

③ 李贽:《焚书·读律肤说》。

子遹》:“汝果欲学诗,工夫在诗外。”就是这个意思。罗大经《鹤林雨露》:“凡作文章,须要胸中有万卷书为根柢,自然雄浑有筋骨,精明有气魄,深醇有意味,可以追古作者。”也说明的是同一问题。

孔子说:“不学诗,无以言。”(《论语·季氏》)老舍也说:“生活经验不丰富,知识不广博,不易写出精彩的比喻来。”[①]一个人的文化素养,特别是语言修养,也直接和语言风格有关。看钱钟书《围城》中的修辞手法。

(1) 她的平淡,更使鸿渐疑惧,觉得这是爱情超热烈的安稳,仿佛飓风后的海洋波平浪静,而底下随时潜伏着汹涌翻腾的力量。

(2) 方鸿渐看唐小姐不笑的时候,脸上还依恋着笑意,像音乐停止后袅袅空中的余音。许多女人会笑得这样甜,但她们的笑容只是面部肌肉的柔软操……

2. 本体因素

这是风格得以形成的物质基础,反过来说它又是认定风格的根据。通常的情况是:不同的语言风格体现于不同的物质材料,不同的物质材料往往表现不同的语言风格。

本体因素又分为语言材料因素和表现手段因素。语言材料因素除了语言的三要素之外,还要包括文字和其他可视听的物质因素;表现手段则为修辞方式中的风格手段和篇章结构中的风格手段。特别需要强调的是,这里讲述的时候当然是分门别类,具体分析时,则是各种因素的有机统一才能得以实现。所以,当最终进行风格概括的时候,要注意分清一般和特殊、主导和支流,要从整体上去把握和认定其特征;切忌以个别代替总体,以片面代替全部,以现象代替本质,以感觉代替推证。如鲁迅的《故乡》,整体风格是直截了当,朴实明豁;但结尾部分却用了曲笔,有点儿拐弯抹角、含蓄潜隐。这稍小的变化并不能影响总体风格的认定。再则各风格要素之间还是浑然一体的,互补性的,集中凝聚性的,而不能是零散的,甚至是相互对立性的。如果这种情况存在的话,要么是对象的风格还不成熟或者在某一点上出现了败笔,要么是对对象的认识出现了乖舛。如《金瓶梅》对李瓶儿前后言语的表现:一是对蒋竹山的憎恶痛骂:

(3) 没羞的忘八,你递甚么银子在我手里,问我要银子?我早知你这忘八砍了头是个债椿,就瞎了眼也不嫁你这中看不中吃的忘八!

待嫁了西门庆,却是迥然不同的面貌:忍辱求安,逆来顺受;一向受潘金莲欺侮,然从未再显示半点儿强悍之气,言辞与过去相比,判若两人。如她让绣春烦请潘金莲的言语:

---

① 老舍:《谈叙述与描写》,《出口成章》,第99页,上海,复旦大学出版社,2004。

(4) 休打秋菊罢,哥儿才吃了些奶睡着了。

即便是临终前有所醒悟,仍是退让性的:

(5) 娘到明日好生看养着,与他爹做个根蒂儿,休要似奴粗心,吃暗算了。

注重人物性格发展,这是笑笑生的高明处。然而不管怎样的角色改变,言语口吻看不到一丝儿的承继痕迹,缺乏事理逻辑上的自然联系状态,这就不能不说对人物形象有所损伤。当然,作为特定人物的语言特色表现来说也是有缺憾的。

①语言材料因素

语言既是交际工具,同时又是一套严密完整的符号系统。不同层级的符号单位,既负载着特定的语义,同时还映现着特定的风格色彩。

语音方面,汉语具有明显的音乐性:元音占优势,响亮悦耳;声调的升降抑扬,平仄错综变化,体现出生动性;韵母中相同相近的押韵,又可体现出和谐的美感。洪亮的中东韵、江阳韵通常用于雄壮豪放的风格。一七韵则适于表现缠绵悱恻的格调。如郭小川的《青纱帐——甘蔗林》就是押的江阳韵。

拟声、双声、迭韵、奇偶音节的错落和停顿的配合等也都具有鲜明的风格色彩。如:

(6) 这位青年随后赶到给铁柱家地里补豁那个工作地点,见大家正在沟口一堆乱石头中间,有的用铁条撬着转石头,有的用铁锤打圆石头,打成有棱有角的……只听得滴里打拉丁令当郎……凑成各种音韵,赶到看见这位青年没有叫来小春,大家都停住手来问,各种声音都停止了。(赵树理《表明态度》)

这里象声词的运用,对劳动场面的描写显示了很好的效用:声情并茂、活泼欢快。

词汇作为语言的建筑材料,很有一些词语本身即蕴含着鲜明的色彩义。在风格上它给人的感受也更直接。看下边的这两段文字,可以作一个很好的对比:

(7) 秦淮河的水是碧阴阴的,看起来厚而不腻,或者是六朝金粉所凝么?我们初上船的时候,天色还未断黑,那漾漾的柔波是这样的恬静,委婉,使我们一面有水阔天空之想,一面又憧憬着纸醉金迷之境了。(朱自清《桨声灯影里的秦淮河》)

(8) 现在说一说温泉。我到过的温泉不多,只有福州、重庆、临潼几处。那几处都有硫磺味。黄山的温泉却没有。就温度说,比那几处都高些,可也并不热得叫人不敢下去。(叶圣陶《黄山三天》)

一个是词藻丰赡,文雅典庄;一个是质朴实在,口语化。

语法方面,语言乍看上去都是线型的符号序列,似乎没有明显的差别;然而恰恰在分布、搭配、断合、标记等手段上,最能透现言语主体对语言效用的感受能力与驾驭能力。当然,对于风格来讲,也是非常易于反映个性的。下边的两段文字,同样也能作很好的对比：

(9) 他不睡了，一脚踢开了被子，他坐了起来。他决定去打些酒，喝个大醉；什么叫事情，哪个叫规矩，×你们的姥姥！

喝醉，睡！二十七？二十八也不去磕头，看谁怎样得了祥子！

披上大棉袄，端起那个当茶碗用的小饭碗，他跑出去。

风更大了些，天上的灰云已经散开，月很小，散着寒光。

（老舍《骆驼祥子》）

(10) 我将带着长逝者的坟墓上的青草的气息，杨树林的挺拔的身影与多情的絮语，汽车喇叭、马脖上的铜铃、拖拉机的发动机的混合音响，带着对于维吾尔老者的银须、姑娘的耳环、葡萄架下的红毡与剖开的西瓜的鲜丽的美好的记忆，带着相逢时候欣喜与慨叹交织的泪花，分开时的真诚的祝愿与“下次再来”的保证，带着巴彦岱的盛情、慰勉和告诫，带着这知我爱我的巴彦岱的一切影形声气，这巴彦岱的心离去，不论走到天涯海角……（王蒙《故乡行》）

例(9)，老舍一向赞同短句子，自己的写作实践里边也有着绝好的表现。例(10)，这是近些年来王蒙形成的奇谲幽默繁富的长句，结构纷繁，词语富丽，形式灵动多变，画面急速跳跃。两例对语句断续开合的处理都很能反映其思想情绪的东西，前者就是一个愣汉子的暴热心潮在喷涌发泄；后者也是火热的心血在燃烧，但有着无尽的缠绵与丰厚。

②表现手段因素

有关这方面的内容，我们在相关章节里边已经有所提及。比如说特定辞格对应特定的修辞效果，然而形象、折绕、联系和警策并不直接等同风格，它们往往只是体现了具体的特点与表象，而风格则表现为它们的最高艺术境界。通常来讲，修辞特点与语言风格之间能够形成比较统一的对应关系，如体现形象的往往藻丽，体现折绕的往往含蓄，体现联系的往往文雅，体现警策的往往奇崛。当然，对于里边的具体辞格而言，并非与特定的风格完全对应。有些辞格特征比较单一，如“仿拟”，当然是幽默机智；“反语”，当然是含蓄讽刺。但还很有些辞格因为注入的成分差异，表述的侧重差异等而表现出多种风格。比如“比喻”，赵树理的《小二黑结婚》中写三仙姑是个老来俏，可惜脸儿上官粉涂得不匀，像是“驴粪蛋上下层霜”，这肯定难以反映藻丽的色彩。然而曹雪芹《红楼梦》第五回中用赋的形式描写警幻仙子的形象，当然就是另外一种面貌：

美彼之良质兮，冰清玉润；美彼之华服兮，闪灼文章。爱彼之貌容兮，香培玉琢；美彼之态度兮，凤翥龙翔。其素若何，春梅绽雪。其洁若何，秋菊被霜。其静若何，松生空谷。其艳若何，霞映澄塘。其文若何，龙游曲沼。其神若何，月射寒江。

因此,在辞格与风格的关系上,既要注意常规性特征联系,也要注意其具体情况中的特色,总之是不能过于拘泥了。章法上也是如此,是疏朗还是紧凑,是散逸还是严整,另外还有正反、抑扬、张弛、断续、虚实、显隐、轻重等系列表现方法,都需要给予考虑,对语言风格的认定才能趋于准确。

(二)复呈性

风格特征是在言语活动中表现出来的,而言语的典型形态就是变动不拘,灵活多样。民族语言对于整体社会群体中的每一个成员都一视同仁,共同享有;然而由于各种各样的因素制约,使得具体成员对于自己民族语言的享有程度大不相同。如前所言,受思想情感、学识素养、性格禀赋等影响,很有一些人会逐渐形成独特的思维方式,这种思维方式会以特定语词材料和特定表现方法相统一的语言变体形式反复地呈现出来,并具有独特的语言艺术感染力,给人以深刻的感受。当这种言语表达方式对言语主体来说,相对稳定下来;对于言语听读对象来说,他所关注的特定言语作品的某种格调反复出现,就像隔墙辨音一样,阅读作品即能辨识主体,此时,我们说,语言风格的历练即已成熟并鲜明化了。

仍拿《红楼梦》第七十回中的情节来说明问题。这一回目重点也就是展示大观园中的群芳性格与才情的。填柳絮词之先,即以林黛玉的古风《桃花行》为引子,史湘云打发翠缕请宝玉"快出去瞧好诗"。当宝玉看了之后,接下来的文字写道:

> 宝玉看了并不称赞,却滚下泪来。便知出自黛玉,因此落下泪来,又怕众人看见,又忙自己擦了。因问:"你们怎么得来?"宝琴笑道:"你猜是谁作的?"宝玉笑道:"自然是潇湘子稿。"宝琴笑道:"现是我作的呢。"宝玉笑道:"我不信。这声调口气,迥乎不像蘅芜之体,所以不信。"宝钗笑道:"所以你不通。难道杜工部首首只作'丛菊两开他日泪'之句不成!一般的也有'红绽雨肥梅''水荇牵风翠带长'之媚语。"宝玉笑道:"固然如此说。但我知道姐姐断不许妹妹有此伤悼语句,妹妹虽有此才,是断不肯作的。比不得林妹妹曾经离丧,作此哀音。"众人听说,都笑了。

"曾经离丧,作此哀音",当然是重要的方面;其实前边还有铺垫:"这声调口气",即是我们这里所强调的语言风格的复呈性。综观第四十五回林黛玉的《秋窗风雨夕》、第三十八回的魁夺菊花诗,包括接下来林黛玉填的《唐多令》,整体风格都是一致的;至于"曾经离丧"只是将这种基调进一步强化了而已。

这种复呈性的特征,使某些具体现象甚至可以达到似乎为唯一人专用的程度。如"词语活用",这应该说并非奇异,人人都可以用。然而很少能有像鲁迅那样用得普遍,用到极致,用出个性和韵味来的。前亦有举,再如:

（11）但是，“天”下去就要做不了“人”。（《靠天吃饭》）

（12）他后来就有点“痴”起来。（《听说梦》）

（13）两岸的豆麦和河底的水草所发散出来的清香，夹杂在水气中扑面的吹来；月色便朦胧在这水气里。（《社戏》）

（14）我同时便机械的拧转身子，用力往外只一挤，觉得背后便已满满的，大约那弹性的胖绅士早在我的空处胖开了他的右半身了。（同上）

（15）老栓，就是运气了你！（《药》）

（16）被轻者是无福和他们比较的，更从什么地方“相”起？（《再论文人相轻》）

（17）有什么“奇迹”，干什么“吗”呢？（《“硬译”与“文学的阶级性”》）

例（11）是名词用做动词；接下来的诸例大都是形容词用做动词；有的是副词用做了动词；最后一例，甚至语气词都用做了动词，就更是他人所不敢用的。因此，在营造活灵跳脱、幽默辛辣的格调上，恐怕没有谁像鲁迅这样大胆、狂放的。这种具体的用法即成为鲁迅言语形式的一个重要特点。

类似这样的惯常用法，很有一些文章大家、文学家都能给人以深刻的印象。像毛泽东的用典，既能体现历史的厚重感，又能增强文笔的典雅。其他的如郭沫若诗词的反复，朱自清散文的叠音词，赵树理小说的绰号等；有的甚至能起到标志性作用。

特定作品的风格也可由某种特定的表现手法得以充足地显现。如陈村的小说《一天》，可以说是新时期本体转向的代表作之一，即以语言形式本身来直接构成思想内容的组成部分。它要再现普通工人平凡又烦闷的日常生活与感受，于是行文里边大量堆砌的是啰唆重复的言语句式。如其中“是……的”句 176 个，“了”句 128 个。这对体现主题格调起到了烘托作用。

卓有成绩的作家作品所谓风格的相对稳定性，在相同题材的对比当中似乎可以看得更清楚明白。像朱自清、俞平伯都写了“桨声灯影里的秦淮河”，一个浓郁婉约，一个繁缛朦胧。这从他们不同的用词侧重和表达方法的差异性上可以得到印证。

再如都是写“日出”，刘白羽的用词是“迸射而出”、“冲破云雾”、“飞跃而出”、“火一般鲜红”、“火一般强烈”，显示出一番无比壮观的景象、恢宏磅礴的气势，透现出的格调是热烈纯熟，淋漓酣畅。峻青的《沧海日出》，则着力色彩渲染。未出之前，写早霞是由“粉红”到“橘红”再到“鲜红”，此时大海和天空也是“通红”一片，紧接着才是“一轮红得耀眼光芒四射的太阳，冉冉地升腾起来”，天地间金光四射，仿佛有无数个太阳在闪耀，铺就一条“金晃晃红彤彤”的海上大路；由它可以走进太阳中去！显得色彩缤纷，气势雄浑。杨朔的《泰山极顶看日出》，却是“慢慢烘出”、“骨突地冒出”、“转眼跳出”、“稳稳当当搁在海面上”，显得舒缓稳健，文静雅丽。而巴金写《海上日出》则质朴简淡，情趣盎然。写太阳出来，先“小半边脸，红是真红，却没有亮光”。接下来作者的感受是“这个太阳好像负着重荷似地一步一步，慢慢地努力上升”，末了，“终于冲破了云霞，完全跳出了海面,颜色红得非常可爱”。这和杨朔有一比,但巴金的却是最精练的文字写不止一次的观日出,是典型的素描风格。

(三)多样性

所谓语言风格的多样性,则体现为这样两个方面的内涵:一是语言风格绝不是语言特点的简单认定,它是需要丰富厚重的修辞手段作为它的坚实基础。二是语言风格具有层次性,能够坚持基本风格同时又可以成熟驾驭其他多种风格进行表现的,当能臻于艺术表现的佳境。

语言风格没有美学上的判断,但有艺术造诣上的差异。拿不同流派的情况即可知晓:之所以将不同作家综合认定为一个流派,说明他们在表现风格上有一个共同的基调、相对一致的风格;然而成就上的评价不同,从一定意义上讲即意味着他们在发挥这种风格的表现力上体现为功力的差别。现代文学史上“山药蛋派”和“荷花淀派”享有同样崇高的声誉,即在于这两个流派的奠基人物在确立风格上充分张扬了各个的艺术个性。如赵树理的《小二黑结婚》中的言辞段落:

(18)刚才跑出去那个小闺女,跑到外边一宣传,说有个打官司的老婆,四十五了,擦着粉,穿着花鞋。邻近的女人们都跑来看,挤了半院,唧唧哝哝说:“看看!四十五了!”“看那裤腿!”“看那鞋!”三仙姑半辈没有脸红过,偏这会儿撑不住气了,一道道热汗在脸上流。

这是典型的农民群众的表述方式,紧凑、跳脱,且带有幽默感。再则是它从俗而不媚俗,注意将传统的表现手法与现实相结合,以具体情节来代替对对象的正面描写刻画,因此显得含蓄丰厚,富有弹性和张力。如这样的一段文字:

(19)小芹今年十八了,村里的轻薄人说,比她娘年轻时候好得多。青年小伙子们,有事没事,总想跟小芹说句话。小芹去洗衣服,马上青年们也都去洗;小芹上树采野菜,马上青年们也都去采。

让人很容易联想到古诗中对罗敷的写法,又有着时代的气息。赵树理无论用词还是句法,以及修辞手段的运用,都能够将反映农村题材的言语化用为文学语言,以艺术内在的规律给予表现,因此使得所谓的“山药蛋”也绽放出绚烂的文学金疙瘩的光彩。然而我们看到,该流派非常符合广大人民群众的欣赏要求,其后新人也是层出不穷,有所谓的第二代、第三代之说,然而人们很难见到在后来其他人的创作上面有弥补其原初不足的态势,如细腻刻画人物性格的文笔,连第一代所具有的丰富性也难以发扬光大。这对于风格之“风”的劲吹来说,不能不让人顿生遗憾。

相对来说,荷花淀派则表现出了比较好的景象。该流派即以孙犁的作品命名,足以说明一篇优秀之作的影响。要说山西、河北,两地近临,两流派的开创者也都是出身农家;关键在于孙犁别开生面。正像茅盾在《反映社会主义跃进时代,推动社会主义时代的进步》一文中分析的那样:孙犁有他自己的一贯风格,“他的散文富有抒情味,他的小说好像不讲究篇章结构,然而绝不枝蔓;他是用谈笑从容的态度来描摹风云变幻的,好处在于多风趣而不落轻佻”。看这篇小说开头的言语:

(20) 月亮升起来,院子里凉爽得很,干净得很。

文字不复杂,但很洁净;我们可以对比它与《小二黑结婚》中的语句,这里显示出来的气息口吻,是那样的从容不迫,朗丽又有情调。接下来,作者引入薄雾、清风、芦苇、荷香这些富有乡土气息的景物,展现地方风貌;然后把镜头拉近,写农家小院里,溶溶月光下,一位少妇正在编着苇席等着丈夫,“不久,在她的身子下面就编成了一大片,她像坐在一片洁白的雪地上,也像坐在一片洁白的云彩上”。真是诗情画意,韵味绵绵。

荷花淀派其后的作家,好的地方就在于不拘泥于奠基作家原初的格调程式,既保持相对的一致性又能作出自己的探索,在表现方法上体现出自己的个性。如从维熙,不断地学习丰富言语的各种表达方式,再加上自身不平凡经历的陶冶,作品在繁富、优美的基础上,又融注、浸润、透现出悲壮、阳刚之气。这不但不会影响整体流派的风格,反会使流派健康发展,显露勃勃生机。

再则,虽然风格是文学语言成熟的标志,然而卓有建树的文章大家、文学家,往往反映出更高妙的艺术成就,那就是众多风格都能得心应手地予以展示。刘勰即注意到了这一现象。他既指出《楚辞》“惊采绝艳”,又分析说:“《骚经》、《九章》,朗丽以哀志;《九歌》、《九辨》,绮靡以伤情;《远游》、《天问》,瑰诡而惠巧;《招魂》、《大招》,耀艳而深华;《卜居》标放之致;《渔父》寄独往之才。”

仍是《红楼梦》第七十回,如上所举,宝钗对杜甫诗歌的简短分析,也在于说明诗圣创作风格上的多样性。后人对“雨露云鬟湿,清辉玉臂寒”有微词,乃是对风格丰富性与表现力的关系了解不足所致。

茅盾认为鲁迅的风格,基调是“洗练、峭拔而又幽默”,这是统一的,主导的,另一方面又是多种多样的,如《故事新编》中的篇章就表现出不同特色。《奔月》是“雄浑”,《铸剑》是“悲壮”,《采薇》是“诙谐”。仍拿最能代表鲁迅最高艺术成就的小说来说,很多名篇采用的是第一人称。第一人称之所以在小说创作中最具难度,就在于通过叙述言语来表现言语者的思绪性格,意味着思维方式的根本变异。很明显,《孔乙己》朴实清朗,而《伤逝》则缠绵纠结。

朱自清作品的主导风格是藻丽优美。《荷塘月色》最能体现这种基本特征。然而《背景》、《生命的价值》质朴平实,《抽烟》、《择配》、《看花》幽默风趣,《航行中的文明》典雅。

多样风格的成熟使用,在这上面颇能见得作家驾驭语言的功力和艺术才华!

二、表现风格的类型

刘勰《文心雕龙》里边构织了一个很好的风格理论体系。单纯就表现风格讲,《熔裁》篇里边就设定了一个坚实的根基,那就是:"刚柔以立本",这两种气质对风格来说是最根本的区分。接下来是《体性》篇中的八体:"典雅"、"远奥"、"精约"、"显附"、"繁缛"、"壮丽"、"新奇"和"轻靡"。并论述道:"雅与奇反,奥与显殊,繁与约舛,壮与轻乖。"这里需要注意的是,用词虽有区分,后者实是对前边偶数命名之间关系的再认定,可以说建立起了第二层次上的四组八类基本类型。不仅如此,《定势》篇中他还说到"艳逸"、"蕴藉"、"清丽"、"核要"、"弘深"、"巧艳"等风格,仍是《体性》篇,他又评述12位作家及其风格说:

> 贾生俊发,故文洁而体清;长卿傲诞,故理侈而辞溢;子云沉寂,故志隐而味深;子政简易,故趣昭而事博;孟坚雅懿,故裁密而思靡;平子淹通,故虑周而藻密;仲宣躁锐,故颖出而才果;公干气褊,故言壮而情骇;嗣宗俶傥,故响逸而调远;叔夜儁侠,故兴高而采烈;安仁轻敏,故锋发而韵流;士衡矜重,故情繁而辞隐。

对此我们可以作两个方面的解释:一是风格作为语言学、文学、美学多个领域的一个综合范畴,其类型的认定并非刚性的,而是相对的和弹性的。因此其他多种多样的称述可以看做对其边界不够清晰的一种补充。二是采用的是修辞里边的"避复"手法,不至于将丰富多彩的表现定死在有限的认定当中。从另一方面也可以说是八种基本类型的丰富复杂的变化。从这一意义上,我们可以说刘勰对于语言表现风格以三个层次的方式给予了概括:根基于刚柔,四组八类为其普遍类型,具体表现又有多样化的变体形式。

应该说刘勰的《文心雕龙》在文论评述与理论建构上,达到了那个时代至高的境地,即便是今天看来仍不失重要的参照价值。与此同时,正像人们指出的那样,这一风格类型建立的理论基础源于阴阳八卦,以传统文化哲学思想为支柱,当然有坚实的一面;但,用今天语言学的视野进行分析,刚柔是不是可以作为下位层次上那四组八类的逻辑根据?这样一来会不会导致风格分类上的过于繁冗?

简便起见,我们以"豪放——柔婉"、"繁富——简约"、"蕴藉——明快"、"藻丽——朴实"来认定。下面逐一示例;为增强其实用价值,还对其对立面、负效应给予简略表述。

(一) 豪放与柔婉

这一组相对立的风格在古代即提出了。南宋俞文豹《吹剑续录》载:

> 东坡在玉堂，有幕士善讴，因问："我词比柳词何如？"对曰："柳郎中词，只好十七八女孩儿，执红牙拍板，唱'杨柳岸晓风残月'。学士词，须关西大汉，执铁板，唱'大江东去'。"公为之绝倒。

该幕士以非常形象的方式将这两种风格特征作了很好的对比说明。

豪放，也叫雄浑、刚健、雄浑，就是语辞雄健、遒劲有力，有"阳刚"之气，能表现为开阔的境界、磅礴的气势和激越的情感。语言上面的具体表现为：声律洪亮，铿锵作响；词句多博大明快、顿挫有致；表达方式是气势通贯、着力张扬。总的景象是：怒潮狂飚，铁马金戈。

柔婉，又叫优柔、婉约，笔调纤细，语调舒缓。语言上面的具体表现为：音律缓柔，语词细腻，表达方式是描写精微。总的景象是：吹箫踏月，杏花春雨。

看两者的具体用例：

> (21) 这时光，汽车司机打开了引擎盖，收拾车子。搬运工人来回飞跑，材料员们呐喊着。材料主任黑成威，精神抖擞，虎彪彪的像个年轻后生。手里拿个记录本，耳朵后面别半截铅笔，跳上汽车，好像指挥着几十路人马似的吼喊："小伙子！不要把机器零件往下扔！""四百号洋灰不要和二百号洋灰放到一块！""嗨，灰小子！不听指挥小心我拧你的耳朵！"他的声音像炸雷似的，压住了汽车吼声和百十名工人的喊声。而且，他随时把他健壮而又利索的老婆指派到最要紧的岗位上去："小黑妈！掌握搬运洋灰的工人！"(杜鹏程《延安人》)
>
> (22)
>
> 我常喜欢挨坐在母亲的旁边，挽住她的衣袖，央求她述说我幼年的事。
>
> 母亲凝想的，含笑的，低低地说：
>
> "不过有三个月罢了，偏已是这般多病。听见端药杯的人的脚步声，已知道惊怕啼哭。许多人围在床前，乞怜的眼光，不望着别人，只向着我，似乎已经从人群里认识了你的母亲。"
>
> 这时眼泪已湿了我们两个人的眼角！
>
> "你的弥月到了，穿着舅母送的水红绸子的衣服，戴着青缎沿边的大红帽子，抱出到厅堂前。因着你丰满红润的面庞，使我在姊妹妯娌群中，起了骄傲。"
>
> (冰心《寄小读者・通讯十》)

刚健、豪放、壮美、雄浑的对立面为：粗硬、狂放、浮夸、虚泛。

柔婉、婉约、柔美、香软的对立面为：柔弱、纤弱、轻靡、雕琢琐碎、香浓脂艳、软弱无力等。

(二) 繁富与简约

繁富，又叫繁丰、细致、丰赡等。主要特点表现为：纵横铺排，秾丽泼墨，洋洋洒洒，不厌其烦。可以突出强调事物的特征形象,表现细腻丰富的思想感情。具体的言语景象是:词句丰足,铺张扬厉,光畅流亮,辞格纷繁,极尽工笔描写之能事。

王构的《修辞鉴衡》指出:“文有以繁为贵者。”

简约,又叫简练、简洁,就是简明扼要,“以少少许胜多多许”;在言之有物的基础上,尽可能地用极少量的文字来表现。清代刘大櫆《论文偶记》中说:“文贵简。凡文笔老则简,意真则简,辞切则简,理当则简,味淡则简,气蕴则简,品贵则简,神远而含藏不尽则简,故简为文章尽境。”刘知幾《文通·叙事》也推崇说:“文约而事丰,此述作之尤美者也。”

简约风格为人们普遍赞赏。契柯夫说:“我会长句短说。”他介绍自己的经验,如果要在作品中表现一个女请托人的穷,不必费很多笔墨叙述她如何如何穷,也不必大写她那可怜的、愁眉苦脸的外貌,“只要带过一笔,说她穿着褪了色的外套就行了”①。

看两篇同为泰山游记,然而繁简迥然有别的文章。

(23)

游泰山记 王世贞(明)

余自戊午、己未间有事于泰山者三,而其稍可纪者第二游也。其初为正月晦,自清源谒台返,与海道宋丈大武偕,夜浴于使院。三鼓起,启堂之北扉而望,若曳匹练者自山址上至绝顶,又似聚萤数百斛囊中,光熠耀不定。问之,乃以兹时士女礼元君,灯鱼贯而上者也。其颂祝亦隐隐可听云。以黎明入山,即阴晦,浮云出没背际,十步外不辨物,第觉舆人之后趾高而余前偻而已。即绝顶亦无所睹见,且寒甚,宋丈迫欲返,还憩酆都宫,趋觞举者数,而后肤不粟也,甚悔之。

至六月朔,偕御史段君按部泰安。段君约以三日登,而诸道从者众,度不任舆马。余乃与参议徐君文通请以二日先,段君许之。至夕而大雨,其次日雨止,出泰安可二里所,即入山。时禾麦甫熟,黄绿间错如绣,拂拂作饼饵香。树杪浓阴晕之,意甚适。而至无掌故可询者,自是皆诘曲逶迤而上,峰势巀嶭若相噬,而傍多溪涧,泉流碨礧,间作悲鸣,与笳吹相应。久之,至回马岭,乃却肩舆,改从腰笋。又四里,抵御障岩,一曰御仗,宋永定陵东封止仗卫处。其前为巨涧,涧底白石,砥平,如玉色。而岩陡上,庙其巅,颇宽。嘉树荫之,好鸟喈喈可爱。又行可三里,抵黄岘,黄岘者,不知其所由名。有松五,即所谓五大夫者也;以厄于石,不能茂而稍具虬虺状,当是二三百余年物。无何,为百丈崖,崖凹深如屋;旁有石洞,槎口而下黑,其究叵测。已度石壁峪,为十八盘。应劭所谓“两从者扶掖,前人相牵,后人见前人履底,前人见后人顶,如画重累”者,非此地也耶?而今道益饬治,且有舁者,所谓“五六步一休,蹀蹀遽顿,地不避燥湿。前有燥地,目视而两脚不随”,且幸免

① 《契柯夫论文学》(汝龙译),第409~411、282~283页,合肥,安徽文艺出版社,2011。

矣。自是为十八盘者，三而穿中窦曰天门。既上，罡风蓬蓬然，吹帽欲坠。道士衣羽奏乐而迎，出没云气中，亦一奇观也。行可里许，为元君祠。元君者，不知其所由始，或曰即华山玉女也，天下之祝釐祈福者趋焉。祠宇颇瑰伟，而岁所入香缗以万计，用供县官匪颁。其右为御史所栖。后一石三尺许，刻李斯篆二行。一石池，纵广及深俱二尺许，亦曰玉女洗头盆也。自是左折而上里许，曰岳帝祠，陋不能盛香火。其后峭壁造天，左为开元帝《纪泰山铭》，唐隶，径可二寸而赢，势若飞动。惜其下三尺许为拓碑者冬月篝火蚀之，遂不全。右为苏颋《东封颂》，字形颇秀媚，尚可辨，而损于闽人林焞"忠孝廉节"四大字。又有颜鲁公题名，损于方元焕诗。固不若苔土埋翳之，尚可洗而有也。自是益北上数百武为绝顶，曰玉皇祠。祠之前有石柱，方而色黄，理亦细，可丈许，所谓秦皇无字碑也。其石非山所有，或曰中有碎石冒之。按李太宰裕记云："石埋植土中，似方非方，四面广狭不等，细观之，总十二行，行各十二字，多不可识。"今殊不然，然李公以为在开元铭东十数步，由非此石明矣。恨曩时不于其地一访拓，使先迹泯泯也。复折而东，稍下百步，复上百步，石室冠之，高如玉皇祠，中有黧色石盖方丈，莹润可鉴，云汉武帝所藏金泥玉检地也。传云"白云起封中"者是已。其前地稍辟，即所称日观、秦观、越观诸峰者。盖五鼓而起观日出则为日观，西望而见秦则为秦观，南望而见越则为越观耳。其后人所指某峰某峰，皆妄也。时雾气重，不可久憩，又无所睹见，如暮时怏怏而下。适徐君至，呼酒谈诗，甚乐。三鼓而寝，约以五鼓起观日出，然其寝皆以甘甚，醒则高春矣。意怳怳不自得，强与徐君扶杖而寻昨所游。时天初霁，日益弄色，其东南尽目力，微白而晃漾者以为海耶？直北而西，隐隐一抹，苍碧若长城之堞者，则意为太行、恒、嵩之类耳。至稍远，而淄、渑、济、泗，千流叠带。近而诸山，皆若培塿，独徂徕稍尊，居然一衡几瞪眺久之。因与徐君语："《传》所称'吴门白马'，固未敢信；即"小天下"，岂欺我哉！"俄而诸山各出白云一缕，若冢中起，稍上大如席，凡数百道，则狂驰，而遇辄合；其起无尽，其狂驰而遇亦如之；顷刻，遂遍成白玉地。而仰视则空青莹然，上下异色。呼酒与徐君酌，自以为平生之创目，所谓野马细缊，信也。俄而报段君至。从行者参政张丈希举、副使李君嵩、佥事王君遴、张君师价，因置酒于其署，移席玉皇祠南柏树下。记云：汉武所种千株，大者十五六围，今不能十之一，而小疑其孙枝也。酒小间，散步至舍身崖，其缺处可三尺，而下临杳霭数千仞。张丈足缩不敢前；而王君席间慷慨谈兵事，乃亦缩足弗前。张丈顾而曰："君扼腕谈兵，毋敢抗者，乃亦弗前耶。"余笑曰："此自兵法，诸君弗察耳。夫无进生而有退生，此王君所以弗前也。"王君亦大笑，乃别。段君约以次日缘寻山诸胜，乃下。五鼓，复大雨，雨连日夕不休。余始与徐君同舍，而张丈、王君舍圮漏，乃移就余。而舍中，水亦将二尺，因布长几，置枕簟其上，小吏裸而行酒炙，所剧谈六合内外，张丈又时时以雅谑杂之。凡四日雨始小息。夜卧倦甚，王君苦吟寒蝉，又时时提余耳，告之以所得句。余不胜嬲，强起顾视，天碧净如浣，而大星百余巨于杯，历历檐角，殆可仰而摘也。质明复大雨，州供业已尽，乃行辞段君，与诸君偕发。时寒甚，衣绢素至五重不解，亦有乞道士木绵裘者。下天门，雨止日出。每十八盘竟，辄去一衣；至御障岩，衣去且尽。时岩旁飞瀑争下，凡二十余丈，涛翻雪溃，若斗龙吐蛰，玉鳞四飞，珠沫群唾。余兴发，不可遏，跣立磐石流泉中，呼酒数大白，辄釂，长歌振林樾。诸君皆壮之，有和者，有就取饮者。移时而报段君至，相与之鄷都宫，为小宴别。

其明年之四月朔，以行部道出莱芜，会家大人有边事。事甫定，乃乞灵于太岳，以间登焉。将五鼓，杖策日观峰。顷之，东方色微辨，而顾余及从者衣洞赤已。睹石室及诸碑碣尽赤，乃见一线赤从东黯霄中起，顾山之背则犹昏，然鸡盖三喔也。又顷之，日轮徐上，云君霓师，金支翠旗，仿佛扈从。于是诸峰城郭尽现，而山之观与世同矣。

余三登而始毕其胜，然目境耳。其峰之为回雁、为鸡笼、为莲花、为明月、为丈人、为独秀、为东西神霄；崖之为百丈、为马棚、为鹁鸽；峪之为石经、为桃花、为马蹄；石之为牛心、为龙口、为试剑、为龙纹虎阜；峒之为吕公、为白云、为遥观；泉之为白鹤、为水帘、为白龙，诸用怪伟称者，固未及一二探也。以封禅告成之主凡七十二，而结绳者半之。天地之人文郁，而后世之博识者不能举其略，辞之不可以已也如此哉！去余兹役十有七年矣，而所经睹若夙夕会至。自太和有所撰述，因并记之。其后二游各有诗，诗为七言律，凡十首。

(24)

泰山闻见录 邵伯温(宋)

昔罢兖曹，与一二友人祠岱岳。因登绝顶，行四十里，宿野人之庐。前有药灶，地多鬼箭、天麻、元参之类。

约五鼓初，各仗策而东，仅一二里，至太平顶，丛木中有真宗东封坛遗址。拥褐而坐，以伺日出。久之，星斗渐稀，东望如平地，天际已明，其下则暗。又久之，明处有山数峰，如卧牛车盖之状。星斗尽不见，其下尚暗，初意日当自明处出。又久之，自大暗中，日轮涌出，正红色，腾起数十丈，半至明处，却半有光，全至明处，却全有光，其下亦尚暗，日渐高，渐辨色，度五更三四点也。

经真庙帐宿之地，石上方柱窠甚多。又经龙口泉，大石有罅，如龙哆其口，水自中出。又经天门十八盘，峰兀秀耸，北眺青齐，诸山可指数，信天下之伟观也。

繁丰和简洁是两种相对的风格，各有所长。顾炎武《日知录》有言："辞主乎达，不论其繁与简也。"陈望道认为："似乎应先从繁丰的流畅入手，而后进于简约的峻洁。"[1]

---

① [宋]王大成:《野老纪闻》。

与繁丰相对的是：累赘、啰唆、冗杂等。

与简洁相对的是：苟简、干枯、晦涩等。

（三）蕴藉与明快

蕴藉，即含蓄，意不浅露，语不穷尽；句中有余味。或言在此而意在彼，或引而不发，或欲说还休，让读者去体味。

这种风格多被人们所肯定。孟子说："言近而指远者，善言也。"（《孟子·尽心下》）苏轼也认定："意尽而言止者，天下之至言也。然而言止而意不尽，尤为极致。"[①]

鲁迅的《野草》，可以说是含蓄之至文。鲁迅自己也说："文章的看法，也是因人不同的，我因为自己爱作短文，爱用反语，每遇辩论，辄不管三七二十一，就迎头一击，所以每见和我的办法不同者便以为缺点。其实畅达自有畅达的好处，正不必故意减缩（但繁冗则自应删削），例如，玄同之文，即颇汪洋，而少含蓄，使读者览之了然，无所疑惑，故于表白意见，反为相宜，效力亦复很大，我的东西却常遭误解，有的竟大出于意料之外，可见意简练，稍一不慎，即易流于晦涩，而其弊有至于不可究诘者焉。"[②]看鲁迅《野草·秋夜》中间的文字：

（25）

哇的一声，夜游的恶鸟飞过了。

我忽而听到夜半的笑声，吃吃地，似乎不愿意惊动睡着的人，然而四围的空气都应和着笑。夜半，没有别的人，我即刻听出这声音就在我嘴里，我也立即被这笑声所驱逐，回进自己的房。灯火的带子也即刻被我旋高了。

含蓄过度就会造成朦胧晦涩。如李商隐的诗，既有精丽含蓄的长处，也有艰涩难懂的短处。

明快，又叫直率。其言语特征就是不堆砌辞藻，直言不讳，竹筒子倒豆子，脆亮利索。

散文创作，叶圣陶即力倡"作文，要写出诚实的自己的话"，为人讲真诚，为文重真意。情性率然，自然流露。看他《藕与莼菜》开头的一段文字，即可知明快的韵味。

（26）

同朋友喝酒，嚼着薄片的雪藕，忽然怀念起故乡来了。若在故乡，每当新秋的早晨，门前经过许多的乡人：男的紫赤的臂膊和小腿肌肉突起，躯干高大且挺直，使人起健康的感觉；女的往往裹着白地青花的头巾，虽然赤脚，却穿短短的夏布裙，躯干固然不及男的这样高，但是别有一种健康的美的风致；他们各挑着一副担

---

① ［宋］王大成：《野老纪闻》。

② 鲁迅致许广平的信，1925 年 4 月 14 日，《鲁迅全集》（第 11 卷），第 47 页，北京，人民出版社，1981。

子,盛着鲜嫩玉色的长节的藕。在产藕的池塘里,在城外曲曲弯弯的小河边,他们把这些藕一再洗濯,所以这样洁白。仿佛他们以为这是供人品味的珍品,这是清晨的画境里的重要题材,倘若涂满污泥,就把人家欣赏的浑凝之感打破了;这是一件罪过的事,他们不愿意担在身上,故而先把它们濯得这样洁白了,才挑进城里来。他们要稍稍休息的时候,就把竹担横在地上,自己坐在上面,随便拣择担里的过嫩的藕或是较老的藕,大口地嚼着解渴。过路的人就站住了,红衣衫的小姑娘拣一节,白头发的老公公买两支,清淡的甘美的滋味于是普遍于家家户户了。这种情形差不多是平常的日课,要到叶落秋深的时候。

当然,明快是好的,忌讳的是浅露。

(四)藻丽与朴实

藻丽,又叫华丽、华美、富丽、绚丽、绚烂。特点是词采缤纷,句法与表现手法宏富繁杂,情思绵延。

朴实,又叫平易、质朴、平实。这种风格的典型特征就是“清水出芙蓉,天然去雕饰”,少用辞藻,务求清真;口语占主流,多用白描。

同样是写月色,看两段文字,好作比较。

(27)月光如流水一般,静静地泻在这一片叶子和花上。薄薄的青雾浮起在荷塘里。叶子和花仿佛在牛乳中洗过一样;又像笼着轻纱的梦。虽然是满月,天上却有一层淡淡的云,所以不能朗照;但我以为这恰是到了好处——酣眠固不可少,小睡也别有风味的。月光是隔了树照过来的,高处丛生的灌木,落下参差的斑驳的黑影,峭楞楞如鬼一般;弯弯的杨柳的稀疏的倩影,却又像是画在荷叶上。塘中的月色并不均匀;但光与影有着和谐的旋律,如梵婀玲上奏着的名曲。(朱自清《荷塘月色》)

(28)依我所见,构成月夜美感的最大要素,似乎有三:一是月的光;二是这光所照的夜的世界;三是月夜的光景在观者心中所引起的联想。此外,或者因了时地和观者的心情。尚可有种种的原因,但一般地所谓月夜的美感,大概可以认为由这三要素而成的。[①]

华丽过分,归于绮靡、浮华、浮艳、堆砌、雕琢、花哨。

朴实极点,自然显现:枯槁、干瘪、单调、贫乏、粗糙。

藻丽与朴实之间,很难说截然相对。当然也有争论、好恶。孔子在这种说法上是持其两端:“辞达而已矣。”“言之无文,行而不远。”

---

① 高山樗牛:《月夜的美感》。

绝不能认为朴实容易华丽难。宋代周紫芝《竹坡诗话》载:“东坡尝有书与其侄云:‘大凡为文当使其气象峥嵘,五色绚烂,渐老渐熟,乃造平淡。’”

表现风格,作一下提示:上面所分八种风格相互之间是有交叉重叠的,如“繁丰与简约”同“藻丽与朴实”就比较对应;“豪放与柔婉”同“蕴藉与明快”也比较接近。它们之所以能区别开来,主要在于它们有着不同的侧重。看下面的示意:

此外还有其他一些表现风格,亦即我们在前边所说的,它们抑或是四种八体的多种变体;抑或是没能依照着有机关系将它们给予很好的反映。然而在分析评价语言特征风格的时候也是经常用到,也非常有助于人们准确地描写认定属性。为了给予全面的反映,这儿也一并列出,供参考。

		(对立的另一面)
表现的气氛	——庄重	——呆板
语言的庄谐	——幽默	——油滑
表现的深浅	——文雅	——古奥
词语的雅俗	——通俗	——粗俗
表现的态度	——谨严	——拘谨
词语的宽严	——疏放	——粗疏
表现的程度	——平易	——平庸
词语的平奇	——奇崛	——奇僻

三、作家风格分析举隅

在当代文学创作中,汪曾祺以其冷静的眼光,将笔触探到市井居民朴实的生活方式和健扆的文化形态里边,拓宽了小说题材的反映领域;并以其散淡平易、多姿多彩的语言风格独树一帜,愈来愈引起人们的关切和重视。

(一) 多方采集,精准活灵

有鲜明个性和艺术成就的作家,无一不是以丰厚的词汇积累和词语运用的独特方式,来作为自己创作风格的基本因素的。汪曾祺善用通俗易懂、富有地方色彩和口语色彩的词语去反映基层民众的世俗风情和道德理想,适应特定的内容主题。例如:

(29) 他眼皮一麻搭,不知不觉,睡着了。(《看水》)

(30) 这老家伙可会挑嘴哩,它也知道白香蕉葡萄好吃。(《羊舍一夜》)

(31) 那几个学杂费早就教那位当校长的同学捣腾得精光了。(《老鲁》)

例(29) 的"麻搭",描写人困意袭来时眼皮的乍然动作,情状鲜明,书面语中似乎还没有更为贴切的词语可以代替它。例(30)中的"可"、"挑嘴"、"好吃",例(31)中的"教"、"捣腾"、"精光",都是人民群众口语中习惯常用的词语。再如像"张罗"、"荫凉"、"蔫筋"、"红火"、"够呛"、"缺德"、"蹓跶"、"顶事"、"鼓捣"、"不赖"、"耐性"、"起哄"、"搭拉"等,这一类词语在汪曾祺的作品中不胜枚举,俯拾皆是,使他的作品显现出极浓郁的特定地域的生活气息。

与此同时,作家还往往适应不同的表述要求,准确使用多种富于表现力的词语,使语言显得活灵生动,精粹干练。

看下边两则精心锤炼选用动词的例子:

(32) 他仿佛想把他的热情变成包子的滋味,全力以赴,揉面,摘面蒂,刮馅子,捏褶子,收嘴子,动作的节奏感很强。(《落魄》)

(33) 郭老头能吃饭,斤半烙饼卷成一卷,攥在手里,蘸一点汁,几口就下去了。(《塞下人物记·俩老头》)

两例都是写手上的动作。例(32)的"揉"、"摘"、"刮"、"捏"、"收",例(33)的"卷"、"攥"、"蘸",这些词意义相近又有细微差别,它们对不同动作情状的描述,丰富生动,精细明晰。同样的情况,与例(33)同一篇作品的另外一个句子,仍是写郭老头的手上动作,又有"打"、"接"、"交"、"找"、"给"、"亮"等词。《黄油烙饼》这篇小说末尾部分,表现萧胜的妈妈做烙饼,一个复句里边就用了"倒"、"取"、"动"、"启"、"挖"、"抓"、"兑"、"擀"8 个动词,动感颇强,词语的抉择选用很见功夫。

色彩词、象声词和叠音词的恰切运用,同样是汪曾祺小说语言具有感染力的一个重要手段。如:

(34) 旧衣服,新托肩,颜色不一样,这几乎成了大淖妇女的特有的服饰。一二十个姑娘媳妇,挑起一担担紫红的荸荠,碧绿的菱角,雪白的连枝藕,走成一长串,

风摆柳似的嚓嚓地走过，好看得很！（《大淖记事》）

（35）四周围安静极了。远远听见大闸的水响，支渠的水温静地、生气勃勃地流着，“活——活——活”。风吹着庄稼的宽大的叶子，沙拉，沙拉。（《看水》）

例（34）中“旧”与“新”相对，“紫红”、“碧绿”、“雪白”相映，色调艳丽鲜明。风摆柳似的“嚓嚓”声响，也颇能状情势。例（35）中的“活——活——活”、“沙拉，沙拉”，逼真生动，更能衬托深夜的静寂。两例中的“一担担”、“远远”也很能烘托语意氛围。汪曾祺的小说里边，象声词的使用在很多时候都表现了一种勃勃的生气。衣带飘飞是“忒勒勒勒”，水鸟被惊起是“朴鲁鲁鲁”，銮铃响是“哗铃哗铃”，投篮声是“绷楞绷楞”。声响各异，文意活灵，意趣横生。叠音词运用，汪曾祺总是渲染出一种悠然舒缓的意境情调。如《羊舍一夜》中的一段，描写日暖风轻时牧羊生活的适宜，就叠用了“匀匀”、“斜斜”、“安安驯驯”、“缓缓”、“白亮白亮”、“清清楚楚”、“一列一列”、“轻飘飘”等多个词语，使色凋明朗柔和，牧羊图上轻轻飘逸着悠扬的诗韵。

（二）长短相宜，张弛有致

汪曾祺小说语言的风格特点，在形式上表现得最为直接、最为明显的，就是多用口语化的简短句式。这种情况可以由两个数据看出：《老鲁》这篇小说的后半部分有 25 个自然段，5520 个字，共 290 个句子。而用逗号、顿号（后者不常用，只有寥寥几个）分隔断开的分句和语音片段则达 691 个，就是说每一个大的语音停顿中只有不足 8 个字的比例数量。再如《鸡鸭名家》最后的 10 个自然段，共有 465 个字，35 个句，每句平均仅 13.3 个字，而中间用标点符号断开的语音单位，每一个才有 6 个字多一点儿的数目。而且这种语句，绝大多数都是作家自己的叙述语言。在当代小说史上，以超短句表现出鲜明的语言风格特点的，除老舍先生外，当推汪曾祺为先了。

汪曾祺小说语言的简短句式，不但数量大，表现的范围也极其广泛。例如：

（36）那年，败了，一阵一阵地退。饿得太凶了，都走不动，有的，老鲁说：“像个空口袋似的就出溜下去了。”昏昏糊糊的。（《老鲁》）

他的早期作品，大都是将人物语言融汇到叙述语言里边，而叙述语言又往往以特定人物的思维方式和口语形式来表现。如上例，写军阀混战给下层士兵带来的灾难困苦。老鲁作为一个识字不多、忠厚诚实的人，上面的文字很能反映他的性格特征和口语色彩：句子简短，大都是无主句，三五个字两三个字一顿；语意多不连贯，断断续续，跳跃性大；追补性的成分多，很少用关联词语。

（37）运鸭，不像运鸡。鸡是装了笼的。运鸭，还是一只小船，船上装着一大卷鸭匽，干粮，简单的行李，人在船，鸭在水，一路迤迤逦逦地走。鸭子在路上要吃活食,小鱼小虾,运到了,才不落膘掉斤两,精神好看。指挥鸭阵,划撑小船,全凭一根篙子。一程十天半月,经过长江大浪,也只是一根竹篙。晚上,找一个沙洲歇一歇。这赶鸭是险事,不是外行充得来的。(《鸡鸭名家》)

这一段文字叙说得舒缓平易,而又隐约显露出钢锋的力量,能较典型地体现汪曾祺叙述语言的风格特色。一般说来,他大都是采用少用附加成分的口语化形式来使句子变得简短的,若是碰到了内容繁富需要用较长句式的情况,他则用长中多顿或位置后移的方法化长为短。如例,"船上装着一大卷鸭圈,干粮,简单的行李",通常则是"鸭圈、干粮和简单的行李",用逗号将三者分割,它们便成为独立性较强的语言片段。再如"鸭在路上要吃活食,小鱼小虾",书面语多为"吃些小鱼小虾之类的活食",将"小鱼小虾"后移,与其他词语形成彼此分离的语音单位,念读则变得更为畅顺上口。

句式简短,长中多顿,这种句式本身就具有较强的节奏感。为了增强这种效果,汪曾祺小说的语言运用又多采用一些结构整齐、字数相同或相近的句子穿插其间,如上例,"人在船,鸭在水","指挥鸭阵,划撑小船,全凭一根篙子。一程十天半月,经过长江大浪,也只是一根竹篙"。使得语音形式上整散有致,和谐畅达,体现着韵律上的节奏感,实现着作家所倡导主张的"语言要有节奏"的艺术追求。

从内容的表现上说,这段叙述语言是波澜起伏,跌宕多姿。有一般性的介绍,有出色的描写("人在船,鸭在水,一路迤迤逦逦地走",描绘出一种闲静宜情的水乡放鸭景致),有简练有力的概括,有沉静、不动声色却极有分量的结语,收放自如,有张有弛,有着诗意化散文化的意向韵味。

(三) 亦庄亦谐,挥洒自如

幽默含蓄,是汪曾祺小说语言的又一鲜明特点。既平易自然又纵横捭阖,沉静中见灵活,朴实中显意蕴,表达效果十分感人。例如:

(38) 偷鸡的有一件家什——铜蜻蜓。看准了一只老母鸡,把铜蜻蜓一丢,鸡婆子上去就是一口。这一啄,铜蜻蜓的硬簧绷开,鸡嘴撑住了,叫不出来了,正在这鸡十分纳闷的时候,上去一把薅住。(《受戒》)

(39) 她也试了一试,真灵,一个黑母鸡,一下子就把嘴撑住,傻了眼了。(同上)

写鸡被铜蜻蜓撑住嘴那一时间呆愣无奈的神态,用"十分纳闷"来形容,描绘得逼真形象,真是既形似又神通,令人拍案叫绝。例(39),同样是这种神态,作家又用"傻了眼了"来描述,亦为奇妙。这种出色的拟人手法的运用,言简意丰,意趣盎然,兴味无穷。

(40) 主人相貌奇古,一个非常大的鼻子,鼻子上有许多小洞,通红通红,十分鲜艳，一个酒糟鼻子。我从那个鼻子上认得了什么叫酒糟鼻子，没有人告诉我，我无师自通，一看就知道："酒糟鼻子！"刚才在鸡鸭店又想起那个鼻子。现在那个鼻子的主人，那条斜阳古柳的巷子不知怎么样了。(《鸡鸭名家》)

这段文字表现上看来生硬梗直，但又使人不能不颔首称是，会心而笑。笔墨是多了一些，却不显得冗赘，朴实敦厚的语气里边又不乏狡黠的味道，人物特征也愈见鲜明。

(41) 稻子收割了，羊羔抓了秋膘了，葡萄下了窖了，雪下来了。雪化了，茵陈蒿在乌黑的地里绿了，羊角葱露了嘴了，稻田的冻土翻了，葡萄出了窖了，母羊接了春羔了，育苗了，插秧了，沈沅在这个家科所生活了快一年了。(《寂寞和温暖》)

这个语段共有13个小句，全部采用结构相同的陈述句式，而且句末全都用上了语气词"了"字，似乎有些生涩板滞。但结合着整篇作品读，适当来这么一种形式，却显得新鲜别致。在朴拙的笔调中寓其深意：安适恬静的生活表层里边，潜藏着强劲生命力的脉动。一切都是那样的和谐自然——这就为主人公以后生活的磨难痛苦埋下了伏笔：正常生活秩序的背离，将是人性的扭曲，无穷的灾难。这一段文字，笃实奇崛，含蓄蕴藉，词浅而旨远，非反复斟酌体味则不能领会其底蕴。

平易中不乏隽永的意韵，这在汪曾祺小说的语言描写中颇为多见。再如：

(42) 人大了，懂事了，他们有时眼对眼看着，看半天，不说话。马缨花一阵一阵地散发着清香。(《晚饭后的故事》)

"看半天，不说话"，此时无声胜有声。"马缨花一阵一阵地散发着清香"，既写出了所处环境的优雅宜人，更象征着两个青年情窦初绽时友情的纯真甜美。这一类的内容，作家往往用曲笔，借助"意象"来表现。再如《受戒》这篇小说写劳动的欢乐意趣，写男女青年爱情的真挚热烈，末尾一段则用了绘声绘色的景物描写来显示，诗情画意，寓意深含，洋溢着令人心醉的抒情格调。再如《钓人的孩子》，通篇小说也可说成是一首散文诗，蕴含着深邃的哲理意味，发人深思。

汪曾祺在谈及自己的小说时曾作过一个形象的比喻，他说："我的调色碟里没有颜色，只有墨，从渴墨焦墨到浅得像清水一样的淡墨。有一次从矮纸尺幅画初春野树，觉得需要一绿，我就挤了一点菠菜汁在上面。"(《晚饭花集·自序》)这是从总的风格特点上来讲的，里边自然也含有作者的自谦了。其实，作者在散淡的底色中，善于调和出斑斓的色彩，在较广泛的范围内显示出语言表现特色的丰富性和多样化，小河流水的欢快轻松，婷婷荷花的纤丽典雅，田园农家的质朴庄重，市井里巷的诙谐风趣，给人们展示出一个绚丽多姿的艺术画廊。

在作品整体格调上，作家也匠心独运，善于调用一切语言材料和表现手段，巧妙地进行安排，在为表述内容服务的同时，也照顾到不同篇章不同风格的统一与差异，使它们既协调统贯又各呈异彩。如色彩词的运用，作家并不随意抛撒，而是择其时地。《羊舍一夜》和《黄油烙饼》两篇小说，同为表现少年儿童的生活，一篇写美好年代英俊少年的幸福美满，其活泼轻灵的色彩，畅达舒展的情感倾泻而出；另一篇写灾难时期给人们带来痛苦，连天真无邪的儿童也未能幸免，言辞质朴无华，满纸淡墨，给人以凄凉、滞重的感觉。再如文言词语，《老鲁》、《岁寒三友》两篇作品里边都用得比较多，都反映出亦庄亦谐、雅俗共赏的特色来，然而又有相异的表达效果：前者幽默诙谐，后者典雅庄重。在笔势情调上，作家注重轻重缓急，张弛有致。同是写人记事，《异秉》、《老鲁》都是“放”，而前者迟缓，后者舒徐；《晚饭后的故事》、《王四海的黄昏》都是“收”，前者欢快，后者简淡。同样是表现文化艺术方面的内容，《鉴赏家》悠扬，《徙》则低仰。这些都使得汪曾祺小说的语言篇篇在风格上既统一又多样，新颖有趣，具有感人的艺术魅力。

参考文献

著作：

陈望道:《修辞学发凡》,上海,上海教育出版社,1979。

陈望道:《陈望道修辞论集》,合肥,安徽教育出版社,1985。

成伟钧、唐仲扬、向宏业:《修辞通鉴》,北京,中国青年出版社,1991。

从莱庭、徐鲁亚:《西方修辞学》,上海,上海外语教育出版社,2007。

崔应贤:《语言文章论集》,北京,中央文献出版社,2007

崔应贤、李玉生:《公关言语交际》,郑州,河南人民出版社,1994。

崔应贤:《现代汉语语法学习与研究入门》,北京,清华大学出版社,2004。

崔应贤:《现代汉语定语的语序认知研究》,北京,中国社会科学出版社,2002。

冯广艺、冯学锋:《文学语言学》,北京,中国三峡出版社,1994。

冯广艺:《汉语比喻研究史》,武汉,湖北教育出版社,2002。

复旦大学语言研究室编选:《〈修辞学发凡〉与中国修辞学》,上海,复旦大学出版社,1983。

高名凯:《语言论》,北京,商务印书馆,1995。

郭绍虞:《汉语语法修辞新探》,北京,商务印书馆,1979。

胡壮麟:《认知隐喻学》,北京,北京大学出版社,2004。

老 舍:《出口成章》,北京,作家出版社,1964。

老 舍:《小花朵集》,天津,百花文艺出版社,1963。

老 舍:《文学语言问题》,《新闻与出版》1957 年第 10 期。

黎运汉:《汉语风格探索》,北京,商务印书馆,1990。

黎运汉:《现代汉语语体修辞学》,桂林,广西教育出版社,1989。

林兴仁:《句式的选择和运用》,北京,北京出版社,1983。

李富林:《汉语文法学》,郑州,河南人民出版社,1993。

刘焕辉:《言语交际学》,南昌,江西教育出版社,1986。

刘焕辉:《修辞学纲要》,南昌,百花洲文艺出版社,1993。

吕叔湘、朱德熙:《语法修辞讲话》,北京,中国青年出版社,1952。

吕叔湘:《吕叔湘语文论集》,北京,商务印书馆,1983。

马 可:《中国哲人的大思路》,西安,陕西人民出版社,1995。

马庆株:《二十世纪现代汉语语法论文精选》,北京,商务印书馆,2005。

倪宝元:《修辞》,杭州,浙江人民出版社,1980。

濮 侃:《辞格比较》,合肥,安徽教育出版社,1983。

钱钟书:《谈艺录》,北京,中华书局,1979。

钱钟书:《管锥篇》(1—5 卷),北京,中华书局,1979。

秦 牧:《艺海拾贝》,上海,上海文艺出版社,1963。

沈家煊:《认知与汉语语法研究》,北京,商务印书馆,2006。

谭学纯、唐跃、朱玲:《接受修辞学》,上海,上海教育出版社,1992。

谭学纯、朱玲:《广义修辞学》,合肥,安徽教育出版社,2001。

唐松波:《语体・修辞・风格》,长春,吉林教育出版社,1988。

童山东:《修辞学的理论与方法》,郑州,河南人民出版社,1991。

王希杰:《汉语修辞学》,北京,北京出版社,1983。

温科学:《20世纪西方修辞学理论研究》,北京,中国社会科学出版社,2006。

吴士文:《修辞格论析》,上海,上海教育出版社,1986。

王德春、陈晨:《现代修辞学》,南昌,江西教育出版社,1989。

杨树达:《中国修辞学》,长沙,湖南人民出版社,2010。

姚殿芳、潘兆明:《实用汉语修辞》,北京,北京大学出版社,1987。

姚亚平:《当代中国修辞学》,广州,广东教育出版社,1996。

易　蒲、李金苓:《汉语修辞学史纲》,长春,吉林教育出版社,1989。

袁　晖:《二十世纪的汉语修辞学》,太原,书海出版社,2000。

曾祥芹:《文章本体学》,郑州,文心出版社,2007。

郑子瑜:《中国修辞学史稿》,上海,上海教育出版社,1984。

张志公:《修辞概要》,北京,中国青年出版社,1982。

张　弓:《现代汉语修辞学》,石家庄,河北教育出版社,1993。

张　静、郑远汉:《修辞学教程》,郑州,河南教育出版社,1989。

张炼强:《修辞理据探索》,北京,首都师范大学出版社,1994。

赵元任:《汉语口语语法》,吕叔湘译,北京,商务印书馆,1979。

郑子瑜、宗廷虎、陈光磊:《中国修辞学通史》(1—5卷),长春,吉林教育出版社,1998。

郑　奠、谭全基:《古汉语修辞学资料汇编》,北京,商务印书馆,1980。

周振甫:《中国修辞学史》,南京,江苏教育出版社,2006。

朱德熙:《现代汉语语法研究》,北京,商务印书馆,1980。

宗廷虎、邓明以、李熙宗、李金苓:《修辞新论》,上海,上海教育出版社,1988。

宗廷虎:《中国现代修辞学史》,杭州,浙江教育出版社,1997。

[希]亚里士多德:《修辞学》,上海,上海人民出版社,2006。

[希]亚里士多德:《诗学 诗艺》,北京,生活・读书・新知三联书店,1991。

[希]亚里士多德:《工具论》,北京,中国人民大学出版社,2003。

[希]柏拉图:《柏拉图全集》,王晓朝译,北京,人民出版社,2007。

[德]黑格尔:《哲学史讲演录》,上海,商务印书馆,1959。

[法]保罗・利科:《活的隐喻》,汪堂家译,上海,上海译文出版社,2004。

[英]杰弗里・N. 利奇:《语义学》,上海,上海外语教育出版社,1985。

论文:

陈光磊:《修辞研究的基本方法》,《修辞学习》,1988年第1期。

丁金国:《语言风格学的几个问题》,《汉语修辞学研究和应用》,郑州,河南人民出版社,1997。

迩 遥:《文体与风格》,《中国语文》,1961年第5期。

高名凯:《语言与言语问题的争论》,《光明日报》,1963年10月26日。

高万云、鹿晓燕:《关于修辞学理论与方法的再思考》,《福建师范大学学报》(哲学社会科学版),2007年第6期。

郭贵春、李小博:《科学修辞学的方法论意义》,《科学技术与辩证法》,2004年第1期。

郭贵春:《"科学修辞学转向"及其意义》,《自然辩证法研究》,1994年第12期。

季世昌、费枝美:《现代汉语修辞研究的几个问题》,《徐州师范学院学报》,1981年第1期。

李胜梅:《喻体的假设性》,《修辞学习》,1997年第4期。

林兴仁:《汉语修辞学研究对象初探》,《南京大学学报》,1980年第2期。

林柷敦:《"言辞学"试论》,《文汇报》,1961年7月21日。

刘正国:《喻体的延伸》,《修辞学习》,1991年第4期。

刘大为:《修辞学的科学化》,《语法修辞方法论》,上海,复旦大学出版社,1991。

刘大椿:《隐喻何以成为科学的工具》,《西北师大学报》,2009年第4期。

吕叔湘、朱德熙:《学习毛主席著作里的语言》,《中国语文》,1961年第6期。

茅 盾:《漫谈文学的民族形式》,《人民日报》,1959年2月24日。

倪宝元:《漫谈修辞新例》,《中国语文》,1959年第12期。

倪宝元:《"组字"和"析词"》,《中国语文》,1960年第6期。

倪祥和:《论篇章结构的修辞》,《修辞学研究》第1辑,上海,华东师范大学出版社,1983。

潘国英:《哲学观照下的修辞学——柏拉图的哲学修辞观》,《广西社会科学》,2008年第12期。

钱钟书:《通感》,《文学评论》,1961年第1期。

史灿方:《修辞学方法论的原则和品位》,《修辞学习》,1994年第5期。

谭永祥:《"修辞的两大分野"献疑》,《修辞学论文集》(第4集),福州,福建人民出版社,1987。

唐松波:《谈现代汉语的语体》,《中国语文》,1961年第5期。

唐松波:《文体、语体、风格、修辞的相互关系》,《修辞学习》,1984年第2期。

王德春:《语言学的新对象和新科学》,《文汇报》,1962年3月1日。

王建华:《汉语修辞学研究应加强人文性》,《修辞学研究》第五辑,南昌,江西教育出版社,1991。

王希杰:《修辞的对象及其他》,《语文研究》,1981年第2期。

王希杰:《修辞的定义及其他》,《南京大学学报》,1979年第2期。

吴建国:《谈谈"比喻"》,《人民日报》,1964年6月9日。

吴士文:《修辞方式的系列化》,《丹东师专学报》,1984年第4期。

吴士文:《关于"辞规"建设进程的报告》,《修辞学习》,1992年第6期。

徐 青:《谈谈语言的风格》,《语文知识》,1959年第10期。

乐秀拔:《语体的修辞色彩》,《语文知识》,1959年第10期。

张寿康:《篇章修辞方式刍议》,《语言教学与研究》,1983年第4期。

张志公:《词章学? 修辞学? 风格学?》,《中国语文》,1981年第8期。

张志公:《谈"辞章之学"》,《新闻业务》,1962年第2期。

郑远汉:《关于修辞学的对象和任务》,《华中师范学院学报》,1980年第3期。

朱泳燚:《鲁迅作品中色彩词的运用》,《中国语文》,1959年第10期。

宗廷虎:《百年来与时俱进的修辞学研究方法》,《福建师大学报》,2004年第5期。